Angelika Reimann

Zwischen Pflicht und Neigung

*Johann Wolfgang von Goethe
im Herzogtum
Sachsen-Weimar*

Meinen Eltern

*Sie würdigen, wenn's hoch kommt, das Werk
– das Leben würdigt keiner. Ich sag' euch:
Mach's einer nach und breche nicht den Hals!*

Thomas Mann: Lotte in Weimar

Angelika Reimann

Zwischen Pflicht und Neigung

Johann Wolfgang von Goethe im Herzogtum Sachsen-Weimar

qV

Band 7
der Reihe PALMBAUM Texte. Kulturgeschichte

Herausgegeben von Detlef Ignasiak und Roswitha Jacobsen
in Verbindung mit der Thüringischen Literarhistorischen Gesellschaft
Palmbaum e. V., Jena.

Die Deutsche Bibliothek – CIP-Einheitsaufnahme
Angelika Reimann: Zwischen Pflicht und Neigung.
Johann Wolfgang von Goethe im Herzogtum
Sachsen-Weimar
Angelika Reimann. – 1. Aufl. –
Bucha bei Jena: quartus-Verlag 1999
ISBN 3-931505-37-5

1. Auflage 1999

ISBN 3-931505-37-5

© 1999 by **quartus-Verlag**, Bucha bei Jena.

Reihenentwurf: Frank Naumann, AGD, Erfurt.
Typographische Gestaltung, Satz, Lithographien: quartus-Service Ignasiak
und Meßner, Jena & Sömmerda.
Schrift: Baskerville
Belichtung, Druck, Bindung: Gutenberg Druckerei GmbH Weimar.

*Das Werk einschließlich aller seiner Teile ist urheberrechtlich geschützt. Jede Verwertung
außerhalb der engen Grenzen des Urheberrechts ist ohne schriftliche Zustimmung des Verlags
unzulässig und strafbar. Dies gilt insbesondere für Vervielfältigungen, Übersetzungen,
Mikroverfilmungen und die digitale Speicherung und Verarbeitung.*

Inhalt

Der Freund des jungen Herzogs	7
Am Musenhof Anna Amalias	42
Lust und Last der Ämter	80
Charlotte von Stein, die Besänftigerin	129
Leben mit Christiane	167
Minister ohne Portefeuille	218
Das Bündnis mit Schiller, dem „Geistesantipoden"	268
Ein Vierteljahrhundert Theaterdirektor	327
Einsamkeit und Vollendung	370
Quellennachweise	431
Siglenverzeichnis	440
Editorische Notiz	444
Abbildungsnachweise	445
Zur Autorin	446

Der Freund des jungen Herzogs

Zufällig naht man sich, man fühlt, man bleibt,
Und nach und nach wird man verflochten ...

Als Goethe am 7. November 1775, einem Dienstag, morgens gegen 5 Uhr durch das Erfurter Tor in Weimar einfuhr, konnte er weder wissen noch ahnen, daß er in dieser kleinen, nur wenig mehr als 6000 Einwohner zählenden Residenzstadt den Schauplatz seines Lebens finden sollte. Zwar hatte ihm die Mutter für alle Fälle den treuen und bewährten Diener Philipp Seidel aus dem Frankfurter Elternhaus mitgegeben, doch dies wohl eher aus Vorsicht und Sorge um ihren „Hätschelhans", wie sie den 26jährigen Goethe noch immer nannte, denn aus der Vermutung heraus, ihr Sohn könnte von seiner Reise ins thüringische Weimar nicht nach Frankfurt zurückkehren. Der Vater, stolz, Bürger einer Freien Reichsstadt zu sein, hatte sich ohnehin dagegen ausgesprochen, daß sein Sohn die Einladung des gerade 18jährigen Herzogs Carl August von Sachsen-Weimar-Eisenach annimmt. Wer frei geboren und ausschließlich

Johann Wolfgang Goethe, *Bleistiftzeichnung von Georg Melchior Kraus (1776).*

Der Freund des jungen Herzogs

dem Kaiser untertan ist, so seine unerschütterliche Überzeugung, folgt keinem Fürsten, nicht einmal besuchsweise für wenige Wochen. Hätte Goethes Vater vorhergesehen, daß seinem Sohn aus diesem Besuch ein Fürstendienst auf Lebenszeit erwachsen sollte, so wäre sein Widerstand sicher noch hartnäckiger gewesen.

Goethe selbst teilte die Skrupel des Vaters nicht. Er besaß seine eigene Sicht auf die Dinge und vor allem seine eigene Lebenswirklichkeit. Diese hatte ihn gerade im letzten Jahr immer wieder mit den Grenzen seiner bürgerlichen Existenz in Frankfurt konfrontiert. „... ich hab einen Pick auf die ganze Welt", schreibt er einen Monat vor seiner Abreise nach Weimar. „Was ich treibe, ist ... [keinen Scheißdreck] wert, geschweige einen Federstrich."[1]

Bereits seit vier Jahren arbeitete Goethe als Advokat in Frankfurt. Eine materiell gesicherte Zukunft ließ sich erhoffen, wenn er bereit gewesen wäre, etwas mehr Fleiß und Engagement an den Tag zu legen. Bisher führte eher der ebenfalls juristisch ausgebildete Vater seine Kanzlei. Doch gerade am guten Willen mangelte es, denn die ungeliebte Anwaltstätigkeit konnte Goethe nicht das Gefühl verleihen, den passenden Platz im Leben gefunden zu haben.

Ähnlich zwielichtig erschienen seine literarischen Erfolge. Zwar war ihm mit seinem dramatischen Erstling *Götz von Berlichingen* und dem soeben erschienenen Roman *Die Leiden des jungen Werthers* schon früh literarischer Ruhm zuteil geworden, gleichzeitig aber auch die Erfahrung, daß sich ein Leben als freier Schriftsteller nicht führen ließ: „Zu einer Zeit, da sich so ein großes Publikum mit *Berlichingen* beschäftigte", schreibt er rückblickend, „und ich soviel Lob und Zufriedenheit von allen Enden einnahm, sah ich mich genötigt, Geld zu borgen, um das Papier zu bezahlen, worauf ich ihn hatte drucken lassen."[2] Goethe dachte auch nicht daran, solch ein ungewöhnliches Experiment zu unternehmen. Er empfand es geradezu als ehrenrührig, für ein geistiges Produkt Geld zu erhalten. Außerdem wußte er, daß Lessings Hamburger Versuch in dieser Richtung wenige Jahre zuvor gescheitert war. Ein Künstlerleben ließ sich allenfalls als Maler bestreiten. Dazu fühlte Goethe ebenfalls Talent und Berufung in sich, mehr sogar als zur Dichtkunst. Doch war für ihn im Jahre 1775 keineswegs abzusehen, worauf es mit dem Zeichnen und Malen bei ihm letztlich hinauswollte.

Das Entscheidungsjahr 1775

So dilettierte er auf allen Gebieten, nicht zuletzt auf dem der zarten Gefühle, die er mehr als billig der 16jährigen Frankfurter Bankierstochter Lili Schönemann entgegenbrachte. Sie sind von ihr nicht unerwidert geblieben. Es war eine Entscheidung der Vernunft, nicht des Herzens, die das junge Paar im Sommer 1775 trotz heimlicher Verlobung schließlich doch für immer trennte und jedes seinem Liebesschmerz überließ.

Spätestens mit dem Lili-Erlebnis, das Goethe par excellence gezeigt hatte, wie wenig er in die gezierte Rokokowelt des tonangebenden Frankfurter Bürgertums paßte, war sein Leben in eine Krise geraten. „Ich bin wieder scheißig gestrandet", schreibt er Mitte August 1775 seinem Freund Johann Heinrich Merck, und gesteht, daß er es kaum mehr aushält, „auf diesem [Frankfurter] Bassin herumzugondolieren, und auf die Frösch- und Spinnenjagd mit großer Freundlichkeit auszuziehen."³

Carl Ludwig von Knebel
in den 70er Jahren, Zeichnung von Wilhelmine von Knebel.

Solch desolatem Gemütszustand war erfahrungsgemäß am ehesten durch eine Reise beizukommen. Und was lag näher, als die freundliche Einladung nach Weimar ungeachtet aller väterlichen Einwände anzunehmen? Sie war immerhin vom Landesfürsten persönlich ausgesprochen und jüngst noch einmal erneuert worden.

Goethe war neugierig auf dieses Weimar, dessen feinsinnige Fürstin Anna Amalia in dem Rufe stand, eine lebhafte Förderin der Künste zu sein. Ihren Sohn, den Erbprinzen Carl August, hatte Goethe schon vor Jahresfrist kennengelernt. Auf dessen großer Bildungsreise, die traditionsgemäß die Erziehungsjahre eines Fürsten vollendete, hatte der Erbprinz damals in Frankfurt Station gemacht, um einen flüchtigen Eindruck von der Messestadt mitzunehmen. In seiner Begleitung befand sich jener Carl Ludwig von Knebel, preußischer Hauptmann a.D. und herausragender Kenner der zeitgenössischen Literaturszene, den Goethe später seinen „Urfreund" nennen wird. Knebel, begeistert von *Götz* und *Werther*, konnte es sich nicht entgehen lassen, den Autor dieser aufsehenerregenden Werke persönlich kennenzulernen.

So war er am 11. Dezember 1774 die breite Treppe in Goethes Elternhaus am Großen Hirschgraben hinaufgestiegen. Er erstaunte nicht wenig, als er in ein Zimmer eintrat, das eher dem Atelier eines Malers als einer Dichterwerkstatt glich. Inmitten vom Staffeleien, Skizzen und halbfertigen Bildern saß Goethe. Im Handumdrehen stecken beide in einer literarischen Debatte, wobei Goethe „die Manuskripte aus allen Winkeln seines Zimmers hervor[zieht]"[4]. Knebel ist beeindruckt. Diesen außergewöhnlichen Mann muß er seinem Herren vorstellen. Ungesäumt führt er Goethe in den „Roten Hirsch" zu Carl August.

Ein sonderbarer Zufall lenkt schon dieses erste Gespräch in eine bedeutende Richtung: Auf dem Tisch liegen Justus Mösers *Patriotische Phantasien*, ein soeben erschienenes Buch von gewichtigem Inhalt, noch unaufgeschnitten. Goethe kennt es bereits und erläutert dem angehenden Fürsten, der in weniger als einem Jahr die Regierungsgeschäfte in seinem Lande übernehmen soll, die Hoffnungen, die der Historiker und praktische Staatspolitiker Möser in die aufgeklärten Herrscherpersönlichkeiten gerade der vielen kleinen deutschen Territorialstaaten setzte. Entgegen der üblichen Auffassung, die in der Dezentralisierung die größte Gefahr und das größte Übel für das Heilige Römische Reich Deutscher Nation sah und damit historisch recht behielt, betrachtete Möser die kleinen, relativ überschaubaren Territorien als idealen Boden für eine moderne Reformpolitik, in deren Gefolge diese kleinen Länder wirtschaftlich und kulturell erblühen sollten. Carl August, der sich als aufgeklärter Fürst verstand – er war von keinem Geringeren als dem weit über Deutschlands Grenzen hinaus bekannten Dichterphilosophen Christoph Martin Wieland auf seine zukünftigen Aufgaben vorbereitet worden –, hörte Goethe mit Interesse zu. Er fühlte sich nicht nur angetan von den Ideen, sondern auch bewegt von dem leidenschaftlichen Feuer, in das Goethe in besonderen Stunden geraten konnte. „Bei diesen Gesprächen", so berichtet Goe-

Begegnung mit Knebel und dem Herzog

the später, „ging es nun wie bei den Märchen der ‚Tausendundeinen Nacht': es schob sich eine bedeutende Materie in und über die andere, manches Thema klang nur an, ohne daß man es hätte verfolgen können; und so ward ... mir das Versprechen abgenommen, daß ich [dem angehenden Herzog] nach Mainz folgen und dort einige Tage zubringen sollte, welches ich denn herzlich gern ablegte ..."[5]

Dieses Wiedersehen befestigte die ursprüngliche Sympathie zwischen dem jungen Fürsten und dem Bürgersohn. Und wenn es auch nur ein Zufall war, der staatspolitische und nicht poetische Fragen in den Mittelpunkt dieser ersten Gespräche gerückt hatte, so erwies sich dieser Zufall doch als ein höchst richtungweisender: Goethe hatte sich dem künftigen Landesherren als ein Mann eingeprägt, der Schriftsteller bevorzugte, „deren Talent aus dem tätigen Leben ausging und in dasselbe unmittelbar nützlich sogleich wieder zurückkehrte"[6]. Zumindest hebt Goethe diesen Aspekt rückblickend in seinem autobiographischen Buch *Aus meinem Leben. Dichtung und Wahrheit* hervor. Nicht weniger bedeutsam aber wird der Gesamteindruck seiner Persönlichkeit gewesen sein, den Knebel in den Worten zusammenfaßte, Goethe sei der „liebenswürdigste [Mensch] auf der Welt"[7].

Goethe in seinem Frankfurter Mansardenzimmer, *Selbstporträt.*

Nachdem Carl August am 3. September 1775 volljährig geworden und in den Rang des regierenden Fürsten von Sachsen-Weimar-Eisenach aufgestiegen war, erwartet er Goethe in seiner Residenzstadt. Geplant ist ein Besuch, wie er zu dieser Zeit an aufgeklärten Höfen üblich war. Man versprach sich eine Abwechslung, eine interessante Bereicherung des Alltags. Ob Goethe und Carl August im stillen ein wenig mehr erhofften, wissen wir nicht.

Doch bevor sich Goethe auf den Weg macht, hat das von ihm immer wieder mit Respekt genannte Schicksal ein retardierendes Moment ersonnen, das alle Pläne vorerst gründlich durcheinanderbringt und die Karten noch einmal neu zu mischen scheint. Denn der herzogliche Wagen, der Goethe im Frankfurter Elternhaus abholen und nach Weimar bringen soll, trifft ebensowenig ein wie eine Nachricht, die dessen Ausbleiben erklären könnte. So wartet Goethe fast zwei Wochen unter bedrängenden Umständen. Die Schmach der Entdeckung seines mißlungenen Planes fürchtend, mag er nicht mehr ausgehen. In einen großen Mantel gehüllt, wagt er sich nur im Schutze der Dunkelheit hinaus vor die Stadt. In dieser mißlichen Situation hilft der Vater. Er bringt den lange gehegten Vorsatz einer Italienreise wieder ins Gespräch und stellt seinem Sohn die nicht unbeträchtlichen Mittel dafür bereit. Goethe willigt ein. Am 30. Oktober verläßt er Frankfurt in südliche Richtung. „Ich packte für Norden, und ziehe nach Süden; ich sagte zu und komme nicht, ich sagte ab und komme!"⁸ schreibt er in sein Reisetagebuch.

Die erste Station ist Heidelberg, wo er bei einer langjährigen Freundin seiner Familie logiert und sich in der schwachen Hoffnung auf ein Zeichen des Weimarer Kavaliers noch ein paar Tage Aufenthalt gönnt. Das läßt nun nicht länger auf sich warten. Nachts nach 1 Uhr wird Goethe vom Horn eines reitenden Postillons geweckt. Die Stafette kommt von Frankfurt. Sie fordert Goethe auf, zurückzukehren und die Reise nach Weimar anzutreten. Jetzt fällt es ihm „wie Schuppen von den Augen": „Unglaube und Ungewißheit hatten uns übereilt. Warum sollte man nicht in einem ruhigen bürgerlichen Zustande auf einen sicher angekündigten Mann warten, dessen Reise durch so manche Zufälle verspätet werden konnte? ... Alle vorhergegangene Güte, Gnade, Zutrauen stellte sich mir lebhaft wieder vor, ich schämte mich fast meines wunderlichen Seitensprungs."⁹

Goethe entscheidet sich rasch, wenn auch nicht ohne innere Bewegung. Noch in der Nacht bestellt er die Post. Und als ihn seine Wirtin nicht ziehen lassen will, hält er ihr „endlich leidenschaftlich und begeistert die Worte Egmonts" entgegen: „Kind, Kind! nicht weiter! Wie von unsichtbaren Geistern gepeitscht, gehen die Sonnenpferde der Zeit mit unsers Schicksals leichtem Wagen durch, und uns bleibt nichts, als mutig gefaßt die Zügel festzuhalten und bald rechts, bald links, vom Steine hier, vom Sturze da, die Räder abzulenken. Wohin es geht, wer weiß es? Erinnert er sich doch kaum, woher er kam."[10]

Ob sich die Szene wirklich so dramatisch zugetragen hat, wie sie Goethe als Einundachtzigjähriger in seiner Autobiographie schilderte, ist zweifelhaft. Doch erschien es ihm rückblickend offensichtlich gerechtfertigt, seine Entscheidung für Weimar symbolisch überhöht ins Bild zu setzen. Zwischen dem Ereignis und seiner Niederschrift lag mehr als ein halbes Jahrhundert tätigen Wirkens in Carl Augusts Herzogtum; Goethe überschaute, was er hier geleistet hatte.

Das Erfurter Tor, *durch das Goethe am 7. November 1775 in Weimar einfuhr, Zeichnung von Konrad Westermeyer (1792).*

An jenem Novembermorgen des Jahres 1775 aber lag über dem Residenzstädtchen noch der Schleier der Nacht. Die Formalitäten am Erfurter Tor waren schnell erledigt, und schon rollte der Wagen über das holprige Kopfsteinpflaster der schmalen Geleitstraße dem Töpfenmarkt entgegen, wo er vor dem Vaterhaus von Goethes Reisegefährten endlich stillestand. Hier, im Hause des mächtigen Kammerpräsidenten von Kalb, sollte Goethe mit seinem Diener vorerst Quartier beziehen. Mag sein, daß sich der würdige alte Herr persönlich bemühte, seinen Sohn nach langer Abwesenheit zu begrüßen und den Gast in

Der Freund des jungen Herzogs

Augenschein zu nehmen, auf den inzwischen halb Weimar mit gespannter Aufmerksamkeit wartete.

Und nicht zu unrecht. Nur zu bald wird sich herausstellen, daß Goethe innerhalb kürzester Frist zum meistgeliebten und zum heftigst gehaßten Bewohner der Stadt avancieren sollte. Er machte förmlich vom ersten Tage an in Weimar Epoche. „Dieser junge 27jährige feurige Herr Doktor[11] – denn so hieß er damals – brachte eine wunderbare Revolution in diesem Orte hervor, der bisher ziemlich philisterhaft gewesen war und nun plötzlich genialisiert wurde", erinnert sich der berühmte Arzt Christoph Wilhelm Hufeland, der damals als weimarischer Hofmedikus wirkte. „Es war kein Wunder. Man kann sich keinen schöneren Mann vorstellen. Dabei sein lebhafter Geist und seine Kraft, die seltenste Vereinigung geistiger und körperlicher Vollkommenheit, groß, stark und schön; in allen körperlichen Übungen: Reiten, Fechten, Voltigieren, Tanzen war er der Erste ... Zu dem allen kam nun noch seine Gunst bei dem jungen Fürsten, der eben die Regierung angetreten hatte, und den er ebenfalls plötzlich aus einer pedantischen, beschränkten, verzärtelnden Hofexistenz ins freie Leben hinausriß ... es folgte eine vollständige Umwälzung."[12]

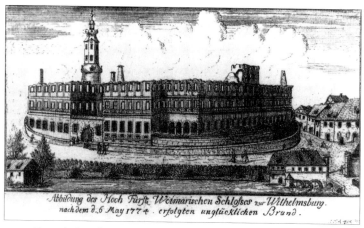

Das niedergebrannte Residenzschloß *nach dem 6. Mai 1774, dem Tag der Katastrophe.*

Der herzogliche Hof

Auf Veränderung war man eingestellt gewesen am Weimarer Hof, hatte sie erwartet und herbeigewünscht mit dem Regierungsantritt des jungen Fürsten. Eine glanzvollere Hofhaltung hatte man ersehnt, hochwohlgeborene Gäste aus nah und fern erwartet, einer nicht enden wollenden Kette rauschender Feste entgegengesehen, wie sie üblich war, wenn ein neuer Hof den Schauplatz der Welt betrat. Natürlich wußte man, daß dem Glanz fürstlicher Repräsentation in der Enge und Unbequemlichkeit des Fürstenhauses Grenzen gesetzt waren. Denn nachdem das repräsentable Schloß vor Jahresfrist ein Opfer der Flammen geworden war, hatte sich in ganz Weimar kein anderes als dieses zu Verwaltungszwecken errichtete Gebäude finden lassen, in dem Carl August mit seiner jungen Gemahlin, der Herzogin Louise aus dem Hause Hessen-Darmstadt, hofhalten konnte. Aber darauf kam es letztlich nicht an. Ein neuer Hof mußte formiert werden, es galt Stellen abzuschaffen und neu zu schaffen, zu besetzen und umzubesetzen und nicht zuletzt neue Festlegungen über die Jahresgehälter ihrer Inhaber zu treffen. Veränderungen waren also zu erwarten, die eine kleine Residenzstadt in Atem halten und die Hofgesellschaft für eine Weile der Lethargie entreißen konnte, in der sie für gewöhnlich die Abende an den Spieltischen zubrachte.

Das Fürstenhaus, *im dem Carl August 30 Jahre lebte und regierte, Aquarell von D. P. König, undatiert.*

Der Freund des jungen Herzogs

Anstatt aber diese berechtigten Hoffnungen eingelöst zu sehen, mußte Weimar erleben, wie in seinen ehrwürdigen Mauern Sturm und Drang in Szene ging, ein Phänomen, das man bisher nur theoretisch aus den Werken der jungen Dichtergeneration kannte. „Alle jungen Leute", so berichtet Hufeland weiter, „legten Goethes Uniform: gelbe Weste und Beinkleider und dunkelblauen Frack an, und spielten junge Werther; die Alten murrten und seufzten. – Alles kam aus seinen Fugen."[13] Denn Goethe steckte den Herzog förmlich an mit seiner völlig andersgearteten Form zu leben. Und der 18jährige Carl August ließ sich gern anstecken. Viel zu lange hatte er unter der strengen Erziehung des Grafen Johann Eustachius von Görtz sein angeborenes Temperament in Fesseln halten und sich der höfischen Etikette beugen müssen. Viel zu schwach war seine körperliche Konstitution in einem Lebensstil geblieben, der vornehmlich von Stubenluft geprägt war und höchstens Spaziergänge auf den abgezirkelten Wegen eines Rokokogartens erlaubte. Zwar gehörten auch Reiten, Fechten und Tanzen zum höfischen Erziehungsprogramm, doch wurde bei der labilen Gesundheit des Thronfolgers streng darauf geachtet, daß er sich nicht überanstrenge.

Nun war Carl August volljährig, Herrscher eines Kleinstaates, endlich unabhängig von seinen ehemaligen Erziehern. Und Goethe, dieser Bürgersohn, zeigte ihm und seinen adligen Kammerherren, wie aufregend das Leben sein konnte. Stubenluft galt nicht mehr. Man schrieb sich Rousseaus Ruf „Zurück zur Natur" auf die Banner und favorisierte trotz Novembernässe und Dezemberkälte das Leben im Freien. Weimars Pflaster hallte wider vom Hufschlag der Pferde, wenn des Herzogs Kavalkade durch die engen Gassen des verträumten Städtchens fegte. In wildem Galopp jagte man die unbewaldeten Hänge hinauf und hinaus ins freie Land, nicht selten knapp am Halsbrechen vorbei. Man gab sich ganz dem Gefühl der Freiheit hin und genoß es, weder Normen noch Bindungen anzuerkennen, ausgenommen diejenigen, die das Herz vorschrieb. „Dumpf" nannte Goethe damals diese Gefühlslage und meinte damit wohl am ehesten ungekünstelt, echt, im Einklang mit der Natur und dem eigenen Herzen. In solch „dumpfer" Mannesfreundschaft fühlte man sich vereint mit dem Herzog, der, Jüngster und Ranghöchster in der Runde, gleichsam nur primus inter pares war.

Sturm und Drang in Weimar

Der junge Carl August, Ölgemälde von unbekannter Hand.

Der Freund des jungen Herzogs

Nur wenige Männer gehörten zum engsten Kreis: Moritz von Wedel, wegen seiner edlen Gesichtszüge der „schöne Wedel" genannt, dem Herzog, der die Jagd über alles liebte, besonders nahe in seiner Eigenschaft als geschickter Jagdjunker. Der Kammerherr Hildebrand Freiherr von Einsiedel, ein begabter Cellist mit poetischem Talent, unwiderstehlicher Neigung zum Träumen und einem verhängnisvollen Drang zum Glücksspiel, ewig ein wenig zerstreut, aber immer aufmerksam und hilfreich, wenn es galt, einen Freundesdienst zu leisten, deshalb „l'ami" genannt. Carl Ludwig von Knebel, den Goethe in seinem großen Gedicht *Ilmenau* mit markanten Versen charakterisiert:

> *Wer ist's, der dort gebückt*
> *Nachlässig stark die breiten Schultern drückt?*
> *Er sitzt zunächst gelassen an der Flamme,*
> *Die markige Gestalt aus altem Heldenstamme.*
> *Er saugt begierig am geliebten Rohr,*
> *Es steigt der Dampf an seiner Stirn empor.*
> *Gutmütig trocken weiß er Freud und Lachen*
> *Im ganzen Zirkel laut zu machen,*
> *Wenn er mit ernstlichem Gesicht*
> *Barbarisch bunt in fremder Mundart spricht.*[14]

Zum Kreis um Carl August gehörte auch der Kammerherr von Kalb, Goethes Reisebegleiter von Frankfurt her, und ein Bürgerlicher, Friedrich Justin Bertuch, ein wendiger Schriftsteller und Journalist, dessen Zuverlässigkeit, Fleiß und Organisationstalent den jungen Fürsten so stark beeindruckt hatten, daß er ihm die Verwaltung seiner Privatschatulle anvertraute. Von Amts wegen sehr häufig mit dem Fürsten unterwegs war der Oberstallmeister Josias Freiherr von Stein. Mit seinen 40 Jahren der älteste in der Runde, ein ausgezeichneter Reiter, hervorragender Pferdekenner und passionierter Hundeliebhaber wie Carl August selbst, von diesem hoch geschätzt, doch nicht verpflichtet, an allem Schabernack teilzunehmen, den die zügellosen jungen Leute ersannen.

In diesem Kreis avancierte Goethe im Handumdrehen zum Intimus des Herzogs. Leider sind die Briefe, die beide in den ersten Jahren gewechselt haben, nicht überliefert. Sie hätten manchen Einblick in die-

Aufenthalt in Waldeck

se ungewöhnliche Freundschaft gewährt. Neben ganz wenigen Einzelbriefen hat sich nur ein einziges Briefpaar erhalten, und zwar vom Weihnachtsfest des Jahres 1775, das Carl August und Louise auf Schloß Friedenstein in Gotha verlebten. Goethe, Einsiedel, Kalb und Bertuch dagegen ritten am 23. Dezember nach dem Dorfe Waldeck bei Bürgel, um sich im Forsthaus bei Wildmeister Slevoigt, dem zukünftigen Schwiegervater Bertuchs, einzuquartieren.

Von hier aus schreibt Goethe dem Herzog: „Daß mir in diesem Winkel der Welt, nachts, in dieser Jahrszeit, mein alt Zigeunerlied[15] wieder einfällt, ist ebenso natürlich, lieber gnädiger Herr, als daß ich mich gleich hinsetze, es Ihnen aufzuschreiben und hinterdrein einen Brief zu sudeln, denn ich vermisse Sie wahrlich schon, ob wir gleich nicht zwölf Stunden auseinander sind ... – Wind und Wetter hat uns hergetrieben, auch Regen und was dranhängt ... Hier liegen wir recht in den Fichten drein. Bei natürlich guten Menschen. Ich hab Sie etliche Mal auf dem Ritt gewünscht, auch hier, es würde Ihnen wohl sein. Unterwegs haben wir in den Schenken den gedruckten Carl August gegrüßt[16] und haben gefühlt, wie lieb wir Sie haben ... Einsiedel ist zu Bette. Sein Magen liegt schief, Kaffee und Branntwein wollten's nicht bessern ... – Noch ein Wort, eh ich schlafen gehe. Wie ich so in der Nacht gegen das Fichtengebürg ritt, kam das Gefühl der Vergangenheit, meines Schicksals und meiner Liebe über mich, und [ich] sang so bei mir selber:

> *Holde Lili, warst so lang*
> *All mein Lust und all mein Sang,*
> *Bist, ach, nun all mein Schmerz, und doch*
> *All mein Sang bist du noch.*

Nun aber und abermal gute Nacht.

> *Gehab dich wohl bei den hundert Lichtern,*
> *Die dich umglänzen,*
> *Und all den Gesichtern,*
> *Die dich umschwänzen*
> *Und umkredenzen!*
> *Findst doch nur wahre Freud und Ruh*
> *Bei Seelen grad und treu wie du.*[17]

Der Freund des jungen Herzogs

Schon am nächsten Morgen bei Tagesanbruch greift Goethe wieder zur Feder, berichtet, daß man nicht in die Kirche gehen, er aber zum Pfarrer schicken und nach einer Ausgabe der *Odyssee* fragen lassen wird, die er „hier in der homerisch einfachen Welt" unmöglich entbehren kann. Der Herzog erfährt, daß man einen Boten nach Schlittschuhen geschickt hat, der sich nun verspätet und dem man „tausend Flüche" entgegensendete, und natürlich wird jubelnd vermerkt, wie der Bote endlich eintrifft und man aufs Eis ziehen kann. „Der Abend gestern [der Weihnachtsabend] ward mit Würfeln und Karten vervagabundet ... So auch der ganze heutige Tag!"[18] Später war man nach Bürgel geritten. Zu guter Letzt wechselten die Freunde die Kleider, um in recht spitzbübischem Habit eine Szene aus Goethes Singspiel *Claudine von Villa Bella* zu improvisieren.

So kann der Herzog wenigstens in Gedanken am ungebundenen Leben seiner Gefährten teilnehmen. Er antwortet: „Lieber Goethe, ich habe Deinen Brief erhalten, er freut mich unendlich; wie sehr wünschte ich, mit freier Brust und Herzen die liebe Sonne in den jenaischen Felsen auf- und untergehen zu sehen und das zwar mit Dir. Ich sehe sie hier alle Tage, aber das Schloß ist so hoch und in so einer unangenehmen Ebne, von so vielen dienstbaren Geistern erfüllt, welche ihr leichtes, luftiges Wesen in Samt und Seiden gehüllt haben, daß mir's ganz schwindlig und übel wird und alle Abend mich den Teufel übergeben möchte ... Ich komme erst den Freitag wieder. Mache doch, daß Du hierher kömmst, die Leute sind gar zu neugierig auf Dich ... Ich habe, um mich konsistent zu erhalten,

Goethe *in einer Silhouette der späten 70er Jahre.*

meinen großen Hund von Eisenach kommen lassen, welcher mir durch seine Treue viel Freude macht."[19]

Mit Lust und Überzeugung griffen die jungen Adligen des Herzogs Abneigung gegenüber dem Hofleben auf. Weniger, um die Hofgesellschaft vorsätzlich zu brüskieren, was als Nebeneffekt allerdings unvermeidbar war; sie genossen das Leben im Gefühl uneingeschränkten Selbstvertrauens. Und wenn Goethe und Carl August vor lauter Übermut und Kraft gar nichts anderes mehr einfallen wollte, so stellten sie sich mit zwei riesigen Parforcepeitschen auf den Marktplatz und knallten um die Wette. Ebenso verschmähten sie es, sich der an den Höfen üblichen französischen Sprache zu bedienen, die ohnehin meist nur ein kurioses Gemisch aus französischen und deutschen Brocken darstellte. Die jungen Männer benutzten vielmehr ihre Muttersprache, und zwar in jener rauhen und deftigen Weise, zu der die markigen Gestalten des *Götz* Pate gestanden hatten. Das derbe Wort und der kräftige Fluch galten als unverstellter Ausdruck der Persönlichkeit und authentischer Empfindung, ja sie wurden zu einer Philosophie des Manneswertes erhoben, was nicht nur Frau von Stein Anlaß zur Klage bot. Doch spricht sie aus, was viele bewegte: Der Herzog hatte sich unter Goethes Einfluß „wunderbar geändert". Ihr gegenüber behauptete er sogar jüngst, „daß alle Leute mit Anstand, mit Manieren nicht den Namen eines ehrlichen Mannes tragen könnten ...; daher er auch niemanden mehr leiden mag, der nicht etwas Ungeschliffnes an sich hat"[20].

Immer zahlreicher erhoben sich die warnenden Stimmen, aber die jungen Männer um Carl August setzten unbeeindruckt das ihnen vorschwebende Gegenbild zum „künstlichen Dasein" des Hofes fort. Tiefgefühlte Liebe und treue Anhänglichkeit ihrem Fürsten gegenüber bildeten das Zentrum ihres Zusammengehörigkeitsgefühls. Diese Liebe spricht nicht nur aus dem bereits zitierten Weihnachtsbrief Goethes an Carl August, sie ist ebenso in einem zeitgleich entstandenen Schreiben Bertuchs zu finden, wo es heißt: „Unzähligemal haben wir auf Ihre Gesundheit getrunken, haben's gefühlt, haben's uns einander mit glühenden Herzen gesagt, was es für ein Glück sei, Sie, teurer, Durchlauchtiger Herr, so von ganzem Herzen und ganzer Seele lieben zu können."[21] So befremdlich derartige Beteuerungen heute auch er-

Der Freund des jungen Herzogs

scheinen mögen, sind sie im Zeitalter der Empfindsamkeit – einer im wesentlichen bürgerlichen Bewegung – sehr ernst gemeint. Ungewöhnlich für das letzte Drittel des 18. Jahrhunderts ist nur, daß diese Gefühle einem regierenden Fürsten galten und von diesem erwidert wurden: Gerade in solchem Bewußtsein von Geradheit und Aufrichtigkeit fühlte man sich der intriganten Hofgesellschaft moralisch weit überlegen – nicht ohne ein gewisses Recht.

Auch Goethe fühlt sich immer stärker angezogen von Carl August. „Ich bin hier wie unter den Meinigen", kann er schon Mitte Dezember 1775 nach Zürich an den Freund Johann Caspar Lavater berichten und hinzufügen, „... der Herzog wird mir täglich werter, und wir einander täglich verbundner."[22] Zwar muß bei Hofe der Etikette Rechnung getragen werden, die Goethe, dem Bürgerlichen, bei Tisch nur einen Platz an der Marschalltafel zuweist. Oft genug läßt sich Carl August jedoch die Mahlzeiten in seinen Privatgemächern servieren, wo er mit Goethe und seinen Freunden nach eigener Fasson ganz ungestört tafeln kann, wobei Rebensaft und Branntwein munter zugesprochen wird. Am liebsten ist Goethe allerdings mit dem Herzog allein. Dessen häufige Erkrankungen, meist Folge kühner Ritte und von Bädern in der eiskalten Ilm, die Goethe zur körperlichen Abhärtung besonders liebt und die Carl August nicht versäumt, ihm nachzutun, bieten Gelegenheit zu langen Gesprächen. Goethe erinnert sich noch im hohen Alter mit Freude an diese erste Zeit: Der Herzog „hatte für alles Sinn und für alles Interesse", erzählt er Eckermann. „Er war achtzehn Jahre alt, als ich nach Weimar kam, aber schon damals zeigten seine Keime und Knospen, was einst der Baum sein würde. Er schloß sich bald auf das innigste an mich an und nahm an allem, was ich trieb, gründlichen Anteil. Daß ich fast zehn Jahre älter war als er, kam unserm Verhältnis zugute." So saßen beide oft „in tiefen Gesprächen über Gegenstände der Kunst und Natur und was sonst allerlei Gutes vorkam"[23]. Wobei die Lili-Verse aus Goethes Weihnachtsbrief erkennen lassen, daß die Herzensangelegenheiten der beiden jungen Männer keineswegs ausgespart blieben.

In Goethe fand der Herzog nicht nur einen Reit- und Zechkumpan, der von ungewöhnlichen Einfällen sprühte, sondern auch einen Menschen, der ihn verstand und dem er vertraute. Als Erbprinz hatte er

Mit Carl August in Ilmenau

von klein auf die Einsamkeit kennengelernt, die von jeher das Los der Herrscher war. In einem elitären Kreis erzogen, war ihm jede freundschaftliche Regung selbst gegenüber Standesgenossen verboten worden. Goethe nun vertraute er sich an mit dem ganzen Ungestüm seines leidenschaftlichen Herzens.

Goethe *in einer anonymen Kreidezeichnung, vielleicht Selbstporträt (1776/77).*

Kaum war der Herzog genesen, ging es wieder hinaus. „Er war wie ein edler Wein", erinnert sich Goethe, „aber noch in gewaltiger Gärung. Er wußte mit seinen Kräften nicht wohinaus ... Auf Parforcepferden über Hecken, Gräben und durch Flüsse ... sich tagelang abarbeiten, und dann nachts unter freiem Himmel kampieren, etwa bei einem Feuer im Walde: das war nach seinem Sinne. Ein Herzogtum geerbt zu haben, war ihm nichts, aber hätte er sich eins erringen, erjagen und erstürmen können, das wäre ihm etwas gewesen."[24]

Dabei mißachteten die jungen Leute bei ihrem tollen Treiben nicht nur die Grenzen des Schicklichen. Mitunter machten sie sich auch groben Unfugs schuldig, wie Oberbergrat Friedrich Wilhelm Heinrich von Trebra etwa aus Ilmenau zu berichten weiß. Hier tafelten die lustigen Gesellen bei einem Krämer, der sich wohl ein wenig spreizte ob seiner Handelsmannwichtigkeit. Sein Porträt, ein Bruststück in Öl, zierte die bürgerliche Stube, in der die Tafel aufgeschlagen worden war. „Manche Gesundheit wurde diesem nur im Ölgemälde anwesenden Besitzer der Handlung während der Mittagstafel zugetrunken. Nun sie aufgehoben war, suchte man das Original

Der Freund des jungen Herzogs

... in seinen Warengewölbern auf, und da, um es auch an handgreiflicher Verspottung nicht fehlen zu lassen, wurden ihm von der Gesellschaft manche leere und volle Tonnen, Kisten und Kästen Waren, die mit Pfeffer und Ingwer, Zucker und Kaffee und Tobak [gefüllt waren] ..., vors Haus getragen, und manches gar den Berg hinunter gekollert. In diese etwas weit getriebenen zudringlichen Späße der froh-reichen Gesellschaft hatte sich der ernstere Geselle [Goethe] nicht eingelassen. Dieser hatte [währenddessen] ... ein Gemälde in dem obern Zimmer vorbereitet ... Von jenem bürgerlich-eleganten Kaufherrns-Porträt hatte er das breite, blonde, fade Gesicht ausgeschnitten; durch die hiermit erlangte Öffnung schob er sein eigenes männlich braunes, geistiges Gesicht mit den flammenden schwarzen Augen zwischen der weißen dicken Perücke durch; setzte sich auf einen Lehnstuhl ... [und] stellte das Gemälde im goldnen Rahmen vor sich auf die Knie ... Sowie die lustige Gesellschaft endlich wieder heraufgetobt war, ... öffnete sich die Tür ... und das Kontrastporträt zog überraschend hin, ... zum Gelächter und zum Denken zugleich."[25] Daß sich Goethe und wohl auch manch anderer der Zechkumpane derartiger Entgleisungen später geschämt hat, konnte den Betroffenen vor der Hand nicht helfen.

Die Zeitgenossen blickten entsetzt auf das Treiben ihres Herzogs, der rasch gelernt hatte und seine Kameraden an kraftgenialischer Wildheit sehr bald übertraf. So berichtet der Kammerherr Siegmund Freiherr von Seckendorff seinem Bruder: „Das Ganze teilt sich in zwei Parteien, von denen die des Herzogs die geräuschvolle, die andere die ruhige ist. Man läuft, jagt, schreit, peitscht, galoppiert in der ersten, und – sonderbar genug – bildet man sich ein, es mit Geist zu tun, und zwar wegen der Schöngeister, die daran teilnehmen; es gibt keine Ausgelassenheit, die man sich nicht erlaubte. Die zweite langweilt sich meist, sieht alle ihre Plane durch die erstere durchkreuzt, und das gesuchte Vergnügen schwindet gewöhnlich, wenn man es anspricht."[26]

Über die weitläufige Korrespondenz der Hofgesellschaft wurde das Ausland bis ins Detail von den Vorgängen in Weimar informiert. Man versäumte nicht, diese gewaltig auszuschmücken und ins Monströse zu steigern. Den Urheber allen Übels sah man in Goethe. Vermutlich hat die höfische Opposition, die sich gegen ihn formierte, gewisse Berichte auch ganz gezielt lanciert, um von außen Einhalt zu gebieten,

Klopstocks Warnung

wo man im Inneren ohnmächtig zusehen mußte. Nicht wenige Zeitgenossen fühlten sich veranlaßt, warnend ihre Stimme zu erheben. Unter ihnen kein Geringerer als Friedrich Gottlieb Klopstock, der Dichter des *Messias*, den die junge Poetengeneration als Vater der modernen, empfindungsstarken deutschsprachigen Dichtung verehrte. Er wendet sich mit einem Brief an Goethe, in dem er nach dem „unfehlbare[n] Erfolg" von Carl Augusts Gebaren fragt. „Der Herzog wird", prophezeit Klopstock, „wenn er sich ferner bis zum Krankwerden betrinkt, anstatt, wie er sagt, seinen Körper dadurch zu stärken, erliegen und nicht lange leben." Damit nicht genug. Klopstock sieht durch Carl Augusts und Goethes Tun die Bemühungen der Aufklärer gefährdet und der Vernichtung preisgegeben: „Die Teutschen haben sich bisher mit Recht über ihre Fürsten beschweret, daß diese mit ihren Gelehrten nichts zu schaffen haben wollen. Sie nehmen itzund den Herzog von Weimar mit Vergnügen aus. Aber was werden andre Fürsten, wenn sie in dem alten Tone fortfahren, zu ihrer Rechtfertigung anzuführen haben, wenn ... es nun wird geschehen sein, was ich fürchte, daß geschehen werde?": Daß nämlich die von ihm tief verehrte Herzogin Louise über dem Treiben ihres Gatten in Schmerz und Gram versinken wird. Beschwörend fährt er fort: „Louisens Gram! Goethe! – Nein, rühmen Sie sich nur nicht, daß Sie sie lieben wie ich ..."[27]

Herzogin Louise, *Ölbild von Georg Melchior Kraus, nach 1775.*

Der Freund des jungen Herzogs

Weder Goethe noch Carl August lassen sich von wohlgemeinten Warnungen dieser Art irritieren. Nicht nur, weil sie deutlich sehen, woher der Wind weht. Auch wenn sie im Übermut mitunter Grenzen überschreiten, meinen sie zu wissen, was sie tun, und vertrauen im übrigen ihrem Geschick, wie es Goethe im Gedicht *Dem Schicksal* formuliert:

> *Was weiß ich, was mir hier gefällt,*
> *In dieser engen, kleinen Welt*
> *Mit leisem Zauberband mich hält!*
> *Mein Karl und ich vergessen hier,*
> *Wie seltsam uns ein tiefes Schicksal leitet,*
> *Und ach, ich fühl's, im stillen werden wir*
> *Zu neuen Szenen vorbereitet.*
> *Du hast uns lieb, du gabst uns das Gefühl:*
> *Daß ohne dich wir nur vergebens sinnen,*
> *Durch Ungeduld und glaubenleer Gewühl*
> *Voreilig dir niemals was abgewinnen.*
> *Du hast für uns das rechte Maß getroffen,*
> *In reine Dumpfheit uns gehüllt,*
> *Daß wir, von Lebenskraft erfüllt,*
> *In holder Gegenwart der lieben Zukunft hoffen.*[28]

Die schweren Verstimmungen allerdings, die zwischen dem ungebärdigen, heißblütigen Carl August und der edlen, ganz an ihrer fürstlichen Würde orientierten, dabei außergewöhnlich kühlen Louise täglich heraufbeschworen wurden, empfand Goethe auch ohne Klopstocks Mahnungen als höchst schmerzlich. Gern hätte er dem jungen Paar geholfen, zueinander zu finden. Aber Carl August bestand darauf, mit seinen großen Jagdhunden an der fürstlichen Tafel und sogar in Louises Privatgemächern zu erscheinen, und sie brachte es nicht über sich, diesen Verstoß gegen die Etikette großzügig zu tolerieren. „Sie haben eben immer beide unrecht"[29], klagt Goethe gegenüber Charlotte von Stein. Und er weiß, wenn hier überhaupt etwas getan werden kann, so nur auf lange Sicht.

Carl Augusts Regierungstätigkeit

Aber nicht nur die bedauerliche Disharmonie des Fürstenpaares bereitete der Hofgesellschaft Sorgen. Man bangte in der Tat um das Leben des Herzogs. Ein neuer Thronfolger war noch nicht geboren – er ließ acht Jahre auf sich warten. Und Prinz Constantin, Carl Augusts Bruder und letzter möglicher Erbe des Hauses Sachsen-Weimar-Eisenach, war gesundheitlich schwach und charakterlich labil. Auf ihn konnte man kaum zählen. So sah man den Bestand des Herzogtums in Gefahr und malte sich wohl auch bisweilen die Auflösung des Weimarer Hofes aus – eine Schreckensvision für alle Beteiligten. Die Sorge war keineswegs grundlos, wie Hofmedikus Hufeland zu berichten weiß: Denn die „erste natürliche Folge dieser heroischen Kur [in frischer Luft und kaltem Wasser) war freilich eine tödliche Krankheit des Herzogs, aber er überstand sie glücklich, und der Erfolg war ein abgehärteter Körper für das ganze folgende Leben, so daß er ungeheure Strapazen hat aushalten können".[30] Dieser Ausgang des Experiments war für die Zeitgenossen jedoch allenfalls zu hoffen, er konnte keineswegs als gewiß gelten.

Sorgen bereitete außerdem, daß der Herzog aus lauter Lust am bunten Treiben die ihm obliegenden Regierungsgeschäfte völlig vernachlässigte. Staatsbeamte, die die Vorgänge, über die sie urteilen sollten, nur aus den Akten kannten, konnten sich freilich nicht vorstellen, daß des Herzogs wilde Ritte in die verschiedensten Teile seines Landes ihm – wenn auch mehr nebenher und unbeabsichtigt – gleichzeitig eine gehörige Portion Anschauungsunterricht vermittelten. Goethe, immer an seiner Seite, beobachtet die Prozesse viel genauer, wenn er nach Frankfurt schreibt: „Jetzt bin ich dran, das Land nur kennenzulernen; das macht mir schon viel Spaß. Und der Herzog kriegt auch dadurch Liebe zur Arbeit, und weil ich ihn ganz kenne, bin ich über viel Sachen ganz und gar ruhig."[31]

So wußte Goethe auch, und zwar von Carl August persönlich, daß sich dieser insgeheim mit Plänen trug, die weitreichende personelle Veränderungen in der höchsten Beamtenschaft zur Folge gehabt hätten. Hier war es der befreundete Mainzische Statthalter zu Erfurt, Carl Theodor von Dalberg, der den jungen Fürsten vor übereilten Schritten gewarnt hatte. Aber die seit mehreren Jahren vakante Stelle des Generalsuperintendenten möchte Carl August besetzen. Von Wieland stammte der Gedanke, sich an Johann Gottfried Herder zu wenden. Goethe, der Herder aus seiner Straßburger Studienzeit als einen unorthodoxen Bibelausleger und begabten Prediger kannte, dem die Macht des Wortes zur Verfügung stand wie kaum einem Mann, greift den Vorschlag auf. Hatte sich doch der um fünf Jahre ältere Herder als Dichter und Kritiker bereits einen Namen gemacht und galt als genialer philosophischer Kopf. Er war Goethe damals schnell zum Lehrer und Anreger in poetischen Fragen geworden, dem er insbesondere die Orientierung auf die Volkspoesie und auf Shakespeare verdankte. Seither stand er mit diesem hochbegabten, aber charakterlich keineswegs unkomplizierten Theologen in sporadischem Briefwechsel.

Johann Gottfried Herder.
Ölbild von I. L. Strecker, 1775.

Goethe ist gewillt, Carl August diesen Mann zu gewinnen. Die erste Anfrage geht etwa Mitte Dezember 1775 ab: „Lieber Bruder, der Herzog bedarf eines Generalsuperintendenten; hättest Du die Zeit Deinen Plan auf Göttingen geändert, wäre hier wohl was zu tun."[32] Am 2. Januar kann Goethe dem Freund schon Hoffnung machen, obgleich die Sache noch ganz geheimgehalten werden muß. Nicht einmal Wieland darf etwas über den Stand der Dinge erfahren. Goethe wünscht, daß Herder den Ruf allein durch ihn und „aus freier Wahl des Herzogs"

Die Berufung Herders

erhalten soll; „der Statthalter von Erfurt hat das Beste von Dir gesagt und bestätigt dem jungen Fürsten Deinen Geist und Kraft, ich habe für Deine politische Klugheit in geistlichen Dingen gutgesagt, denn der Herzog will absolut keine Pfaffentrakasserien über Orthodoxie und den Teufel ... – Ich wünsche Dich meinem Herzog und ihn Dir. Es wird Euch beiden wohltun, und – ja, lieber Bruder, ich muß das stiften, eh ich scheide."[33]

Dem Herzog, dem es darum zu tun ist, das geistige Klima in seinem Lande neu zu gestalten, kommt ein Mann wie Herder gerade recht. Goethe, der noch keineswegs ans Bleiben denkt, erhofft darüber hinaus einen ähnlich fördernden geistigen Einfluß Herders auf Carl August, wie er ihn selbst seinerzeit in Straßburg erfahren hatte. Doch gerade diese Intentionen sind es, die die Geistlichkeit des Landes auf den Plan rufen. Ohnehin fühlt man sich vom Herzog schmählich übergangen, denn auf die vakante Stelle hatte mindestens ein halbes Dutzend Landesgeistliche reflektiert. So führt das Oberkonsistorium heftigste Widerstände gegen Herders Berufung ins Feld, verschanzt sich hinter Zweifeln an seiner Rechtgläubigkeit. Goethe bleibt nichts anderes übrig, als den Freund am 15. Januar um eine Bestätigung seiner Rechtgläubigkeit zu bitten, wenn möglich durch den in Weimar sehr geschätzten braunschweigischen Abt Carl Wilhelm Jerusalem. Da Goethe weiß, wie empfindlich Herder gerade in diesem Punkt ist, fügt er hinzu: „Lieber Bruder, wir haben's von jeher mit den Scheißkerlen verdorben, und die Scheißkerle sitzen überall auf dem Fasse. Der Herzog will und wünscht Dich, aber alles ist hier gegen Dich. Indes ist hier die Rede von Einrichtung auf ein gut Leben und 2 000 Taler Einkünfte. Ich laß nit los, wenn's nit gar dumm geht."[34]

Doch schon reichlich eine Woche später hat sich das Blatt gewendet. Goethe triumphiert: „Bruder, sei ruhig; ich brauch' der Zeugnisse nicht, habe mit trefflichen Hetzpeitschen die Kerls zusammengetrieben, und es kann nicht lang mehr stocken, so hast Du den Ruf ... Vielleicht bleib' ich auch eine Zeitlang da. – Wenn ich das ins rein hab, dann ist mir's auf eine Weile wohl; denn mit mir ist's aufgestanden und schlafen gegangen, das Projekt, und durch die besten Wege ... Unser Herzog ist ein goldner Junge. Die Herzoginnen [Louise und Anna Amalia] wünschen Dich auch."[35]

Der Freund des jungen Herzogs

Daß Goethe seine Hetzpeitsche direkt im Oberkonsistorium geschwungen hat, ist nicht anzunehmen. Sein schlagkräftiges Bild meint wohl eher einen inzwischen eingegangenen Brief Lavaters an Herzogin Louise, in dem sich der Züricher Theologe, einer Bitte Goethes folgend, über Herder außerordentlich günstig geäußert hatte. Lavater steht bei beiden Herzoginnen hoch im Kurs, so daß sie Carl August nun vermutlich mit geeinten Kräften den Rücken stärken. Dieser befiehlt dem Oberkonsistorium am 23. Januar, Herder unverzüglich die Stelle des Generalsuperintendenten unter Verleihung der entsprechenden Titel anzutragen. Ende Januar geht der offizielle Ruf durch den Präsidenten des Oberkonsistoriums, Carl Friedrich von Lyncker, an Herder nach Bückeburg ab. Als Mitte Februar 1776 Herders Einwilligungserklärung in Weimar eintrifft, ist die erste Phase von Carl Augusts aufsehenerregender Personalpolitik glücklich vollendet.

Während dieser Zeit wachsen in Goethe Bereitschaft und Lust, in Weimar zu bleiben. Schon Mitte Januar hatte er Freund Merck mitgeteilt: „Ich bin nun ganz in alle Hof- und politische Händel verwickelt und werde fast nicht wieder wegkönnen. Meine Lage ist vorteilhaft genug, und die Herzogtümer Weimar und Eisenach immer ein Schauplatz, um zu versuchen, wie einem die Weltrolle zu Gesichte stünde. Ich übereile mich drum nicht, und Freiheit und Gnüge werden die Hauptkonditionen der neuen Einrichtung sein, ob ich gleich mehr als jemals am Platz bin, das durchaus Scheißige dieser zeitlichen Herrlichkeit zu erkennen."[36]

Die Kämpfe um Herders Berufung hatten Goethe und den Herzog noch enger zusammengeführt. In aller Heimlichkeit einen Plan zu ersinnen, mit geschickter Hand die Fäden zu spinnen, den Widerstand der Feinde zu brechen und schließlich zu triumphieren, das waren für beide neue, beflügelnde Erfahrungen. Vermutlich ließ die Mühe den Erfolg noch viel süßer schmecken. Gemeinsam hatten sie es geschafft. Doch sicher verkannte Carl August nicht, daß der glückliche Ausgang vor allem Goethes Verbindungen und diplomatischem Geschick zu danken war. Und vielleicht gehörte die Erkenntnis, daß Goethe über politische Fragen nicht nur trefflich zu debattieren wußte, sondern auch praktisch kluge Politik zu machen verstand, für den jungen Herrscher zu den beglückendsten Aspekten dieser ersten Amtshandlung.

Die Entscheidung für Weimar

Aus Goethes Perspektive stellte sich die Sache ähnlich dar. Mit Freude hatte er seine Kräfte auf der Bühne der Welt erprobt und gleich für zwei Freunde Nutzen gestiftet. Darin bestand wohl für ihn das besondere Glück: Zu sehen, daß sich hier, an der Seite Carl Augusts, für ihn ein Raum eröffnete, in dem er „mit Folge" wirken konnte. So schreibt er Mitte Februar an Johanna Fahlmer: „Herder hat den Ruf als Generalsuperintendent angenommen. – Ich werd auch wohl dableiben und meine Rolle so gut spielen als ich kann, und so lang, als mir's und dem Schicksal beliebt. Wär's auch nur auf ein paar Jahre, ist doch immer besser als das untätige Leben zu Hause, wo ich mit der größten Lust nichts tun kann. Hier hab ich doch ein paar Herzogtümer vor mir."[37]

Diesen Aussagen, die immerhin nach Frankfurt adressiert und zum Weitertragen an die Eltern bestimmt waren, müssen Gespräche mit Carl August über einen längeren Aufenthalt in Weimar vorausgegangen sein. Der Herzog, bezaubert von Goethes Persönlichkeit, überzeugt von dessen Talenten und nun auch bestätigt in seiner Liebe und seinem Vertrauen zu diesem sonderbaren Menschen, wünscht Goethe an sich zu binden. Er tut es in jener großzügigen Art, die an ihm immer zu beobachten ist, wenn ihm etwas am Herzen liegt. Carl August sichert Goethes materielle Existenz: Er schenkt ihm jenes kleine Gartenhaus abseits der Stadt, dessen reizvolle Lage an den Ilmwiesen bis heute jeden Besucher in seinen Bann zieht. Für Goethe ist es das kostbarste Geschenk, das man ihm überhaupt hätte machen können.

Im Frühjahr 1776 sah es dort allerdings noch anders aus als heute. Der Garten glich einer Wildnis, und das alte, baufällige Häuschen lud ganz und gar nicht zum Wohnen ein. Sein Dach war schadhaft, die Fußböden brüchig und der Schornstein eingefallen. Auch die weite Parklandschaft gab es damals noch nicht. An ihrer Stelle erstreckten sich Äcker und Gemüsegärten. Trotzdem hatte Goethe sofort Gefallen gefunden an diesem Fleckchen Erde, das seit geraumer Zeit zum Verkauf in der Zeitung stand. Seit Ende März verhandelte er mit den Eigentümern. Knapp einen Monat später, am 22. April, konnte er den Kaufvertrag unterzeichnen. Den Kaufpreis in Höhe von 600 Talern zahlte allerdings nicht er, sondern Bertuch – aus der Schatulle des Herzogs.

Der Freund des jungen Herzogs

Goethes Gartenhaus
an der Ilm heute.

Den „Garten in Besitz genommen"[38], notiert Goethe am 21. April in seinem Tagebuch. Jetzt beginnt er, in Weimar seßhaft zu werden. Er treibt die Maurer an, die das Häuschen instand setzen, zeichnet Rasenbänke und einen englischen Garten, in den er die Wildnis vor seiner Tür verwandeln will. Am 18. Mai, einem Samstag, ist es endlich soweit: „Nachts 10 in meinem Garten. Ich habe meinen Philipp nach Hause [in die Stadtwohnung] geschickt und will allein hier zum ersten Mal schlafen ... Es ist eine herrliche Empfindung, dahausen im Feld allein zu sitzen ... Alles ist so still. Ich höre nur meine Uhr tacken und den Wind und das Wehr von ferne"[39], beschreibt Goethe seiner Brieffreundin Auguste Gräfin zu Stolberg seine ersten Eindrücke. Und sei-

Einzug ins Gartenhaus

ne Herzensfreundin, Charlotte von Stein, erfährt am nächsten Morgen: „Zum ersten Mal im Garten geschlafen und nun Erdtulin für ewig."[40] Goethe sieht sich ganz in der Rolle des Erdkühleins – er nennt es bei seinem elsässischen Namen –, jenes mythischen Wesens, das, nur von der Mutter Erde ernährt, einsam in einem Häuschen im Walde lebt und gute Menschen erquickt, die sich ihm nahen.

Kein Zweifel, dies ist für Goethe der Platz, Wurzeln zu schlagen. Hier fühlt er sich daheim in der Abgeschiedenheit der Natur, begierig atmet er den Duft der Bäume und Sträucher, die ihre Blüten der Frühlingssonne entgegenstrecken, und badet seinen Körper im Morgentau der Ilmwiesen. Aber auch ein Ort fröhlicher Geselligkeit soll sein Garten werden, ein Treffpunkt für Freunde und Gäste. Am liebsten kommt der Herzog zu ihm heraus. Oft sitzen sie hier des Nachts in tiefen Gesprächen, und nicht selten schlafen sie in der Morgendämmerung auf Goethes Sofa zusammen ein.

Mit diesem Hauskauf erwarb sich Goethe das Bürgerrecht der Stadt Weimar, die Voraussetzung für die zweite Phase von Carl Augusts Personalpolitik. Er hatte vor, Goethe, der ihm immer mehr zur rechten Hand geworden war und dem er inzwischen mehr vertraute als allen seinen Geheimen Räten zusammen, als ordentliches Mitglied in sein Geheimes Consilium zu berufen. Ein kühnes Unterfangen, wenn man bedenkt, daß hier ein in Verwaltungs- und Regierungsfragen völlig unerfahrener und noch dazu aus dem Ausland zugereister Bürgersohn voraussetzungslos im höchsten Gremium der Landesregierung plaziert werden sollte. Dort saßen außer dem Herzog selbst nur drei langgediente Staatsbeamte: Jacob Friedrich Freiherr von Fritsch, seines Zeichens Wirklicher Geheimer Rat, gehörte seit 1762 besagtem Gremium an. Unter Anna Amalia, die ihm außerordentliches Vertrauen entgegenbrachte, war er zum ersten Minister des Landes avanciert und bekleidete diese Stelle seit nunmehr neun Jahren. Neben ihm wirkte der Geheime Assistenzrat Christian Friedrich Schnauß, ein begabter Jurist und emsiger Aktenarbeiter. Er war vor vier Jahren ins Consilium eingezogen, nachdem er mehr als 30 Jahre in den verschiedensten Amtsstuben des Herzogtum zermürbenden Dienst geleistet hatte. Den dritten Platz nahm Achatius Ludwig Schmid ein, ebenfalls ein langgedienter herzoglicher Beamter, gegen den Carl August allerdings ein tiefes Mißtrauen hegte. Diesen drei Männern fiel die verantwortungsvolle Aufgabe zu, den Herzog in allen seinen Entscheidungen nach bestem Wissen und Gewissen zu beraten, wobei im Zeitalter des aufgeklärten Absolutismus die Entscheidungsgewalt allein beim Fürsten lag.

Dieses höchst sensible Instrument fürstlicher Machtausübung wünschte Carl August nun insofern zu verändern, als der mißliebige Geheime Rat Schmid aus dem Geheimen Consilium entfernt und Goethe an seine Stelle gesetzt werden sollte. Um Schmid die bittere Pille zu versüßen, bot Carl August ihm den Posten des Regierungspräsidenten an. Es ist wahrscheinlich, daß Goethe zu diesem diplomatischen Schachzug geraten hatte. Der Briefwechsel zwischen den Hauptbeteiligten belegt, daß Goethe von Anfang an mit Carl Augusts Plänen vertraut war. Neben Goethe wünschte der Herzog noch einen zweiten, ebenfalls sehr jungen Mann an verantwortungsvollste Stelle zu setzen: Der Kammerherr von Kalb sollte seinem Vater im Amte folgen und zum Kammerpräsidenten, zum obersten Finanzverwalter des Landes, ernannt werden.

Diese weitreichenden Beschlüsse teilt der Herzog seinem ersten Minister, dem Freiherrn von Fritsch, am 23. April 1776 in einem ausführlichen Schreiben mit. Fritsch hatte schon Mitte Dezember des Vorjahres um seine Versetzung gebeten. Wohl nicht, weil er den kometenhaften Aufstieg Goethes vorhergesehen hätte. Dies wäre sicher auch einem phantasievolleren Beamten als Fritsch zu einem so frühen Zeitpunkt nicht möglich gewesen. Aber Fritsch verfügte über ein hohes Maß an Pflichtgefühl und Amtswürde. Er konnte weder zusehen, wie der junge Fürst seine Regierungsverpflichtungen über Monate vernachlässigte, noch konnte er es ändern. So blieb ihm nur, die Konsequenz zu ziehen, indem er die Verantwortung dafür ablehnte und seine Versetzung beantragte. Carl Augusts Antwort hatte lange genug auf sich warten lassen. Statt nun die Bitte seines langgedienten ersten Ministers gnädigst zu gewähren, muß dieser zur Kenntnis nehmen, daß er fürderhin neben Goethe, diesem hergelaufenen Poeten und Spaßmacher des Hofes, im Consilium sitzen sollte. Das ging zu weit. Fritsch antwortet schon am nächsten Tag. In der ihm eigenen Schärfe und Konsequenz legt er seine Gegenposition dar: Er wiederholt seine bereits früher geäußerten Warnungen vor jeder Art von Regierungs-

Jacob Friedrich Freiherr von Fritsch in einer zeitgenössischen Silhouette.

umbildung, er erinnert an die Kritik, die über die Untätigkeit des Consiliums bereits laut geworden ist und die ihm als erstem Minister zur Last gelegt wird und führt schließlich seinen Hauptangriff gegen Goethes Berufung. Die Verantwortung gebiete ihm, so Fritsch, alles zu tun, um den Herzog von seinem Vorhaben abzubringen. „Da solches vermutlich aber nicht zu bewerkstelligen ist, so bleibt mir nichts mehr übrig, als gegen Ihro mit aller Ihnen schuldigen Ehrerbietung, zugleich aber auch mit aller Entschlossenheit eines von dem, was er Eurer Hochfürstlichen Durchlaucht, anderen und sich selbst schuldig ist, tief durchdrungenen Mannes zu deklarieren, daß ich in einem Collegio, dessen Mitglied gedachter Dr. Goethe anjetzt werden soll, länger nicht sitzen kann; daß ich Ihro in selbigem mit Nutzen vor Höchstdieselben und mit Ehre vor mich zu dienen nicht hoffen darf, und daß ich sonach lieber meine zeithero bekleideten Stellen zu Euer

Der Freund des jungen Herzogs

Hochdurchlauchtigsten Füßen niederzulegen und Höchstdieselben um die gnädigste Entlassung aus Ihro Diensten untertänigst anzugehen mich bemüßigt sehe."[41]

Das war deutlich. Doch obgleich Carl August eine so scharfe Antwort nicht erwartet hatte und gleichsam erst einmal durchatmen mußte, bleibt er Fritsch in seinem Antwortschreiben vom 10. Mai nichts schuldig: „Ich habe Ihren Brief, Herr Geheimer Rat, ... richtig erhalten. Sie sagen mir in denselben Ihre Meinung mit aller der Aufrichtigkeit, welche ich von einem so rechtschaffenen Manne, wie Sie sind, erwartete. Sie fordern ... Ihre Dienstentlassung, weil, sagen Sie: Sie nicht länger in einem Collegio, wovon der Dr. Goethe ein Mitglied ist, sitzen können: dieser Grund sollte eigentlich nicht hinlänglich sein, Ihnen diesen Entschluß fassen zu machen. Wäre der Dr. Goethe ein Mann eines zweideutigen Charakters, würde ein jeder Ihren Entschluß billigen. Goethe aber ist rechtschaffen, von einem außerordentlich guten und fühlbaren Herzen; nicht alleine ich, sondern einsichtsvolle Männer wünschen mir Glück, diesen Mann zu besitzen. Sein Kopf und Genie ist bekannt. Sie werden selbst einsehen, daß ein Mann wie dieser nicht würde die langweilige und mechanische Arbeit, in einem Landescollegio von unten auf zu dienen, aushalten. Einem Mann von Genie nicht an den Ort gebrauchen, wo er seine außerordentlichen Talente nicht [sic] gebrauchen kann, heißt denselben mißbrauchen. Ich hoffe, Sie sind von dieser Wahrheit so wie ich überzeugt. Was den Punkt, daß dadurch vielen verdienten Leuten, welche auf diesen Posten Ansprüche machten, anbetrifft, so kenne ich niemanden in meiner Dienerschaft, der meines Wissens darauf hoffte. Zweitens werde ich nie einen Platz, welcher in so genauer Verbindung mit mir, mit dem Wohl und Weh meiner Untertanen stehet, nach Anciennität, sondern nach Vertrauen vergeben. Was das Urteil der Welt betrifft, welche mißbilligen würde, daß ich den Dr. Goethe in mein wichtigstes Collegium setzte, ohne daß er zuvor weder Amtmann, Professor, Kammer- oder Regierungsrat war, dieses verändert gar nichts. Die Welt urteilt nach Vorurteilen, ich aber und jeder, der seine Pflicht tun will, arbeitet nicht, um Ruhm zu erlangen, sondern um sich vor Gott und seinen eignen Gewissen rechtfertigen zu können und suchet auch ohne den Beifall der Welt zu handeln."[42]

Anna Amalias Vermittlung

Soweit Carl Augusts glühende und durchaus reife Verteidigungsrede für Goethe. Es soll nicht verschwiegen werden, daß sein eigenhändiger Brief fünf große Quartbogen umfaßte und von einigen Tintenklecksen geziert war. Doch Geheimrat von Fritsch lenkt in seinem Antwortschreiben nicht ein. Damit war Carl August handlungsunfähig. Er konnte seinen Minister nicht noch einmal bitten, seine Position zu überdenken. Gleichzeitig war ihm zutiefst bewußt, daß er auf diesen hocherfahrenen, klugen und der Sache des Landes treu ergebenen Staatsmann in keinem Fall verzichten durfte, auch und gerade weil Fritsch nicht immer ein bequemer Staatsdiener war.

Die Differenzen zwischen dem Herzog und seinem ersten Minister drohten, die Dimensionen einer ernsten Regierungskrise anzunehmen. Guter Rat war teuer. In dieser Situation wendet sich Carl August an seine Mutter. Wenn überhaupt noch jemand vermitteln und Fritsch umstimmen konnte, war es Anna Amalia. Denn Fritsch ist ganz eigentlich als ihr erster Minister zu betrachten. Mit ihm, ja auf ihn gestützt, hatte sie – damals eine junge und zunächst unerfahrene Witwe – über schwierige Jahre die Regentschaft für ihren unmündigen Sohn geführt. In jenen Jahren war in Anna Amalia das besondere Vertrauen gewachsen, das sie ihrem ersten Staatsdiener entgegenbrachte, und in Fritsch eine verehrende Hochachtung für seine kluge und willensstarke Fürstin.

Als solche erweist sie sich auch jetzt. Sie legt ihr ganzes Gewicht in die Waagschale, um Fritsch zu halten. In einem langen, wohldurchdachten und ebenso herzlichen Brief bittet sie Fritsch eindringlich, ihren Sohn in schwieriger Situation nicht im Stich zu lassen. Sie ruft sein Pflichtgefühl, sein religiöses Gewissen an und erinnert ihn an ihre jahrzehntelange Freundschaft und Anhänglichkeit. Gleichzeitig läßt sie keinen Zweifel daran, daß sie Fritschs Skepsis, ja Ablehnung gegenüber Goethe nicht teilt: „Sie sind eingenommen gegen Goethe, den Sie vielleicht nur aus unwahren Berichten kennen, oder den Sie von einem falschen Gesichtspunkt beurteilen. Sie wissen, wie sehr mir der Ruhm meines Sohnes am Herzen liegt, und wie sehr ich darauf hingearbeitet habe und noch täglich es tue, daß er von Ehrenmännern umgeben sei; wäre ich überzeugt, daß Goethe zu jenen kriechenden Geschöpfen gehörte, denen kein anderes Interesse heilig ist als ihr eigenes und die nur aus Ehrgeiz handeln, so würde ich die erste sein, gegen ihn aufzutreten. Ich will Ihnen nicht von seinen Talenten, von seinem Genie sprechen; ich rede nur von seiner Moral, seine Religion ist die eines guten und wahren Christen, die ihn anhält, seinen Nächsten zu lieben und es zu versuchen, ihn glücklich zu machen; das ist doch der erste ... Wille unseres Schöpfers ... Machen Sie Goethes Bekanntschaft, suchen Sie ihn kennenzulernen; Sie wissen, daß ich meine Leute erst gehörig ansehe, bevor ich über sie urteile, daß die Erfahrung mich wohl gelehrt hat, sie kennenzulernen, und daß ich dann ohne Vorurteile mir meine Ansicht bilde ... gehen Sie in sich ..., verlassen Sie meinen Sohn nicht unter diesen Umständen..." Und Anna Amalia fügt ihren Argumenten hinzu: „... ich bitte Sie darum ebenso aus Liebe für meinen Sohn wie aus Liebe für Sie."[43]

Diesen beschwörenden wie charmanten Worten seiner Fürstin kann der bärbeißige Fritsch nicht widerstehen. Seine Befürchtungen sind zwar keineswegs ausgeräumt, doch stimmt er jetzt den geplanten Veränderungen zu. Er kehrt an seinen Platz im Geheimen Consilium zurück, um dort, Carl August zur einen und Goethe zur anderen Seite, in bewährter Weise das Seine zu tun.

So sehr das Urteil der Nachlebenden aber auch mit den warmherzig vorgetragenen Positionen Carl Augusts und Anna Amalias sympathisiert, darf doch nicht übersehen werden, daß die Argumente von Fritsch durchaus auch ihre Berechtigung besitzen. Denn seine Forderung, die höchsten Beamtenstellen nur mit hervorragend ausgebildeten und langjährig erfahrenen Staatsdienern zu besetzen, war eine Errungenschaft der Aufklärung. Fritsch sah in der Begünstigung Goethes und von Kalbs einen fürstlichen Willkürakt, der der längst überwunden geglaubten Günstlingswirtschaft Vorschub leistete. Ganz unrecht hat er mit seinen Befürchtungen nicht gehabt, wie die spätere Entwicklung erwies. Sein Vorurteil gegenüber Goethe mußte er revidieren. Der junge Kammerpräsident von Kalb jedoch zeigte sich seinen Aufgaben weder fachlich noch menschlich gewachsen. Keine sechs Jahre später sah sich Carl August veranlaßt, ihn aus dem Amt zu entfernen.

Doch zunächst genießen der Herzog und Goethe ihren Sieg über den alten Zopf. Am 11. Juni 1776 wird Goethe der Titel eines Gehei-

Fritschs Einlenken

men Legationsrates mit Sitz und Stimme im Geheimen Consilium verliehen, zwei Wochen später erfolgt die offizielle Amtseinführung. Damit hatte Carl August die personellen Voraussetzungen geschaffen, um seine Regierungsarbeit in Angriff zu nehmen. Ihm war es vor allem darum zu tun gewesen, sich mit Goethe einen Mann seines Vertrauens und verwandter Denkweise ins Consilium zu holen, mit dem er die vielen Ideen verwirklichen konnte, die ihnen beiden in den vorangegangenen Monaten durch den Kopf gegangen waren.

Für Goethe gestalteten sich die äußeren Bedingungen insofern günstig, als er mit 1200 Talern Jahresgehalt zu den wenigen sehr gut bezahlten Beamten im Herzogtum zählte. Bedenkt man allerdings, daß Fritsch 1800 Taler jährlich bezog, wird deutlich, daß er nicht der bestbezahlte Beamte des Landes war. Dafür genießt Goethe volle Freizügigkeit, er kann – unter Beibehaltung einer jährlichen Pension von

Herzog Carl August, *Stich von Johann Heinrich Lips (1780).*

Der Freund des jungen Herzogs

800 Talern – seinen Dienst jederzeit quittieren. Dies eine Bedingung, die ihm besonders am Herzen liegt. Denn seit er ahnt, daß ihn die Natur mit besonderen, ja außerordentlichen Talenten ausgestattet hat, fühlt er eine heftige Angst, sich zu binden.

Ihm ist bewußt, daß er mit den amtlichen Pflichten und der Vorzugsstellung, die er nicht nur bei Carl August, sondern auch bei Anna Amalia und bedingt sogar bei Herzogin Louise genießt, eine nicht geringe Verantwortung übernommen hat. Niemandem war verborgen geblieben, daß er als einziger in ganz Weimar einen gewissen Einfluß auf Carl August auszuüben vermochte. Dessen überschäumendes Temperament, dessen unbeherrschte Wildheit und mangelnde Konsequenz bedürfen nach wie vor der Führung und Leitung. Was liegt näher, als dies von Goethe, dem älteren, von Carl August selbst gewählten Freund zu erwarten. So ist Goethe in diesem knappen dreiviertel Jahr, das er inzwischen in Weimar lebt, unbewußt und unversehens in eine Rolle hineingewachsen, der er sich nicht mehr entziehen kann – wohl auch nicht will, denn er fühlt sich dem jungen Herzog ebenso innig verbunden wie dieser sich ihm.

Goethe nimmt die Herausforderung des Schicksals zwar nicht leichtsinnig, aber doch mit leichtem Herzen und einer stolzen Portion Selbstvertrauen an. Im Gedicht *Seefahrt*, das nur wenige Wochen nach den geschilderten Ereignissen entstanden ist, verleiht er seiner damaligen seelischen Verfassung Ausdruck:

> *Doch er stehet männlich an dem Steuer;*
> *Mit dem Schiffe spielen Wind und Wellen;*
> *Wind und Wellen nicht mit seinem Herzen:*
> *Herrschend blickt er auf die grimme Tiefe*
> *Und vertrauet, scheiternd oder landend,*
> *Seinen Göttern.*[44]

Goethes Selbstverständnis als kraftvoller Einzelkämpfer bewegt sich noch ganz in den geistig-weltanschaulichen Dimensionen des Sturm und Drang. Nicht nur er erwartet viel von sich, auch die ihm Wohlgesinnten tun es. So schreibt Wieland an Lavater: Goethe „ist nun Geheimer Legationsrat und sitzt im Ministerio unsers Herzogs – ist Favorit-Minister, Faktotum und trägt die Sünden der Welt. Er wird viel Gutes schaffen, viel Böses hindern, und das muß", setzt er weitsichtig hinzu, „... uns dafür trösten, daß er als Dichter wenigstens auf viele Jahre für die Welt verloren ist. Denn Goethe tut nichts halb. Da er nun einmal in diese neue Laufbahn getreten ist, so wird er nicht ruhen, bis er am Ziel ist; wird als Minister so groß sein, wie er als Autor war."[45] Damit trifft Wieland ziemlich genau Goethes Charakter und Vorsätze, sieht aber auch scharf voraus, welchen Preis der Jüngere wird zahlen müssen. Ob das Ergebnis diesem Preis die Waage halten kann, bleibt vorerst abzuwarten.

Am Musenhof Anna Amalias

An wieviel Plätzen lag, vor euch gebückt,
Ein schwer befriedigt Publikum entzückt!
In engen Hütten und im reichen Saal,
Auf Höhen Ettersburgs, in Tiefurts Tal,
Im leichten Zelt, auf Teppichen der Pracht
Und unter dem Gewölb der hohen Nacht
Erschient ihr, die ihr vielgestaltet seid,
Im Reitrock bald und bald im Galakleid.

Goethes kometenhafter Aufstieg am Weimarer Hof wäre nicht möglich gewesen ohne die Gunst der Herzoginmutter Anna Amalia. Aber auch der „Musenhof" der Fürstin hätte kaum die Leuchtkraft erlangen können, mit der er die Blicke der Zeitgenossen wie der Nachgeborenen bis heute immer wieder auf sich zieht, wäre es nicht gelungen, Goethes Genius hier einen Entfaltungsraum zu schaffen.

Der Boden war vorbereitet. Anna Amalia, mit ihren 36 Jahren noch immer eine junge, unternehmende Frau, hatte sich mit aller Konsequenz aus den Staatsgeschäften zurückgezogen, als Carl August am 3. September 1775 volljährig und damit regierungsfähig geworden war. Doch es stellte sich sehr bald heraus, daß das gesellig-kulturelle Leben am jungen Hof nicht in den besten Händen lag. Gerade auf diesem Gebiet hatte die kunstsinnige Fürstin in den Jahren ihrer Regentschaft viel geleistet, und sie konnte und wollte es sich nicht nehmen lassen, das Privatleben, das sie von nun an führen würde, ganz und gar den Musen zu widmen. Ihr kleines Palais an der Esplanade – das heutige Wittumspalais –, in welchem sie seit dem Schloßbrand von 1774 residierte, war wie geschaffen, den Schauplatz für einen Weimarer Musenhof abzugeben.

Minister von Fritsch hatte das Palais vor kaum sieben Jahren als Wohnhaus für sich und seine Familie erbauen lassen, innen wie au-

Das Wittumspalais

ßen in schlichtem Barock, den Wohn- und Repräsentationsbedürfnissen einer Familie von Stand, nicht aber einer Herzogin angemessen. Doch Anna Amalia war froh, daß ihr Fritsch in der Not sein Haus zur Verfügung gestellt hatte. Es war nicht das größte, aber eines der modernsten und komfortabelsten Häuser der Residenzstadt. Der herzogliche Hof kaufte es für 21 000 Taler, durchaus zur Zufriedenheit Fritschs, der sich mit dem Bau finanziell etwas übernommen hatte. Anna Amalia verstand es auch diesmal, sich mit den Gegebenheiten zu arrangieren. Was dem Palais im Inneren an Weitläufigkeit und höfischem Glanz fehlte, ersetzte sie durch ein elegantes Meublement im neuesten französischen Stil, das sie in den lichten Räumen höchst geschmackvoll plazieren ließ. So zauberte sie in ihr Palais doch einen Hauch von fürstlicher Noblesse und ließ gleichzeitig genügend Raum für menschliche Verbindlichkeit, die ihr mehr denn je am Herzen lag.

Herzogin Anna Amalia, Ölbild von Georg Ziesenis, um 1769.

Sicher war es nicht der ehrgeizige Vorsatz der Fürstin, die respektvollerstaunten Augen der deutschen, später sogar der europäischen Geisteswelt auf Weimar zu lenken. Es ging ihr vielmehr darum, ihren – den sogenannten verwitweten – Hof zu einer Anstalt zur Beförderung der Fröhlichkeit und guten Laune zu entwickeln. Die Anfänge

Am Musenhof Anna Amalias

dieser Einrichtung nehmen sich eher bescheiden aus. Anna Amalia – selbst kunstbeflissen und vielseitig musisch interessiert – hatte ein paar feinsinnig-wache Hofdamen sowie einige musizierende, komponierende und Verse schmiedende Kavaliere um sich geschart und diesem aufnahmefähigen Kreis mehrere geistreiche und talentierte Männer aus Adel und Bürgertum integriert. Mittels kluger, weitsichtiger Politik verstand sie es, letzteren das Bleiben an ihrem Hof durch ein Amt schmackhaft zu machen: Den begabten Schriftsteller Johann Carl August Musäus, ein Landeskind ohne Vermögen, hatte sie als Pagenhofmeister, später als Professor am Weimarer Gymnasium anstellen lassen. Seine *Volksmärchen der Deutschen* werden nicht unbeträchtlich zu Weimars literarischem Ruhm beitragen. Carl Ludwig von Knebel, amtlich als Erzieher des Prinzen Constantin wirkend, entwickelt sich dank seiner umfassenden literarischen Bildung und weitverzweigten Korrespondenz bald zu einer der Hauptstützen ihres musisch-geselligen Kreises. Mit Christoph Martin Wieland war es ihr sogar gelungen, eine Geistesgröße von europäischem Format für ihren Hof zu gewinnen. Nun, da seine Aufgabe als philosophischer Erzieher des Erbprinzen erfüllt ist, lebt er ganz seiner Dichtung und seiner Zeitschrift

Das Wittumspalais *an der Esplanade, im linken Hintergrund das 1779 eröffnete Hoftheater, Zeichnung von Ludwig Bartning.*

Teutscher Merkur, die künftig Weimars Ruhm in allen deutschen Landen verbreiten wird.

In Anna Amalias Palais trifft man sich nicht nur zu geselligem Musizieren und zum beliebten Kartenspiel, hier pflegt man unter dem Vorsitz der Fürstin auch schöngeistige Unterhaltung. Eigens dafür richtet Anna Amalia 1775 einen Leseabend ein, zu dem sich allmontäglich die Freunde der Literatur um den großen runden Tisch im Speisezimmer ihres Palais versammeln. Begabte Vorleser und Vorleserinnen wie das kleine, bucklige Fräulein Louise von Göchhausen oder der große, wohlgestaltete Freiherr von Einsiedel lesen aus Neuerscheinungen des literarischen In- und Auslands, Knebel stellt Übersetzungen aus den Werken der Alten vor und Wieland läßt sich bewegen, einen Abschnitt aus seinem jüngsten Roman vorzustellen. Man diskutiert über die neuesten literarischen und künstlerischen Tendenzen im Frankreich Ludwigs XVI., die noch immer den ästhetischen wie literarischen Geschmack der deutschen Höfe bestimmen, verfolgt aber gleichzeitig mit ungewöhnlich wachem Interesse, was die zeitgenössische deutschsprachige Literatur an neuen Inhalten und Formen hervorbringt.

In diesem sich gerade erst formierenden heiter-geselligen Kreis hatte man den Dichter des *Werther* mit Spannung erwartet. War es doch das erste Mal, daß man einen Mann der jungen Dichtergeneration unmittelbar vor Augen und Ohren hatte. Goethe muß sich in diesem von Anna Amalia völlig ohne Zeremoniell geführten Zirkel so wohl gefühlt haben, daß er sehr bald in Feuer geriet und die Erwartung aller Anwesenden weit übertraf. Er war nicht mit leeren Händen nach Weimar gekommen. Sein Reisegepäck bestand zum überwiegenden Teil aus vollendeten und unvollendeten Manuskripten, Liedern und Gedichten, vor allem aber größeren und kleineren dramatischen Arbeiten. Er wußte, daß man sich im Kreis um Anna Amalia besonders für ihn als Autor interessierte. Schon Anfang Dezember liest er eines Nachmittags einem nicht genau bestimmbaren Kreis von Zuhörern – vielleicht war es Anna Amalias Montagsrunde – seinen „halbfertigen *Faust*" [den *Urfaust*] vor. „Es ist ein herrliches Stück", berichtet Friedrich Graf zu Stolberg. „Die Herzoginnen [Anna Amalia und Louise] waren gewaltig gerührt bei einigen Szenen."[1]

Am Musenhof Anna Amalias

Dabei muß man sich Goethe als hochbegabten Rezitator eigener und fremder Texte vorstellen. Johann Wilhelm Ludwig Gleim, der ehrwürdige Wortführer der anakreontischen Lyriker und selbstlose Förderer junger Dichter, fand Gelegenheit, bei Anna Amalia eine Kostprobe von Goethes Vortragskunst zu erleben. Zur Bereicherung des Abends hatte er den neuesten *Göttinger Musenalmanach* mitgebracht, aus dem er der Gesellschaft verschiedenes mitteilte. Unterdessen hatte sich ein junger Mann mit Stiefeln und Sporen in einem kurzen, grünen Jagdrock unter die Zuhörer gemischt. „Er saß mir gegenüber und hörte sehr aufmerksam zu. Außer einem Paar schwarzglänzenden italienischen Augen, die er im Kopfe hatte, wüßte ich sonst nichts, das mir besonders an ihm aufgefallen wäre." In einer Pause bietet der Fremde Gleim an, ihn beim Lesen abzulösen. Ein Vorschlag, den der ältere Herr gern annimmt. „Anfangs ging es ... ganz leidlich: ‚Die Zephyrn lauschten, / Die Bäche rauschten, / Die Sonne / Verbreitet ihr Licht mit Wonne.' Auch die etwas kräftigere Kost von [Johann Heinrich] Voß, Leopold [von] Stolberg, [Gottfried August] Bürger wurde so vorgetragen, daß sich keiner darüber zu beschweren hatte. Auf einmal aber war es, als ob den Vorleser der Satan des Übermutes beim Schopfe nehme, und ich glaubte, den wilden Jäger in leibhaftiger Gestalt vor mir zu sehen. Er las Gedichte, die gar nicht im Almanach standen, er wich in alle nur möglichen Tonarten ... aus. Hexameter, Jamben, Knittelverse, und wie es nur immer gehen wollte, alles unter- und durcheinander ... Mitunter kamen so prächtige ... Gedanken, daß die Autoren, denen er sie unterlegte, Gott auf den Knien dafür hätten danken müssen, wenn sie ihnen vor ihrem Schreibepulte eingefallen wären. Sobald man hinter den Scherz kam, verbreitete sich eine allgemeine Fröhlichkeit durch den Saal. Er versetzte allen Anwesenden irgend etwas. Auch meiner Mäzenschaft ... [Er] verglich ... mich ... in einer kleinen ex tempore in Knittelversen gedichteten Fabel mit einem frommen und ... geduldigen Truthahn, der eigene und fremde Eier in großer Menge ... ausbrütet; ... und der es nicht übelnimmt, wenn man ihm – ein Ei von Kreide statt eines wirklichen unterlegt. – ‚Das ist entweder Goethe oder der Teufel!' rief ich Wieland zu, der mir gegenüber am Tische saß. – ‚Beides', gab mir dieser zur Antwort; ‚er hat einmal heute wieder den Teufel im Leibe; da ist er wie ein mutiges Füllen, das vorn und hinten ausschlägt, und man tut wohl, ihm nicht allzu nahe zu kommen.'"[2]

Dieser von Temperament übersprühende junge Mann, den man zuweilen aber auch tief nachdenklich antreffen konnte, hatte Anna Amalias Herz im Sturm erobert. Sie fand nicht nur als Freundin der Musen Gefallen an seiner vielseitigen Begabung, mit der er ihren Zirkel wie kein anderer belebte. Als erfahrene Menschenkennerin hoffte sie wohl auch, über Goethe die Brücke zum Herzen ihres Sohnes befestigen zu können. So ist sie klug genug, den jungen Leuten ihren Mutwillen und Überschwang nachzusehen. Anders als der größte Teil der Hofgesellschaft stellt sie sich vorurteilsfrei auf die Seite ihres Sohnes. Sie protegiert Goethe, den Bürgerlichen, indem sie ihn eng in ihre Kreise zieht.

Anna Amalias „Tafelrunde"*, Stich nach einem Aquarell von Georg Melchior Kraus, um 1795.*

Am Musenhof Anna Amalias

Anna Amalias besondere Liebe gehörte der Musik und dem Theaterspiel. Sie war zutiefst davon überzeugt, daß die Bühne einen wohltätigen Einfluß auf die sittliche Bildung der Untertanen auszuüben vermochte – eine bemerkenswerte Auffassung in einer Zeit, in der der Schauspielerstand gesellschaftlich verachtet und von kirchlichen Kreisen teilweise sogar geächtet wurde. An diesem Zustand hatten auch die Reformbemühungen Johann Christoph Gottscheds und Gotthold Ephraim Lessings kaum etwas ändern können. Aber Anna Amalia ließ sich von der herrschenden öffentlichen Meinung nicht irritieren. Bereits in den Jahren ihrer Regentschaft hatte sie mehrere deutsche Theatertruppen unterstützt und nacheinander in festes Engagement genommen. Eine Entscheidung, die neben dem Theaterenthusiasmus der Fürstin auch dem knappen Budget geschuldet war, das ihr nicht erlaubte, eine italienische Oper oder eine französische Schauspieler- und Sängergruppe in Weimar zu unterhalten. Diese entsprachen sehr wohl den Repräsentationsbedürfnissen der zeitgenössischen Höfe, doch konnte man sich ein so kostspieliges Amüsement nur in wenigen, vermögenden Residenzen leisten, etwa in Braunschweig, wo Anna Amalia aufgewachsen und ihre Theaterleidenschaft gebildet worden war.

Bei der Wahl ihrer Schauspieler bewies sie guten Geschmack. Im Jahre 1771 engagierte sie keine geringere als die Seylersche Truppe, mit der Lessing 1767/68 in Hamburg vergeblich versucht hatte, den Deutschen ein Nationaltheater zu schaffen. Mitglied dieser Truppe war Conrad Ekhof, den man später den „Vater der deutschen Schauspielkunst" nennen wird. Dreimal wöchentlich agierte die Seylersche Truppe auf einer festen Bühne im Ostflügel der alten Wilhelmsburg, dem herzoglichen Schloß. Und Anna Amalia hatte ausdrücklich verfügt, daß jeder Untertan unentgeltlich an den Aufführungen teilnehmen durfte, sofern er nur in sauberer Kleidung im Theater erschien.

Nachdem mit der Wilhelmsburg auch Anna Amalias geliebter Theatersaal ein Opfer der Flammen geworden war, konnte sie Seyler nur an den benachbarten Hof in Gotha vermitteln. Statt aber selbst fortan auf den Theatergenuß zu verzichten, versammelte sie – gestützt auf ihren Oberhofmeister Graf Putbus – ein kleines Völkchen spiellustiger Damen und Herren Standespersonen, das sich zu seinem eigenen

Theateraufführungen

Vergnügen auf die Bretter wagte und zumindest Teile des Seylerschen Repertoires – Ballette, Komödien und Singspiele – in vereinzelten Laien- und Liebhaberaufführungen vor der Hofgesellschaft zum besten gab. Ort dieser Aufführungen war Anna Amalias Palais.

Vielleicht angeregt vom Beispiel der Fürstin fügte sich auch im Weimarer Bürgertum eine Laienguppe zusammen und spielte unter Bertuchs Leitung im Hauptmannschen Redoutenhaus an der Esplanade.

Diese theatralischen Bestrebungen waren noch nicht lange eingeleitet, als Goethe in Weimar eintraf. Kontaktfreudigkeit und extrovertierte Spiellaune prädestinierten ihn zum Laienakteur, und Anna Amalia hoffte sicher auf einige dramatische Kostbarkeiten aus seiner Feder. Sein Debüt gab Goethe Mitte Februar 1776 auf einer Redoute, einem Maskenball. Zur Unterhaltung der Gäste führte man eine Art pantomimisches Ballett unter dem Titel *Die Versuchung des Heiligen Antonius* auf, das nach einem zeitgenössischen Zeugnis von Goethe selbst inszeniert worden sein soll. Vielleicht stammte die Idee von ihm, den Tanz hatte Freiherr von Seckendorff einstudiert. Die Titelfigur – von Graf Putbus höchstpersönlich dargestellt – saß „in einer Höhle vor Buch und Totenkopf ..., dann kam ein Teufel nach dem andern [insgesamt waren es achtzehn] und ängstete ihn und suchte ihn zu quälen und irrezumachen; jeder Teufel stellte ein Laster vor ...; mein Doktor war der Hochmutsteufel", berichtet Goethes Diener Philipp Seidel, er „kam mit Pfauenschwanzflügeln und aufgeblasen auf Stelzen herein"[3]. Möglicherweise war das Thema der Aufführung nicht ganz glücklich gewählt. Die Hofgesellschaft fand die Maskerade „sehr anstößig", wie Freiherr von Lyncker berichtet, und „sprach den lautesten Tadel über Goethe [als Initiator] aus"[4], was allerdings nicht verhindert haben muß, daß sich Anna Amalia über Goethes komisches Talent köstlich amüsiert hat.

Ungerührt von dieser Kritik gab Goethe wenige Tage später sein Debüt als Schauspieler in dem damals beliebten Lustspiel *Der Westindier* von Richard Cumberland. Sein Erfolg in der Titelrolle qualifizierte ihn zum unverzichtbaren Mitglied des Liebhabertheaters, wo er von nun an als Schauspieler, Regisseur und dramatischer Dichter wirkte. Sehr schnell muß er zu Anna Amalias Generalfaktotum in allen Thea-

Am Musenhof Anna Amalias

Damen aus der Weimarer Hofgesellschaft, *die linke Figur könnte die Herzogin Louise sein, die rechte Charlotte von Stein darstellen, Silhouetten aus den 80er Jahren.*

terangelegenheiten avanciert sein. Nach dem unerwarteten Tod des Grafen Putbus im September 1776 übernimmt Goethe auf Wunsch Carl Augusts – hinter dem aber vermutlich Anna Amalia steckte – die Leitung des Weimarer Liebhabertheaters. Da er als Bürgerlicher von Anfang an im Laienensemble der Aristokraten aufgetreten war, hatten sich wohl allmählich die Grenzen zwischen den spielenden Enthusiasten adliger und bürgerlicher Provenienz vermischt. Leider ermöglichen die wenigen überlieferten Quellen aus dieser frühen Zeit keine genaueren Aussagen darüber, wie sich dieser sozialgeschichtlich höchst interessante Prozeß des Zusammenwachsens beider Gruppen im einzelnen vollzogen hat. Ähnliches ereignet sich anläßlich der Leseabende und anderer künstlerisch-geselliger Zusammenkünfte, so daß sich in Anna Amalias Kreis die starren Schranken zwischen den Ständen allmählich lockerten und ein Klima der Achtung, des Vertrauens und der Förderung wachsen konnte, das als unverzichtbare Basis des literarischen und kulturellen Aufstiegs der kleinen Residenzstadt zu betrachten ist.

Auch unter Goethes Leitung bleibt Anna Amalia Zentrum und Seele des Weimarer Theaterlebens, immer anregend, Kräfte und Mittel

Die Sängerin Corona Schröter

Goethe *in einem Schattenriß, um 1780.*

mobilisierend, Schwierigkeiten beiseite räumend, für Dank und Belohnung sorgend. Dabei sind die mehr als 60 Aufführungen, die in den folgenden acht Jahren die Gemüter der Residenzstädter erregen, als Ensembleleistung von besonderem Zuschnitt zu betrachten: Heiter-gesellige Unterhaltung mischt sich hier mit einem Kunstwollen, das nicht nur von Goethes und Amaliens ästhetischen Maßstäben geprägt wird, sondern zumindest ebenso stark von der Leistung der Freiherren von Seckendorff und von Einsiedel, die Goethe dichtend und komponierend zur Seite stehen, von Tanzmeister Aulhorn, dem Überbleibsel einer einst engagierten Theatertruppe, der unermüdlich bemüht ist, die pantomimischen und tänzerischen Fähigkeiten der Laiendarsteller auf den Takt der Musik zu prägen und ihnen Grazie zu verleihen, und nicht zuletzt vom schauspielerischen und sängerischen Können der einzigen Berufskünstlerin des Weimarer Liebhabertheaters, von Corona Schröter.

Zweifellos ist es Goethes Verdienst gewesen, diese außergewöhnliche Künstlerin nach Weimar geholt zu haben. Während seiner Leipziger Studienzeit hatte er die damals Sechzehnjährige in den „Großen Konzerts der Herren Kaufleute" – den späteren Gewandhauskonzerten – als vielbeachtete Interpretin großer Partien aus den Oratorien eines Bach, Händel und Hasse bewundert. Ihr stand weit mehr als eine reizende Stimme zu Gebote: Corona Schröter vermochte ihre Rollen auch darstellerisch auszuschreiten in alle Höhen und Tiefen des menschlichen Herzens. Wegen „ihrer schönen Gestalt, ihres vollkommen sittlichen Betragens und ihres ernsten, anmutigen Vortrags" gelang es ihr schon damals, eine „allgemeine Empfindung"[5] im Publikum zu erregen, wie sich Goethe später erinnert.

Corona war Sängerin und Interpretin, eine höchst seltene Erscheinung der zeitgenössischen Kunstszene nicht nur in Leipzig. Ihr schau-

Am Musenhof Anna Amalias

Damenbildnis, *vermutlich Corona Schröter, Ölbild von Anton Graff, um 1785.*

spielerisches Talent hatte sie in privaten Laienaufführungen erprobt, zu denen sich die Söhne und Töchter des Handelsbürgertums der Messestadt in kleineren Kreisen zusammenfanden. Hier war Goethe Corona vor Jahren persönlich begegnet, und er reiste nun – im März 1776 – mit dem kühnen Vorsatz nach Leipzig, diese mit ihren 25 Jahren nach dem Zeitverständnis nicht mehr ganz junge, aber außerordentlich vielseitig begabte Künstlerin offiziell als Sängerin und Gesellschafterin für Anna Amalia zu engagieren. Daß Corona gleichzeitig als Vorbild und künstlerisches Rückgrat des Weimarer Liebhabertheaters agieren sollte, war wohl von vornherein ausgemacht. Im Auftrag des

Singspielaufführungen

Herzogs kann Goethe ihr 400 Taler Jahresgehalt auf Lebenszeit anbieten. Corona sagt zu, vermutlich den Umstand bedenkend, daß ihre Stimme – infolge einer harten Ausbildung durch den ehrgeizigen Vater in Kindertagen – schon jetzt die hohen Lagen nicht mehr mühelos zu bewältigen und großem Orchester nur noch schwer standzuhalten vermochte. Ein Mangel, der in kleinen Sälen und kammermusikähnlichen Verhältnissen weit eher zu kaschieren war. Ohne Prätention, heiter und souverän übernimmt Corona ab November 1776 alle Rollen im Weimarer Liebhabertheater, denen die spielenden Dilettanten nicht gewachsen sind, und bestimmt mit ihrer hohen künstlerischen Kultur maßgeblich das Niveau der Inszenierungen.

Noch bevor Corona aber in Weimar eintrifft, geht am 24. Mai Goethes Singspiel *Erwin und Elmire* über die Bretter des Hauptmannschen Redoutenhauses. Goethe hatte das Stück aus Frankfurt mitgebracht, wo es bereits ein Jahr zuvor durch kursächsische Hofschauspieler aus Mannheim uraufgeführt worden war. Anna Amalia wird es durch Goethe selbst kennengelernt haben, und es läßt sich vermuten, daß sie sich von dem heiter-komischen Spiel um ein junges Paar, das sich nicht zueinander bekennen kann, schließlich aber doch durch die List eines Freundes glücklich vereinigt wird, sofort angesprochen gefühlt hat. Liebe, Scherz, Täuschungs- und Verwandlungsspiele in ländlichem Gefilde entsprachen ganz dem dramatischen Geschmack der Fürstin. Inspirierend wirkten besonders die Arien des Stückes auf sie, die mit Texten wie *Ein Veilchen auf der Wiese stand* oder *Ihr verblühet, süße Rosen* zu den gelungensten lyrischen Schöpfungen des jungen Goethe gehören. „Der Dialog muß wie ein glatter goldner Ring sein", sagt er später einmal mit Blick auf dieses Stück, „auf dem Arien und Lieder wie Edelgesteine aufsitzen."[6] Die Fürstin beschloß, sich selbst als Komponistin zu versuchen. Zwei Hörner, zwei Oboen, zwei Flöten, zwei Violinen, Viola, Fagott und Kontrabaß leihen die Stimmen zu ihrer Komposition, die Hofkapellmeister Ernst Wilhelm Wolf dem Orchester einstudiert. Theatermeister Johann Martin Mieding zaubert mit geringen Mitteln ein idyllisches Bühnenbild auf die etwa sechs Meter breite Bühne des Redoutenhauses, wozu er alte Leinwandstücke zusammennäht, diese auf eine Hütte von Latten nagelt und alles mit einem Strohdach versieht.[7] Vor diesem Hintergrund spielen und singen nun die vier Akteure zum begeisterten Entzücken des Publikums. *Erwin und Elmire* wurde ein Erfolgsstück, immer wieder ins Programm aufgenommen, besonders seit Corona die Rolle der Elmire mit der ihr eigenen heiteren Grazie ausfüllte.

Die Hauptsaison im Weimarer Redoutenhaus fiel in den Januar und Februar, wo der Karnevalszeit mit deftigem Scherz Rechnung getragen werden mußte, andererseits der Geburtstag der Herzogin Louise alljährlichen Anlaß zu einer würdigen Inszenierung bot. Halb Weimar fühlte sich angesteckt vom Theaterfieber. Das Programm mußte festgelegt, Stücke mußten ausgewählt oder geschrieben werden, es galt Rollen zu lernen und Proben abzuhalten, Kostüme und Dekorationen waren zu fertigen, und oft genug sollten die Vorbereitungen in aller Heimlichkeit geschehen.

Bestens informiert über das Weimarer Theaterleben zeigt sich Frau Aja, Goethes Mutter in Frankfurt, die von Diener Philipp Seidel oder auch von Anna Amalia persönlich auf dem laufenden gehalten wurde. So haben wir aus einem ihrer Briefe Kenntnis von einer „Tragedia in 31 Aufzügen", die während der Karnevalslustbarkeiten des Jahres 1777 unter dem Titel *Leben und Taten, Tod und Elysium der weiland berühmten Königin Dido von Karthago* in Szene ging: „So ein Spektakel ist's unter dem Mond weder gesehen noch gehört worden. Unter andern ist Hanswurst Karthagischer Burgemeister und Nebenbuhler des Aeneas. Ferner ist die Szene in den ersten 15 Aufzügen auf der Erde ... Die folgenden 10 Aufzüge werden in der Hölle tragiert. Die 6 letzten aber spielen im schönen Elysium. Mit einem Wort, das Ding muß man lesen, wenn der Unterleib verstopft ist, und vor die Kur bin ich Bürge."[8] Wer der Schöpfer dieses Mordsspektakels gewesen ist, blieb bis heute ungeklärt. In Frage kämen wohl am ehesten Goethe selbst oder Carl Augusts Kammerherr Carl Friedrich Siegmund von Seckendorff.

Ganz anders ein Stück unter dem Titel *Lila*, mit dem man Herzogin Louise zu ihrem Geburtstag am 30. Januar desselben Jahres ehren wollte. Goethe hatte es als Singspiel und Feenstück in der unverkennbaren Absicht geschrieben, dem herzoglichen Paar, dessen Verhältnis im Winter 1776/77 besonders gespannt gewesen sein muß, im dramatischen Spiegel eine gutgemeinte Ermahnung entgegenzuhalten. Dargestellt wurde ein Paar, dessen eheliche Harmonie durch die Schuld des Gatten gestört ist. Der weisen Fee Sonna, in deren Gestalt sich die Gattin vermutlich verwandelt, gelingt es schließlich, den Gatten zu bekehren und das eheliche Glück wiederherzustellen. Dabei steht ihr Doktor Verazio nebst zahlreichen Feen und anderen Fabelwesen einfallsreich-assistierend zur Seite. Genauer läßt sich der Handlungsverlauf leider nicht rekonstruieren, da diese frühe Fassung des Stückes nur in wenigen Fragmenten überliefert ist. Wahrscheinlich traten Corona Schröter als Gattin bzw. Fee Sonna und Goethe als Doktor Verazio auf. Seckendorff hatte die Lieder in Musik gesetzt, und nun bedurfte es nur noch einer bedeutenden Dekoration, um das webende und schwebende Feenwesen recht anmutig auf der Szene erscheinen zu lassen.

Eigens dafür hatte man die Bühnentiefe im Hauptmannschen Saal von Theatermeister Mieding erweitern lassen, so daß die Liebhaber nun auf einer Vorder- und einer Hinterbühne agieren konnten. Keine leichte Aufgabe für Laiendarsteller, da auf dieser geräumigen und mehrfach gegliederten Bühne dem Arrangement sowie den Zu- und Abgängen der Darsteller besondere Sorgfalt gewidmet werden mußte. Bedenkt man, daß das Bühnenarrangement selbst von Berufsschauspielern als Stiefkind behandelt wurde und es nicht selten vorkam, daß sich ein Schauspieler mit dramatischer Geste gegen die rechte Bühnenseite wandte, um seinen Gegenspieler zu erwarten, der jedoch ebenso hochdramatisch auf der linken Seite erschien, wird deutlich, welche Probenarbeit Goethe als Regisseur mit seinen Laiendarstellern zu leisten hatte. Ganz zu schweigen von den Mühen Tanzmeister Aulhorns, der ganze Chöre und größere Gruppen von Laientänzern zu synchroner Bewegung befähigen mußte.

Der Geburtstag der Herzogin sollte offensichtlich auch zum Anlaß genommen werden, die künstlerisch-technischen Möglichkeiten des Liebhabertheaters beträchtlich zu vervollkommnen. So schuf Mieding eine „ganz neue Dekoration, die viermal verändert werden"[9] konnte. Wegen eines mittleren Bühnenprospekts wandte sich Goethe sogar nach Leipzig an Adam Friedrich Oeser, seinen ehemaligen Zeichenlehrer, dessen Malerei man in Weimar ebenso schätzte wie seine an Johann Joachim Winckelmann geschulten klassizistischen Kunstauffassungen. „Wir mögten auf diesem [Theater-]Prospekt", schreibt ihm

Goethe, „gern eine herrliche Gegend vorstellen mit Hainen, Teichen, wenigen Architekturstücken pp., denn es soll einen Park bedeuten. Hätten Sie so was vorrätig, so schicken Sie's doch aber mit nächster Post, allenfalls ein Kupfer von Poussin oder sonst eine Idee, wir bitten recht sehr drum. Sie haben, erinnr' ich mich, so was auf einem Vorhang in Leipzig."[10] Daß sich Goethe mit seiner Bitte um eine Idee für den zentralen Bühnenprospekt an keinen anderen als an Oeser wendet, läßt erkennen, wie sehr es ihm darum zu tun war, die Bühnendekoration aus dem Geschmack des Rokoko herauszuführen und sie an klassizistischen Vorbildern zu orientieren. Viel Wert wurde auf die effektvolle Illumination bestimmter Szenen gelegt, wozu der Weimarer Theatermaler Schuhmann die verwendete Leinwand mit Mohn- und Terpentinöl bearbeitete, um sie durchscheinend zu machen.

Nach all diesen aufwendigen Vorbereitungen erlebte das Singspiel *Lila* am 30. Januar seine Uraufführung, konnte aber nur einen Achtungserfolg erzielen. Die von Goethe intendierte läuternde Wirkung auf die herzogliche Ehe blieb dagegen ganz und gar aus.

Doch nun scheinen Goethe und seine Mitstreiter vom Ehrgeiz erfaßt worden zu sein. Anläßlich eines Staatsbesuchs – Herzog Ferdinand von Braunschweig, ein Bruder Anna Amalias, machte Visite in Weimar – plante man eine zweite Aufführung am 3. März. Mieding verbesserte noch einmal Dekorationen und Illumination, die Probenarbeit wurde eifrig fortgesetzt: Goethes Tagebuch vermerkt drei weitere Proben zum Stück, Aulhorn setzt dreizehn zusätzliche Ballettproben an, nachdem er bereits im Januar 56 Stunden Probenarbeit geleistet hatte. Das Engagement aller Beteiligten belegt, wie ernsthaft sich die Laiendarsteller um künstlerisches Niveau bemühten, zumal parallel dazu die Proben für drei andere Stücke liefen. Diesmal wird ihr Fleiß vom Erfolg gekrönt. Siegmund von Seckendorff kann seinem Bruder stolz berichten, daß der Herzog von Braunschweig und das Publikum das Singspiel „sehr beifällig aufgenommen" hätten. „Es ist ein großes Schaustück mit Gesang und Tanz und einer Anzahl von Dekorationen, die vielleicht einzig in ihrer Art sind ..."[11]

Daß es trotz aller Bemühungen nicht leicht gewesen ist, die angestrebte künstlerische Qualität der Aufführungen zu gewährleisten und mitunter auch katastrophale Pannen auf der Bühne nicht zu verhin-

Spielweise

dern gewesen sind, zeigt die Inszenierung von Friedrich Wilhelm Gotters Stück *Der eifersüchtige Ehemann*. Geplant war, mit hochkarätiger Besetzung zu spielen. Goethe, Corona Schröter, Bertuch und von Einsiedel hatten die Hauptrollen übernommen, als letzterer seine Rolle als Liebhaber drei Tage vor der Premiere krankheitshalber absagen mußte. Ein verwegener sächsischer Rittmeister bietet sich an, die Rolle zu übernehmen, studiert den Text, läßt sich von Einsiedel prüfen und wird als Vertretung zugelassen. „Als es aber zur Aufführung kam, wurde alles anders, und der so unternehmende Rittmeister geriet in die größte Verwirrung ...; doch faßte er sich einigermaßen und spielte fort bis auf die Szene, wo er mit seiner Geliebten von dem eifersüchtigen Ehemanne überrascht und mit einem Dolche erstochen wird. Hier vergaß er plötzlich das Stichwort, stockte und meckerte in einem fort, und der eifersüchtige Ehemann, den Bertuch spielte, der schon lange mit einem Dolche hinter den Kulissen wartend dastand, konnte ihm durchaus nichts anhaben. Eben fing jener seine Rolle ... wieder von vorne an, als Bertuch plötzlich, auf Anraten Goethes ... auf die Bühne sprang und dem Leben seines unglücklichen Nebenbuhlers durch einen kräftigen Dolchstich gleichsam ex abrupto ein Ende zu machen suchte. Wer aber nicht fallen wollte, war der Rittmeister. Vergebens, daß ihm Bertuch zu wiederholten Malen ins Ohr raunte: ‚In's Teufels Namen, so fallen Sie doch!' Er rührte sich nicht von der Stelle ..., den Umstehenden ... versichernd, daß sein Stichwort noch nicht gekommen sei. In dieser ... peinlichen Lage faßte ... [Goethe] einen heldenmütigen Entschluß und rief mit donnernder Stimme hinter den Kulissen hervor: ‚Wenn er von vorn nicht fallen will, so stich ihn von hinten durch den R[anze]n! Wir müssen ihn uns auf alle Fälle vom Halse schaffen! Er verderbt uns ja das ganze Stück!' Auf diesen entscheidenden Zuruf ermannte sich auch der sonst so tätige, jetzt aber ebenfalls etwas unschlüssig gewordene Bertuch. ‚Stirb!' rief auch er nun mit schrecklicher Stimme, und führte zugleich einen so nachdrücklichen Dolchstoß in die Flanke seines Widersachers, daß derselbe, durch dieses Seitenmanöver außer Fassung gebracht, diesmal wirklich zu Boden fiel. In demselben Augenblicke aber erschienen auch schon vier von Goethe abgeschickte handfeste Statisten, die bestimmte Ordre hatten, den Toten, er möchte wollen oder nicht, hinweg und

Am Musenhof Anna Amalias

Schloß Ettersburg *nach einem Stich von Georg Melchior Kraus.*

beiseite zu schaffen. Dies geschah ..., und zur größten Freude der Zuschauer konnte das Stück nun ungehindert fortspielen."[12]

Die warme Jahreszeit pflegte Anna Amalia auf Schloß Ettersburg unweit von Weimar zu verbringen. Im Großen Saal des Schlosses ließ sie von Mieding eine Bühne errichten, auf der im Unterschied zum Weimarer Redoutenhaus nur für die Hofgesellschaft und für geladene Gäste gespielt wurde. Sicher hat die Exklusivität des Publikums – man war sozusagen ganz unter sich – mit dazu beigetragen, daß hier die tollsten Spektakel der Weimarer Liebhaberbühne ihre Uraufführung erlebten, Stücke, in denen man sich nach Herzenslust über sich selbst amüsierte, aber auch mancher Seitenhieb auf politische und andere zeitgeschichtliche Zustände ausgeteilt wurde, wobei alle Register vom fröhlichen bis zum scharfen und ungerechten Spott auch in Gegenwart Anna Amalias und des jungen Hofes gezogen werden durften.

Einen besonderen Höhepunkt und nicht enden wollenden Theaterabend brachte Anna Amalias Geburtstag im Oktober 1778: Man spielte Molières *Arzt wider Willen* in Seckendorffs Übertragung und bot als Nachspiel Goethes tollkühne Farce *Das Jahrmarktsfest zu Plundersweilern*, ein „theatrum mundi" in den Traditionen barocker Opernaufführungen mit Marktschreiern, Händlern und Bänkelsängern, auf dem „politische und moralische Händel", also öffentliche und private Angelegenheiten, karikiert und durch den Kakao gezogen wurden. Das farbenfrohe Spektakel wimmelte nur so von politischen und persönlichen Anspielungen auf ab- und anwesende Personen, die leider heute kaum mehr vollständig zu entschlüsseln sind, vom zeitgenössischen Publikum aber sehr wohl verstanden und mit Beifall und Gelächter quittiert wurden.

Aber nicht nur die Aufführung selbst bot willkommene Unterhaltung, schon die Vorbereitungen leisteten das ihre. „Drei ganzer Wochen vorher war des Malens, des Lärmens und des Hämmerns kein Ende, und unsere Fürstin, Dr. Wolf [Goethe], Kraus etc. purzelten immer übereinander her ob der großen Arbeit und Fleißes"[13], berichtet Louise von Göchhausen, die unschöne, aber agile Hofdame Anna Amalias, die mit keckem Mundwerk, flinker Feder und ausgeprägtem Kunstverstand längst Goethes unverzichtbare Assistentin in allen Theaterfragen geworden war. Die Fürstin beteiligte sich höchstpersönlich an den Vorbereitungen; gemeinsam mit Seckendorff setzte sie die Noten zum Stück und versuchte sich neben Goethe und dem Maler Georg Melchior Kraus im Zeichnen eines großen Bänkelsängergemäldes. Für die Leseprobe hatte sie Räume in ihrem Palais zur Verfügung gestellt und den 24 agierenden Personen, von denen nicht wenige in mehreren Rollen auftraten, anschließend ein herrliches Souper kredenzen lassen. Auf diese Weise erfrischt und gestärkt, gipfelte die Probenarbeit in einem ausgelassenen Ball – man tanzte, scherzte und sang bis morgens drei Uhr. Alle folgenden Proben wurden am Aufführungsort abgehalten, was bedeutete, daß die 24 Darsteller zu jeder Probe in sechs Kutschen auf den Ettersberg hinauf und abends unter fackeltragender Husarenbegleitung wieder nach Weimar heruntergebracht werden mußten. Für die Akteure, die nach der Probe traditionsgemäß eine große Terrine Punsch genossen, wird insbesondere die Heimfahrt jedesmal ein großer Spaß gewesen sein. Nur die Kutscher werden geschwitzt und nicht selten geflucht haben, denn der Fahrweg zwischen Weimar und Schloß Ettersburg war keineswegs befestigt und zeichnete sich vor allem im Herbst durch Nässe und Glitschigkeit aus. Doch scheinen sie ihr Handwerk verstanden zu haben, über Unfälle ist nichts bekanntgeworden.

Pünktlich zu Anna Amalias Geburtstag sind beide Stücke „zu großem Gaudium aller vornehmen und geringen Zuschauer" in Szene gegangen. „Dr. Wolf [Goethe] spielte alle seine Rollen über alle Maßen trefflich und gut, hatte auch Sorge getragen, sich mächtiglich, besonders als Marktschreier, herauszuputzen"[14], erfährt Goethes Mutter von der Göchhausen. Er trug „rote Strümpfe, welche über die Knie gingen, eine große Bürgermeistersweste, dergleichen Manschetten, Chapeau und Halskrause, Rock mit großen Aufschlägen und eine schwarze Perücke."[15] In diesem Kostüm kündigt er eine „Tragödia" an:

Louise von Göchhausen, Zeichnung von Goethe.

> *Voll süßer Worten und Sittensprüchen,*
> *Hüten uns auch für Zoten und Flüchen,*
> *Seitdem die Gegend in einer Nacht*
> *Der Landkatechismus sittlich gemacht ...*
> *Könnt ich nur meinen Hanswurst kurieren!*
> *Der sonst im Intermezzo brav*
> *Die Leute weckt aus 'm Sittenschlaf.*[16]

Bei großem Bankett und Ball amüsierte man sich anschließend bis in den hellen Morgen.

Da das *Jahrmarktsfest* allen Beteiligten aber so ausnehmend viel Spaß bereitet und sich das Publikum offensichtlich treffend porträtiert gefühlt hatte, wurde Goethe in den folgenden Jahren immer wieder gefragt, was es denn Neues in „Plundersweilern" gebe. So griff er den Einfall noch einmal auf und bescherte der Herzogin zum Weihnachtsfest 1781 *Das Neueste von Plundersweilern*.

„Das Neueste von Plundersweilern"

Szenen aus „Das Jahrmarktsfest zu Plundersweilern",
Stiche von Johann Heinrich Ramberg.

„Herzogin Amalia hatte die gnädige Gewohnheit eingeführt", erinnert er sich später, „daß sie allen Personen ihres nächsten Kreises zu Weihnachten einen heiligen Christ bescheren ließ. In einem geräumigen Zimmer waren Tische, Gestelle, Pyramiden und Baulichkeiten errichtet, wo jeder einzelne solche Gaben fand, die ihn teils für seine Verdienste ... erfreuen, teils auch wegen einiger Unarten ... vermahnen sollten."[17] Nach dieser Bescherung öffnete sich zum Erstaunen aller Anwesenden eine Tür, in der der Marktschreier aus Plundersweilern alias Goethe in dem von Ettersburg her bekannten Kostüm erschien. Er führte die Gesellschaft in ein benachbartes Zimmer vor ein Aquarellgemälde auf vergoldetem Gestell, das „nichts Geringeres ... [darstellen] sollte als die deutsche Literatur der nächstvergangenen Jahre in einem Scherzbilde. Über diesen Gegenstand war [im Kreis um Anna Amalia] so viel gesprochen worden, so viel gestritten und gemeint, daß sich manches Neckische wohl zusammenfassen ließ ..."[18]

Am Musenhof Anna Amalias

In der Art der Bänkelsänger erläutert nun der Marktschreier das Gemälde, Hanswurst alias Tanzmeister Aulhorn bezeichnet die einzelnen Gegenstände mit der Pritsche.

Maler Kraus' Aquarell ist noch heute im Tiefurter Schlößchen zu bewundern. Es zeigt u.a. den Leichenzug Werthers, gefolgt von einer Schar schwermütiger Jünglinge und Jungfrauen, welche den „vollen Mond" und „ein brennend Herz" anbeten. Zu sehen ist Frau Kritik mit ihrem feinen Hofstaat, wobei die Seitenhiebe besonders den Berliner Aufklärern um Nicolai gelten. Wielands *Teutscher Merkur* kommt auf Stelzen daher, die Grafen Stolberg sitzen mit „Keul und Waffen" auf einer Löwenhaut, womit Goethe auf ihren poetischen Tyrannenhaß anspielt, und die Dichter des Göttinger Hains verklimpern „mit Siegsgesang und Harfenschlag" – eine Reminiszenz an ihre Bardengesänge in altdeutscher Art – „den lieben Tag". Aber auch Klopstocks *Messias* und vor allem dessen Epigonen bekommen Goethes spitze Feder zu spüren. Der Scherz gelang „zur Ergetzung der höchsten Gönnerin", wie Goethe berichtet, „nicht ohne kleinen Verdruß einiger Gegenwärtigen, die sich getroffen fühlen mochten".[19]

Nicht geschont hatte sich Goethe fairerweise auch selbst. Es fehlte ihm weder an einer guten Portion Humor noch am nötigen Maß an Selbstironie, um mit kritischer Distanz auf seine Jugendwerke zurückzublicken. Betroffen war davon insbesondere der *Werther*, dieses gefühlstiefe und naturnahe Prosastück, mit dem er Marksteine in der deutschen Literaturentwicklung gesetzt hatte. Doch Goethe wußte inzwischen und sah an den Werken seiner Mitstreiter und Nachfolger nur allzu deutlich, wie leicht Gefühlstiefe in übersteigerte Empfindsamkeit und Naturnähe in unproduktive Naturschwärmerei ausartete. Diese Tendenzen hatte er bereits 1779 in seinem Stück *Triumph der Empfindsamkeit* auf der Bühne des Liebhabertheaters satirischer Kritik unterzogen und war dabei nicht davor zurückgeschreckt, seinen *Werther* und Jean-Jacques Rousseaus *Neue Heloïse* neben zeitgenössisch-empfindsamen Werken, die heute längst vergessen sind, der Lächerlichkeit preiszugeben. Daß er damit in bezug auf Rousseau und sich selbst das Kind mit dem Bade ausschüttete, ist ihm vielleicht schon damals bewußt gewesen. Doch empfand Goethe, der sich inzwischen als ein Mann der Tat mit den schwiergen Realien der Staatsverwaltung

Wieland als Opfer einer Theatersatire

auseinandersetzte, einen tiefen Widerwillen gegen jede Form von Sentimentalität und fataler Seelenzergliederung, deren literarischen Niederschlag er im *Triumph der Empfindsamkeit* wie im *Neuesten von Plundersweilern* satirisch bekämpfte. Auf diese Weise mischte sich die Liebhaberbühne kräftig in die zeitgenössische Literaturdebatte ein.

Christoph Martin Wieland, *Silhouettenbild, Anfang der 80er Jahre.*

Unter den Getroffenen von *Plundersweilern* befand sich wie so oft auch Christoph Martin Wieland, der nach 1775 zum beliebtesten Gesellschafter Anna Amalias aufgerückt war. Er verstand es wie kein zweiter, mit ihr in geistreich-anmutiger Plauderei die Felder antiker Philosophie und Dichtung zu durchstreifen, zu denen sich die Fürstin hingezogen fühlte, oder sie mit seinen eigenen Dichtungen zu unterhalten, die oft eines heiter-frivolen Zuges nicht entbehrten. Ungeachtet dessen ist Anna Amalia eine der Hauptinitiatorinnen jener herben Verspottung Wielands geworden, die unter dem Titel *Orpheus und Eurydike* am 6. September 1779 über die Ettersburger Bühne ging. Hildebrand von Einsiedel, Amalias maître de plaisir, hatte das Stück nach einer englischen Vorlage übersetzt und dabei sehr bewußt die thematischen Anklänge herausgearbeitet, die es zu Wielands Singspiel *Alceste* aufwies. Diese Dichtung war Wieland unter allen seinen Schöpfungen besonders ans Herz gewachsen, galt sie doch als die erste Oper, die in deutscher Sprache auf einer deutschen Bühne inszeniert worden war, und zwar im Jahre 1773 auf der Bühne der alten Weimarer Wilhelmsburg, uraufgeführt von der Seylerschen Truppe, in Musik gesetzt von Anna Amalias damaligem Hofkapellmeister Anton Schweitzer. Die Fürstin selbst hatte Wieland seinerzeit immer wieder ermutigt, diesen Wurf zu wagen und eine Oper in einer Sprache zu schaffen, in der noch Kaiser Karl V. nur mit seinem Pferde sprechen wollte. Mit *Alceste* war Wielands Name in die Geschichte des deutschen Musiktheaters eingegangen.

Am Musenhof Anna Amalias

Nun, sechs Jahre später, gab ausgerechnet diese Dichtung die Vorlage für eine handfeste Persiflage ab. Das Grundskelett der Handlung wies die gleiche Struktur auf. Hier wie dort wird die mythologische Heldin in den Orkus entführt; nach verschiedenen Verwicklungen erlöst, kehrt sie zu ihrem Gatten in die Oberwelt zurück.

Die Vorbereitungen zur Inszenierung von *Orpheus und Eurydike* verliefen in aller Heimlichkeit; der ahnungslose Wieland wurde zur Uraufführung des Singspiels von Anna Amalia persönlich nach Schloß Ettersburg geladen und erlebte zunächst das Vorspiel des Stückes, „worin der Autor, Herr v. Einsiedel, den Plan hierzu entwirft und mit einer großen Feder, welche sich vom Hintergrunde des Theaters aus an den Soffitten herüberwölbte, den Text aufsetzte. Mit einem kleinen Pinsel, an die Spitze der Feder befestigt, beschrieb der Schriftsteller ungeheure Royalbogen und sprach manches äußerst Lächerliche über den Inhalt mit seinem Diener, welcher ... die großen Bogen über den vordern Lampen trocknete"[20], berichtet später Freiherr von Lyncker, dem damals die Rolle des Dieners übertragen war. Wieland wird zunehmend von gemischten Gefühlen heimgesucht, zumal man im Saal die Anspielung auf sein Vielschreibertum immer deutlicher versteht, sich hier und da erstes, verhaltenes Gekicher vernehmen läßt und man sich verstohlen nach ihm umblickt, obwohl doch jeder weiß, daß er von seiner schmalen Hofpension seine vielköpfige Familie nicht ernähren kann.

Doch damit nicht genug. Es kamen „sehr belustigende Auftritte"[21] vor, berichtet von Lyncker weiter, die Wieland um so mehr empören mußten, als Anna Amalia höchstselbst die Eurydike darstellte. Sie sang auch die in Wielands Oper so zart komponierte Arie, mit der Eurydike/Alceste von ihrem Gemahl Abschied nimmt:

> *Weine nicht, du meines Herzens*
> *Abgott! Gönne mir im Scheiden*
> *Noch die süßeste der Freuden,*
> *Daß mein Tod dein Leben ist.*[22]

Als gerade diese Stelle von Posthornsignalen begleitet wurde und Eurydike mit ihrem gesamten Hofstaat im Postwagen in den Orkus

Das Ringen um die „Iphigenie"

kutschierte, wo sie ein karikierter Pluto empfing, schrie Wieland „laut auf und war so aufgeregt, daß er Schmähworte aussprach und den Saal verließ, während die anwesenden Herrschaften lachten"[23]. Nach Lynckers Bericht hat der Verspottete jedoch am anschließenden Abendessen wieder „sehr gefaßt"[24] teilgenommen. Allerdings beschwerte er sich noch vierzehn Tage später bei Merck über den „unsaubere[n] Geist der Polissonnerie und der Fratze, der in unsre Oberen gefahren" sei und „nachgerade alles Gefühl des Anständigen, ... alle Zucht und Scham" verdränge.[25] Amalia hegte hierzu jedoch eine völlig andere Ansicht, wie aus einem ihrer Briefe an denselben Adressaten hervorgeht: „Da doch das Theater den Gang der Welt darstellen soll, so amüsieren wir uns hier mit Farcenspielen und finden, daß wir damit der Sache am nächsten kommen."[26]

Daß das Liebhabertheater aber gerade im Zusammenspiel von höfischem Auftrag und Goetheschem Kunstwollen weit mehr leisten konnte als nur Farcen zu spielen, zeigt die Uraufführung der *Iphigenie auf Tauris* im Jahre 1779. Obwohl sich Goethe vermutlich schon in seinem ersten Weimarer Jahr mit dem Stoff beschäftigt hatte, verdankt die *Iphigenie* ihre Entstehung einem Wunsch Carl Augusts und Louises: Als dem herzoglichen Paar am 3. Februar das erste Kind, eine Tochter mit dem Namen Louise Auguste Amalia, geboren wurde, sollte dieses langersehnte Ereignis durch die Aufführung eines würdigen Schauspiels mit weiblicher Zentralfigur gefeiert werden. Anlaß genug für Goethe, sich des antiken Stoffes zu erinnern und diesen im Sinne humanistischer Fürstenerziehung zu gestalten – ein Thema von höchster Aktualität im Zeitalter der Aufklärung, das Goethe auch ganz persönlich beschäftigte, seit er in Carl Augusts Dienste getreten war.

Doch die Arbeit an einem solchen Stück war nicht voraussetzungslos möglich. Goethes Leben wurde schon zu dieser Zeit von Amtsgeschäften und Hofverpflichtungen dominiert, so daß ihm die Sammlung zu einem großen Werk, das obendrein in wenigen Wochen vollendet werden mußte, nicht mühelos gelingen wollte.

Am Sonntag, dem 14. Februar, beginnt er im Gartenhaus frühmorgens mit dem Diktieren, nachdem er „zur schönen Vorbereitung letzte Nacht 10 Stunden geschlafen" hatte. „Den ganzen Tag brüt ich über *Iphigenien,* daß mir der Kopf ganz wüst ist ...", berichtet er Charlotte von Stein. „So ganz ohne Sammlung, nur den einen Fuß im Steigriemen des Dichterhippogryphs, will's sehr schwer sein, etwas zu bringen, das nicht ganz mit Glanzleinwandlumpen gekleidet sei ... Musik hab ich mir kommen lassen, die Seele zu lindern und die Geister zu entbinden."[27] Aber die Amtsgeschäfte lassen ihn nicht los: Voti und Briefe sind zu schreiben, Absprachen zu treffen, Conseilsitzungen zu besuchen. Erst acht Tage später, am 22. Februar, kann Goethe Charlotte von Stein endlich mitteilen: „Meine Seele löst sich nach und nach durch die lieblichen Töne aus den Banden der Protokolle und Akten. Ein Quatro [Quartett] neben[an] in der grünen Stube, sitz ich und rufe die fernen Gestalten leise herüber. Eine Szene soll sich heut absondern, denk ich ..."[28]

Freiraum für die dichterische Arbeit ist aber auch jetzt nicht zu hoffen, im Gegenteil. Ende Februar muß sich Goethe auf eine Dienstreise durch das gesamte Herzogtum begeben, um als neuernannter Leiter der Kriegskommission dem leidigen Handwerk der Rekrutenaushebung vorzustehen. Weimar, Jena und Dornburg sind die ersten Stationen, an denen sich Goethe nach vollbrachtem Tagwerk allabendlich der *Iphigenie* widmet. „Knebeln können Sie sagen, daß das Stück sich formt, und Glieder kriegt"[29], erfährt Charlotte von Stein aus Dornburg. Hier wohnt Goethe im Rokokoschlößchen. Die einsamen Abende in seinem Quartier und ein, zwei ruhige Tage, die er sich schaffen kann, die anmutige Landschaft, der weite Blick über die Saale inspirieren ihn, so daß er hofft, in acht Tagen mit einem fertigen Stück nach Weimar zurückkehren zu können. Doch schon in Apolda gerät er „aus aller Stimmung"[30]. Wo er hintritt, bestürmt ihn das gedrückte Leben der Untertanen und rührt ihn an, ohne daß er Abhilfe schaffen kann. „Hier will das Drama gar nicht fort, es ist verflucht, der König von Tauris soll reden, als wenn kein Strumpfwürker in Apolde hungerte"[31], klagt er Charlotte von Stein am 6. März. Doch die Hoffnung, daß sich ihm die schwierigen Szenen fügen werden, verläßt ihn nicht. Als Knebel unerwartet zu Besuch kommt, findet er Goethe „am Tische sitzend, die Rekruten um ihn her und er selbst dabei an der *Iphigenia* schreibend"[32]. In Buttstädt kommt das Stück gut voran, am 9. März kann er in Allstedt die ersten drei Akte zusammenarbeiten. Nach Weimar in sein Gartenhaus zurückgekehrt, liest er sie wenige

Die Uraufführung der "Iphigenie"

Tage später dem Herzog und Knebel vor. Sofort werden die Rollen abgeschrieben und an die Darsteller verteilt, damit sie sich bereits damit vertraut machen können.

Goethe setzt unterdessen seine Reise fort. Er hat sich auch in Ilmenau um die Rekrutenaushebung zu kümmern, von wo er nicht eher zurückkehren will, „bis das Stück fertig ist"[33]. Hier steigt er am 19. März, einem heiteren Tag, frühmorgens allein auf den Schwalbenstein hinauf und schreibt bis zum Abend den vierten Akt der Dichtung nieder. Den fünften Akt endigt er neun Tage später in Weimar. Vergegenwärtigt man sich, daß Goethe damit eine der größten Dichtungen in deutscher Sprache – wenn auch erst in der Prosafassung – in einem Zeitraum von nur sechs Wochen geschaffen hat neben einer Fülle amtlicher Verpflichtungen, den einen Fuß immer im Steigbügel seines Pferdes, so wird deutlich, welches schöpferische Genie, aber auch welche Disziplin und welches Arbeitsvermögen in ihm steckten. Er selbst spürt in diesen Wochen, in denen er bei allen Belastungen das Glück schöpferischer Arbeit am bedeutenden Werk genießt, daß er „diese gute Gabe der Himmlischen ein wenig zu kavalier" behandelt hat, und es „würklich Zeit [wird], wieder häuslicher mit meinem Talent zu werden, wenn ich je noch was hervorbringen will"[34]. Damit spielt Goethe unmißverständlich auf die vielen kleinen Gelegenheitsdichtungen – auch für das Liebhabertheater – an, in denen sich die poetische Ernte der vorangegangenen Weimarer Jahre erschöpfte. Adressat dieser kritischen Selbstrevision ist übrigens Carl August, mit dem wie immer die wichtigen Lebenserfahrungen und Selbsteinsichten freundschaftlich-offen ausgetauscht und besprochen werden.

In Weimar laufen die Vorbereitungen zur Premiere der *Iphigenie* inzwischen auf Hochtouren. Von Karfreitag bis Ostermontag wechseln unter Goethes Leitung Leseproben, Einzel- und Ensembleproben in unermüdlicher Folge. Besondere Kraft kostet die Hauptprobe am Ostermontag, denn am Weimarer Liebhabertheater ist es üblich, die entscheidende Probe im Kostüm und bei voller Dekoration abzuhalten – eine Gepflogenheit, die bühnengeschichtlich Maßstäbe setzte. Bei professionellen Truppen war ein solches Vorgehen noch keineswegs zur Regel geworden.

Am Musenhof Anna Amalias

Am nächsten Tag, Osterdienstag, dem 6. April, erlebt Goethes *Iphigenie* ihre festliche Premiere in Hauptmanns Redoutensaal mit Corona Schröter in der Titelrolle, Goethe als Orest, Prinz Constantin als Pylades, Knebel als König Thoas und Konsistorialrat Seidler als Arkas. Louise von Göchhausen ist des Lobes voll, wenn sie Goethes Mutter berichtet, „daß er [Goethe] seinen Orest meisterhaft gespielt hat. Sein Kleid sowie des Pylades seins war griechisch, und ich hab ihm in meinem Leben noch nicht so schön gesehn. Überhaupt wurde das ganze Stück so gut gespielt – daß König und Königin hätten sagen mögen: Liebes Löwchen, brülle noch einmal."[35] Leibmedikus Hufeland bezeichnet das Stück und die Inszenierung als „ein echtes Bild des schönsten klassischen Griechentums"[36].

Nicht von ungefähr rühmen die zeitgenössischen Zeugnisse zunächst und hauptsächlich den griechischen Stil der Inszenierung. Goethe und seine Mitstreiter setzten auch in dieser Hinsicht völlig neue Maßstäbe in der zeitgenössischen Bühnenpraxis. Soweit die überlieferten Quellen eine sichere Aussage ermöglichen, wurde mit der *Iphigenie*-Inszenierung erstmals in der deutschen Bühnengeschichte die Gestaltung eines Gesamtkunstwerkes auf dem Theater angestrebt: Man bemühte sich um eine stilistisch einheitliche Wirkung des gesamten Bühnengeschehens, die von allen beteiligten Künsten gemeinsam hervorgebracht werden sollte. Neben der Schauspielkunst waren es in Weimar vor allem Kostüme und Dekorationen, denen besondere Aufmerksamkeit geschenkt wurde. Die Bühnendekoration entsprach mit Hain und griechischem Tempel ganz dem Bild, das Iphigenie im ersten Akt des Dramas beschreibt. Man versäumte nicht, die Bühne durch blaue Soffitten abzudecken, um den Eindruck eines echten Griechenhimmels zu erzeugen. Darüber hinaus legte man den Bühnenboden mit einem grünen Fries aus, der wohl einerseits die Vorstellung von antikem Rasen assoziieren, andererseits aber die Schritte der Schauspieler dämpfen sollte. Sogar der Bühnenumbau wurde von Schuhmann „grün mit Marmor"[37] übermalt, um zu verhindern, daß der griechisch-römische Gesamteindruck von Rokoko-Mißtönen gestört werden könnte. Besondere Sorgfalt widmete man den Kostümen, die wahrscheinlich von Maler Kraus gemeinsam mit Goethe und Corona Schröter entworfen worden sind. Es ist zu vermuten, daß man

„Iphigenie"-Inszenierung im antikisierenden Stil

Szenenbild der „Iphigenie"-Inszenierung. *Corona Schröter als Iphigenie und Johann Wolfgang Goethe als Orest, Ölbild von Georg Melchior Kraus, 1780.*

dabei Abbildungen nach der Antike herangezogen hat, um auch das Detail genau zu treffen, wie es Goethe später in seinem Roman *Wilhelm Meisters Lehrjahre* beschreibt. Auf Georg Melchior Kraus' Szenengemälde sind die Kostüme deutlich zu erkennen: Corona trägt ein weißes Gewand mit langen Ärmeln, einen weißen Schleier und eine sandalenähnliche Fußbekleidung. Goethe hat eine ziegelrote Tunika als Untergewand angelegt, darüber trägt er eine graublaue Lorika mit Goldstreifen sowie einen blauen Mantelüberwurf. Seine Beine stecken in Stulpenstiefeln, die an den Füßen sandalenartig durchbrochen sind. Ähnlich muß man sich wohl auch die Kostüme der anderen Akteure vorstellen, und dies zu einer Zeit, in der das historische Kostüm auf der Bühne noch weitgehend unbekannt war. Seit der Neuberin hielt man am französischen Vorbild fest, was bedeutete, daß die Schauspieler entweder in den charakteristischen Typenkostümen oder im zeitgenössischen Reifrock auftraten. Nur einzelne Darstellerinnen, wie etwa die Brandes als Ariadne am benachbarten Gothaer Hoftheater, mit dem die Weimarer Liebhaber in engen Kontakten standen, bildeten hier und da eine Ausnahme. Eine historisch getreue Gesamtinszenierung hatte die deutsche Bühne jedoch noch nicht gesehen.

Daß Goethe darüber hinaus höchsten Wert auf den sprachlichen Ausdruck und die Bewegung seiner Schauspieler legte, wird nicht verwundern. Glücklicherweise verfügte er mit Corona Schröter über eine Darstellerin, die seine Liebe zur Antike teilte. Sie war nicht nur bereit, sondern auch fähig, in den Geist der alten Welt – so wie ihn Goethe damals verstand – einzutauchen und diesen auf der Bühne zu manifestieren. Dabei stand ihr die edle Würde der Priesterin ebenso zu Gebote wie die mühsam beherrschte Verzweiflung der vom Heimweh gemarterten Tochter aus Tantalus' Geschlecht, sie durchlebte vor den Augen der Zuschauer jede Stufe ihres Ringens um Wahrheit gegenüber dem Barbarenkönig und überzeugte schließlich in ihrer Entscheidung für die praktizierte Humanität im Angesicht des Todes.

Nicht weniger bedeutsam für das Gelingen der Aufführung war, daß Corona über eine subtile Vortragskunst verfügte, mit deren Hilfe sie die rhythmisierte Sprache der Prosa-*Iphigenie* zum Klingen brachte. Vor ihrer hohen Sprachkultur mußten ihre beiden Gegenspieler, Knebel und Goethe, als König Thoas und als Orest bestehen. Knebels hohe, stattliche Gestalt prädestinierte ihn ebenso wie seine volle, wohlklingende Stimme und seine intime Kenntnis metrischer Sprache zum Darsteller des Barbarenkönigs. Goethe konnte sich keinen anderen Thoas vorstellen, mit ihm und Corona stand und fiel die Inszenierung. So wird Goethes nur mühsam beherrschter Zorn verständlich, als ihm Knebel kurz vor der Premiere andeutete, die Rolle nicht übernehmen zu wollen. In dieser Situation war Goethe auch vor einer handfesten Erpressung nicht zurückgeschreckt. Er hatte dem Freund geschrieben: „Wenn Du Dich bereden kannst, mit mir auch noch dieses Abenteuer zu bestehen, ... so will ich mutig ans Werk gehn. Ist aber Dein Widerwille unüberwindlich, so mag es auch mit andern ernstlicheren Planen ... in die stille Tiefe des Meeres versinken."[38] Goethes dichterische Produktivität wollte Knebel aber wohl doch

Das erste Hoftheater

nicht auf dem Gewissen haben. Er übernahm die Rolle und stellte den Thoas zu Goethes und des Publikums vollster Zufriedenheit dar. Nur Prinz Constantin vermochte seine Rolle als Pylades nicht auszufüllen, hatte wohl auch wenig Lust am Theaterspielen, so daß er in späteren Aufführungen durch Carl August ersetzt wurde. Goethe konnte als Autor, Regisseur und Darsteller mit der Inszenierung zufrieden sein und sah erreicht, was er sich vorgenommen hatte: „... einigen guten Menschen Freude zu machen und einige Hände Salz ins Publikum zu werfen"[39]. Mit der *Iphigenie*-Inszenierung ist der 6. April des Jahres 1779 als ein festes Datum in die deutsche Bühnengeschichte eingegangen.

Etwa zur gleichen Zeit faßte man in Weimar den Entschluß, ein neues Komödien- und Redoutenhaus zu errichten. Das alte Gebäude an der Esplanade genügte dem wachsenden Zerstreuungsbedürfnis von Hof und Stadt nicht mehr und setzte auch den dramatischen Bemühungen der Dilettanten zu enge Grenzen. Von Inszenierung zu Inszenierung waren die Ansprüche gewachsen, die Darsteller und Publikum an Dekorationen und technische Ausstattung ihrer Bühne stellten – einer Bühne, die von Theatermeister Mieding nicht nur für jede Aufführung, sondern auch für jede Probe eigens auf- und wieder abgebaut werden mußte. Hier konnte – so glaubte man wenigstens im Jahre 1779 – nur ein neues Theaterhaus mit fest installierter Bühne und den entsprechenden Ober- und Unterbauten Abhilfe schaffen. Hofjäger Hauptmann übernahm als Bauunternehmer und Hauseigentümer die Initiative, Carl August sorgte mit Unterstützung seiner Mutter für die nötigen Finanzmittel, Baukondukteur Steiner lieferte nach Beratungen mit Goethe und anderen Theaterpraktikern die Entwürfe für das neue Haus, und Anna Amalia stellte obendrein ein Stück Land aus ihrem eigenen Besitz als Baugrund zur Verfügung. So konnte man schon am 7. Januar des folgenden Jahres das Herzogliche Komödien- und Redoutenhaus mit einer feierlichen Redoute einweihen. Von nun an befand sich das Weimarer Theater gegenüber von Anna Amalias Palais, genau an dem Platz, an dem sich noch heute das Deutsche Nationaltheater erhebt. Eingeweiht wurde es damals allerdings ohne den Herzog und Goethe, die erst Mitte Januar von ihrer Schweizreise zurückkehrten, sich aber noch am selben Abend zu einer Redoute im neuen Komödienhaus einfanden.

Das erste Weimarer Hoftheater*, erbaut 1779, zeitgen. Federzeichnung.*

Doch wollte es die Ironie des Schicksals, daß diese vergleichsweise komfortable Bühne dem Weimarer Liebhabertheater nicht zur Heimstatt werden sollte. Hier dominierten fortan Maskenzüge und Redouten, die sich bei der Mehrheit des Weimarer Publikums größeren Zuspruchs erfreuten als die Bemühungen der spielenden Dilettanten. Auch bei diesen Zerstreuungen wirkt Goethe pflichtgemäß mit, doch sieht er sehr wohl, daß er „im Dienste der Eitelkeit" die „Aufzüge der Torheit" zu schmücken hat. „Man übertäubt mit Maskeraden und glänzenden Erfindungen oft eigne und fremde Not"[40], schreibt er Anfang 1781 an Lavater.

Die hohe Zeit des Liebhabertheaters ist überschritten. Schon seit 1780 geht die Anzahl der jährlichen Aufführungen deutlich zurück. Zwar sind Inszenierungen einzelner Stücke von Seckendorff, Goethe und anderen Autoren nachweisbar, aber Engagement und Spielfreude scheinen nicht mehr derart überzuschäumen wie in den Anfangsjahren. So dauert es Monate, bis Goethes auf der Schweizreise entstandenes Singspiel *Jery und Bätely* endlich aufführungsreif ist. Die Schwierigkeiten häufen sich: Seckendorffs Musik ist nach Goethes Meinung „schlecht komponiert"[41], Proben fallen aus, die Interpreten – es war nur ein Vier-Personen-Stück – kommen mit ihren Rollen nicht zurecht, und vor allem gibt es immer wieder Differenzen zwischen Seckendorff und Corona, deren musikkünstlerische Ansichten sich entschieden nach entgegengesetzten Seiten entwickelt hatten.

Das Liebhabertheater zieht sich gleichsam auf sich selbst zurück. Doch erlebt es in den nächsten beiden Jahren im höfischen Kreis von

Aufführungen in Tiefurt

Ettersburg und Tiefurt noch einmal Glanzlichter eigener Art. Besonders Tiefurt, das kleine Landgut im Bogen der Ilm, das sich Anna Amalia seit 1781 zum Sommersitz erkoren hat, erregt mit seiner idyllischen Park- und Wiesenlandschaft ein letztes Mal die Phantasie der spielenden Dilettanten. Da im winzigen Tiefurter „Schlößchen" auch mit bestem Willen keine Bühne aufgeschlagen werden kann, läßt man sich von der lieblichen Ilm-Landschaft inspirieren und knüpft an die in Ettersburg mit Erfolg kreierte Tradition des Spielens unter freiem Himmel an. Goethes Geburtstag am 28. August gibt den Anlaß, die erste Tiefurter Spielzeit zu eröffnen, und zwar mit einem Spaß, den sich Seckendorff ausgedacht und mit einer Begleitmusik versehen hatte. Im Waldtheater überrascht man Goethe mit der Aufführung von *Minervens Geburt, Leben und Taten*, einem Schattenspiel. Vorstellungen dieser Art nannte man Ombres chinoises, obwohl sie wohl eher auf spanische Vorläufer zurückgingen. Sie erfreuten sich in den achtziger Jahren des 18. Jahrhunderts ebenso wie die Schattenrisse wachsender Beliebtheit. Was lag näher, als sich auch an Anna Amalias Musenhof mit diesem Genre zu beschäftigen und dabei Goethe eine Huldigung mit kleinem Seitenhieb darzubringen.

Dargestellt wurde „die alte ... heidnische Fabel von Minervens Geburt", wie Carl August im *Tiefurter Journal* berichtet. Um zu verhindern, von seinem eigenen Kind vom Thron gestoßen zu werden, wie es eine Prophezeiung besagte, hatte Jupiter seine Gemahlin Metis „in höchst schwangern Umständen mit Haut und Haar gefressen", worauf ihn entsetzliches Kopfweh zu plagen begann. Nach vergeblichen Heilungsversuchen schritt Vulkan zur Tat. Er spaltete Jupiter „kurz und gut den Scheitel und zog hierauf Minerven als ein wohlgebildetes, ganz gekleidet und bewaffnetes Frauenzimmer heraus"[42], welches der vom Schmerz erlöste Vater glücklich in seine Arme schloß. Diese Kopfgeburt ereignete sich derart, daß Maler Kraus als Jupiter mit einem riesigen Kopf aus Pappmaché hinter einer gut ausgeleuchteten Leinwand saß, Carl August als Vulkan mit furchteinflößendem Schwert an ihn herantrat und den gewaltsamen Akt vollzog, worauf die schöne Schröterin in einem zarten Gazegewand zunächst ganz klein, mittels raffinierter Beleuchtungstechnik aber schnell immer größer werdend, Jupiters gewaltigem Haupte entstieg.

Am Musenhof Anna Amalias

Der Musentempel im Tiefurter Park *mit der Kalliope von Gottlieb Martin Klauer.*

Die Ehrung Goethes erfolgte im letzten Akt, indem ein geflügelter Genius, Goethes Namen tragend, in den Wolken erschien und von Corona-Minerva mit Geschenken der Götter versehen wurde: mit der goldenen Leier Apollons und den Blumenkränzen der Musen. Doch die Peitsche des Momus mit der Aufschrift „Aves", die Vögel, wies sie zurück. Die Tiefurter Zuschauer verstanden natürlich die Anspielung auf Goethes Satire *Die Vögel*, eine Aristophanes-Bearbeitung, vor Jahresfrist in Ettersburg aufgeführt, und man erinnerte sich noch gut an die scharfen Hiebe, die der aktuellen preußischen Großmachtpolitik versetzt worden waren. In den Wolken erschienen dagegen die Namen *Iphigenie* und *Faust*. Doch Momus ist mit dieser einseitigen Würdigung nicht einverstanden. Er kommt am Schluß des Schattenspieles selbst dahergelaufen und überreicht Goethe persönlich die Peitsche, die dieser allerdings vor der Hand nicht noch einmal auf dem Liebhabertheater schwingen wird. Er ist des heiter-unverbindlichen Treibens müde und sehnt sich nach Sammlung zu ernster dichterischer Arbeit: *Wilhelm Meisters theatralische Sendung*, der *Tasso*, *Egmont* und *Faust* liegen unvollendet auf seinem Schreibpult. Insofern versteht er die Würdigung seiner Freunde durchaus als Mahnung.

Goethes „Fischerin"

Doch Goethe ist kein Spielverderber. Er läßt es sich nicht nehmen, sich auf seine Weise für die gelungene Geburtstagsüberraschung zu bedanken. In aller Stille schreibt er der Tiefurter Ilm-Landschaft ein Singspiel auf den Leib, das in einer milden Julinacht des folgenden Jahres unter Bäumen am Ufer des leise murmelnden Flüßchens vor Anna Amalia und ihrem Freundeskreis seine Uraufführung erlebt: *Die Fischerin* ist ein kleines Versteckspiel der Liebe, das das Fischermädchen Dortchen – Corona Schröter – ihrem Bräutigam und dessen Vater bereitet, weil diese immer so spät vom Fischfang zurückkehren, daß die von ihr zubereiteten Speisen verbrennen und sie sich obendrein sehr ängstigt. Diesmal dreht sie den Spieß um und versteckt sich vor den Heimkehrenden. Die Nachbarn werden alarmiert, man beginnt mit steigender Sorge nach ihr zu suchen. Auf diese Szene hatte Goethe die Wirkung des ganzen Stückes berechnet: „Die Zuschauer saßen, ohne es zu vermuten, dergestalt", berichtet er später selbst,

„Die Fischerin" *im Tiefurter Park*, Aquarell von G. M. Kraus, 1782.

„daß sie den ganzen schlängelnden Fluß hinunterwärts vor sich hatten. In dem gegenwärtigen Augenblick sah man erst Fackeln sich in der Nähe bewegen. Auf mehreres Rufen erschienen sie auch in der Ferne; dann loderten auf den ausspringenden Erdzungen flackernde Feuer auf, welche mit ihrem Schein und Widerschein den nächsten Gegenständen die größte Deutlichkeit gaben, indessen die entferntere Gegend ringsumher in tiefer Nacht lag. Selten hat man eine schönere Wirkung gesehen."[43]

Bildete die *Iphigenie* Höhepunkt und Abschluß einer Reihe bedeutender zeitgenössischer Dramen-Inszenierungen durch das Liebhabertheater, in der Stücke Lessings, Molières und Voltaires zu nennen sind, so krönte die Aufführung der *Fischerin* die Tradition des Singspiels, die in Weimar mit besonderer Neigung gepflegt wurde. Corona Schröter hatte diesmal selbst die Noten gesetzt und den an alte Volkslieder angelehnten Goetheschen Texten schlichte, volksliedhafte Melodien untergelegt. Daß sie die Lieder – darunter den *Erlkönig* – auch mit natürlicher Anmut vorzutragen wußte, läßt sich aus Goethes großer Zufriedenheit mit der Aufführung schließen. Waren bereits die früheren Goetheschen Singspiele mit ihren fein gefügten Dialogen und der Poesie ihrer Lieder dem herkömmlichen deutschen Singspiel weit überlegen, so sprengte *Die Fischerin* thematisch, musikalisch und gestalterisch die Rokokogrenzen des Genres und öffnete es dem Volksliedhaft-Natürlichen.

Nach dieser Aufführung mochten die spielenden Dilettanten ahnen, daß sie mit der *Iphigenie* und der *Fischerin* im menschlich-ernsten nun auch im musikalisch-heiteren Sujet den Kreis ihrer Möglichkeiten ausgeschöpft hatten. Bei allem Bewußtsein und allem Stolz auf das Geleistete mangelte ihnen wohl fortan der Reiz des Neuen. So klagt Anna Amalia schon am 7. Dezember 1781 gegenüber Knebel mit Bezug auf das Liebhabertheater: „Ich, ich lebe wie ein Fuhrmann, der die Pferde antreibt, den beladenen Karren aus dem Kot zu ziehen, aber leider steckt er so tief, daß viel dazu gehört, ihn vom Flecke zu bringen."[44] Fast unbemerkt war die lustige Zeit in Weimar vorübergegangen. Mochten sich am Hofe auch Bälle, Redouten und Maskenzüge in bunter Folge ein Stelldichein geben, Goethe war nicht einmal mehr mit dem halben Herzen dabei. Ihn drückte die Last der Akten

Bilanz des Weimarer Liebhabertheaters

und Registraturen ebenso wie die Trauer um Mieding, den kunstreichen Theatermeister, der in den sieben Jahren gemeinsamer Arbeit mit Erfindungsgeist und Fingerfertigkeit aus geringen Mitteln immer wieder das Unmögliche auf die Bühne gezaubert hatte. „Ihm war die Kunst so lieb, / Daß Kolik nicht, nicht Husten ihn vertrieb", charakterisiert ihn Goethe in seinem großen Würdigungsgedicht *Auf Miedings Tod*.[45] Goethe scheut sich nicht, darin die individuellen Eigenschaften des Kunsttischlers ins Charakterlich-Beispielhafte zu heben und das Lebenswerk dieses einfachen Mannes dem eines Staatsmanns gleichzustellen. Das 25 Strophen umfassende Gedicht erschien im 23. Heft des *Tiefurter Journals*. Daß den Lesern des Journals dieser Nekrolog auf den alten Theatermeister zu einer „schönen Sensation"[46] wurde, wie Goethe an Knebel schreibt, stellt dem menschlich-liberalen Geist in Anna Amalias musischem Zirkel ein glaubwürdiges Zeugnis aus.

Unterderhand ist Goethe dieses Gedicht aber auch zu einer abschließenden Retrospektive auf das Weimarer Liebhabertheater geraten:

> *O Weimar! dir fiel ein besonder Los:*
> *Wie Bethlehem in Juda, klein und groß!*
> *Bald wegen Geist und Witz beruft dich weit*
> *Europens Mund, bald wegen Albernheit.*
> *Der stille Weise schaut und sieht geschwind,*
> *Wie zwei Extreme nah verschwistert sind.*[47]

Das Weimarer Liebhabertheater konnte in der Tat eine stattliche Bilanz ziehen. Weder an Scherz noch an Ernst hatte es diesem in Repertoire und Spielhaltung gefehlt. Mit Kulissen, Dekorationen und Kostümen hatte man als eine der ersten Bühnen Deutschlands den Weg vom Rokoko zum frühen Klassizismus beschritten. Große Sorgfalt war auf die sprachliche Gestaltung des Vortrags gewandt worden. In unermüdlicher Probenarbeit hatten Goethe und Corona, Einsiedel und Seckendorff die Laiendarsteller weggeführt vom deklamatorischen Pathos hin zur sinngemäßen Deklamation. Tanzmeister Aulhorn hatte ebenso emsig an Differenziertheit und Genauigkeit der Bewegungen gearbeitet. Dem Ensemblespiel hatte man Aufmerksamkeit geschenkt und damit auch der kleinsten Rolle, weil nach Goethes Überzeugung jede Rolle ihren speziellen Beitrag zur Gesamtwirkung eines Stückes auf den Zuschauer leistet. So hatte man sich über Jahre bemüht, einen Spielstil zu entwickeln, der der Lessingschen Forderung nach Schönheit und Natürlichkeit der Aufführung gerecht werden konnte. Ganz mit Anna Amalia übereinstimmend, hatte Goethe eine sittlich humanisierende und geschmacksbildende Bühne in deutscher Sprache angestrebt und zumindest teilweise erreicht. In diesen Bemühungen trifft sich das Weimarer Liebhabertheater mit den ganz wenigen Bühnen teils höfischer, teils bürgerlicher Prägung, die Mitte der siebziger, Anfang der achtziger Jahre in Deutschland an einer Reform der Bühnenpraxis arbeiteten. Zu nennen wären hier besonders die bürgerliche Schauspieltruppe unter Friedrich Ludwig Schröder in Hamburg, das Gothaer Hoftheater unter Conrad Ekhof sowie das von Heribert von Dalberg geleitete und unter kurfürstlich-pfälzischer Schirmherrschaft stehende „Nationaltheater" in Mannheim. Diese Bilanz wiegt um so schwerer, wenn man bedenkt, daß Friedrich der Große noch im Dezember 1780 in seinem Traktat *De la littérature allemande* die deutsche Literatur für kaum der Beachtung wert erklärte und der deutschen Sprache – so barbarisch und ungeschmeidig sie sei – prophezeite, sie werde sich noch lange Zeit nicht eignen als Sprache der Höfe und der Gebildeten. Dem Traktat wurde von allen Seiten heftig widersprochen. Nicht zuletzt hatten das Weimarer Liebhabertheater und die in Weimar zu diesem Zeitpunkt wirkenden Dichter und Denker, allen voran Goethe, Herder, Wieland und Musäus, derartige Thesen mit ihren Werken längst ad absurdum geführt, auch wenn die überregionale Ausstrahlung des Liebhabertheaters die der genannten stehenden professionellen Bühnen naturgemäß nicht erreichen konnte. Doch zeigt der Traktat des Preußenkönigs mit aller Deutlichkeit, wie zähflüssig sich das Ringen um eine deutsche Literatursprache und ein geachtetes deutschsprachiges Theater vollzog. Das Weimarer Liebhabertheater hatte das in seinen Kräften Stehende zu dieser nationalen Aufgabe beigetragen.

Nachdem Goethe im Herbst 1782 die Theaterdirektion zugunsten seiner amtlichen Verpflichtungen niedergelegt hatte, versandete das fröhlich-ernste Treiben der spielenden Dilettanten. Reichlich ein Jahr

Das vorläufige Ende von Goethes Theaterarbeit

später entschloß sich Carl August, im neuerbauten Herzoglichen Komödien- und Redoutenhaus wieder eine Truppe Berufsschauspieler in festes Engagement zu nehmen, die fürderhin derbere Kost für das breite Publikum bereithielt.

Die Erfahrungen und Wünsche, die Goethe aus seiner siebenjährigen Theaterpraxis erwachsen sind, gehen vorerst in seinen Roman *Wilhelm Meisters theatralische Sendung* ein. Zehn Jahre später werden sie die feste Basis bilden, von der aus er mit dem professionellen Ensemble der Weimarer Hofschauspieler darangehen kann, überregional wirkende deutsche Theatergeschichte zu schreiben.

Lust und Last der Ämter

*Im Leben kommt es bloß aufs Tun an,
das Genießen und Leiden findet sich von selbst.*

Als Goethe am Vormittag des 25. Juni 1776 kurz vor zehn Uhr aus dem Fürstenhaus heraustritt, um mit Carl August die wenigen Schritte hinüber zum Roten Schloß zu gehen, ist er sich des Ernstes und der Würde der Stunde bewußt. Mit dem Weimarischen Beamteneid, den er hier in wenigen Minuten vor den Mitgliedern des Geheimen Consiliums ablegen und dem Herzog durch Handschlag geloben wird, verändert sich sein Leben nicht nur äußerlich. Indem er jetzt offiziell in den sachsen-weimarischen Staatsdienst eintritt, kann er „einem der edelsten Menschen in mancherlei Zuständen förderlich und dienstlich

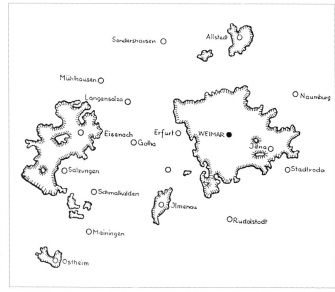

Das Herzogtum Sachsen-Weimar-Eisenach.

Die geographische Gliederung des Herzogtums

sein. Der Herzog, mit dem ich nun schon an die neun Monate in der wahrsten und innigsten Seelenverbindung stehe, hat mich endlich auch an seine Geschäfte gebunden; aus unsrer Liebschaft ist eine Ehe entstanden, die Gott segne"[1], schreibt Goethe wenig später an Johann Christian Kestner nach Wetzlar.

Gerade 36 Quadratmeilen mißt das Land, das Carl August geerbt hat. Hier gebietet er über annähernd 100 000 Seelen. Zu seinem Hoheitsgebiet gehören das Herzogtum Weimar, das ehemalige Herzogtum Jena sowie das vormals hennebergische Amt Ilmenau. Darüber hinaus fiel im Jahre 1741 das Herzogtum Eisenach mit dem Amt Allstedt durch Erbschaft an Sachsen-Weimar, so daß Carl August kein geschlossenes geographisches Gebiet beherrscht, sondern mehrfach ausländisches Territorium passieren muß, wenn er die entfernt liegenden Landesteile von Allstedt bis Ilmenau und Ostheim zu visitieren wünscht. Sein Herzogtum war einer der vielen Zwergstaaten, die die Landkarte des Deutschen Reiches einem Flickenteppich ähnlich machten. Ein armseliger kleiner Agrarstaat, dessen Landwirtschaft noch immer vom veralteten System der Dreifelderwirtschaft geprägt war und dessen Bauern von Fronen und Abgaben gedrückt wurden. Geographisch lag das Land überdies so ungünstig, daß es an den beiden großen, durch Thüringen führenden und sich in Erfurt kreuzenden Handelsstraßen nur einen winzigen Anteil besaß. Die blühende Handelsstadt Erfurt selbst stand seit Jahrhunderten unter kurmainzischer Verwaltung. An ihren reichen Steuererträgen hatte Herzog Carl August keinen Anteil. Auf seinem Territorium gab es nur winzige Städte, in denen das Handwerk infolge der überkommenen Zunftschranken nicht gedeihen konnte. Erste Ansätze einer industriemäßigen Produktion zeigten lediglich die Strumpfwirkereien in Apolda und wenige Glas- und Porzellanmanufakturen. Der einzige Wirtschaftsfaktor von Bedeutung befand sich im Amt Ilmenau. Seit dem Mittelalter hatte man hier mit erheblichem Gewinn Kupfer und Silber gefördert. Doch nach einem großen Wassereinbruch im Jahre 1739 mußten die Schürfarbeiten eingestellt werden. Das Bergwerk lag still.

Diesem armseligen Land durch Reformen möglichst schnell auf die Beine zu helfen, ist die höchst schätzenswerte Absicht des jungen Fürsten, der ganz im Sinne des aufgeklärten Absolutismus seine vor-

Lust und Last der Ämter

nehmste Herrscherpflicht darin sieht, seinem Lande zu dienen und dessen Wohl zu befördern. Carl August weiß sich hierin einig mit seinem älteren Freund. Auch Goethe, dem die wirtschaftspolitischen Gedanken der Merkantilisten und die moderneren der Physiokraten theoretisch vertraut sind, reizt es, an der Seite seines Herzogs tatkräftig in die Geschicke des Landes einzugreifen, sie zu befördern und umzugestalten. Arbeit gab es genug, man mußte sie – so schien es – nur anpacken. Wie oft werden beide bei Kerzenschein im „Erdsälgen" von Goethes Gartenhaus gesessen haben, ein einfaches Mahl und einen Krug guten Weins vor sich auf dem schlichten Holztisch, in langen Gesprächsnächten der Wirklichkeit weit vorauseilend mit ihren Plänen und Projekten, beflügelt vom jugendlichen Vertrauen auf die Kraft des guten Herrscherwillens und die gestaltende Tat. Es steht außer Zweifel, daß Carl August mit viel Enthusiasmus und Erneuerungsstreben an die Regierungsarbeit gegangen ist. Er hatte Goethe vor allem deshalb als belebendes Gegengewicht zu Fritsch und Schnauß ins Geheime Conseil gewünscht, weil er jenen einen kraftvollen Geist der Veränderung wohl zu recht nicht zutraute. So ist dieser 25. Juni des Jahres 1776 für beide ein entschieden hoffnungsvoller Tag. Es werden zehn Jahre vergehen, bis Goethe und der Herzog – belehrt durch die tägliche Erfahrung – einzusehen gelernt haben, wie eng die Grenzen tatsächlich sind, die der feudalabsolutistische Kleinstaat selbst mit seinen überkommenen Verwaltungsstrukturen, seinen begrenzten finanziellen Mitteln und seiner außenpolitischen Ohnmacht allen weitergreifenden Reformplänen entgegensetzt. Dann wird Carl August seinem Lande den Rücken kehren und sein Glück in der großen Politik versuchen. Goethe wird seinen Mantelsack über die Schulter nehmen und nach Italien ziehen.

Doch vorerst gehen beide mit allem jugendlichen Ungestüm daran, ihren Gedanken Taten folgen zu lassen. Dabei wird Goethes Tätigkeit im Geheimen Consilium in wachsendem Maße ergänzt durch besondere Aufgaben in speziellen Kommissionen, die eher geeignet waren, wirklich etwas Sichtbares zu schaffen und Verhältnisse zu erneuern. Denn das Conseil als beratendes Gremium des Herzogs war ausschließlich zuständig für alle Angelegenheiten von übergreifendem Charakter, die es im Herzogtum zu entscheiden galt. Hierzu zählten

Die Verwaltung des Landes

vor allem die Belange des fürstlichen Hauses selbst sowie die äußere Politik, militärische Fragen und Steuersachen, Fragen der Finanzverwaltung ebenso wie die Interessen der Jenaer Universität, grundsätzliche Probleme der Gesetzgebung, der Verwaltungsorganisation und der Förderung des Wirtschaftslebens. Daß daneben auch alle Beamten-, Diener- und Gnadensachen im Geheimen Consilium behandelt wurden, hängt mit dem patriarchalischen Charakter der aufgeklärten Monarchie zusammen, in der der Fürst selbst über Wohl und Wehe möglichst jedes Untertanen persönlich entscheiden sollte und wollte. Dabei oblag es dem Conseil lediglich, die grundsätzlichen Entscheidungen zu treffen. Umgesetzt wurden diese durch die drei dem Geheimen Conseil untergeordneten Fachkollegien: durch die Regierung, zuständig vor allem für juristische Aufgaben, durch die Kammer als Organ der Finanzverwaltung und durch das Oberkonsistorium, das sich mit geistlichen und Schulfragen beschäftigte. Daß es alle drei Fachkollegien in Carl Augusts Landen in doppelter Ausführung – nämlich in Weimar und in Eisenach – gab, erleichterte die Arbeit keineswegs und ließ die Verwaltungsausgaben immens steigen. Doch konnte es Carl August ebensowenig wie seine Vorgänger wagen, an den überkommenen Verwaltungsstrukturen der ehemals getrennt existierenden Herzogtümer zu rütteln. So war das Geheime Conseil die einzige Instanz, von der aus die Geschicke des gesamten Landes überblickt und geleitet wurden, hier liefen alle anstehenden Fragen und Probleme zusammen – von der Außenpolitik bis zur Besetzung der kleinsten Dienerstelle. Das Consilium entschied über die Geschicke des Landes und war gleichzeitig die Nahtstelle zum täglichen Leben.

Zwei- bis dreimal wöchentlich macht Goethe sich von nun an auf den Weg ins Rote Schloß, „erwartend des Conseils erhabene Sitzung"[2], wie er ein wenig selbstironisch an die zur Kur in Pyrmont weilende Charlotte von Stein schreibt, und Carl August setzt etwas hemdsärmliger hinzu: „Ich treibe mich jetz mit Goethen ins Conseil."[3] Dort arbeitete man, dem Stil der Zeit gemäß, nach dem kollegialischen Prinzip, wodurch Willkürentscheidungen einzelner hoher Beamter von vornherein ausgeschlossen werden sollten. Denn die Einrichtung des Conseils an sich war eine Errungenschaft des aufgeklärten Absolutismus, die in Weimar bereits seit dem Jahre 1756 existier-

Lust und Last der Ämter

Das Rote Schloß, *Tagungsort des Geheimen Conseils, Zeichnung von Ludwig Bartning.*

te. Die Behandlung eines jeden Problems begann hier mit einem mündlichen Bericht, den einer der drei Räte zu Hause durch ein gründliches Studium der vorliegenden Akten vorbereitet hatte. Dieser Bericht informierte den Herzog und die beiden anderen Räte umfassend über die Sachlage. Nun folgte die eigentliche Beratung, in der sich alle drei Räte nacheinander zur Sachlage äußerten und Entscheidungsmöglichkeiten in ihrem Für und Wider erörterten. Diese Meinungsäußerung sollte, so forderte es der Amtseid, „jederzeit freimütig und unparteiisch ohne Furcht und Nebenabsichten" erfolgen und hatte zum Ziel, „Ihro Fürstlichen Durchlaucht sowohl Dero Land und Leuten Ehre, Nutzen und Frommen [zu] fördern, Schaden und Nachteil aber warnen und verhüten [zu] helfen"[4]. Hatte jeder der Räte, deren rangniedrigster Goethe nun war, gesprochen, fällte der Herzog seine Entscheidung, in schwierigen Fällen vertagte er das Problem. Ein Widerspruchsrecht der Räte kannte dieser Dienstweg nicht, der herzogliche Wille war die letzte Instanz.

Der Beschluß wurde nun in der Regel von der dem Geheimen Conseil angegliederten Geheimen Kanzlei schriftlich fixiert. Dabei fertigte man zunächst ein Konzept an, das von allen drei Räten auf seine Richtigkeit hin geprüft, gegebenenfalls geändert und signiert wurde. Da alle hohen herzoglichen Beamten den größten Teil ihrer Arbeit zu Hause erledigten, trugen Kanzleidiener jedes dieser Konzepte zuerst in Goethes Gartenhaus, dann in die Wohnung von Schnauß und schließlich zum Geheimen Rat Fritsch, denn der Dienstweg sah die Begutachtung der Konzepte in aufsteigender Rangfolge vor. Erst jetzt konnte in der Geheimen Kanzlei die Reinschrift, das sogenannte Mundum, angefertigt und dem Herzog zur Unterschrift vorgelegt werden. Die letzte Amtshandlung in dieser umständlichen, aber zeittypischen Behördenschnecke blieb noch einmal der Geheimen Kanzlei vorbehalten, die die großformatigen, gesiegelten Schriftstücke an die Empfänger – meist an die Fachkollegien in Weimar oder Eisenach, aber auch an den kaiserlichen Hof in Wien oder an einen benachbarten Fürsten – zu expedieren hatte, wie es im damaligen Amtsdeutsch hieß.

In diesen fest umrissenen Arbeitsrhythmus ist Goethe für die kommenden zehn Jahre eingespannt. Wie ernst er seine Tätigkeit im Conseil genommen hat, bezeugt er nicht nur persönlich, wenn er Frau von Stein gegenüber bekennt, daß er die Sitzungen „nie ohne die höchste Not versäumt"[5] habe, wobei vor allem an seine häufigen dienstlichen Reisen, sehr selten an Krankheit zu denken ist. Auch die Sitzungsstatistik des Conseils belegt, daß er zwischen 1776 und 1786 an 500 der insgesamt 750 abgehaltenen Sessionen teilgenommen hat, ein Quantum, das nur von Schnauß übertroffen worden ist. In diesem Zeitraum behandelte das Consilium insgesamt 23 000 Einzelfälle, 22 000 davon mehr oder minder gründlich. Dabei haben alle Beteiligten ein hohes Maß an verwaltungsmäßiger Detailarbeit geleistet, die zur Organisation des täglichen Lebens im Herzogtum notwendig gewesen ist und oft keine bleibenden Spuren hinterlassen konnte. Im Conseil ist aber auch manche Weiche für eine hoffnungsvolle Entwicklung im Lande gestellt worden.

Einer der kühnsten Träume des jungen Carl August galt dem Ilmenauer Bergwerk. Sollte es nicht möglich sein, die alten Stollen und Schächte wiederzubeleben? Sollte man nicht in den Genuß der Schätze gelangen können, die tief unten in der Erde lagerten? An Ver-

Lust und Last der Ämter

suchen hatte es in den vorangegangenen Jahrzehnten nicht gefehlt, auch zahlte die Weimarer Kammer in jedem Jahr größere Summen, um die Lebensader des Bergwerks, den Martinrodaer Stollen, vor dem gänzlichen Verfall zu bewahren. Völlig aussichtslos schien die Sache nicht, und Geld hatte Carl Augusts Agrarstaat, in dem ein großer Teil der Abgaben noch immer in Naturalien beglichen wurde, bitter nötig. So war der junge Herrscher entschlossen, die beherzte Tat ernstlich zu wagen.

Genau in jener Conseilsitzung vom 25. Juni 1776, in der Goethe mit Sitz und Stimme in dieses ehrwürdige Gremium aufgenommen worden ist, wird auch die erste Entscheidung über das zukünftige Geschick des Ilmenauer Bergwerks gefällt: Carl August beauftragt den Marienberger Berghauptmann von Trebra, ein Gutachten über die bauwürdigen Erzvorräte im Bergwerk auf der Sturmheide bei Ilmenau zu erstellen, und er läßt es sich nicht nehmen, mit Goethe und seinem halben Hofstaat für mehrere Wochen nach Ilmenau zu ziehen, um an der Seite von Trebras und zwei anderer Sachverständiger das alte Bergwerk auf Herz und Nieren zu prüfen. „Es war eine gar froh gestimmte, lustige Gesellschaft, welche sich in den Sommermonaten des Jahres 1776 am Fuße der Sturmheide zu Ilmenau versammlet hatte", berichtet von Trebra 37 Jahre später. Die „noch ziemlich jugendlichen Bergleute [Carl August und seine Schar] brachten ein mächtiges Zutrauen und so gewaltige Hoffnung mit ..., daß sich damit der wirkliche Besitz vollkommen ersetzt hatte. – Froheit war die Losung, und es schien wohl, als ob man nur darum mit Gefahr des Kopfs und Kragens, mühselig genug, in die Tiefe der mit Stölln durchschnittenen Felsen mehrmals hinabsteige, damit an der Mittagstafel nachher desto schmackhafter das muntere Glückauf! in vollen Bechern die Runde laufen könnte. Bald stimmte sich der Ton völlig studentikos ... – Wie in jenen frohen Leben ging auch hier die Rechnung auf das künftige Glück, hier diesmal auf den Bergbau, dessen Reichtümer man sich ebenso gewiß glaubte als der Dukaten, welche der Vater schicken muß, wenn der Sohn studieren soll – und wir studierten Bergbau."[6] Trebra selbst konnte sich mit seinen 36 Jahren nicht mehr zu den Studenten zählen, obwohl er sich dem unkomplizierten Umgangston in der Umgebung des Herzogs bald anpaßte. Er zählte damals bereits zu

Die Wiederbelebung des Ilmenauer Bergbaus

den bekannten Montanisten seiner Zeit, hatte an der Bergakademie in Freiberg studiert und verfügte über ein Jahrzehnt praktischer Bergbauerfahrung. Die unbeschwerte und übermütige Ilmenauer Atmosphäre hat ihn nicht daran gehindert, gründliche Untersuchungen vorzunehmen und ein wissenschaftlich solides Gutachten zu erstellen, welches alle Hoffnungen zu bestätigen schien. Trebra hielt die Lagerstätten auf der Sturmheide für bauwürdig und prognostizierte eine Dauer von nur drei Jahren, bis die ersten kupfer- und silberhaltigen Schiefer zutage gefördert werden könnten. Die bis dahin nötigen Kosten schätzte er auf 25 000 Taler. Mit Trebras Gutachten war die Verwirklichung von Carl Augusts Traum in greifbare Nähe gerückt. Er durfte die Wiederbelebung des Bergwerks in Angriff nehmen lassen.

Der Marktplatz von Ilmenau, 1783.

Damit eröffnet sich auch für Goethe neben der Arbeit im Geheimen Conseil ein neuer, zusätzlicher Tätigkeitsbereich. Obwohl die Idee, das Bergwerk wieder in Gang zu bringen, nicht von ihm stammte, wie mitunter behauptet wird, ist er von Anfang an einer der Hauptakteure in allen Bergwerksangelegenheiten. Es charakterisiert Carl Augusts Personalpolitik, wenn er sein Lieblingsprojekt der Zuständigkeit der Kammer entzieht und die Arbeit sowie die Verantwortung für das Bergwerk seinen beiden Freunden, Goethe und dem jungen Kammerpräsidenten von Kalb, anvertraut.

Lust und Last der Ämter

Die Mitarbeit in der Ilmenauer Bergwerkskommission ist die erste Sonderaufgabe, die Carl August Goethe im Februar, offiziell dann im November 1777 überträgt. Welch „ungemeine Herausforderung"[7] sich hinter dieser Aufgabe verbirgt, kann Goethe zu diesem Zeitpunkt nicht wissen. Doch übernimmt er den Auftrag mit Herz und Verstand wie alles, was er für und mit dem Herzog tut. Mehr als zwei Jahrzehnte wird er hier über und oft auch unter Tage am Werke sein, um der Natur ihre Schätze abzugewinnen. Mit den Jahren wechseln die Erfahrungen und die Haltungen, weicht der frische, jugendliche Mut, mit dem das Unternehmen begonnen wurde, einem zähen Ringen mit den unberechenbaren Gewalten der Natur, denen man sich schließlich wird beugen müssen. Doch in den ersten Jahren ist Ilmenau für Carl August und seine fröhliche Schar reitender und jagender junger Gefährten ein Ort der Hoffnung, des Aufbruchs, des Kräftemessens mit der Natur zum guten Zweck. Und wenn der Herzog vielleicht in erster Linie an die klingenden Münzen denkt, mit denen er der Wirtschaft seines Landes insgesamt aufhelfen und auch sein Ansehen heben möchte, so schärft sich Goethes Blick gerade hier in Ilmenau für die sozialen Belange der Menschen in diesem wirtschaftlich verödeten Landstrich. „Könnten wir nur auch bald den armen Maulwurfen von hier Beschäftigung und Brot geben"[8], schreibt er im September 1780 an Charlotte von Stein, als sich abzuzeichnen beginnt, daß der Weg zum Erz viel länger und mühsamer sein wird, als ursprünglich vorherzusehen war.

Mit derartigen Ambitionen empfindet man es in den Anfangsjahren durchaus vereinbar, in Ilmenau neben der Arbeit auch ungestörten Urlaub vom Weimarer Hofleben zu genießen. In Weimar selbst hatten sich die Wogen allmählich geglättet, doch Ilmenau mit seinen unendlich scheinenden Wäldern, seinen tiefen Schluchten und verschwiegenen Höhlen bildete für Carl August das rechte Szenarium, seinen Freiheitsdrang, seine Jagdleidenschaft und seine Lust am Abenteuer in freier Natur auszuleben. Und wenn der Herzog sein Gewehr schulterte, um einen Hirsch zu erlegen, so steckte Goethe, den Jagdfreuden abgeneigt, Skizzenblock und Stift ins Portefeuille und ging auf Landschaften aus. In beiden Männern wächst eine sehr unterschiedlich geartete Liebe zur Ilmenauer Bergwelt. Carl August wird

Entdeckung der Ilmenauer Bergwelt

*Mundloch des Kammerberger Stollens,
Bleistiftzeichnung von Goethe, 1776.*

sie zum idealen Aktionsraum seiner eigenen, schwer beherrschbaren Kräfte. Goethe, den Älteren, fasziniert diese Bergwelt in ihrer Größe und Ruhe, ihrer wunderbaren Schönheit und in ihrem tiefen Geheimnis. Allmählich, Schritt für Schritt, wächst er in die Bergwerksaufgaben hinein, tastet er sich heran an die Geheimnisse des Berges. Seine gründliche Arbeitsweise zwingt ihn im Verein mit seiner aufs Schauen gestellten Natur, sich selbst in die weiten Gebiete der Geologie und Mineralogie hineinzuwagen, die ihrerseits gerade erst den Rang einer Wissenschaft erhalten hatten. So schreibt er im September 1780 von Ilmenau aus an Frau von Stein: „Jetzt leb ich mit Leib und Seel in Stein und Bergen und bin sehr vergnügt über die weiten Aussichten, die sich mir auftun ... Die Welt kriegt mir nun ein neu ungeheuer Ansehn."[9] – Im Ringen um das Ilmenauer Bergwerk wird der Naturwissenschaftler Goethe geboren.

Untrennbar mit den wissenschaftlichen Studien verbunden ist Goethes Überschau und Wachsamkeit in allen bergwerksorganisatorischen Fragen. Seinem hohen Bewußtsein von Verantwortung widerstrebt sehr bald die Arbeitsweise seines Freundes und Bergwerkskommissionskollegen von Kalb, auf den Carl August so große Hoffnungen gesetzt hatte. Mehrere Tagebucheintragungen Goethes weisen auf dienstliche Konflikte mit Kalb hin. Schon im Dezember 1778

Lust und Last der Ämter

vermerkt er: „Hundsfüttisches Votum von K[alb] in der Bergw[erks]sache."[10] Am 2. April 1780 führt er eine offensichtlich wenig erfreuliche Aussprache mit Kalb.[11] Ob diese Einfluß auf Carl Augusts Entscheidung vom 8. April hatte, Kalb aus der Bergwerkskommission zu entlassen, muß dahingestellt bleiben. Die Akten sind verschwunden, so daß sich die Hintergründe bis heute nicht ermitteln ließen.

Mit Kalb gab es nicht nur in der Ilmenauer Bergwerkskommission Probleme. Auch in der Wegebaukommission, der er als Kammerpräsident traditionsgemäß ebenfalls vorstand, lagen die Dinge im argen. Kalbs Inkompetenz und sein Desinteresse an den für Wirtschaft und Verkehr des Landes wichtigen Fragen des Wegebaus hatten bereits im August 1776 zu seiner Dispensierung vom Vorsitz dieser Kommission geführt, ohne daß jedoch ein Nachfolger bestimmt worden war. Die Geschäfte führte seither der Wegebauingenieur de Castrop, ein fähiger Fachmann, der schon in den fünfziger Jahren unter Anna Amalia die Chaussee nach Belvedere angelegt hatte und seit 1766 beim Weimarer Wegebau fest angestellt war. Dieser erfahrene Praktiker und Verfasser mehrerer Schriften zum Chausseebau wäre möglicherweise auch mit den übergreifenden Fragen der Finanzplanung und der großflächigen Arbeitsorganisation fertig geworden, doch intrigierte der verärgerte Kalb derart hartnäckig gegen den Ingenieur, daß sich dieser eigentlich mit viel Durchsetzungsvermögen ausgestattete Mann veranlaßt sah, von Carl August seine Entlassung zu beantragen bzw. im Ablehnungsfall um einen neuen Vorgesetzten zu bitten. Dieser ist zu de Castrops großer Freude im Januar 1779 Goethe geworden, der damit eine zweite Sonderkommission übernahm.

Auch hier geht er rasch an die Arbeit und läßt de Castrop zunächst einen ausführlichen Bericht über alle Wegebauangelegenheiten erstellen. Doch ist Goethe nicht in erster Linie ein Mann der Akten und Berichte, er ist vor allem ein Mann des Augenscheins. Und so nutzt er schon im März und April des Jahres eine Dienstreise, zu der er als Direktor der Kriegskommission verpflichtet ist und die ihn ohnehin bis in die entlegensten Amtsbezirke führt, gleichzeitig dazu, alle Straßen und Wege der herzoglichen Lande zu inspizieren. Daß er seinen verantwortlichen Wegebauingenieur de Castrop mit auf die Reise nimmt,

Goethe als Leiter der Wegebaukommission

um sich von ihm nebenher eine kräftige Lektion praktischen Anschauungsunterrichts in Technik und Methoden des Straßenbaus vermitteln zu lassen, versteht sich dabei für Goethe von selbst.

So verschafft er sich auf dieser Reise einen genauen Überblick über den Zustand der einzelnen Straßen und Wege. Die Bilanz fällt alles andere als ermutigend aus: Mit dem chausseemäßigen Ausbau der beiden für den inneren Handel und Verkehr im Herzogtum wichtigen Straßen zwischen Weimar und Erfurt im Westen und Weimar und Jena im Osten hatte man schon zu Zeiten der Regentschaft Anna Amalias begonnen. Doch die Arbeiten ruhten seit Jahren, so daß Nässe, Frost und die weiterhin über die ungenügend befestigten Straßen rollenden Fuhrwerke das bereits Geschaffene nahezu zerstört hatten. Die Straßen der Weimarer Exklave Ilmenau waren durch die Gleichgültigkeit des dortigen Stadtrates und der Weimarer Kammer völlig vernachlässigt worden, was besonders schwer wog, da sich die jahrhundertealte Nürnberger Straße, über die nahezu der gesamte Nord-Süd-Handel im deutschen Reich abgewickelt wurde, durch das Amt Ilmenau zog. Diese Straße bildete den einzigen Anteil des Herzogtums Sachsen-Weimar-Eisenach am überregionalen Handel überhaupt und besaß deshalb hohe Bedeutung. Vielfach eingegangene Beschwerden hatten keine Änderung des Straßenzustandes herbeiführen können, so daß die Leipziger Post seit 1778 lieber die etwas längere Linie über Gotha – Ohrdruf außerhalb von Carl Augusts Herzogtum wählte. Die Fuhrleute folgten rasch diesem Beispiel, da sie sich im Winter die vereisten Straßen gern von der Post freibrechen ließen. Daß die ohnehin arme Ilmenauer Region durch diesen Verlust an regem Durchgangsverkehr weiter verödete, liegt auf der Hand.

Auch die kleineren Straßen befanden sich in einem beklagenswerten Zustand, wobei hier die Situation noch dadurch verschärft wurde, daß sich allein auf dem kleinen sachsen-weimarischen Territorium von 24 Quadratmeilen immerhin 285 Orte mit einer entsprechend großen Anzahl von Verbindungsstraßen befanden. Diese waren im Winter oft nur unter Lebensgefahr befahrbar, wie nicht nur der von Berufs wegen viel im Land umherreisende Leibmedikus Christoph Wilhelm Hufeland in seiner Autobiographie berichtet. Auch aus den zeitgenössischen Beschwerden geht hervor, daß die Fuhrwerke oft bis

Lust und Last der Ämter

zu den Achsen, die Pferde zum Teil sogar bis zum Bauch in den Löchern der Straßen versanken.

In Anbetracht dieses beängstigenden Zustandes verwundert es einigermaßen, in Goethes Tagebuch zu lesen: „Die Kr[iegs]komm[ission] werd ich gut versehn, weil ich bei dem Geschäft gar keine Imagination habe, gar nichts hervorbringen will, nur das, was da ist, recht kennen und ordentlich haben will. So auch mit dem Wegbau."[12] Doch Goethes Zurückhaltung hat schwerwiegende Gründe. Zum einen ist er als gründlicher und gewissenhafter Arbeiter von vornherein ein eingeschworener Feind aller windigen Projektemacherei, wie er sie in den vergangenen Jahren nur zu oft erleben mußte. Darüber hinaus wußte er aus der Arbeit im Geheimen Conseil sehr genau, wie disproportioniert sich der Kammerhaushalt in jedem Jahr von neuem gestaltete, so daß ihm die Etattreue der von ihm verwalteten Kommissionen oberstes Gebot war. Und der Etat der Wegebaukommission bot ein klägliches Bild. Goethe standen etwa 3 600 Taler jährlich zur Verfügung. Von dieser Summe gingen reichlich 600 Taler „ordinaire Posten" für die Gehälter der Mitarbeiter ab, so daß er mit knapp 3 000 Talern im Jahr rechnen konnte. Im laufenden Jahr 1779 mußte er obendrein einen Vorschuß, den die Kasse unter seinem Vorgänger genommen hatte, zurückzahlen, so daß ihm lächerliche 1 555 Taler zur Finanzierung sämtlicher Wegebauarbeiten im Herzogtum verblieben. Eine Summe, die in Anbetracht der Lage Anlaß genug zur Resignation geboten hätte. Doch Goethe teilt dem Herzog in seinem Schreiben vom 25. April 1779 lediglich sachlich mit, daß aufgrund des geringen Etats „die Haupt- und allzusehr ins Geld gehende Reparaturen vorerst noch ausgesetzt" werden müssen und in diesem Jahr „nur die geringere, nicht allzuviel betragende höchstnötige Besserungen"[13] vorgenommen werden können. Längerfristig möchte Goethe mit seinen beschränkten Mitteln den Zustand der Straßen Schritt für Schritt auf ein Niveau bringen, das es ihm gestattet, später keine großen Erhaltungskosten mehr investieren zu müssen. So hofft er, allmählich die Mittel für den Chausseebau freizubekommen. Die Stellen, an denen angesetzt werden muß, kennt er seit seiner Inspektionsreise genau.

Gestützt auf seinen erfahrenen Praktiker de Castrop ebenso wie auf eine kluge Arbeitsorganisation, gelingt es ihm in den folgenden

*Die alte Poststation an der Jenaer Chaussee bei Kötschau,
1780 ließ Goethe die Straße mit einem neuen Packlager versehen.*

Jahren tatsächlich, diese Konzeption umzusetzen. Schon im ersten Jahr läßt er die schlimmsten Löcher auf der Jenaer Straße am Webicht, bei Umpferstedt und Kötschau mit Steinen ausschlagen und die sumpfige Gegend am Mägdestieg bei Kötschau mit Kies beschütten, weil die Fuhrleute im Winter und bei anhaltendem Regenwetter hierüber die bittersten Klagen führten. Vor Jenas Toren hatten sich nach starken Gewittern teure Reparaturen mit Kiesaufschüttungen und Steinausbesserungen erforderlich gemacht, die sämtlich ausgeführt wurden. Auch auf der Allstedter Straße und der Straße von Ilmenau nach Martinroda konnten die schwerwiegendsten Schäden behoben werden. So ist es Goethe unter Einhaltung seines geringen Etats gelungen, durch einen gezielten Einsatz der Mittel doch an vielen Stellen zu helfen und die katastrophalen Auswüchse einer jahrzehntelangen diskontinuierlichen Wegebaupolitik auszugleichen.

Daß Goethe unter den gegebenen Umständen sogar einen winzigen Überschuß von 18 Talern erwirtschaften konnte, erfüllte ihn in seinem ersten Jahresbericht an Carl August mit besonderem Stolz. Dieser wird erst ganz verständlich, wenn man einen Blick auf die Kammerfinanzen insgesamt wirft. Hier hatte sich gerade im laufenden Jahr 1779 herausgestellt, daß die herzoglichen Kassen kurz vor

Lust und Last der Ämter

dem Kollaps standen, Einnahmen und Ausgaben waren völlig aus dem Gleichgewicht geraten. Für diesmal konnten Carl August und Goethe die Situation mit Hilfe ausländischer Gelder retten. Es gelang ihnen im Herbst auf ihrer Reise in die Schweiz, beim Kanton Bern einen Kredit über 50 000 Taler für zehn Jahre aufzunehmen. Um so dringender machte sich eine grundsätzliche Sparpolitik in allen Bereichen der herzoglichen Verwaltung erforderlich. Goethe verfolgte mit seiner unter allen Umständen ausgeglichenen Bilanz in der Wegebaukommission vermutlich auch die Nebenabsicht, gegenüber dem Conseil, der Kammer und gegenüber anderen „Ressortchefs" den Nachweis zu erbringen, daß selbst mit geringsten Mitteln etwas geleistet werden konnte.

Allerdings war Goethes Freude von kurzer Dauer. Kaum hatte er seinen Jahresabschluß für 1779 berechnet, reichte das Obergeleitsamt in Erfurt Rechnungen in Höhe von 952 Talern ein, die Goethe aus seinem Wegebauetat zahlen mußte. So stieß er spätestens zu Anfang des Jahres 1780 hart an die Grenzen, die seiner Tätigkeit als Direktor der Wegebaukommission gesetzt waren: Altehrwürdige Gepflogenheiten und überkommene, höchst unklare Rechtsstrukturen in der inneren Verwaltung, denen man mit juristischen Mitteln nicht beizukommen vermochte, sollten von ihm in der Praxis gelöst werden. So kassierte das Erfurter Obergeleitsamt zwar die von den Fuhrleuten erhobenen Geleitsgelder und ließ die dringendsten Reparaturen auf den ihnen unterstellten Straßen ausführen, war aber nicht bereit, die Kosten dafür zu tragen. Mit seiner Forderung, die Ausgaben des Geleitsamtes streng von denen seiner Wegebaukasse zu trennen, kam Goethe schon deshalb nicht durch, weil die eingenommenen Geleitsgelder in die Kassen der Herzoglichen Kammer flossen und diese nicht bereit war, einen Teil davon wieder auszuzahlen. Das von Goethe erhoffte Machtwort Carl Augusts blieb aus. Er konnte lediglich einen einmaligen Zuschuß in Höhe von 400 Talern von der Kammer erlangen, mußte dafür aber die Erfurter Rechnungen in voller Höhe zahlen, und dies nicht nur für 1779 rückwirkend, sondern auch in Zukunft.

Goethe blieb nichts anderes übrig, als sich den Gegebenheiten zu beugen. Er versuchte nun, wenigstens eine Schadensbegrenzung durchzusetzen, indem er Carl August in seinem Jahresbericht von 1780

Konflikte mit dem Geleitsamt

bat, „daß ... das Obergleitsamt gemeßenst angewiesen werden möge, hinführo ohne Autorisation der Wegebaudirektion nichts zu veranstalten oder zu bezahlen"[14]. Dieser Bitte kam Carl August nach, doch gelang es Goethe erst 1783, seine notwendige Forderung auch dem Erfurter Geleitsmann Conta gegenüber in der Praxis durchzusetzen. Daß er dabei nicht lockerließ, kennzeichnet Goethes Arbeitsstil generell. Und wenn er sich zunächst die Aufgabe gestellt hatte, Ordnung zu schaffen, hieß das für ihn auch und vor allem, die Verwaltung zu zentralisieren und jede willkürliche Eigeninitiative in seinem Ressort für immer zu unterbinden. Denn neben dem Erfurter Obergeleitsamt ließen auch andere Personen und Institutionen wie etwa das Jenaische Rentamt, der Stadtrat von Ilmenau oder auch einzelne Gemeindevorsteher und Amtsschreiber Reparaturen an Straßen und Wegen auf Kosten der Wegebaukasse ausführen. Obgleich diese Reparaturen im Unterschied zu denen des Obergeleitsamtes rechtmäßigerweise von der Wegebaukasse getragen werden mußten, brachten sie doch Goethes eigene Planung durcheinander, machten sie letztlich unmöglich. Da die Qualität dieser Reparaturen oft zu wünschen übrigließ und die Arbeiten zu teuer waren, setzte er mit Konsequenz und teilweise auch mit Härte gegen uneinsichtige Beamte seine Forderung durch, daß alle Bauarbeiten und deren Kostenvoranschläge von ihm persönlich zu genehmigen seien – eine Arbeitsweise, die uns heute als selbstverständlich erscheint, dem ausgehenden 18. Jahrhundert jedoch außerordentlich ungewohnt war.

Mitte 1780 hatte er die größten Hindernisse behoben. Zufrieden bilanziert er in seinem Tagebuch: „Ordnung hab ich nun in allen meinen Sachen, nun mag Erfahrenheit, Gewandtheit ... auch ankommen. Wie weit ist's im kleinsten zum höchsten!"[15] Goethe setzt seine Wegebaupolitik der kleinen Schritte fort. Er läßt die Arbeit an den Chausseen wieder aufnehmen, und zwar gleichzeitig an den drei wichtigen Chausseen Weimar – Erfurt, Weimar – Jena und Ilmenau – Martinroda. So kann er jeder Straße nur geringe Mittel zuwenden und kommt sehr langsam voran. Die bereits stückweise mit einem Steinbett versehenen Teile der Chausseen müssen häufig überwintern und laufen Gefahr, immer wieder beschädigt zu werden. Doch wog für Goethe ein anderer Aspekt schwerer, auf den er in seinem Bericht an

Lust und Last der Ämter

Carl August ausdrücklich hinweist, wenn er formuliert, „daß bei dergleichen Straßenarbeiten Armut in den hiesigen Landen am geschicktesten seinen Unterhalt und Nahrung finden möge"[16]. Im Straßenbau sieht Goethe ein hervorragendes Mittel, in verschiedenen Landesteilen gleichzeitig Arbeit für die mittellose Bevölkerung zu schaffen. Solche Überlegungen zeugen von Goethes sozialem Bewußtsein, das sich schärft, je mehr er mit offenen Augen im Lande unterwegs ist. „Mit denen Leuten leb ich, red ich, und laß mir erzählen. Wie anders sieht auf dem Platze aus, was geschieht, als wenn es durch die Filtrierrichter der Expeditionen [die Akten der Behörden] eine Weile läuft. Es gehn mir wieder viele Lichter auf, aber nur die mir das Leben lieb machen. Es ist so schön, daß alles so anders ist, als sich's ein Mensch denken kann."[17]

Wenn sich Goethe der lebendigen Erfahrungen freut, die er unterwegs im Gespräch mit den Menschen gewinnt, übersieht er durchaus nicht die Kargheit, die das Leben des einfachen Mannes prägt. Derartige Wirklichkeitseindrücke sitzen tief bei ihm, doch beflügelt ihn in den Anfangsjahren die Hoffnung, gemeinsam mit Carl August Abhilfe schaffen zu können. Zurückgekehrt von seinen Reisen durch das Land, bespricht er seine Erfahrungen und Überlegungen mit dem Herzog, wobei das Thema Sparsamkeit immer wieder eine zentrale Rolle spielt. Allmählich aber kann Goethe seine Augen nicht mehr davor verschließen, daß sein Beispiel sparsamster Wirtschaftsführung nicht Schule gemacht hat, weder bei der Kammer, den anderen Behörden noch bei Carl August selbst. So berichtet Goethe Charlotte von Stein im Dezember 1781 aus Eisenach, wohin er Carl August zur Jagd begleitete: „Der Herzog ist vergnügt und gut, nur find ich den Spaß zu teuer; er füttert 80 Menschen in der Wildnis und dem Forst ... und unterhält ein paar schmarutzende Edelleute aus der Nachbarschaft, die es ihm nicht danken. Und das alles mit dem besten Willen, sich und andre zu vergnügen. Gott weiß, ob er lernen wird, daß ein Feuerwerk um Mittag keinen Effekt tut. Ich mag nicht immer der Popanz sein, und die andern frägt er weder um Rat noch spricht er mit ihnen, was er tun will."[18] Dennoch entschließt er sich Mitte Januar 1782 zu einem Gespräch mit Carl August, in dem „sehr ernstlich und stark über Ökonomie geredet" wird. Goethe findet „wieder eine An-

Veränderte Taktik beim Wegebau

zahl falsche Ideen, die ihm [dem Herzog] nicht aus dem Kopf wollen". Und er setzt hinzu: „Jeder Stand hat seinen eignen Beschränkungskreis, in dem sich Fehler und Tugenden erzeugen."[19]

Goethe sieht beides, „Fehler und Tugenden", an seinem Herzog, und das ist ein wesentlicher Grund, warum er im Jahre 1782 trotz seiner ernüchternden Erfahrungen noch keineswegs daran denkt, aufzugeben. Selbst die im selben Jahr durchgeführte große Revision der Kammer, die die ganze finanzielle Misere der Landesfinanzen offenlegt – man geht zunächst von einer Schuldenlast der Kammer in Höhe von 200 000 Talern aus, ein Defizit, das das von 1779 bei weitem übertrifft –, spornt Goethes Arbeitseifer eher an. Er widmet sich mit noch größerer Energie seinen dienstlichen Pflichten. Allerdings ändert er seine Taktik, wie speziell im Wegebauressort deutlich zu erkennen ist. Statt weiterhin zu sparen, treibt er nun den Chausseebau vor allem auf den Strecken Erfurt – Weimar und Weimar – Jena kraftvoll voran. Dazu verwendet er nicht nur die in den Vorjahren erzielten und zurückgelegten kleinen Überschüsse seiner Wegebaukasse, er scheut auch nicht mehr davor zurück, seinen Etat beträchtlich zu überziehen. Die Erfahrung hatte ihn hart belehrt. Mit seiner haushälterischen Sparpolitik war unter den gegebenen Umständen kein wirklicher Nutzen zu erzielen. Nun hält er es für angebracht, das Geld sinnvollerweise auf Weimars Straßen zu verbauen, als es durch Hof und Kammer verschleudern zu lassen.

So gerät Goethes Wegebaubericht des Jahres 1783 zu einem höchst erfreulichen und optimistischen Dokument. Goethe kann die nahe bevorstehende Vollendung der Erfurter und der Jenaer Chaussee ankündigen und mit Stolz auf die Fortschritte verweisen, die im Ausbau der Arbeitsorganisation erreicht worden sind. Gerade letztere erscheint ihm zukünftig von besonderer Bedeutung, denn der Chausseebau sollte kein Faß ohne Boden bleiben. Um zu verhindern, daß der Winter das im Sommer Geschaffene immer wieder zerstört, hatte Goethe für jede der großen Straßen einen Wegeaufseher angestellt und die Straßen in kleinere Abschnitte eingeteilt, für die bestimmte Wegeknechte zuständig waren. Diesen oblag es das ganze Jahr über, die von den Fuhrwerken gefahrenen Geleise wieder zu schließen, kleinere Löcher zu flicken und die Wasserabflußgräben sauberzuhalten, damit

Wasser und Frost für ihr Zerstörungswerk keine Angriffspunkte finden konnten. Der Wegeaufseher hatte die Arbeit der Wegeknechte auf seiner Straße ständig anzuleiten und zu kontrollieren. Auf diese Weise hoffte Goethe, der Vernachlässigung der Straßen allmählich ein Ende zu bereiten und die Reparaturen, die beim Wegebau bisher die höchsten Kosten verursacht hatten, auf ein Minimum zu reduzieren.

Dieser Aufbruchsstimmung völlig entgegengesetzt liest sich der letzte Wegebaubericht Goethes aus dem Jahre 1786, in dem er Rechenschaft über das in den beiden vorangegangenen Jahren Geleistete ablegt. Goethe kann auf die Vollendung der Erfurter Chaussee verweisen und die Fertigstellung der Jenaer Chaussee für die nächsten Jahre in Aussicht stellen, auf den Allstedter und Ilmenauer Straßen ist er aber nicht im mindesten vorangekommen, obwohl er den Etat um 2 142 Taler überzogen hatte. Der Nordteil der Ilmenauer Chaussee war schon 1781 nahezu fertiggestellt worden, mit dem südlichen Teil hatte aber nicht einmal begonnen werden können. Für diesen Teil, die sogenannte Frauenstraße, war es Goethe lediglich gelungen, eine Notlösung zu finden. Er beantragte beim Herzog, den parallel zur Frauenstraße verlaufenden Herrenweg für den öffentlichen Verkehr freizugeben, was Carl August genehmigte. Ist dieser Fall auch ein schönes Beispiel für die unkonventionelle Art, mit der Goethe an die Lösung der drückendsten Probleme heranging, und zeigt er auch, daß der Herzog durchaus fähig war, sein Privatinteresse dem Landesinteresse unterzuordnen, so ändert sich doch nichts an der Gesamtmisere. Bitter verweist Goethe in seinem Bericht darauf, „daß nach dem jetzigen Verhältnis der Kasse einige Menschenalter nicht hinreichen werden, um etwas Fruchtbarliches und Ganzes hervorzubringen"[20].

Solch „Fruchtbarliches und Ganzes" aber hatte Goethe vermutlich im Sinn, als er seit 1782 alle Kräfte auf die Erfurter und Jenaer Chaussee konzentrierte. In seinem letzten Bericht weist er darauf hin, daß die Straße durch den Saalegrund von Rothenstein nach Dornburg „die größte Aufmerksamkeit verdient", da wegen „verschiedene[r] äußerst böse[r] Flecke[n]" wiederholt Klage geführt worden sei und viele Fuhrleute die Wege durchs Vogtland und das Altenburgische vorziehen würden.[21] Doch Goethe dachte wahrscheinlich weiter und beab-

Unüberwindliche Schwierigkeiten beim Straßenbau

sichtigte, den gesamten Ostverkehr von Erfurt aus über die Chausseen nach Weimar und Jena zu ziehen. Die Saalgrundstraße von Jena nach Naumburg und schließlich weiter nach Leipzig hätte dann als letztes Glied in der Kette die Voraussetzung geschaffen, das bisher abseits der beiden großen Verkehrsstraßen gelegene Weimar dem überregionalen Ost-West-Handel zu erschließen.[22] Derartig weitgreifende Pläne ließen sich mit den Mitteln der Wegebaukasse jedoch nicht verwirklichen, zumal das alte Problem der erfurtischen Obergeleitsstraßen noch immer nicht zu Goethes Zufriedenheit geklärt worden war. Er mahnt beim Herzog noch einmal an, die darauf verwendeten Gelder von der Obergeleitskasse und nicht länger aus seiner Wegebaukasse zahlen zu lassen, da dieser dadurch jährlich „ein Ansehnliches"[23] abgehe. Darüber hinaus bittet Goethe den Herzog, die Schulden der Wegebaukasse aus Kammermitteln zu tilgen und den Wegebauetat um 1 000 Taler jährlich zu erhöhen. Er verweist nachdrücklich auf seine in all den Jahren gemachte Erfahrung, „wie bei der allzugroßen Disproportion der Obliegenheiten und der Einnahme, sehr vieles zum Schaden verbaut werden muß". Es seien Fälle vorgekommen, „wo man Steine, um eine Strecke chausseemäßig zu bearbeiten, angefahren, die Chaussee selbst aber nicht [hat] zustande bringen können, da denn inzwischen ein guter Teil der angefahrenen Steine [hat] in die Löcher geworfen werden müssen, um nur den Weg einigermaßen herzustellen"[24].

Entgegen seiner Gepflogenheit verschweigt Goethe dem Herzog in diesem Bericht nicht, welche Wirkung derartige Erfahrungen auf die Dauer bei ihm hervorgerufen haben: „... es ist nicht zu leugnen, daß sich ein mit diesen Dingen beschäftigtes Gemüt, wenn es so viele Mängel, ohne denselben abzuhelfen, liegenlassen muß, an eine Art von Gleichgültigkeit gewöhnt, anstatt daß bei einem proportionierten Geschäfte die Lebhaftigkeit der Ausführung durch das Gefühl, was man getan habe und tun könne, immer rege ... erhalten wird."[25] Sicher sind die Ratlosigkeit und Erschöpfung, die aus diesem letzten Bericht des Wegebaudirektors Goethe sprechen, auch mitgeprägt vom unerwarteten Tod de Castrops. Er starb im August 1785 im Alter von 54 Jahren. Auf ihn hatte sich Goethe nicht nur in allen praktischen Fragen sicher stützen können, er war auch ein Muster an Zuverlässig-

Lust und Last der Ämter

keit und Gewissenhaftigkeit gewesen – Eigenschaften, die Goethe an seinen Mitarbeitern besonders schätzte. So empfand er de Castrops Tod menschlich und fachlich als schmerzhaften Verlust. Es ist bezeichnend, daß dieser letzte amtliche Bericht das Datum des 9. Juni 1786 trägt; ein Vierteljahr später befindet sich Goethe auf dem Weg nach Italien.

Goethes Erfahrungen in der Wegebaukommission decken sich im wichtigsten Punkt mit denjenigen, die er als Direktor der Kriegskommission macht. Auch hier stößt er auf Schritt und Tritt auf das leidige Problem der Finanzen des Kleinstaates, denn die Kriegskommission hatte im engeren Sinne keine militärischen Aufgaben zu erfüllen, sie war nichts anderes als die Finanzverwaltung des herzoglichen Militärs. So nimmt es nicht wunder, wenn Goethe im Alter rückblickend zu Kanzler von Müller äußert, er sei bloß in die Kriegskommission eingetreten, „um den Finanzen durch die Kriegskasse aufzuhelfen, weil da am ersten Ersparnisse zu machen waren"[26]. Daß Goethes Überlegungen im Januar 1779, als er die Kriegskommission fast gleichzeitig mit der Wegebaukommission übernahm, bereits derartig programmatischen Charakter angenommen hatten, muß bezweifelt werden. Fest steht jedoch, daß ein jährlicher Militäretat von etwa 77 000 Talern eine beträchtliche Summe darstellte, die in voller Höhe von den Steuereinnahmen der Weimarer, Jenaer und Eisenacher Landstände gedeckt wurde. Da der Adel nach wie vor Steuerfreiheit genoß, zahlten auch diese Ausgaben letztlich die Bauern und der dritte Stand.

Goethe hat sehr schnell erkannt, daß diese verhältnismäßig hohen Ausgaben keineswegs durch den Nutzen gerechtfertigt wurden, die das vorhandene Militär dem Lande brachte. Das ohnehin kleine Häufchen Artilleristen – es zählte kaum ein Dutzend Mann – bewachte auf der Wartburg bei Eisenach und im Weimarer Zeughaus die etwa 60 Kanonen des Herzogs. Abgefeuert wurden sie anläßlich der Geburt eines fürstlichen Kindes oder bei einer bedeutenden Parade, öfter unterstützten die Kanonen die Kirchenglocken bei Feueralarm, ansonsten taten die Artilleristen eine Art Museumsdienst. Bedeutsamer stellten sich schon die 36 rotuniformierten Husaren mit ihren blauen

Dolmans dar, die der ehemalige preußische Leutnant von Lichtenberg kommandierte. Auch sie verrichteten friedliche Beschäftigungen als Eilkuriere und Postbeauftragte, begleiteten die fürstlichen Karossen, halfen bei Feuerausbrüchen und wurden gegen Landstreicher und Marodeure eingesetzt. Bei Eis- und Schloßfestlichkeiten benötigte man sie als Fackelträger. Der größte Posten des Militäretats stand der Infanterie zur Verfügung. Obrist von Laßberg befehligte in Weimar immerhin vier Kompanien, Obrist von Raschau zwei Kompanien in Jena und Major von Bendeleben zwei in Eisenach. In der Regel befanden sich von den ungefähr 700 Mann Infanterie jedoch etwa 400 im Urlaub, wo sie der Landarbeit oder ihren Privatberufen nachgingen. Die restlichen 300 Infanteristen versahen die Wache vor den Schlössern, vor wichtigen Gebäuden wie dem der Kriegskommission und den Wohnungen der Kommandeure, vor den Toren der Städte und vor dem Zuchthaus. Daß die Mittel, die diese „halb Dekorations-, halb Schilderhausarmee" verschlang, wie sie der Historiker Hans Wahl treffend bezeichnete, dem herzoglichen Hauptrechner Goethe ein Dorn im Auge waren, läßt sich denken. Und so erscheint es nur folgerichtig, daß sein Tagebuch Mitte Juni 1779 die Worte verzeichnet: „Dunkler Plan der Red[uktion] des Mil[itärs] ..."[27]

Zu einem früheren Zeitpunkt hätte Goethe derartige Überlegungen nur sehr hypothetisch anstellen können, denn im Jahre 1778/79, also gerade in den Tagen von Goethes Amtsübernahme, griff zunächst ein Ereignis der Reichspolitik kräftig in sein neues Ressort hinein. Es zeigte auch dem Herzogtum Sachsen-Weimar und Eisenach unmißverständlich, daß die Kräftekonstellation im alten Heiligen Römischen Reich Deutscher Nation alles andere als stabil war und vor allem die kleineren Herzogtümer Gefahr liefen, in den Kriegsstrudel der Großmächte gerissen zu werden. Was war geschehen? Nachdem Kurfürst Maximilian III. Joseph von Bayern Ende Dezember 1777 kinderlos gestorben war, versuchte der spätere Kaiser Joseph II., schon jetzt Mitregent Maria Theresias, Österreich Teile der bayrischen Erblande zu sichern. Die österreichische Intervention stieß jedoch auf ein markantes preußisches Veto, da Friedrich II. keineswegs an einer strategischen Gebietserweiterung Österreichs interessiert war. Daraufhin brach im Juli 1778 in Böhmen der sogenannte Bayerische Erbfolge-

Lust und Last der Ämter

krieg zwischen beiden Großmächten aus, der in Weimars Geheimen Consilium höchst betretene Gesichter hervorrief. Denn Friedrich II., mütterlicherseits ein Großonkel Carl Augusts, verlangte, daß man ihm Soldatenwerbungen in des Herzogs Landen gestatten sollte. Der Mahnbrief des Königs trifft am 7. Februar 1779 ein, zwei Tage später tagt das Conseil. Fritsch und Schnauß erinnern sich noch mit Schrecken an die nicht enden wollenden Werbungen und Durchmärsche während des Siebenjährigen Krieges, die das kleine Herzogtum an die Grenzen des Ruins gebracht hatten. Angestrengt suchen die Männer um Carl August nach einem Ausweg. Die Session des Geheimen Conseils wirft ein bezeichnendes Licht auf die politische Ohnmacht der deutschen Kleinstaaten im ausgehenden 18. Jahrhundert. Es ist Goethe, der – vielleicht in seiner Eigenschaft als „Kriegsminister", was aber aufgrund der kollegialischen Arbeitsweise des Conseils nicht zwingend ist – in einem ausführlichen Votum das Für und Wider der einzelnen Handlungsmöglichkeiten zusammenfaßt: Läßt man die Preußen im Lande werben, muß man mit langwierigen und schweren Exzessen gegen die Bevölkerung rechnen. Der Kaiser könnte im Gegenzug ebenfalls Werbeforderungen stellen, so daß „die beste junge Mannschaft" aus dem Lande gezogen würde. Darüber hinaus würde sich in Wien der „alte Verdacht, den man gegen die sächsischen Häuser hegt, daß sie wenig Neigung für das Österreichische haben", wieder regen, und der kaiserliche Hof könnte Gelegenheit nehmen, dem fürstlichen Haus Unannehmlichkeiten zu bereiten. Einigt man sich dagegen mit Preußen auf eine bestimmte Anzahl Leute und wirbt diese selbst, scheint das zwar im Ganzen das geringste Übel zu sein, doch bleibt auch dies ein „verhaßtes und schamvolles Geschäft".[28] In dieser ausweglosen Lage sollte man zunächst Zeit zu gewinnen suchen und die kurze Frist nutzen, die die noch ausstehende Antwort des preußischen Generals von Möllendorf auf das jüngste Schreiben Carl Augusts bot. Darüber hinaus müßte man sich jedoch darauf vorbereiten, eindringende preußische Werbeoffiziere mit dem Hinweis, daß man die Werbung nicht gestatte, des Landes zu verweisen. Gleichzeitig sollte man nicht versäumen, sich an die anderen sächsischen Höfe zu wenden und gemeinsam gegen die preußische Zumutung aufzutreten. Ein Appell an den Reichstag ließe dagegen nur „leere Teilnehmung" erwarten, würde aber das Verhältnis zum preußischen Königshaus empfindlich stören.[29] Bereits vierzehn Tage früher hatte Goethe die Situation in seinem Tagebuch bündig zusammengefaßt: „Zwischen zwei Übeln im wehrlosen Zustand. Wir haben noch einige Steine zu ziehen, dann sind wir matt."[30] Prägnanter ließ sich die Ohnmacht des Kleinstaates nicht zusammenfassen. Carl August besaß wie die anderen Duodezfürsten lediglich die Freiheit, sich zwischen Scylla und Charybdis zu entscheiden.

Für diesmal war das Glück allerdings auf Weimars Seite. Des Herzogs Hinhaltetaktik rettete ihn und seine Landeskinder bis zum Frieden von Teschen, den die Großmächte im Mai 1779 schlossen. Man konnte aufatmen. „Der Friede", schreibt Wieland an den befreundeten Darmstädter Kriegsrat Merck, „macht ihm [Goethe] ... wieder Luft ums Herz – denn wir waren hier in einer garstigen Lage."[31] Dieses Lehrbeispiel in Sachen Reichspolitik vermittelte Goethe vermutlich ein für allemal die Einsicht, daß es auf einige hundert herzogliche Soldaten mehr oder weniger nicht ankam, ja daß jeder Soldat ohne wirkliche Aufgabe nur einen unnötigen Kostenfaktor darstellte. Und so verwundert es nicht, wenn Goethe im Juni dieses denkwürdigen Jahres 1779 sein eigenes Resümee aus diesem Lehrbeispiel zieht und erstmals an eine grundlegende Reduzierung des Militärs denkt. Vorerst bleibt es allerdings nur ein heimlicher Plan für die Zukunft. Goethe kennt des Herzogs Passion für alles Militärische nur zu gut und weiß, daß er klug vorgehen muß, wenn er darin bei Carl August Abstriche erreichen will.

Auch in der Kriegskommission geht Goethe zunächst daran, Ordnung zu schaffen. Wie schwierig das werden wird, ist ihm im voraus klar. Schon vor seiner Ernennung erwartet er „Bevorstehende neue Ekelverhältn[isse] durch die Kriegskommiss[ion]"[32]. In seinem Untergebenen, dem 47jährigen Kriegsrat von Volgstedt, trifft Goethe auf ein höchst unerfreuliches Subjekt, dessen Unordentlichkeit und Arbeitsscheu stadtbekannt waren. Dagegen gelangte Volgstedt zu Einfallsreichtum und emsiger Betriebsamkeit, wenn es darum ging, in die eigene Tasche zu wirtschaften. Bei der Kriegskasse hatte er beträchtliche Schulden gemacht. So bereitet sich Goethe sehr gründlich auf seine erste Session mit Volgstedt am 13. Januar 1779 vor. „Fest und ru-

Lust und Last der Ämter

hig in meinen Sinnen, und scharf" sei er aufgetreten, schreibt er am Abend in sein Tagebuch. Und er fügt hinzu: „Allein dies Geschäfte [Kriegskommission] diese Tage her. Mich drin gebadet. Und gute Hoffnung in Gewißheit des Ausharrens. Der Druck der Geschäfte ist sehr schön der Seele; wenn sie entladen ist, spielt sie freier und genießt des Lebens. Elender ist nichts als der behagliche Mensch ohne Arbeit ..."[33]

Das sagt Goethe, obwohl er weiß, was er sich aufgeladen hat. Schon seine erste Aufgabe im neuen Amt ist ihm alles andere als angenehm, doch unterzieht er sich vom Februar bis Anfang April persönlich dem alle drei Jahre stattfindenden Geschäft, im Lande neue Rekruten für des Herzogs Kompanien auszuheben. Kriegsrat Volgstedt läßt er allerdings zu Hause. Er bestimmt statt dessen den tüchtigen de Castrop zu seinem Begleiter. Noch nie ist Goethe so nah mit den Lebensrealitäten der einfachen Landeskinder in Berührung gekommen wie auf dieser Reise. Er schreibt an Carl August: „Es kommt mir närrisch vor, da ich sonst in der Welt alles einzeln zu nehmen und zu besehen pflege, ich nun nach der Physiognomik des rheinischen Strichmaßes alle junge Pursche des Lands klassifiziere. Doch muß ich sagen, daß nichts vorteilhafter ist als in solchem Zeuge zu kramen; von oben herein sieht man alles falsch, und die Dinge gehn so menschlich, daß man, um was zu nutzen, sich nicht genug im menschlichen Gesichtskreis halten kann."[34] Wo er kann, versucht er Härten bei der Rekrutierung zu vermeiden, und als er dem Herzog die ersten neuen Soldaten nach Weimar schickt, trägt er Charlotte von Stein brieflich auf: „Grüßen Sie den Herzog und sagen ihm, daß ich ihn vorläufig bitte, mit den Rekruten säuberlich zu verfahren, wenn sie zur Schule kommen."[35] – Goethe weiß um des Herzogs Freude am militärischen Drill und die oft schikanösen Methoden des von Carl August besonders geschätzten Leutnants von Lichtenberg.

In kaum ein anderes Amt mußte sich Goethe mit so viel zäher Energie einarbeiten wie in die Kriegskommission. Die Akten befanden sich in einem katastrophalen Zustand, so daß er in monatelanger Arbeit eigenhändig darangeht, Berge von Akten zu entstauben, zu sichten und zu sortieren. Obwohl er am 6. August 1779 in seinem Tagebuch vermerkt, daß er auf der Kriegskommission der „letzten Ord-

Rekrutenaushebungen

Rekrutenaushebung, 6.3.1779, Zeichnung von Goethe. – In der Szene ist vermutlich das Apoldaer Rathaus dargestellt.

nung der Repos[itur] näher[gekommen]"[36] sei, muß er Mitte Mai des folgenden Jahres doch bekennen, mit der Repositur noch immer nicht zustande gekommen zu sein. Aber er ermutigt sich: „Es wird doch! Und ich will's so sauber schaffen, als wenn's die Tauben gelesen hätten. Freilich es ist des Zeugs zu viel von allen Seiten und der Gehilfen wenige."[37]

Neben der Ordnung ist die Einsparung Goethes oberstes Ziel. Indem er nach und nach mittlere und niedere Offiziere ersatzlos pensioniert, gelingt es ihm, die Betriebskosten seines Ressorts merklich zu reduzieren. Vier Obristleutnants, sechs Majore, vierzehn Hauptleute und Rittmeister sowie zwölf Leutnants baut er über die Jahre hin allmählich ab. Nach zwei Jahren permanenten Ärgers über Volgstedt

Lust und Last der Ämter

kann er den Herzog endlich bewegen, den Kriegsrat zu entlassen. Dessen Stelle wird nicht neu besetzt und bringt allein eine Ersparnis von 600 Talern pro Jahr ein. Darüber hinaus sucht Goethe nach Einsparungsmöglichkeiten bei der Ausrüstung der Gemeinen und verachtet auch die geringfügigsten nicht. Mehrere Tage bringt er auf der Kriegskommission zu und prüft persönlich jeden Rock und jede Weste des kurz vor seinem Amtseintritt aufgelösten Landregiments auf seine Wiederverwendbarkeit. In einer ausführlichen Abhandlung schlägt er dem Herzog vor, aus diesen alten Stücken Interimsuniformen für den täglichen Dienst der Infanteristen anfertigen zu lassen, so daß die eigentlichen Uniformen nur an Sonn- und Feiertagen zu tragen wären. Dadurch könnte die Nutzungsdauer einer Uniform von zwei auf drei Jahre verlängert und beträchtliche Monturkosten gespart werden. Carl August stimmt diesen Vorschlägen zu. Auf diese Weise gelingt es Goethe bis 1783, den Militäretat um etwa 5 000 Taler jährlich herabzusetzen.

Gleichzeitig kümmerte er sich um die sozialen Belange der ihm unterstellten Offiziere und Soldaten. Da er, soweit es irgend ging, seine Entscheidungen nicht aus den Akten heraus traf, sondern den Einzelfall an Ort und Stelle im Gespräch mit den Betroffenen zu prüfen pflegte – zum Teil geschah dies selbstverständlich durch von Goethe beauftragte Personen –, kannte er wie kaum ein anderer herzoglicher Beamter die Leiden und Nöte der Armen. Die gemeinen Soldaten gehörten zur untersten sozialen Schicht des Landes, ihr Sold betrug 1 Taler, 8 Groschen monatlich, gerade so viel wie ein Tagelöhner erhielt, wobei den Soldaten allerdings Verpflegung und Bekleidung kostenlos gestellt wurden. Goethe kannte auch das dürftige Los ihrer Familien. Bei allen Einsparungen, die er bei der Kriegskasse veranlaßte, achtete er streng darauf, daß sie nicht zu Lasten der Menschen gingen. So erhöhte er bei aller Sparsamkeit beispielsweise den Etat für das Kommißbrot, um die Qualität des Hauptnahrungsmittels zu verbessern. Besonders viel lag ihm daran, daß die Söhne der Soldaten einen Beruf erlernten und nicht wieder Soldaten werden mußten. Zu diesem Zweck befürwortete Goethe immer wieder Bittgesuche der Soldaten an den Herzog, weil durch derartige Gnadengeschenke aus der Kriegskasse „jungen Leuten fortgeholfen und sie zu brauchbaren

Desertionen

Mitgliedern der menschlichen Gesellschaft gemacht werden konnten"[38], wie er zu einem Gesuch von 1785 schreibt. In jenem Jahr waren es gleich sechs Soldatensöhne, für die er sich einsetzte. Er bat Carl August, das Aufding-, Lehr- und Losspruchsgeld – insgesamt etwa 90 Taler – für diese sechs Lehrlinge aus der Kriegskasse begleichen zu dürfen. Die Sache kam vors Geheime Conseil, das sich allerdings nicht als so großzügig erwies, wie Goethe gehofft hatte, und nur die Aufding- und Lossprughsgelder bewilligte. Das Lehrgeld sollten sich die Lehrlinge selbst verdienen, indem sie ein Jahr länger lernten.[39] Lag bei dem einen oder anderen Sohn eines Soldaten sogar eine besondere Fähigkeit und Neigung zur Naturwissenschaft vor, scheute Goethe keine Mittel, diesen jungen Menschen den Weg auf die Universität in Jena zu ebnen, um tüchtige Ärzte aus ihnen machen zu lassen. Daß dabei seine Gutachten besonders warmherzig und umfangreich ausfielen, hängt wohl mit Goethes eigenen naturwissenschaftlichen Neigungen zusammen. So hat Goethe manchem Sohn eines Musketiers oder Feldwebels zu einer akademischen Ausbildung verholfen, ein Weg, an den unter seinen Vorgängern und manchem seiner Nachfolger nicht zu denken gewesen wäre.

In ähnlicher sozial verantwortlicher Weise nahm sich Goethe des schwierigen, in der Praxis sehr häufig auftretenden Problems der Desertionen an. Um die Abwanderung junger Männer in fremde Militärdienste zu verhindern, erließ jeder zeitgenössische Fürst entsprechende Deklarationen. Carl August hatte die Seinige im April 1778 erneuert und als Strafmaß den Verlust des Rechtes auf den Beistand des Landesherrn bei der Wiedererlangung der Freiheit festgesetzt. Darüber hinaus wurde das Vermögen des Deserteurs vom Staat eingezogen. Goethe, immer bemüht, der individuellen Situation gerecht zu werden und die Not im Lande durch harte Gesetze nicht noch zu erhöhen, wehrte sich in einem ausführlichen Memorandum an den Herzog dagegen, daß die Regierung bei Desertionsangelegenheiten in die Belange der Kriegskommission eingreife. Er wollte die Fälle nicht nach einem abstrakten Gesetz behandelt, sondern jeden Einzelfall geprüft wissen. Worauf das Geheime Conseil beschloß, sich jeden Desertionsfall von der Kriegskommission berichten zu lassen und danach über die Vermögensfrage zu entscheiden. Von Goethe sind etwa

Lust und Last der Ämter

40 Gutachten in Desertionsangelegenheiten überliefert. In den meisten Fällen spricht er sich gegen die Vermögenskonfiskation aus und verweist auf die wirtschaftliche Not der vom Gatten verlassenen Ehefrau, der unmündigen Kinder, auf notleidende Eltern oder Geschwister. So konnte er manchen Bauernhof und manche Werkstatt vor dem Zusammenbruch bewahren. Sein sicheres Gefühl für soziale Gerechtigkeit ließ ihn immer wieder das Gesetz mildern, um nicht unschuldig betroffene Angehörige zu Bettlern werden zu lassen. Schützend stellte sich Goethe auch vor alle diejenigen, die mit Gewalt in fremde Militärdienste gepreßt worden oder aus jugendlicher Unbesonnenheit freiwillig eingetreten waren. Nur gegen solche, die auf Vorteile in fremdem Dienst spekuliert hatten und keine notleidenden Angehörigen besaßen, ließ er die ganze Härte des Gesetzes walten. In allen anderen Fällen bemühte er sich nachhaltig, entgegen der Staatsräson humaner Entscheidung den Weg zu bahnen. Oft ist ihm dieser Versuch gelungen.

Wenn Goethe an Frau von Stein schreibt: „Mir mögten manchmal die Knie zusammenbrechen, so schwer wird das Kreuz, das man fast ganz allein trägt"[40], so meint er nicht nur die hundert Einzelheiten, um die er sich täglich kümmert. Er meint auch die Widerstände, die sich seinem unkonventionellen und unbürokratischen Herangehen entgegenstellen und gegen die er mit unverminderter Energie und Liebe zu seinen dienstlichen Obliegenheiten immer wieder von neuem angeht. Dabei stimmt auch der Herzog naturgemäß nicht immer mit Goethes Vorstellungen überein. Seinen „dunklen Plan", das Militär merklich zu reduzieren, hat Goethe mehrere Jahre für sich behalten. Erst die große Kammerrevision von 1782, die das ganze Ausmaß der Staatsverschuldung offenbarte – es konnten nicht einmal mehr die Zinsen für die Berner Anleihe von 1779 gezahlt werden –, ermöglichte es, die Zustimmung des Herzogs für die Militärreform zu erlangen. Erst jetzt hat Goethes Plan seine endgültige Gestalt angenommen.

Nach anfänglichen, wie sich später herausstellte, etwas zu schwarzsichtigen Schätzungen lag eine Staatsverschuldung in Höhe von 200 000 Talern vor. Carl August sah den Hauptschuldigen an dieser trüben Bilanz in seinem Kammerpräsidenten und ehemaligen Freund August von Kalb. Er entläßt ihn im Juli 1782 mit einer Gnaden-

Die Leitung der Kammergeschäfte

pension aus dem Amt. Damit scheidet Kalb endgültig aus dem sachsen-weimarischen Staatsdienst aus, nachdem er, wie schon berichtet, in den vorangegangenen Jahren bereits aus der Bergwerks- und der Wegebaukommission entfernt worden war. Die Hintergründe auch dieser abschließenden Kalb-Affäre konnten bis heute nicht geklärt werden. Anzeichen dafür, daß Goethe in irgendeiner Weise ursächlich an Kalbs Entlassung beteiligt gewesen wäre, gibt es nicht. Der Historiker Fritz Hartung, ein herausragender Kenner der Weimarer Verhältnisse, charakterisiert den jungen Kalb als einen „Projektenmacher, der ins Blaue hinein die kühnsten Entwürfe machte, ohne zu beurteilen, ob die unentbehrlichen Voraussetzungen für das Gelingen vorhanden seien"[41]. Betrachtet man Goethes sorgenvolle, klagende und wütende Eintragungen, die er mit Bezug auf Kalb seinem Tagebuch anvertraute, und zieht darüber hinaus Goethes eigene, von Pflicht und Verantwortung geprägte Arbeitshaltung zur Beurteilung heran, ist allerdings nicht daran zu zweifeln, daß Goethe mit Carl Augusts Entscheidung übereinstimmte. Für letzteren wird die Gefahr des Staatsbankrotts nur das letzte Ausrufezeichen in einer langen Reihe von Unzufriedenheiten mit Kalb gesetzt haben. Dabei ist Carl August trotz Goethes vielfacher Ermahnungen vermutlich nicht bewußt gewesen, daß er selbst durch eine willkürlich hohe Festsetzung des Hof- und Stalletats über Jahre hinweg einen beträchtlichen Anteil an der Finanzmisere seines Landes trug.

Ob Goethe hoffte, beim Herzog in Finanzfragen mehr Gehör zu finden als bisher, wenn er nun selbst der oberste Geldverwalter des Landes werden würde, muß dahingestellt bleiben. Fest steht, daß Carl August Goethe per Dekret vom 11. Juni 1782 die Leitung der Kammer übertragen hat. Zunächst allerdings nicht als Kammerpräsident, sondern als ein interimistischer Leiter aller außerordentlichen, den üblichen Etat überschreitenden Kammergeschäfte. Der Text des Dekrets läßt jedoch erkennen, daß des Herzogs Wunsch dahin ging, Goethe auf dem Präsidentensessel zu plazieren.[42] Dies ist später nicht geschehen. Goethe selbst wird es sein, der dem Herzog von Italien aus die Beförderung des Geheimen Assistenzrats Johann Christoph Schmidt zum Kammerpräsidenten empfiehlt. Inwieweit sich Goethes Blick im Jahre 1782 auf den Platz des Kammerpräsidenten richtete,

Lust und Last der Ämter

kann nicht mit Gewißheit gesagt werden. In Anbetracht der schwierigen Finanzsituation im Sommer 1782 wird er wohl eher damit beschäftigt gewesen sein, einen Ausweg aus der Krise zu finden.

Das hieß für ihn nichts anderes als auf schnellstem Wege die Schulden der Staatskasse abzubauen, ohne die Kammer dabei in neue Schulden und noch höhere Zinsen zu stürzen. Dieses „Wunder" konnte er nur mit Hilfe der Stände und auf seiten Carl Augusts mit einer höchst schmerzvollen Einsicht in eine für ihn harte Notwendigkeit vollbringen. So ersann Goethe den kühnen Plan, die Stände zur Übernahme der Kammerschulden sowie der Militärpensionen zu bewegen. Als Gegenleistung wollte er den Militäretat von 63 400 Talern – so der Stand des Jahres 1783 – generell auf 30 000 Taler pro Jahr senken und stellte Steuererleichterungen in Aussicht, an denen die Stände seit Jahren interessiert waren. Da der Militäretat vollständig von den Ständen finanziert wurde, brachte dieses Angebot den Ständen erhebliche Vorteile, zumal sich die Schuldensumme der Kammer mit 130 600 Talern etwas geringer ausnahm als ursprünglich befürchtet.

Die erhebliche Etateinsparung konnte Goethe nur dadurch erreichen, daß er einen Teil von des Herzogs Soldaten nach Hause schickte. Dabei durfte er weder die Zahl der Artilleristen noch die der Husaren antasten, die nach wie vor für Patrouillen und Botendienste dringend benötigt wurden. Bei den Infanteristen griff er dagegen kräftig zu und entließ knapp die Hälfte, 248 Mann. Dem Herzog blieb in Anbetracht der bedrängten Lage keine Wahl, er mußte dem Vorschlag zustimmen. Dies tat er jedoch nicht, ohne in einem Schreiben an Goethe ausdrücklich darauf hinzuweisen, daß er den Abbau des Militärs lediglich als eine Übergangslösung betrachte, die nur so lange andauern sollte, bis die Stände die Kammerschulden beglichen hätten. Goethe ließ die Zukunft diplomatisch auf sich beruhen und ging statt dessen daran, die Verhandlungen mit den Ständen im einzelnen zu führen. Bevor er am 18. März 1784 mit den Deputierten der Jenaer Landstände zusammentrifft, schreibt er voll Ironie und Selbstironie an Charlotte von Stein: „Eh ich das Angesicht der fürtrefflichen Stände erblicke, wünsche ich ein Wort von Dir zu haben, meine Beste, damit es mir wie ein Salzkörnlein den ganzen Akten- und Rechnungsbrei durchsalze und schmackhaft mache."[43]

Abbau des herzoglichen Militärs

Obgleich sich die Verhandlungen in Weimar und Jena alles andere als reibungslos gestalteten, konnte Goethe sie letztlich doch mit dem von ihm gewünschten Ergebnis abschließen. In Eisenach traf er dagegen im Juni und Juli desselben Jahres auf zähen Widerstand. Der Deputierte der Eisenacher Landstände, Legationsrat Freiherr von Wangenheim, erklärte zwar die Bereitschaft zur Übernahme der Kammerschulden und der Militärpensionen, hielt es aber für ausgeschlossen, daß künftig nur noch eine statt bisher zwei Kompanien Infanterie in Eisenach stationiert sein sollten. Goethe konnte nur den Kompromiß aushandeln, wenigstens jede der beiden Kompanien zahlenmäßig so weit als möglich zu reduzieren. Um aber sicherzugehen, daß „bloß ganz alte oder invalide Leute, die sich ohnedies nach der Ruhe sehnen möchten, oder aber ganz junge Leute, die entweder ein Handwerk gelernet ... oder sich sonst von ihrer Hände Arbeit nähren könnten"[44], entlassen würden, ist Goethe mit den beiden Kompaniechefs von Roden und von Stedingk stundenlang die Stammlisten durchgegangen und hat sich jeden Einzelfall vortragen lassen. Schließlich wurden 33 Soldaten entlassen. Bezeichnend für Goethe, daß er sich mit diesem Ergebnis nur für den Moment zufriedengab und beispielsweise kein Verständnis dafür aufgebracht hat, daß in Eisenach vor den Häusern der hohen Offiziere noch immer Wachen stehen sollten. In Weimar und Jena gehörten derartige Attitüden schon lange der Vergangenheit an. So verfügte Goethe eigenhändig, die Wache vor dem Haus des Eisenacher Obristleutnants von Bendeleben, eines seiner hartnäckigsten Widersacher, als erste zu streichen, und ließ die Eisenacher Kompanien in der Folgezeit kurzerhand überaltern und zusammensterben.

Damit sah Goethe seine Aufgabe in der Kriegkommission als erfüllt an. Er hatte sie bis zur äußersten Grenze vorangetrieben, unter anderem auch mit dem Ergebnis, daß es schwer wurde, die ausgedehnten Landesgrenzen vor Marodeuren zu sichern oder in Jena gegen Studentenunruhen vorzugehen, wie man dies für nötig hielt. Auf die Frage, wer das Reichskontingent finanzieren sollte, das Carl August wie jeder andere deutsche Fürst im Fall der Fälle dem Kaiser zu stellen hatte, war ebenfalls keine Antwort gefunden worden. Diese Defizite der Militärreform zeigen deutlich, wie eng der finanzielle Rahmen gewesen ist, in dem Goethe operieren konnte.

Lust und Last der Ämter

Zu Recht sehen namhafte Historiker in der Verbindung von Militärreform und glücklich durchgeführter Staatsentschuldung die größte staatsmännische Leistung Goethes, zumal es ihm in der Folgezeit tatsächlich gelang, sein Versprechen gegenüber den Ständen einzulösen und auch die bei den Untertanen verhaßte Personensteuer abzuschaffen.

Äußerlich betrachtet sind die Jahre 1783/84 überhaupt die Jahre gewesen, in denen Goethes angestrengte Verwaltungsarbeit auf vielen Gebieten Früchte zu tragen begann. Neben den beachtlichen Erfolgen im Wegebau, bei der Kammer und im Militärwesen brachte der Februar des Jahres 1784 für Goethe einen weiteren lang ersehnten und hart erkämpften Höhepunkt seiner Tätigkeit: Nach achtjährigen Vorbereitungen, in denen langwierige juristische und fiskalische Fragen sowie schwerwiegende geologische und bergtechnische Probleme gelöst worden waren, konnte man am 24. Februar 1784 das Bergwerk auf der Sturmheide bei Ilmenau feierlich eröffnen. Goethe oblag es, die Festrede zu halten, wobei ihn die Tragweite des historischen Moments derart bewegte, daß er in seiner Rede steckenblieb und erst nach Minuten des Schweigens seinen Faden wiederfinden konnte. Er endigte mit dem hoffnungsvollen Wunsch, „daß endlich das zweideutige Metall, das öfter zum Bösen als zum Guten angewendet wird, nur zu seiner [des Allerhöchsten] Ehre und zum Nutzen der Menschheit gefördert werden möge"[45].

Schon im Jahre 1781 war Goethe in Ilmenau, das ihm unter allen seinen Amtsobliegenheiten besonders am Herzen lag, eine Enthüllung von großer Tragweite gelungen: Er hatte endlich Licht in das verfilzte Ilmenauer Steuerwesen bringen können, auf dessen geheim-verschlungenen Wegen das Steueraufkommen der Bevölkerung immer wieder versank und versickerte. Die Bewohner des Bergstädtchens und der umliegenden Dörfer wurden seit Jahren um einen beachtlichen Teil ihrer ohnehin kümmerlichen Einnahmen geprellt. Ihre bitteren Klagen waren zwar in Weimar gehört worden, doch hatten die von dorther gesendeten Sachverständigen vor Goethe durch ihre Diäten die Zahlungslasten immer nur erhöht und waren schließlich unverrichteter Dinge, aber die Taschen voller Bestechungsgelder, wieder

Eröffnung des Ilmenauer Bergwerks

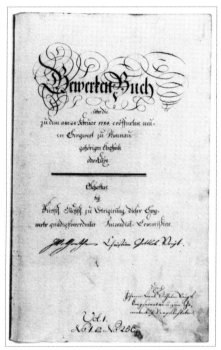

Gedruckte Seite aus dem Ilmenauer Gewerkenbuch mit Unterschriften von Goethe und Christian Gottlob Voigt.

abgereist. So nahm sich Goethe, der Unbestechliche, neben allen anderen Aufgaben auch der Sorgen der Bergbewohner an. Gestützt auf einen von ihm selbst in Ilmenau ansässig gemachten „Geheimagenten" namens Kraft, dessen Identität bis heute nicht aufgedeckt werden konnte, vermochte Goethe die Machenschaften des betrügerischen Ilmenauer Steuereinnehmers Gruner zu entlarven. In seinem Reskript an die Regierung vom 30. November 1781 fordert Goethe, daß man ohne Schonung gegen Gruner vorgehen müsse, „da er sich, wie aus den Akten auf das klarste erhellet, überall einer unerhörten Untreue, Unordnung, Nachlässigkeit und Widersetzlichkeit schuldig gemacht und dadurch die Kasse auf das schändlichste ... bevorteilt"[46] hat. Gruner wurde aus seinen Ämtern entlassen und bestraft, Goethe aber Ende des Jahres 1784 von Carl August in die neu gegründete Ilmenauer Steuerkommission berufen, die die Aufgabe hatte, das Steuerwesen des gesamten Amtes Ilmenau auf gerechter Grundlage neu zu ordnen. Goethe hoffte, mit einer Reform der Grundsteuer, d.h. mit einer erstmals durchgeführten Einteilung der Grundstücke nach Größe und Ertrag sowie einer unterschiedlichen Bewertung von Stadt- und Landfluren, die wenig Begüterten gegenüber den Wohlhabenderen entlasten und dabei gleichzeitig die Summe der Steuereinnahmen des Staates erhöhen zu können. Auch dieses Goethesche Konzept ging auf, wie sich später herausstellen wird.

Lust und Last der Ämter

Carl August hat Goethes engagierte, ideenreiche und tatkräftige Arbeit für sein Herzogtum hoch geschätzt und hat es nicht versäumt, dieser Hochachtung auch nach außen hin Ausdruck zu verleihen. Am 28. August 1779, zu Goethes 30. Geburtstag, notiert Goethe in seinem Tagebuch: „Nachmittag sagte mir d[er] Herz[og] seine Gedanken über Schn[außens] und meinen Titel"[47]. Carl August hatte beschlossen, Goethe mit der Verleihung des Titels „Herzoglich Sachsen-Weimar-Eisenachischer Geheimer Rat" für seine Arbeit zu danken. Mit dem herzoglichen Dekret vom 5. September 1779 wird die Beförderung rechtskräftig. Zwei Tage später schreibt Goethe an Frau von Stein: „... es kommt mir wunderbar vor, daß ich so wie im Traum mit dem 30ten Jahre die höchste Ehrenstufe, die ein Bürger in Teutschland erreichen kann, betrete."[48]

Schon zwei Jahre später beauftragt Carl August seinen Ministerresidenten Isenflamm am Kaiserlichen Hof zu Wien, Goethes Erhebung in den Reichsadelsstand zu betreiben. In Carl Augusts Begründung heißt es: „Die wesentlichen Dienste, die mein Geheimrat Goethe mir geleistet hat, und seine treue Anhänglichkeit an meine Person verlangen meine Anerkennung. Ich könnte ihm diese vor der Welt nicht besser bezeugen als dadurch, daß ich versuche, ihm den Adelsbrief zu verschaffen."[49] Daraufhin verlieh Kaiser Joseph II. Goethe am 10. April 1782 den Adelstitel. Diese Standeserhebung erleichterte den Umgang mit anderen Standespersonen beträchtlich. Goethe durfte nun nicht nur offiziell an der Hoftafel speisen, sondern konnte jetzt vor allem auf diplomatischem Parkett ganz anders auftreten, was er zweifellos erleichtert zur Kenntnis genommen hat. Persönlich überschätzte er den Adelsbrief allerdings nicht. „Hier schick ich Dir das [Adels-]Diplom", schreibt er an Charlotte von Stein, „damit Du nur auch weißest, wie es aussieht. Ich bin so wunderbar gebaut, daß ich mir gar nichts dabei denken kann."[50] Und Jahrzehnte später erfährt Eckermann: „Als man mir das Adelsdiplom gab, glaubten viele, wie ich mich dadurch möchte erhoben fühlen. Allein, unter uns, es war mir nichts, gar nichts! Wir Frankfurter Patrizier hielten uns immer dem Adel gleich, und als ich das Diplom in Händen hielt, hatte ich in meinen Gedanken eben nichts weiter, als was ich längst besessen."[51]

Goethes Erhebung in den Adelsstand

***Herzog Carl August**, Stich von Heinrich Lips 1780.*

In Weimar dagegen wuchs der Schar der Mißgünstigen nun auch die Menge der Neider zu. „... das odium Vatinianum fast aller hiesigen Menschen gegen unsern Mann [Goethe], der im Grunde doch keiner Seele Leides getan hat, ist, seitdem er Geheimrat heißt, auf eine Höhe gestiegen, die nahe an die stille Wut grenzt"[52], berichtet Wieland an Merck in Darmstadt. Und Christian Gottlob Voigt, der spätere Minister des klassischen Weimar und nahe Goethefreund, schreibt nach Goethes Erhebung in den Adelsstand am 14. Juli 1782, zu einem Zeitpunkt, als er noch keine Gelegenheit hatte, Goethe persönlich kennenzulernen, mit spitzer Feder an seinen Jenaer Verwandten, den Juristen Gottlieb Hufeland: „Herr Geh. Rat Goethe ist geadelt worden; wollen sehen, was er als Herr von Goethe leisten wird."[53]

Es gehört zu den Stärken von Goethes moralischer Persönlichkeit, daß er sich um das neidische Gezisch der Menge nie bekümmert hat. Unbeirrt ist er seinen Überzeugungen gefolgt. Die Interessen des Landes und seines Herzogs im Auge, fühlte er sich lebenslang nur seinem eigenen Gewissen verpflichtet. Höchst selten, nur zu außerordentlichen Anlässen, hat er auch vor einer begrenzten Öffentlichkeit Rechenschaft abgelegt. Einer dieser Anlässe war der 26. Geburtstag Carl Augusts im Jahre 1783, als Goethe in seinem großen Huldigungsgedicht *Ilmenau* für den Herzog und sich selbst eine Bilanz des gemeinsam Geleisteten zieht, aber auch Irritationen und Zweifel deutlich artikuliert. Es ist die „Freundschaft" zu Carl August, die das lyrische Ich, hinter dem unschwer Goethe zu erkennen ist, seit nunmehr acht Jahren in Weimar „festgebannt" hält, heißt es im Gedicht. Der junge Fürst sei „all [sein] ... Wohl und all [sein] ... Ungemach":

> *Ein edles Herz, vom Wege der Natur*
> *Durch enges Schicksal abgeleitet,*
> *Das, ahnungsvoll, nun auf der rechten Spur*
> *Bald mit sich selbst und bald mit Zauberschatten streitet*
> *Und, was ihm das Geschick durch die Geburt geschenkt,*
> *Mit Müh und Schweiß erst zu erringen denkt.*
> *...*
> *Gewiß, ihm geben auch die Jahre*
> *Die rechte Richtung seiner Kraft.*
> *Noch ist bei tiefer Neigung für das Wahre*
> *Ihm Irrtum eine Leidenschaft.*
> *Der Vorwitz lockt ihn in die Weite,*
> *Kein Fels ist ihm zu schroff, kein Steg zu schmal;*
> *Der Unfall lauert an der Seite*
> *Und stürzt ihn in den Arm der Qual.*
> *Dann treibt die schmerzlich überspannte Regung*
> *Gewaltsam ihn bald da, bald dort hinaus,*
> *Und von unmutiger Bewegung*
> *Ruht er unmutig wieder aus.*
> *Und düster wild an heitern Tagen,*
> *Unbändig, ohne froh zu sein,*
> *Schläft er, an Seel und Leib verwundet und zerschlagen,*
> *Auf einem harten Lager ein* ...[54]

Mit präzisem Pinsel zeichnet Goethe hier das Charakterbild seines Fürsten, dessen „edles Herz" er liebt und schätzt, dessen ruhelose, unstete Natur aber auch allzuoft mit sich selbst im Hader liegt. „Kein liebevolles Wort kann seinen Geist enthüllen/Und kein Gesang die hohen Wogen stillen."[55] Auch den Mahnungen und Wegweisungen des Freundes ist Carl Augusts Wesen, das sich nun zunehmend nach seinen eigenen Gesetzen formt, oft nicht mehr zugänglich. Die Zeit, in der Goethe ihn beeinflussen konnte, scheint vorübergegangen zu sein, ohne daß dieser „die rechte Richtung seiner Kraft"[56] gefunden hätte.

Goethe und Carl August

So liegt die Vergangenheit wie ein schwerer Traum auf dem lyrischen Ich, sprich auf Goethe, der doch nicht daran glauben kann, daß alles gemeinsame Mühen ohne Folgen geblieben sein soll. Und es war ja auch nicht ohne Folgen geblieben. Gerade hier in Ilmenau, im Bergwerk, das kurz vor seiner Wiedereröffnung steht, und in der Entlarvung des Steuereinnehmers Gruner findet Goethe tragfähige Symbole gemeinsamer Wirksamkeit:

> *Und Seil und Kübel wird in längrer Ruh*
> *Nicht am verbrochnen Schachte stocken;*
> *Es wird der Trug entdeckt, die Ordnung kehrt zurück,*
> *Es folgt Gedeihn und festes ird'sches Glück.*
>
> *So mög, o Fürst, der Winkel deines Landes*
> *Ein Vorbild deiner Tage sein!*
> *Du kennest lang die Pflichten deines Standes*
> *Und schränkest nach und nach die freie Seele ein.*
> *Der kann sich manchen Wunsch gewähren,*
> *Der kalt sich selbst und seinem Willen lebt;*
> *Allein wer andre wohl zu leiten strebt,*
> *Muß fähig sein, viel zu entbehren.*
>
> *So wandle du – der Lohn ist nicht gering –*
> *Nicht schwankend hin, wie jener Sämann ging,*
> *Daß bald ein Korn, des Zufalls leichtes Spiel,*
> *Hier auf den Weg, dort zwischen Dornen fiel;*
> *Nein! streue klug wie reich, mit männlich steter Hand,*
> *Den Segen aus auf ein geackert Land;*
> *Dann laß es ruhn: die Ernte wird erscheinen*
> *Und dich beglücken und die Deinen.*[57]

Bei aller Zuversicht ist der appellative, in die Zukunft gerichtete Charakter der Schlußstrophen nicht zu übersehen. Carl August ist auf dem Wege, so das Fazit des Gedichtes, noch lange nicht am Ziel. Ob er es jemals erreichen wird, weiß Goethe im Jahre 1783 nicht zu sagen, doch hofft er es für seinen fürstlichen Freund ebenso wie für

Lust und Last der Ämter

dessen Land und dessen Familie. Eines aber hat Goethe in den vorangegangenen acht Jahren zutiefst erfahren, daß nämlich „kein Mensch ... eine Faser seines Wesens ändern [kann], ob er gleich vieles an sich [zu] bilden"[58] vermag. Jahrzehnte später formuliert Goethe dieselbe Einsicht in einem Schema zu *Dichtung und Wahrheit* über diese Zeit in bezug auf den Herzog in den Worten: „Respekt vor der Ausbildung des einzelnen aus sich selbst."[59] So beginnt sich um das Jahr 1783 eine erste Wandlung im Verhältnis zwischen Goethe und Carl August abzuzeichnen, indem sich Goethe allmählich von seiner tief empfundenen Verantwortung für die Person des Herzogs losspricht. Das Gedicht *Ilmenau* scheint hier eine entscheidende Zäsur zu markieren. Der warmherzige, zwischen Sorge und Hoffnung oszillierende Ton des Gedichtes signalisiert dabei deutlich, daß es sich in der Tat um eine Wandlung in diesem Verhältnis, nicht um einen Bruch oder gar das Ende der Freundschaft handelt.

Doch ist nicht zu übersehen, daß unter dem Vorzeichen dieser Wandlung in den Jahren 1785 und 1786 in Goethe die negativen, desillusionierenden Erfahrungen im Bereich seiner Amtstätigkeit nach und nach die Oberhand gewinnen. Da Goethe viel und mit wachen Augen im Lande unterwegs war, hat es ihm an Einsichten in das Funktionieren der Gesellschaft, der er diente, nicht gefehlt. So schreibt er beispielsweise bereits im April 1782 ernüchtert an Knebel: „So steig ich durch alle Stände aufwärts, sehe den Bauersmann der Erde das Notdürftige abfordern, das doch auch ein behäglich Auskommen wäre, wenn er nur für sich schwitzte. Du weißt aber, wenn die Blattläuse auf den Rosenzweigen sitzen und sich hübsch dick und grün gesogen haben, dann kommen die Ameisen und saugen ihnen den filtrierten Saft aus den Leibern. Und so gehts weiter, und wir habens so weit gebracht, daß oben immer in einem Tage mehr verzehrt wird als unten in einem beigebracht werden kann."[60] Im Jahr 1782 hatte Goethe noch die Hoffnung und den zähen Willen, die Verhältnisse gemeinsam mit dem Herzog zu verändern. Gerade in diesem Jahr häufen sich in seinem Tagebuch die Hinweise darauf, daß er mit Carl August intensive Gespräche über Ökonomie geführt hat, um aufzuklären und entsprechende Sinneswandlungen bei ihm herbeizuführen. Als interimistischer Leiter der Kammer wirkte Goethe dann ebenfalls im

Bemühungen um die Stabilität der Finanzen

Sinne einer Stabilisierung des Finanzhaushaltes. Er kannte die Interna wie kein anderer und wußte genau, wie instabil das Gleichgewicht zwischen Einnahmen und Ausgaben im Staatshaushalt war. So betrachtete er den Finanzausgleich, den er mit Hilfe der Stände im Frühjahr und Sommer 1784 erreichen konnte, eher kritisch-distanziert als euphorisch. Er schreibt in diesem Zusammenhang an Herder: „Übrigens ist da [bei den Finanzverhandlungen mit den Ständen] keine Freude zu pflücken. Das arme Volk muß immer den Sack tragen, und es ist ziemlich einerlei, ob er ihm auf der rechten oder linken Seite zu schwer wird."[61]

Gerade in den entscheidenden ökonomischen Fragen fand Goethe weder als Freund noch als amtierender Leiter der Kammer beim Herzog Gehör. Herder berichtet später im Rückblick: „Als Goethe noch Kammerpräsident war, arbeitete er dahin, daß dem Herzog ein fester Etat der Ausgaben und Einnahmen vorgelegt und der Herzog dann verpflichtet werden könne, ... seine Forderungen nie darüber zu erstrecken. Dazu aber hatte der Herzog wenig Lust, und dies verleidete Goethen seine Präsidentschaft so sehr, daß er, um die ganze Sache los zu werden, die Reise nach Italien unternahm."[62] Fritz Hartung weist darauf hin, daß Herders Behauptung so nicht aufrechtzuerhalten sei, da bereits feste Etats für alle Ressorts einschließlich des Hof- und Stalletats existierten. Darüber hinaus verfügte der Herzog uneingeschränkt über die Gelder aus seiner Privatschatulle. Das Problem bestand darin, daß es zwar eine allgemeine Übereinkunft gab, nach der sich der Fürst im Interesse ausgeglichener Finanzen an den Etat zu halten habe, der absolutistische Herrscher aber gleichzeitig das unbestrittene Recht besaß, sogar dauernde Ausgaben über den Etat hinaus festzusetzen. Daran, so die Einschätzung des Historikers, habe Goethe nichts geändert und nichts zu ändern gesucht. Mit einiger Sicherheit ist allerdings anzunehmen, daß Goethe den Herzog bewegen wollte, die Etatgrenzen seiner Schatulle einzuhalten. Wahrscheinlich kam es immer wieder vor, daß Carl August Kammeranleihen für seine Privatschatulle erhob, deren Rückzahlungen in seinem Ermessen lagen. An dieser, einer geordneten Finanzplanung feindlichen Praxis konnte Goethe offenbar nichts ändern.[63] Leider sind diese Prozesse auf „höchster Ebene" nur sehr spärlich dokumentiert, so daß man bis heute im wesentlichen auf Vermutungen angewiesen ist.

Lust und Last der Ämter

Genauer bekannt ist, wohin die Gelder geflossen sind, die Goethe über die Jahre bei der Kriegskommission einzusparen vermochte. Sie wurden teilweise an die Kammer abgeführt, teilweise dem Herzog geliehen, der beispielsweise 1784 4 000 Taler aufwandte „zur Aufhilfe der durch die große Wasserflut und Eisfahrt beschädigten jenaischen Bürger"[64] und 365 Taler zum Umbau des Weimarer Grimmensteins in ein Polizeihaus. Seit 1780 beliefen sich die Anleihen bei Goethes Kriegskasse auf 16 000 Taler. Aufgrund eines Reskripts des Geheimen Consiliums brauchten weder die Kammerdarlehen noch die persönlichen Anleihen des Herzogs zurückgezahlt zu werden. Neben den zu öffentlich-nützlichen Zwecken eingesetzten Geldern fehlte es aber auch nicht an Ausgaben, die Goethe für weniger gerechtfertigt hielt. Carl August, seinem Charakter nach gutmütig, kam nur zu gern Gesuchen um Anstellungen, um Gnadengeschenke etc. nach, ohne sich dabei Gedanken um die ökonomische Absicherung seiner Großzügigkeit zu machen. Ganz abgesehen von Geldern für die vielfältigen Vergnügungen Carl Augusts, die Goethe als reine Verschwendung betrachten mußte. Im Jahre 1786 forderte der Herzog für seine Privatschatulle zunächst ein Darlehen von 5 000 Talern aus Goethes Kriegskasse, wenig später zweimal je 1 000 Taler. Auf Goethes Anfrage erhielt er die Antwort, die Gelder würden nicht zurückgezahlt.[65]

Daß Goethe, für den die Ordnung in allen Dingen eines der höchsten Prinzipien darstellte, eine derartige Praxis höchst fatal war, und daß ihn die Einsicht, die Haltung des Herzogs nicht ändern zu können, außerordentlich geschmerzt haben muß, steht außer Zweifel. Doch ist seine Flucht nach Italien Anfang September 1786 nicht nur diesen Umständen geschuldet, wie das oben zitierte Urteil Herders nahelegt.

Seit 1783 wird das Verhältnis zu Carl August zunehmend dadurch belastet, daß sich der Herzog anschickt, sein Glück auf dem glatten Parkett der diplomatischen Politik zu versuchen. Ein Schritt, für den Carl August gute Gründe hat. Denn nach dem Tode Maria Theresias im Jahre 1780 beliebt es dem nunmehrigen Kaiser Joseph II., die österreichische Hausmachtpolitik unverhüllt offensiv voranzutreiben. Er spinnt

Carl Augusts reichspolitisches Engagement

dabei dieselben Pläne fort, die im Jahre 1778/79 zum Bayerischen Erbfolgekrieg geführt und auch das Herzogtum Sachsen-Weimar-Eisenach in jene Pattsituation geführt hatten, von der schon berichtet worden ist. In Carl August als regierendem Fürsten war seit dieser Affäre ein tiefes Gefühl der Ohnmacht und der Schutzbedürftigkeit zurückgeblieben, das der junge, betriebsam-aktive Fürst sogleich in Tätigkeit ummünzte, als sich hierfür Gelegenheit bot.[66] Dies geschah vermutlich im Spätherbst des Jahres 1783, als Carl August von „Vater Franz", dem ihm befreundeten Fürsten von Anhalt-Dessau, in die von Kurbaden ausgehenden Bemühungen eingeweiht wurde, eine Union der kleinen und mittleren Reichsfürsten zum Schutz gegen die machtpolitischen Interessen Österreichs zu gründen. Carl August verbindet damit von Anfang an die Hoffnung, nicht nur den Reichsgedanken wieder aufleben zu lassen, sondern mit Hilfe der zu gründenden Fürsten-Union zukunftsweisende Reformen der alten Reichskonstitution erreichen zu können. Durchdrungen von seiner Würde und seiner Pflicht als Reichsstand, hält er die Stunde für gekommen, als solcher zu handeln. Die Idee der Fürsten-Union beflügelt seine politische Phantasie ebenso wie seinen Tatendrang. Er entwickelt sich innerhalb weniger Monate zu einem der wichtigsten Geheimdiplomaten der zu gründenden Assoziation, an deren Spitze sich sehr bald der preußische Erbprinz Friedrich Wilhelm stellt. Zu diesem bestehen darüber hinaus enge verwandtschaftliche Bindungen, er ist Carl Augusts Schwager. Vom regierenden preußischen König Friedrich II. erwartet man sich hingegen kein Verständnis für die Ziele der Assoziation und operiert deshalb zunächst hinter dessen Rücken.

Im Sommer und im Herbst 1784 begibt sich Carl August auf seine erste diplomatische Reise. In geheimer – offiziell als Verwandtenbesuch getarnter – Mission reist er an den braunschweigischen Hof, um seinen Onkel, den Herzog von Braunschweig, für die Fürsten-Union zu gewinnen. Goethe begleitet ihn als Ratgeber und Geheimsekretär. Aus der Tatsache, daß Goethes braunschweigische Briefe an Charlotte von Stein ausnahmslos französisch geschrieben sind, läßt sich schlußfolgern, daß er zunächst bereit gewesen sein muß, sich auf eine längere Zeit diplomatischer Tätigkeit vorzubereiten. Er ist der Sprache des Hofes bei weitem nicht so flüssig mächtig wie der Herzog und nutzt

Lust und Last der Ämter

die Briefe an die geliebte Freundin zu Übungszwecken. Doch findet er gerade auf dieser Reise eine schon früher gemachte Selbsterfahrung gründlich bestätigt: das Leben am Hof, wo man täglich sechs Stunden an der Hoftafel zu brillieren hat, die Gespräche, in denen wortreich nichts gesagt wird, und der hohle Prunk, in den dieses ganze Wesen gekleidet ist, bringen ihn an die Grenzen seiner physischen und psychischen Belastbarkeit.

Gleichzeitig beobachtet Goethe mit sehr gemischten Gefühlen, wie wohl sich der Herzog in seiner diplomatischen Rolle fühlt, die seinem fürstlichen Selbstwertgefühl schmeichelt, aber auch seiner noch immer nicht abgelegten Lust am Abenteuer entgegenkommt. Ebenso wie Carl August hält es Goethe für notwendig, den aggressiven Zielen Kaiser Josephs II. einen Riegel vorzuschieben, doch sieht er im Unterschied zu seinem Herzog diese Aufgabe durch die Politik Friedrichs II. ausreichend wahrgenommen. Darüber hinaus erscheint dem Patriziersohn die von Carl August angestrebte Wiederbelebung des Reichsgedankens als anachronistisch. Es weist einiges darauf hin, daß sich Goethes Positionen zu diesen aktuellen außenpolitischen Fragen erst unter dem Eindruck der braunschweigischen Erfahrungen völlig klären. Obwohl er Charlotte von Stein gegenüber von einer erfolgreichen Mission spricht, hat er wahrscheinlich nicht übersehen, daß der einflußreiche Fürst von Braunschweig zu nichts anderem als zu unverbindlichen Worten zu bewegen war. Der Zusammenschluß der Kleinen scheint Goethe kein geeigneter Weg, Schutz für Carl Augusts Herzogtum zu erlangen. Und er fürchtet wohl um die Reputation seines Fürsten, wenn sich dieser dem Unionsgedanken fürderhin verschreibt. Als Gegengewicht zum österreichischen Kaiser setzt Goethe auf Preußen. Daß er wie Carl August, jeder auf seine Weise, illusionäre Wege aus der Zwangslage des Kleinstaates im Auge hat, beweist nur einmal mehr die politische Ohnmacht dieser Zwerggebilde.

Goethe zieht bereits in Braunschweig die Konsequenz aus seinen Einsichten. Ein späterer Brief deutet darauf hin, daß er zunächst versucht hat, Carl August von der Fortsetzung seiner diplomatischen Reise abzubringen. Als dies nicht gelingt, verweigert er seine weitere Mitwirkung. Carl August reist in anderer Begleitung nach Berlin und an die süddeutschen Höfe, Goethe kehrt nach Weimar zu seinen Amts-

Politische Differenzen mit dem Herzog

pflichten zurück. Am 28. September 1784 erklärt er Charlotte von Stein: „Und nun auch kein Wort Französch mehr."[67] Damit ist das diplomatische Intermezzo für Goethe beendet. Noch hegt er die Hoffnung, Carl August könnte selbst zur Einsicht gelangen. Er teilt ihm am 28. Oktober mit: „Es ist mir ... doch jetzo sehr lieb, daß Sie die Reise [an die süddeutschen Höfe] machen, Menschen und Verhältnisse selbst sehn und in der Folge entweder sich zurückeziehn oder aus eigner Erfahrung, Trieb und Überzeugung handeln."[68] Goethe erwartet ersteres, doch seine Hoffnung ist vergebens. Dabei dürfen Carl Augusts Intentionen nicht unterschätzt werden, wie dies Goethe wohl damals getan hat. „Mit sonderstaatlicher Existenzangst verknüpften sich hier letzte Anwandlungen eines echten Patriotismus im alten Reich"[69], urteilt der Historiker Hans Tümmler. Daß Carl August darüber hinaus auch seine Rolle in der großen Politik spielen wollte, ändert nicht grundsätzlich etwas an seiner patriotischen, wenn auch utopisch-anachronistischen Zielsetzung. Doch was sich aus dem historischen Abstand heraus klar und sicher beurteilen läßt, stellt sich den Zeitgenossen als schwer durchschaubare Realität dar, in der sie zu handeln gezwungen sind. Goethe und Carl August beziehen in der Fürstenbundfrage immer deutlicher entgegengesetzte Standpunkte.

Wie schal und ekel Goethe das außenpolitische Engagement des Herzogs schon wenige Monate später geworden ist, erhellt ein Brief an Charlotte von Stein vom 3. März 1785, in dem er eine abendliche Weimarer Konferenz in Fürstenbundangelegenheiten glossiert. Teilgenommen hatten neben Carl August der Herzog von Gotha und der inzwischen in preußischen Diensten stehende Freiherr von Seckendorff. Dienstpflicht und Treue gegenüber Carl August gebieten Goethe, zumindest daheim weiterhin die Rolle des Geheimsekretärs zu übernehmen. Dies geschieht zunehmend schweigsamer. Er schreibt der geliebten Frau: „Ich habe es oft gesagt, ... die Causa finalis der Welt und Menschenhändel ist die dramatische Dichtkunst. Denn das Zeug ist sonst absolut zu nichts zu brauchen. Die Konferenz von gestern Abend ist mir wieder eine der besten Szenen wert."[70]

Ist Goethe Anfang März 1785 noch fähig, Carl Augusts außenpolitische Ambitionen mit Ironie zu betrachten, steigert sich seine Sorge einen Monat später fast zur Verzweiflung. Er fürchtet, das Ganze könn-

Lust und Last der Ämter

te letztlich auf einen Krieg hinauslaufen, und sieht den Herzog auf höchst gefährlichen Pfaden wandeln. Zudem hatte der preußische General von Schmettau gerade vorsichtig-tastend angeregt, Carl August könnte in preußische Militärdienste treten. Goethe kennt das Soldatenblut nur zu gut, das durch des Herzogs Adern fließt. In seiner Ohnmacht vertraut sich Goethe Knebel an. Ihm schreibt er: „Die Kriegslust, die wie eine Art von Krätze unsern Prinzen unter der Haut sitzt, fatigiert mich wie ein böser Traum, in dem man fort will und soll und einen die Füße versagen ... Laß ihnen den glücklichen Selbstbetrug. Das kluge Betragen der Großen wird hoffentlich den Kleinen die Motion ersparen, die sie sich gerne auf andrer Unkosten machen mögten. – Ich habe auf dies Kapitel weder Barmherzigkeit, Anteil, noch Hoffnung und Schonung mehr."[71] Mit Knebel, dem langjährigen Freund, weiß sich Goethe meinungseinig. Mit ihm bespricht er auch persönlich seine Sorgen. „Goethe hat sich hier wieder etwas Mut geholt", berichtet dieser an Herder. „Sein reifendes Gefühl für das, was menschlich im Leben ist, nimmt ihm nachgerade alle Freude seines politischen Zustandes."[72]

In den preußischen Militärdienst tritt Carl August vorerst noch nicht ein. Als Friedrich II. im Juli 1785 die Initiative an sich reißt und – auch für Carl August überraschend – gemeinsam mit Hannover und Sachsen den Dreikurfürstenbund gründet, scheint die größte Gefahr gebannt. Dieser Bund, zu dessen Beitritt auch die kleinen und mittleren sowie die geistlichen Fürsten aufgerufen sind, verficht nicht annähernd die Intentionen, mit denen Carl August und seine Verbündeten angetreten waren. Zwar bleibt die Stoßrichtung gegen die aggressive Politik des österreichischen Kaisers erhalten, doch verfolgt der von Friedrich II. geführte Bund dieses Ziel lediglich, um Preußens Position als Großmacht zu verteidigen. Kein Gedanke daran, den kleinen und mittleren Fürsten ein Mitspracherecht einzuräumen, geschweige denn, das alte Reich zu stärken. Carl August ist enttäuscht. Doch entscheidet er sich schließlich auf Anraten seines Geheimen Conseils und des Herzogs von Anhalt-Dessau, dem Dreifürstenbund beizutreten. Wie Carl August handeln auch zahlreiche andere deutsche Fürsten. In Abwesenheit des Geheimrats von Fritsch ist es Goethe, der am 29. August 1785 die Beitrittsverhandlungen mit dem preußischen Gesandten von Böhmer führt. Er tut dies in der Annahme, daß das labile außenpolitische Gleichgewicht im Reich auf diesem Wege am ehesten aufrechtzuerhalten sei, und in der Hoffnung, daß der Beitritt zum Fürstenbund auch Carl Augusts außenpolitisch-diplomatischer Laufbahn ein Ende setzen werde. Denn nach Goethes tiefster Überzeugung ist der Platz eines Fürsten im eigenen Land, hier hatte er seine Pflichten wahrzunehmen und im besten Sinne Regierungsarbeit zu leisten. Goethe wußte sich darin einig mit Herzogin Louise, mit Anna Amalia, mit den Mitgliedern des Geheimen Conseils. Letztere waren von den ständigen Abwesenheiten des Herzogs besonders empfindlich betroffen, da alle wichtigen Entscheidungsprozesse ins Stocken gerieten. Und im Unterschied zu manchen anderen Kleinstaaten, wo man frohlockte, wenn der Herrscher nicht zu Hause war, erkannte man in Weimar die Führungskraft des inzwischen durchaus in seiner Persönlichkeit gereiften Herzogs zu recht an und fühlte sich ihr verpflichtet.

Sehnlichst erhofft Goethe die Rückkehr Carl Augusts zu seinen Herrscherpflichten. Um so enttäuschter ist er, als er bemerken muß, daß sich der zähe und bewegliche Herzog in seinen Zielen noch längst nicht geschlagen gibt. Friedrichs II. Tage sind gezählt. Im Verein mit dem preußischen Erbprinzen und baldigem preußischen König Friedrich Wilhelm II. hofft Carl August, den Fürstenbund zum Instrument einer deutschen Reichsreformpolitik umgestalten zu können und stürzt sich in fieberhafte Tätigkeit. Schon bald gilt er als einer der ersten Diplomaten im preußischen Auftrag auf der politischen Bühne.

Goethe steht dieser Entwicklung ohnmächtig gegenüber. Carl August war nicht nur seinem Einfluß endgültig entglitten, Goethe muß auch erkennen, daß das Gesetz der „Ausbildung des einzelnen aus sich selbst"[73] dem Herzog eine Lebensbahn vorschreibt, auf welcher er ihn nicht länger begleiten kann und darf. Goethe und Carl August stehen am Scheideweg. Über zehn Jahre war Goethe die Maxime „dem Herzog alles zuliebe und dem Seinigen alles zum besten"[74] der Leitfaden seines Handelns gewesen. Nachdem Carl August seinem Land den Rücken gekehrt hatte, wie Goethe es einschätzte, konnte diese Maxime so nicht mehr aufrechterhalten werden.

Lust und Last der Ämter

Die geänderte Situation fordert nun auch von ihm, Bilanz zu ziehen, nach zehn Jahren ernster Pflichterfüllung seine Positionen zu überprüfen und die in den letzten Jahren immer intensiver aufgetauchte Frage nach seinem eigenen Lebensgesetz zu stellen. Die Bilanz fällt vernichtend aus. Goethe empfindet sich als einen Gescheiterten. Er steckt in einer tiefen Lebenskrise, die es ihm nicht erlaubt, das in den vorangegangenen zehn Jahren Geleistete – und es ist eine Menge – gerecht zu beurteilen. Er sieht vermutlich nur, daß seine und des Herzogs Blütenträume von einst nicht in allen ihren Teilen zur Reife gelangt sind: Im Ilmenauer Bergwerk steckte man noch immer in den Vorbereitungen, die erste Tonne des ersehnten Metalls war bisher nicht gefördert worden; die das Handwerk einengenden Zunftschranken hatte man nicht anzutasten gewagt, und die dringend nötigen Reformen in der Landwirtschaft waren in ersten gutgemeinten Ansätzen steckengeblieben. Dem kleinen Land fehlten die Mittel, und dem in seinem Wesen noch immer unsteten Herzog fehlte der lange Atem, auf den eingeschlagenen Wegen weiterzugehen. Er ließ sich lieber von seinen außenpolitischen Passionen fesseln.

Freilich übersieht Goethe bei seiner kritischen Bilanz, daß auch in bedeutend größeren und ökonomisch mächtigeren Staaten wie Preußen und Österreich die auf der Tagesordnung stehenden wirtschaftspolitischen Reformen wenn überhaupt, dann nur höchst schwerfällig greifen. Ebensowenig vermag er im Moment zu würdigen, welch ungeheuren inneren Wachstumsprozeß, welche Weltkenntnis und Weltgewandtheit er diesen zehn Jahren im strengen Dienst der Ämter verdankt. Als Merck im Jahre 1781 Goethes Mutter gegenüber geäußert hatte, Goethe würde in Weimar ausgenutzt und verzettle dort seine Kräfte, antwortete er ihr nach Frankfurt: „Merck und mehrere beurteilen meinen Zustand ganz falsch, sie sehen das nur, was ich aufopfre, und nicht, was ich gewinne, und sie können nicht begreifen, daß ich täglich reicher werde, indem ich täglich so viel hingebe. Sie erinnern sich der letzten Zeiten, die ich bei Ihnen, eh ich hierherging, zubrachte, unter solchen fortwährenden Umständen würde ich gewiß zugrunde gegangen sein. Das Unverhältnis des engen und langsam bewegten bürgerlichen Kreises zu der Weite und Geschwindigkeit meines Wesens hätte mich rasend gemacht. Bei der lebhaften Einbildung

Erste Lebensbilanz

Goethe, *Ölgemälde von Josef Friedrich August Darbes, 1785.*

und Ahndung menschlicher Dinge wäre ich doch immer unbekannt mit der Welt und in einer ewigen Kindheit geblieben, welche meist durch Eigendünkel und alle verwandte Fehler sich und andern unerträglich wird. Wieviel glücklicher war es, mich in ein Verhältnis gesetzt zu sehen, dem ich von keiner Seite gewachsen war, wo ich durch manche Fehler des Unbegriffs und der Übereilung mich und andere kennenzulernen Gelegenheit genug hatte, wo ich ... durch so viele Prüfungen ging ..., deren ich ... zu meiner Ausbildung äußerst bedürftig war ... Sie sehen, wie entfernt ich von der hypochondrischen Unbehaglichkeit bin, die so viele Menschen mit ihrer Lage entzweit, und daß nur ... ganz ... unerwartete Fälle mich bewegen könnten, meinen Posten zu verlassen; und unverantwortlich wäre es auch gegen mich selbst, wenn ich zu einer Zeit, da die gepflanzten Bäume zu wachsen anfangen und da man hoffen kann, bei der Ernte das Unkraut vom Weizen zu sondern, aus irgendeiner Unbehaglichkeit davonginge und mich selbst um Schatten, Früchte und Ernte bringen wollte."[75]

Lust und Last der Ämter

Jetzt, fünf Jahre später, ist die Ernte eingebracht, „hoch erfahren in allen Händeln dieser Welt" geht Goethe aus seinem ersten Weimarer Jahrzehnt hervor, wie es die große alte Dame der Goethe-Forschung, Effi Biedrzynski, formuliert. Doch Goethe ist es nicht möglich, diesen unschätzbaren inneren Gewinn zu würdigen. Er vermag seine Erfahrungen nur noch sarkastisch in dem Satz zusammenzufassen: „... wer sich mit der Administration abgibt, ohne regierender Herr zu sein, der muß entweder ein Philister oder ein Schelm oder ein Narr sein."[76]

Wahr ist allerdings, daß sich Goethe zu viel aufgebürdet hatte. Mindestens seit 1779 hatte er täglich mit peinlichster Gewissenhaftigkeit ein Arbeitspensum erfüllt, das seine Kräfte letztlich überstieg. Dabei war er zu keinem Zeitpunkt seines Lebens mit der manches erleichternden Fähigkeit zu amtsmäßiger Routine begabt. In diesem Punkt stand ihm der Künstler in sich selbst immer im Wege. Kein Wunder, daß das Ergebnis, das er jetzt einzig spürte, in einem überdimensionalen Kräfteverschleiß bestand. „Wie das Leben der letzten Jahre wollt ich mir eher den Tod gewünscht haben"[77], schreibt er rückblickend an Charlotte von Stein. Goethe glaubte sich eingestehen zu müssen, daß ihm die „Weltrolle", nach der er 1776 so hoffnungsfroh und zuversichtlich gegriffen hatte, nicht zu Gesicht stand.

Und wie war es um ihn als Künstler bestellt? In seinen Schubladen stapelten sich die Manuskripte ernstzunehmender Werke, allesamt in fragmentarischem Zustand. Die Versfassung der *Iphigenie, Egmont, Tasso, Wilhelm Meisters theatralische Sendung,* der *Faust* harrten ihrer Vollendung. Doch Goethe waren unter der kräftezehrenden Ämterarbeit Zeit und Muse zur schöpferischen Konzentration abhanden gekommen, genau wie es Wieland zehn Jahre zuvor prophezeit hatte. Als Goethe im Frühjahr 1786 beschließt, bei Göschen in Leipzig seine gesammelten Werke herauszugeben, impliziert dies, daß er bereit ist, den größten Teil seiner bedeutenden Schöpfungen als Fragmente zu veröffentlichen. Ein Zeichen dafür, wie sehr er sich auch als Dichter am Ende fühlte. In dieser Situation existentieller Verunsicherung faßt Goethe den Plan, nach Italien zu gehen, um sich selbst wiederzufinden oder zu sterben.[78]

Charlotte von Stein, die Besänftigerin

Mein Dichten, Trachten und Verlangen
Allein nach dir und deinem Wesen drängt,
Mein Leben nur an deinem Leben hängt.

Es wäre ein herrliches Schauspiel zu sehen, wie die Welt sich in dieser Seele spiegelt"[1], soll Goethe ausgerufen haben, als er zum ersten Mal ein Porträt der Charlotte von Stein in den Händen hielt. Zugetragen hat sich die kleine Szene im Juli des Jahres 1775 in Straßburg, wo Goethe mit dem königlich-hannoverschen Leibarzt Johann Georg Zimmermann zusammengetroffen war, der aus physiognomischem Interesse eine voluminöse Porträtmappe mit sich führte, aus der er Goethe einige besonders interessante Abbildungen vorlegte. Zimmermann, seit Jahren mit der Gattin des Weimarer Oberstallmeisters bekannt, ja befreundet, hatte Goethe ihr gegenüber bereits mehrfach gepriesen. Auch jetzt versäumte er nicht, ihr von Goethes Enthusiasmus für ihr Konterfei Bericht zu erstatten. Inwieweit er dabei der Versuchung erlag, Charlotte ein wenig zu schmeicheln, muß dahingestellt bleiben. Auf jeden Fall kann die Stein in Zimmermanns Brief ferner lesen: „Sie sieht die Welt wie sie ist, und doch durchs Medium der Liebe. So ist auch Sanftheit der allgemeinere Eindruck.' Niemals ... hat man von Ihnen, Madame, mit mehr Wahrheit gesprochen."[2] – Charlotte wird zufrieden gewesen sein und nun vielleicht noch um ein Gran gespannter auf diesen jungen Mann namens Goethe, halb Genie, halb Brausekopf, dessen *Werther* sie mit belustigtem Erstaunen gelesen hatte. Zimmermanns Brief, geschrieben erst am 22. Oktober 1775, wird spätestens in den ersten Novembertagen in Weimar eingetroffen sein, kurz bevor Goethe selbst erscheint und für Unruhe in Charlottes Leben zu sorgen beginnt.

Die erste Begegnung der beiden ließ nicht lange auf sich warten, gehörten doch die Steins zu den ersten Familien in Weimar. Und so

Charlotte von Stein, die Besänftigerin

war es selbstverständlich, daß Carl August in ihrem Haus Visite machte, um seinen ungewöhnlichen Gast vorzustellen. Dies geschah vermutlich am 11. November, einem Samstag, im Weimarer Stadthaus der Steins in der Kleinen Teichgasse. Von Carl von Stein, dem damals zehnjährigen ältesten Sohn Charlottes, erfahren wir, daß der Herzog mit dem „junge[n] Doktor Goethe" eines „Nachmittags, es war schon dämmericht", in die Wohnung seiner Eltern getreten sei, wo verschiedene Damen und Herren von Stand mit ihren Kindern zu geselliger Unterhaltung versammelt waren. Goethe, so berichtet Carl von Stein weiter, hatte „Neugier" erregt „durch seine bekannt gewordenen *Werthers Leiden* und *Götz von Berlichingen*"[3]. Die Gesellschaft dürfte schon bei diesem ersten Bekanntwerden mit Goethe auf ihre Kosten gekommen sein. Carl von Lyncker, ein Spielgefährte der Steinschen Söhne, erinnert sich, wie der temperamentvolle Gast sich sogleich unter die Kinderschar mischte, die kleinen „Grasaffen" alle miteinander „auf den Boden legte und in mancherlei Kunststücken unterrichtete"[4].

Was Goethe und Charlotte bei dieser ersten Begegnung dachten und empfanden, wissen wir nicht. Womöglich hatte Goethe das Porträt der Oberstallmeisterin, von dem er vor einem halben Jahr so angetan gewesen war, längst vergessen. Doch die lebendige Gestalt dieser reifen, gleichzeitig aber mädchenhaft-zerbrechlich wirkenden Frau scheint Goethe tief berührt zu haben. In den Augen der Zeitgenossen war Charlotte mit ihren knapp 33 Jahren keine junge Frau mehr. In zehn Ehejahren hatte sie ihrem Mann, Carl Augusts geschätztem Oberstallmeister Josias von Stein, sieben Kinder geboren, das jüngste, ein Mädchen, gerade erst vor einem Jahr. Dabei teilte das Ehepaar Stein das traurige Los vieler Eltern ihrer Zeit: Nur die drei Jungen Carl, Ernst und Fritz, der 1772 geborene Liebling Charlottes, waren den Eltern geblieben. Von den vier Mädchen hatte keines das erste Lebensjahr vollenden können. An Charlotte von Stein war das Schicksal keineswegs vorübergegangen; es hatte Spuren hinterlassen, und doch waren ihre äußere Erscheinung wie ihr inneres Wesen von einer Aura umgeben, die nicht nur Goethe, sondern auch anderen Männern Beachtung abforderte. Zimmermann, der Charlotte während ihrer Kuraufenthalte in Pyrmont in bewährter und von ihr geschätzter Weise zur Seite stand, hebt ihre „überaus große[n] schwarze[n] Au-

Erste Begegnung

Charlotte von Stein, *Stahlstich von G. Wolf, nach einem Selbstporträt, Silberstiftzeichnung, undatiert. (Vgl. S. 150)*

gen" hervor, die „von der höchsten Schönheit" seien. „Ihre Stimme ist sanft und bedrückt ... Ihre Wangen sind sehr rot, ihre Haare ganz schwarz, ihre Haut italienisch wie ihre Augen. Der Körper mager; ihr ganzes Wesen elegant mit Simplizität."[5] Für den überzeugten Junggesellen Carl Ludwig von Knebel ist Charlotte diejenige unter allen Weimarer Damen, von der er „am meisten Nahrung für ... [sein] Leben" zieht. „Reines, richtiges Gefühl bei natürlicher, leidenschaftsloser, leichter Disposition haben sie bei eigenem Fleiß und durch den Umgang mit vorzüglichen Menschen, die ihrer äußerst feinen Wißbegierde zu statten kam, zu einem Wesen gebildet, dessen Dasein und Art in Deutschland schwerlich oft wieder zustandekommen dürfte. Sie ist ohne alle Prätention und Ziererei, gerad, natürlich, frei, nicht zu

Charlotte von Stein, die Besänftigerin

schwer und nicht zu leicht, ohne Enthusiasmus und doch mit geistiger Wärme, nimmt an allem Vernünftigen Anteil und an allem Menschlichen, ist wohlunterrichtet und hat feinen Takt ..."[6]

Nun hatten Charlottes große, schwarze Augen auf Goethe geruht, nüchtern und prüfend, scheinbar nebenher waren sie seinen Bewegungen im Kreis der Gäste gefolgt. Goethe wird ihr Interesse gespürt, möglicherweise aber auch einem kaum merklichen Heben ihrer Brauen entnommen haben, daß die Hausherrin einen gewissen Anstoß an seinen Umgangsformen nimmt. Dem von Frauengunst verwöhnten Dichter mag klargeworden sein, daß er Charlottes Herz nicht im Sturm erobert hatte. Eine Frau, die ihm offen, dabei aber überlegen-kritisch und mit kühlem Interesse, bisweilen sogar ablehnend gegenübertrat – das war eine neue Erfahrung für den 26jährigen Dichter. Vor einem halben Jahr hatte er in Straßburg unter Charlottes Porträt geschrieben: „Siegt mit Netzen."[7] Ein solches Netz hatte sie seinem Herzen jetzt wohl unbewußt ausgelegt.

Charlotte Albertine Ernestine Baronin von Stein, der Goethe im geselligen Leben der kleinen Residenzstadt nun öfter begegnet, avanciert in den folgenden Wochen für ihn zum höchsten Stern am weiblichen Firmament seines neuen Lebenskreises. Am 6. Dezember besucht Goethe erstmals Großkochberg, das reichlich fünf Wagenstunden von Weimar entfernt liegende Landgut der Steins – Goethe bewältigt die Strecke später zu Fuß in vier Stunden! –, wo er nicht versäumt, sich mit einer Eintragung auf Charlottes Schreibtischplatte ihres beständigen Gedenkens zu empfehlen. Das erste uns überlieferte Brieflein, welches Goethe an Frau von Stein schreibt, stammt vermutlich aus den frühen Januartagen des Jahres 1776: „Hier durch Schnee und Frost eine Blume. Wie durch das Eis und Sturmwetter des Lebens meine Liebe. Vielleicht komm ich heute. Ich bin wohl und ruhig und meine, ich hätte Sie um viel lieber als sonst, das doch immer mir jeden Tag meist so vorkommt."[8] Diesem ersten werden in den nächsten vierzehn Jahren annähernd zweitausend Briefe, Zettel und „Zettelgen" folgen, die, so unterschiedlich ihr Mitteilungszweck auch ist, eines gemeinsam haben: Goethe versichert Frau von Stein in immer neuen stürmisch-enthusiastischen oder auch gefühlvoll-innigen Wendungen seine Zuneigung, seine Liebe.

Briefe und „Zettelgen"

Schloß Kochberg, *tuschlavierte Bleistiftzeichnung von Goethe, 1777.*

Wie die Baronin von Stein auf Goethes leidenschaftliche Verehrung reagiert hat, welcher Zahl und welchen Inhalts ihre Briefe gewesen sind, läßt sich heute nur noch vermuten, zum Teil aus Goethes Reaktionen schlußfolgern, selten allerdings mit letzter Gewißheit. Charlotte von Stein hat die Zeugnisse ihrer Verbindung zu Goethe vernichtet, als es im Sommer 1789 zu jenem Bruch zwischen beiden gekommen war, der endgültig zu sein schien.

Zunächst hält Goethe aber spätestens am 7. Januar 1776 die erste Erwiderung Charlottes in den Händen, und zwar in Gestalt einer Wurst oder gar eines ganzen Wurstpaketes, das die inzwischen zumindest um das kulinarische Wohl ihres Verehrers besorgte Hausfrau und Mutter dem dichtenden Junggesellen in sein Quartier neben der Stadtkirche schickt. Ob dieser Sendung auch ein Billett von ihrer Hand beigefügt war, ist nicht bekannt. Das erste nachweisbare Zettelchen erhielt Goethe am 27. Januar, zu einem Zeitpunkt, als er ihr bereits seine ganze Lebensgeschichte erzählt hatte und auch dem einigermaßen indiskreten Einfall gefolgt war, ihr sämtliche Briefe seiner Freunde und wahrscheinlich auch seiner Freundinnen zur Lektüre zu senden. Dieser hochbegabte junge Mann, der mit seinen 26 Jahren manches probiert hatte und doch noch nicht wußte, welchen Weg durchs Leben er einschlagen sollte, dessen Innerstes von ebenso heftigen Glücks- wie Verzweiflungsgefühlen zerrissen wurde, dessen beste

Charlotte von Stein, die Besänftigerin

Kräfte brachlagen, und der sich doch dunkel danach sehnte, diese irgendwo zu einem guten Zwecke einzusetzen, vertraut sich Charlotte mit einer Rückhaltlosigkeit an, die uns heute fast als Offenbarungszwang erscheint. Dabei ist allerdings zu bedenken, daß im Zeitalter der Empfindsamkeit unter Freunden das Gespräch über die innersten Seelenregungen sozusagen zur Tagesordnung gehörte. Derartige Gespräche waren Goethe überdies zur Gewohnheit geworden, da ihm bisher immer mindestens ein weiblicher Gesprächs- oder Briefpartner zur Seite gestanden hatte, dem er sich vorbehaltlos öffnen konnte: über lange Jahre hatte seine Schwester Cornelia diese Rolle ausgefüllt; bis in die Weimarer Zeit hinein Gustchen von Stolberg, die von Goethe nie gesehene Schwester der ihm eng befreundeten Grafen von Stolberg. Symptomatischerweise versiegt diese Briefverbindung im Frühjahr 1776, als Charlotte von Stein die Funktion der „Beichtigerin" in Goethes Leben übernimmt.

Was ihr in dieser Funktion zu Ohren gekommen ist an aufrichtigem Wollen und kläglichem Scheitern, an tastender Suche nach annehmbaren Normen bei aller prononciert unkonventionellen Lebenshaltung und Lebensführung, und was sie überdies an Goethes und des Herzogs täglicher Lebenspraxis beobachten konnte, muß die Baronin von Stein gleichermaßen fasziniert und empört, auf jeden Fall aber tief beschäftigt haben. Sie schreibt am 8. März 1776 an Zimmermann: „Ich sollte gestern mit der Herzogin-Mutter zum Wieland gehen, weil ich aber furchte, Goethen da zu finden, tat ich's nicht. Ich habe erstaunlich viel auf meinen Herzen, das ich den Unmenschen sagen muß. Es ist nicht möglich, mit seinen Betragen kömmt er nicht durch die Welt; wenn unser sanfter Sittenlehrer gekreuz'get wurde, so wird dieser bittere zerhackt. Warum ... sein unanständ'ges Betragen mit Fluchen, mit pöbelhaften niedern Ausdrücken. Auf sein Moralisches, sobald es aufs Handeln ankommt, wird's vielleicht keinen Einfluß haben, aber er verdirbt andre", wobei Charlotte vor allem an den Herzog denkt. Obgleich sie momentan ziemlich böse auf Goethe ist, muß sie aber doch einräumen, daß er ein Mensch sei, „der vor Tausende Kopf und Herz hat, der alle Sachen so klar ohne Vorurteile sieht, sobald er nur will, der über alles kann Herr werden, was er will." Trotz dieser bemerkenswerten Einsichten in Goethes Wesen fährt die

Charlotte als Goethes Kritikerin

Stein fort: „Ich fühl's, Goethe und ich werden niemals Freunde". Auch „seine Art, mit unserm Geschlecht umzugehn", gefällt ihr nicht; „er ist eigentlich, was man coquet nennt, es ist nicht Achtung genug in seinen Umgang." Nach dieser Philippika scheint Charlotte über sich selbst erschrocken zu sein. „Zerreißen Sie meinen Brief", bittet sie Zimmermann, „es ist mir, als wenn ich eine Undankbarkeit gegen Goethen damit begangen hätte, aber um keine Falschheit zu begehn, will ich's ihm alles sagen, sobald ich nur Gelegenheit finde."[9] Daß Charlotte diesen Vorsatz in die Tat umgesetzt hat, dürfte feststehen. Mehrere Zeitgenossen rühmen ihre klare, mitunter bis zur Kompromißlosigkeit aufrichtige Art, die aber nur die Kehrseite eines auch von Goethe hochgeschätzten Charakterzugs gewesen ist: Sie war zu keiner „Falschheit" fähig.

Goethe läßt sich durch ihre mitunter harten Zurechtweisungen nicht abschrecken und wenn, dann nur für kurze Zeit. Einen dieser vielen Zusammenstöße muß es Anfang Mai gegeben haben. Charlottes Bericht an Zimmermann läßt erkennen, wie sehr sich ihr Verhältnis zu Goethe in den vorangegangenen zwei Monaten gewandelt hat: „Mir geht's mit Goethen wunderbar, nach acht Tagen, wie er mich so heftig verlassen hat, kommt er mit einen Übermaß von Liebe wieder. Ich hab zu mancherlei Betrachtungen durch Goethen Anlaß bekommen; je mehr ein Mensch fassen kann, daucht mir, je dunkler, anstöß'ger wird ihn das Ganze, je eher fehlt man den ruhigen Weg, gewiß hatten die gefallnen Engel mehr Verstand wie die übrigen ..." Charlotte hat inzwischen offenbar manche Einsicht in Goethes außergewöhnliche Persönlichkeit gewonnen und die überlegene Distanz des Beginns aufgegeben. „Ich bin durch unsern lieben Goethe ins Deutsch-Schreiben gekommen, wie Sie sehen", fährt sie fort, „und ich dank's ihm, was wird er wohl noch mehr aus mir machen? Denn wenn er hier, lebt er immer um mich herum ..."[10]

Charlotte übertreibt nicht. Goethe fühlt sich von ihr angezogen wie von einem starken Magneten. Etwa zur selben Zeit schreibt er an Wieland: „Ich kann mir die Bedeutsamkeit – die Macht, die diese Frau über mich hat, anders nicht erklären als durch die Seelenwanderung. – Ja, wir waren einst Mann und Weib! – Nun wissen wir von uns – verhüllt, in Geisterduft. – Ich habe keine Namen für uns – die Vergan-

Charlotte von Stein, die Besänftigerin

genheit – die Zukunft – das All."[11] Die rätselhafte Beziehung zur Gattin des Oberstallmeisters beschäftigt Goethe so intensiv, daß er seinen Gedanken auch poetisch Ausdruck verleiht:

> *Sag, was will das Schicksal uns bereiten?*
> *Sag, wie band es uns so rein genau?*
> *Ach, du warst in abgelebten Zeiten*
> *Meine Schwester oder meine Frau.*
>
> *Kanntest jeden Zug in meinem Wesen,*
> *Spähtest, wie die reinste Nerve klingt,*
> *Konntest mich mit einem Blicke lesen,*
> *Den so schwer ein sterblich Aug durchdringt;*
> *…*
> *Und von allem dem schwebt ein Erinnern*
> *Nur noch um das ungewisse Herz,*
> *Fühlt die alte Wahrheit ewig gleich im Innern,*
> *Und der neue Zustand wird ihm Schmerz.*[12]

Dabei ist trotz aller Liebesbeteuerungen, die Goethes Mitteilungen an Frau von Stein wie ein Leitmotiv durchziehen, an alles andere als an die schwüle Atmosphäre eines klassischen Dreiecksverhältnisses zu denken. Von Goethes Seite schon deshalb nicht, weil sein Herz in den ersten Weimarer Monaten noch immer den Trennungsschmerz um die verlassene Frankfurter Geliebte Lili Schönemann empfindet, in den Charlotte selbstverständlich eingeweiht ist. Und Goethe hat es wohl vor allem ihrem geduldigen Zuhören, vielleicht auch mancher von ihr ausgesprochenen Lebenserfahrung zu danken, wenn er bis zum Sommer 1776 lernt, mit seinen Schuldgefühlen gegenüber Lili zu leben.

Es ist Goethe rasch zur Gewohnheit geworden, mit seinen Sorgen und Nöten zu Charlotte zu kommen, sie ihr vorzulegen, sich mit ihr auszusprechen und seine aufgewühlte Seele in der klugen, ausgeglichenen Sanftmut ihres Wesens zu beruhigen. Sehr treffend nennt er sie seine „Besänftigerin", aber diese Bezeichnung erfaßt nur einen Zug dieser mehrschichtigen Verbindung. Charlotte setzt Goethe neben ihrem sensiblen Verständnis für die Schwierigkeiten und für die

Störungen und Irritationen

***Charlotte von Stein**, Kreidezeichnung von Goethe, 1777.*

Stärken seiner Persönlichkeit auch einen entschiedenen Kontrapunkt entgegen. Mit ihrem nüchternen Wirklichkeitssinn holt sie Goethe des öfteren hart auf den Boden der Realität zurück. Dabei kann Charlotte humorvoll-schlagfertig, aber auch beißend spitz sein. Kompromißlos hält sie dem ungeschliffenen bürgerlichen Dichter immer wieder ihre aristokratisch geprägten Lebenshaltungen und Überzeugungen entgegen. Wie leidenschaftlich Goethe aufbegehrt gegen Charlottes Weltsicht, wie wenig er anfangs bereit scheint, ihre Positionen überhaupt zu überdenken, wie weit er diese von sich weist, zeigt einer seiner Briefe vom Mai 1776. Er schreibt: „Also auch das Verhältnis, das reinste, schönste, wahrste, das ich außer meiner Schwester je zu einem Weibe gehabt, auch das gestört! ... Wenn ich mit Ihnen nicht leben soll, so hilft mir Ihre Liebe so wenig als die Liebe meiner Abwesenden ... Die Gegenwart im Augenblicke des Bedürfnisses entscheidet alles, lindert alles, kräftiget alles. Der Abwesende kommt mit seiner Sprütze, wenn das Feuer nieder ist; – und das alles um der Welt willen! Die Welt, die mir nichts sein kann, will auch nicht, daß Du mir was sein sollst – Sie wissen nicht, was Sie tun."[13] Der Anlaß des Streits ist nicht bekannt. Möglicherweise fürchtet Charlotte nun doch, durch Goethes häufige Besuche ins Gerede zu kommen; vielleicht ist ihm in ihrer Gegenwart auch nur einfach ein Fluch entschlüpft, so daß sie es für nötig hält, den Unbeherrschten aus ihrer Nähe zu verbannen. Stärker vermögen die Gegensätze kaum aufeinanderzuprallen: Goethe glaubt, die „Welt" mit ihren gesellschaftlichen Konventionen in großer Geste verachten zu können; Charlotte beharrt darauf, die Welt mit ihren Anforderungen an das Individuum zu respektieren, die geltenden Normen zu ehren und mit diesen im Einklang zu leben. Vermutlich reagiert Goethe so heftig, weil er ahnt, daß Charlotte recht hat.

Es ist gerade die Zeit, als sich Goethe dafür entscheidet, in Weimar ein Amt zu übernehmen und zu bleiben. Hier scheinen sich die Linien zu überschneiden. Neben seiner Freundschaft zum Herzog und der ihm mit dem Amt eingeräumten Herausforderung, seinen Kräften endlich eine sinnvolle Richtung zu geben, ist es die Anziehungskraft Charlotte von Steins und wohl nicht zuletzt der Kontrapunkt, den sie seinem Wesen entgegensetzt, die ihn in Weimar festhalten. Mit Goethes Eintritt ins Geheime Conseil, mit der Übernahme amtlicher Verantwortung verändert sich sein Leben grundsätzlich. „Verwandeln des Bilds in die Wirklichkeit"[14], nennt er diesen Prozeß später in einem Schema zu *Dichtung und Wahrheit*. Hatte Goethe bisher vor allem sich selbst gelebt, hatte seinen Gefühlen, Einfällen und Neigungen freien Lauf gelassen, so mußte er sich von nun an mit der Wirklichkeit auseinandersetzen, mußte als bürgerlicher Emporkömmling bei Hof, im Amt und in der klatschsüchtigen Residenzstadt unter den argwöhnischen Blicken der Adelskamarilla bestehen, die jeden seiner Schritte belauerte. Dazu bedurfte es nicht nur der „entschiedenste[n] Uneigennützigkeit"[15], wie Goethe im Alter rückblickend sagt; er mußte auch lernen, sich einzufügen und sich dem aristokratischen Rahmen anzupassen, in dem er bestehen wollte. Vor ihm lag ein langer und harter Prozeß der Disziplinierung und Selbsterziehung, in den er nach und

Charlotte als Goethes Lehrmeisterin

nach hineinwächst, und den er schließlich höchst bewußt vollzieht. Charlotte von Stein hat ihn in diesem Prozeß begleitet, verständnisvoll zuhörend, klug erklärend, sanft mahnend, bisweilend auch unnachgiebig fordernd. Dabei hätte sich Goethe in ganz Weimar keine bessere Lehrmeisterin aussuchen können. Zimmermann, ein ausgezeichneter Kenner des aristokratischen Terrains, bescheinigt ihr, daß sie die Hofmanieren „vollkommen an sich hat", diese seien bei ihr „zu einer sehr seltenen hohen Simplizität veredelt"[16].

Charlotte von Stein, 1742 als zweite Tochter des damaligen eisenachischen Reisemarschalls Johann Wilhelm Christian von Schardt in den Kreis aristokratischer Kultur hineingeboren, sah sich von klein auf einer strengen, wenn nicht harten Erziehung durch Hofmeister und Instrukteure unterworfen, die sie befähigen sollte, später in einer der begehrten Hofdamenstellen ihren Lebensunterhalt zu finden. Ein Schicksal, das Charlotte mit den meisten mittellosen Töchtern ihres

Hofmarschall von Schardt, seine Gemahlin und sein Sohn Ludwig beim Schachspielen, *Silhouettenbild, Anfang der 80er Jahre.*

Standes teilte. Neben Lesen, Schreiben und Rechnen standen französische Sprache, Musik und Tanz auf dem Unterrichtsprogramm und immer wieder religiöse Unterweisungen und Übungen, geprägt vom lutherischen Katechismus. Die Haltung christlicher Demut und Entsagung ist Charlotte überdies von ihrer Mutter, Concordia Elisabeth, dem schottischen Adelsgeschlecht der Irving of Drum entstammend, mit einer Konsequenz vorgelebt worden, die an Einflüsse des Puritanismus denken läßt. Es scheint heute nicht mehr möglich, sich in die Lebensrealität, geschweige in die psychische Befindlichkeit jener Frauen von Stand hineinzuversetzen, die, eingeklemmt zwischen Wochenbett und höfischer Repräsentation, ihren in der Regel ungeliebten Ehemännern rechtlos ausgeliefert waren. Die Flucht zu Gott, wie sie von Charlottes Mutter im 40. Jahr ihres Lebens in einer „Feierlichen Übergebung an Gott" vollzogen worden ist, wird für diese vom Kummer zerbrochenen Frauen oft der einzige Trost in ihrer verzweifelten Lage gewesen sein.

Charlottes Vater, unter Carl Augusts Großvater nach Weimar übersiedelt, hier zum herzoglichen Haus- und Hofmarschall und damit immerhin zur dritten Hofcharge aufgestiegen, widmete sich mit ähnlich rigoroser Konsequenz der aristokratischen Tradition der Etikette und des äußeren Scheins. Diesem hohlen, aber kostspieligen Dasein in der Welt des Rokoko opferte er das nicht unbeträchtliche Vermögen seiner Frau. Unter Anna Amalias Regentschaft erhielt er gerade wegen seiner veräußerlichten Interessen den Abschied. Ein harter Schlag für den noch nicht Fünfzigjährigen, der nun – in engen materiellen Verhältnissen unzufrieden zu Hause sitzend – Frau und Kindern das Leben schwermachte. Letzteres erlebte Charlotte nicht mehr aus der Nähe. Ihr widerfuhr etwa zur selben Zeit von Anna Amalia die Gunst, als Hofdame in den Kreis um die regierende Fürstin aufgenommen zu werden. Hier am Hofe aber ist am lautesten über ihren Vater gelacht worden, diesen eitlen Gecken, der als unverbesserliche alte Hofschranze den Anschluß an die neue Zeit verpaßt hatte. Grund genug für die ehrgeizige Charlotte, Haltung zu bewahren, eine Tugend, die sie früh geübt und später zur Perfektion entwickelt hat.

Zwischen den beiden diametralen Weltanschauungen von Vater und Mutter aufgewachsen, wird der Blick der klugen Charlotte für

Charlottes Kindheit und Jugend

ihre eigene Lage wie für die Realität überhaupt geschärft worden sein, wird sie gelernt haben, Menschen und Verhältnisse nüchtern zu betrachten, sich nicht vom schönen Schein blenden zu lassen wie ihr Vater und sich leidenschaftslos, dafür mit Geschick und Takt zwischen den extremen Positionen zu bewegen, ohne anzustoßen. Vermutlich hat sich in den Jahren am Hofe Anna Amalias Charlottes Wahlspruch „erlaubt ist, was sich ziemt", endgültig in ihr verfestigt und ihr geholfen, im Netz der höfischen Intrigen mit Anstand zu bestehen. Wenn Goethe diesen Satz später der Prinzessin Leonore in den Mund legt, mag er sich wohl daran erinnert haben, wie oft er ihn von Charlotte hören mußte, als er noch wie Tasso der Überzeugung war, erlaubt sei, „was gefällt"[17].

Als Charlotte von Schardt im Alter von 22 Jahren die Gattin von Anna Amalias Stallmeister Gottlob Ernst Josias Freiherrn von Stein wird, widerfährt der mittellosen Hofdame ein großes Glück. Denn im Unterschied zu ihrer eigenen Familie verfügt Stein in Gestalt seines Gutes in Großkochberg über Landbesitz, den er in die Ehe einbringt. Charlotte weiß aus Erfahrung nur zu genau, daß dieser Umstand nicht hoch genug eingeschätzt werden kann, bot er doch eine unanfechtbare Lebensgrundlage und garantierte eine gewisse materielle wie räumliche Unabhängigkeit vom Hof. Die standesbewußte Charlotte von Schardt, nun Baronin von Stein und Herrin auf Kochberg, die diese Vorzüge bislang entbehrt und auch die Schattenseiten der höchst unsicheren Hofexistenz durchgekostet hatte, wird niemals bereit sein, ihre Ehe leichtfertig aufs Spiel zu setzen oder sie auch nur einem Skandal preiszugeben.

Auch wenn sie aus der Abhängigkeit vom Hof nun in die Abhängigkeit von ihrem Mann überwechselte, bot ihr die eheliche Lebensform nicht zu unterschätzende persönliche Freiheiten gegenüber der höfischen. Und die Ehe der Steins ist – nach allem, was man darüber weiß, und gemessen an den Normen der Zeit – keine schlechte Ehe gewesen, auch wenn Charlotte in ihr keine Erfüllung gefunden hat. Auf Achtung, Vertrauen und Verantwortungsgefühl gegründet, muß es sich um eine recht stabile Beziehung gehandelt haben, sonst hätten die Ehepartner die zehnjährige Belastung durch Goethe nach außen hin kaum so würdevoll durchleben können. Das Bild des Josias von

Charlotte von Stein, die Besänftigerin

Stein als vertrotteltem und gehörntem Ehemann gehört ins Reich der Legende und ist symptomatischerweise auch erst in unserem Jahrhundert kreiert worden. Die Zeitgenossen, auch Anna Amalia und Carl August, diese beiden erfahrenen Menschenkenner, brachten Josias von Stein Achtung, Wertschätzung und Vertrauen entgegen. Carl August beförderte den passionierten Pferdekenner sehr bald zu seinem Oberstallmeister mit einem Spitzengehalt von 2 000 Talern im Jahr. Stein galt nicht nur als vorbildlicher Hofmann, der die höfischen Umgangsformen vollkommen beherrschte. Er war auch ein hervorragender Tänzer, der auf der Liebhaberbühne schwierige Solopartien übernahm und die Hofgesellschaft mit seinem Geschick als Reiter und Kunstreiter in Erstaunen setzte. Das Wesen des Freiherrn von Stein soll warmherzig, rechtschaffen und von tiefer Religiosität geprägt gewesen sein. Zu seinen dienstlichen Aufgaben gehörte die Aufsicht über den Marstall und den Wagenpark in Weimar sowie über das große herzogliche Gestüt in Allstedt. Darüber hinaus hatte er Carl August auf allen Reisen zu begleiten, sich um Unterkunft und Verpflegung für Mensch und Tier zu kümmern und die Sicherheit der Reisegesellschaft zu gewährleisten. Stein war ein vielbeschäftigter Mann, der seinen Pflichten sachkundig und verantwortungsvoll nachkam. Die knapp bemessene freie Zeit, die ihm blieb, wurde meist vom Hofdienst aufgefressen. So mußte er seine Frau oft allein lassen, was allerdings in einer Ehe, die so eng mit der herzoglichen Familie verknüpft war, als völlig normal galt und von Charlotte resignierend respektiert worden ist.

Belastungen hat die Steinsche Ehe zweifellos durch die häufigen, rasch aufeinanderfolgenden Schwangerschaften Charlottes erfahren, deren zarter Körper und schwache Nerven diesen Anstrengungen kaum gewachsen waren, wie sie selbst berichtet. Zu der Zeit, als Goethe nach Weimar kam, muß sich Charlotte körperlich verbraucht und wohl auch seelisch ermattet gefühlt haben. Es ist überliefert, daß sie den Dichter Jakob Lenz in Großkochberg an die Stelle geführt hat, an der sie begraben sein wollte – eine ungewöhnliche Handlungsweise für eine 33jährige Frau. Sie paßt zu der bereits mehrfach geäußerten Vermutung, eine von Goethe in sein Drama *Die Geschwister* eingearbeitete Passage sei einem Brief Charlottes von Stein an ihn entlehnt.

Charlottes Ehe

―――◆―――

Oberstallmeister Josias von Stein, *Silhouettenbild, Ende der 70er Jahre.*

Dort heißt es: „Die Welt wird mir wieder lieb, ich hatte mich so los von ihr gemacht, wieder lieb durch Sie ... Vor einem halben Jahre war ich so bereit zu sterben, und ich bin's nicht mehr."[18] Charlottes Gesundheitszustand war in der Tat untergraben. Schwere Migräneanfälle, Zahn- und Gliederschmerzen, Ängste und Depressionen verdüsterten ihr Leben. Im Gedenken an den Tod ihrer vier Töchter spielte wohl auch das Gefühl der Vergeblichkeit ihrer Leiden und Opfer eine Rolle. Dabei war Charlotte ehrgeizig, geistig interessiert und von einem gewissen Idealismus geprägt, der das Gute und Schöne favorisierte. Sie ist davon überzeugt, daß sich eine „dauernde Liebe ... nur ... durch das wechselseitige Bestreben, um des andern willen immer besser zu werden, ... erhalten"[19] kann. So schreibt sie im Jahre 1803 ihrem Lieblingssohn Fritz, offenlassend, ob es eine vor- oder nachgoethesche Ansicht ist, die sie hier formuliert. Die Anlage zu solcher Sichtweise muß in ihr aber bereits im Jahre 1776 vorhanden gewesen sein. In ihrer Ehe mit dem redlichen, ganz auf das praktische Leben orientierten Josias von Stein konnten derartige Wünsche jedoch keine Erfüllung finden. Ein Faktum, das Charlotte, Realistin wie sie ist, zu respektieren gelernt hatte. Nicht umsonst rät sie später ihrem Sohn Fritz nachdrücklich von einer Ehescheidung ab und empfiehlt ihm, im Leben „immer lieber das Sicherste als Gewagtes zu nehmen"[20]. Zweifellos aber hat die von ihr als schmerzlich enttäuschend empfundene innere Leere ihrer Ehe maßgeblich zu ihrem resignierten Erschöpfungszustand beigetragen.

In dieser Situation trifft sie auf Goethe, sieht sich von ihm umschwärmt, mit Aufmerksamkeiten überschüttet, gebraucht und gefordert, ja herausgefordert. Kein Wunder, daß sie sich belebt, erheitert und angenehm beschäftigt fühlt, auch wenn sie dem Dichter immer wieder kürzere oder längere Trennungszeiten auferlegen muß. Goethe scheint nur äußerst mühsam gelernt zu haben, sich den von Charlotte geforderten Verhaltensnormen zu beugen. So spielen sie das Spiel von Nähe und Ferne: Für Wochen weilt Frau von Stein zur Kur in Pyrmont, doch versüßt sie dem Zurückgebliebenen ihre Heimkehr, indem sie seinem dringlichen Wunsch folgt, ihn in Ilmenau zu besuchen. Hier führt Goethe sie auf den Hermannstein und zeigt ihr jene Höhle, die er sich zu seinem liebsten Aufenthaltsort erkoren hat. Wenig später reist Frau von Stein zu ihrem alljährlichen Sommer- und Herbstaufenthalt auf ihr Gut Großkochberg. Zur Begleitung bestimmt sie sich den Dichter Jakob Lenz, unter dessen Anleitung sie englische Sprachstudien betreiben und Shakespeare im Original lesen möchte. Goethe erhält statt dessen Besuchsverbot. Ob Charlotte von Stein aus Furcht um ihre gesellschaftliche Reputation handelt, oder ob sie es inzwischen für notwendig hält, ihr eigenes Herz vor den trotz allem fast täglich eingehenden Liebesbeteuerungen Goethes zu schützen, ist schwer zu sagen. Auf letzteres weist zumindest ein Vierzeiler, den die Baronin auf die Rückseite eines Goethebriefes aus dieser Zeit, dem Herbst 1776, hinterlassen hat:

> *Ob's unrecht ist, was ich empfinde,*
> *und ob ich büßen muß die mir so liebe Sünde,*
> *will mein Gewissen mir nicht sagen;*
> *vernicht' es, Himmel du! wenn mich's je könnt anklagen.*[21]

Wie Charlotte den sich hier andeutenden Gewissenszwiespalt gelöst hat, wissen wir nicht. Offensichtlich ist es ihr aber gelungen, Goethe einen Platz in ihrem Leben einzuräumen, der sie weder in Konflikt mit ihrem religiösen Gewissen noch mit ihrer Rolle als Standesperson,

Seelenfreundschaft

Ehefrau und Mutter brachte. Letztlich ist ihr gar nichts anderes übriggeblieben. Denn bei der großen Nähe, die Goethe zu allen Gliedern der herzoglichen Familie unterhielt, war Charlotte als eine der ersten Damen der Weimarer Gesellschaft regelrecht verpflichtet, Goethe ihr Haus offenzuhalten. Aus dem Wege gehen konnte sie ihm auf die Dauer nicht. Möglicherweise hatte sie von Herzogin Louise oder Anna Amalia sogar einen diskreten Wink erhalten, daß man es gerne sähe, wenn sie ihren Einfluß auf den ungebändigten bürgerlichen Dichter ein wenig geltend machen könnte. So sehr Goethe von den herzoglichen Damen auch geschätzt und gemocht wurde, als hoffähig konnten seine Umgangsformen noch lange nicht gelten. Es deutet alles darauf hin, daß die standesbewußte Baronin hier eine Aufgabe sah, in der sie Pflicht und Neigung verbinden konnte. Vermutlich hatte sie sich geschworen, ihrem Herzen dabei keine Eigenmächtigkeiten zu gestatten.

So ist die Verbindung zwischen Goethe und Charlotte zunächst vornehmlich seelisch-intellektuell und nicht emotional-erotisch bestimmt. Derartige Seelenfreundschaften waren keine Seltenheit im ausgehenden 18. Jahrhundert, zu einer Zeit, als man das Recht des Individuums – auch des weiblichen – auf persönliche Glückserfüllung zu ahnen begann, ein Recht, das in den meisten, aus ökonomischen Gründen geschlossenen Standesehen nicht verwirklicht werden konnte. Daß dabei der Fortbestand der Ehe nicht in Frage gestellt wurde, galt als selbstverständliche conditio sine qua non.

Wann Goethes Gefühle für Charlotte umgeschlagen sind, wissen wir nicht. Als Mitte November 1776 Corona Schröter in Weimar eintrifft, legen seine Tagebuchaufzeichnungen den Schluß nahe, daß er sich zeitweise in Corona verliebt. Er hatte bereits im März anläßlich des Zusammentreffens mit Corona in Leipzig an Charlotte geschrieben: „Die Schröter ist ein Engel. – Wenn mir doch Gott so ein Weib bescheren wollte, daß ich Euch könnt in Frieden lassen. – Doch sie sieht Dir nicht ähnlich gnug."[22] Besonders im Januar 1777 verbringt er mehrere Abende mit der schönen Künstlerin. Wenn der amerikanische Tiefenpsychologe K. R. Eissler aus Goethes Eintragung vom 6. Januar „Bis 10 bei Cronen. Nicht geschlafen. Herzklopfen und fliegende Hitze."[23] jedoch den Schluß zieht, das Zusammensein mit Corona habe Goethe um seinen Nachtschlaf gebracht[24], übersieht er schlicht die Tatsache, daß Goethe bereits seit dem Ersten des Monats an einer fieberhaften Erkältung leidet. Amouröse Turbulenzen muß es zu diesem Zeitpunkt allerdings wirklich in Weimar gegeben haben. Charlotte von Stein ist es niemals gelungen, ihr Mißtrauen gegenüber Corona vollends abzulegen. Sie versäumt selbst die denkwürdige Uraufführung der *Iphigenie*, weil sie es wohl nicht erträgt, Goethe und Corona nebeneinander auf der Bühne agieren zu sehen. Auch der Herzog interessiert sich stark für die elegante Künstlerin, was Goethe wiederum in höchste Spannung versetzt, kreuzt Carl August doch damit Goethes eigene Empfindungen. Zum anderen ist ihm Corona als kurzzeitige Mätresse für seinen fürstlichen Freund entschieden zu schade. Dabei unterschätzt er allerdings Corona, die ihr unabhängiges Künstlertum ebenso wie ihre Würde als Mensch und Frau zeit ihres Lebens nobel zu wahren gewußt hat. Ob sie Goethes Neigungen mehr als freundschaftlich erwiderte, wissen wir nicht. Als alle vier Beteiligten am 13. Januar gemeinsam bei Charlotte von Stein zu Mittag essen, muß die Atmosphäre geknistert haben. Sie entlädt sich in einem „Streit über Raffael"[25]. Eine vergleichbare Konstellation wiederholt sich wohl im Januar 1779. Wie stark Goethes Herz zu diesem Zeitpunkt noch einmal für Corona geschlagen hat, läßt sich aufgrund der unzureichenden Quellenlage nicht einschätzen. In beiden Fällen stellt Goethe Carl August jedoch hart zur Rede. „Abends nach dem Konzert eine radikale Erklärung mit ♃ [dem Herzog] über Cr[one]"[26], heißt es im Tagebuch. Danach wagt es Carl August offenbar nicht noch einmal, Corona zu nahe zu treten. Was allerdings auch für Goethe einen endgültigen Verzicht auf die schöne Künstlerin bedeutet. Es spricht für die menschliche Integrität aller Beteiligten, daß ihre freundschaftlichen Beziehungen dieser Zerreißprobe standgehalten haben. Inwiefern Charlotte von Stein über die Ereignisse des Jahres 1779 informiert gewesen ist, kann nicht festgestellt werden.

Während des ersten Weimarer Jahrzehnts scheint außer Corona keine Frau Charlottes Platz in Goethes Leben ernstlich gefährdet zu haben. Dabei steht außer Zweifel, daß Goethe auf Hofbällen und Redouten, an der Seite Carl Augusts aber auch auf manchem Dorfanger ausgiebig „gemiselt" hat, wie er das unverbindliche Flirten mit Damen und Mädchen nennt. Pünktlich am folgenden Morgen erhält Frau von Stein seine heiter-ausgelassenen oder ironisch-resignierten Berichte. „In Stützerbach tanzt ich mit allen Bauermädels im Nebel und trieb eine liederliche Wirtschaft bis Nacht eins"[27], erfährt die in Weimar Zurückgebliebene am 6. September 1777. Am Ende desselben Briefes finden sich neben der Versicherung, daß Goethe Charlottes Halstuch trägt, auch wenn die „blaue Farbe ... ausgewaschen" ist, die Worte: „Ich habe Sie doch ganz allein lieb, das spür ich an der Wirtschaft mit den übrigen Frauen."[28] Eine Woche später erreicht Charlotte folgende aufschlußreiche Nachricht aus Eisenach, wo Goethe anläßlich einer Tagung der Landstände weilt und auf der Wartburg wohnt: „Morgen hab ich Misels heraufgebeten. Sie versichern mir alle, daß sie mich liebhaben, und ich versichere sie, sie seien charmant. Eigentlich aber möchte jede so einen von uns, wer er auch seie, haben, und dadrüber werden sie keinen kriegen."[29]

Der inzwischen fast 30jährige Minister und Dichter scheut davor zurück, eine der üblichen Zweckverbindungen einzugehen, obwohl es an Interessentinnen offensichtlich nicht mangelt. Auf Goethes Ehescheu ist mehrfach hingewiesen worden. Zeugnisse wie das eben zitierte belegen aber auch, daß es – außer vielleicht durch Corona – niemals eine wirkliche Versuchung gegeben hat.

Am tiefen Ernst und der reinen Aufrichtigkeit, die Goethes Verhältnis zu Charlotte von Stein über zwölf Jahre getragen hat, besteht kein Zweifel. Daß Charlotte verheiratet und eine Verbindung mit ihr letztlich unmöglich war, mag Goethe den Umgang mit ihr über lange Zeit sogar erleichtert haben. Ob Charlotte selbst Goethes Versicherungen in jedem Falle Glauben schenken konnte, ob es ihr gegeben war, sich jederzeit in seiner „Doppelnatur ... von Held und Komödiant"[30] zurechtzufinden, ist schwer zu sagen. Doch läßt sich denken, daß es die älter werdende, streng auf ihr Ansehen bedachte Baronin zumindest nach vielfältiger Bestätigung der Goetheschen Fürsorge und Treue verlangte.

Daran ließ es Goethe nicht fehlen. Das Umsorgen und Beschenken der Menschen, denen er sich eng verbunden fühlte, gehörte zu seinen innersten Bedürfnissen. Er war im wahrsten Sinne ein im Schenken Seliger. Wieviel Netze voller köstlicher Spargelstangen, wieviel Körbchen frischer Erdbeeren und reifer, saftiger Birnen mögen die Diener aus seinem Gartenhaus an der Ilm hinüber in Charlottes Küche getragen haben. In den Wintermonaten schmerzt es ihn, ihr nicht jeden Tag etwas schicken zu können. Und welche Freude spricht aus seinem Zettelgen vom 2. Februar 1777, als er ihr mitteilen kann: „Hab ich doch wieder eine Puppe, womit ich spielen kann. Eine Wohnung für Sie! – Wir waren heut all auf der Sattelkammer. Der Baukontrolleur hat den Auftrag, es aufzunehmen, und ich sinne schon auf Einrichtungen ..."[31] Wahrscheinlich ist es Goethe selbst gewesen, der Carl August dazu angeregt hat, die große Sattelkammer über dem Marstall an der Ackerwand zu zwei Wohnungen umbauen zu lassen. Eine davon sollte die Familie von Stein erhalten. Die Umbauarbeiten benötigen Zeit. Doch Ende August kann Goethe der in Kochberg weilenden Charlotte endlich melden: „Adieu ... Ich hab noch heut früh die Farben in Ihre Zimmer ausgesucht, mit grün und grau gewechselt, und ein einzigs, das Besuchzimmer, paille machen lassen. Es wird lichter dadurch."[32] Selbst den Umzug im November organisiert Goethe, soweit er dies neben seinen dienstlichen Verpflichtungen tun kann: „Liebste Frau, heut kommt Schuhmann [der Maler] aus dem neuen Haus, morgen mittag ist alles gescheuert, hoff ich. Der Windofen wird in der Kinderstube in wenigen Stunden stehn und das Küchelgen also zum Einräumen bereit sein. Den [alten] Herd laß ich stehn, er hindert wenig. Machen Sie sich also zum Aufbruch bereit. Ich dächte, Sie fingen gleich heute an, ... den Vorrat und so weiter einzuräumen. Ließen heute Nacht Wencken [den Diener des Stallamtes] drinne schlafen, daß er die Schlüssel zu sich nähme und was transportiert wird in Empfang nähme, führen morgen mit Einräumen in die Stuben, wie sie sauber werden, fort, und könnten also auf den Freitag selbst einziehen. Ist dies Ihr Wille, so schreiben Sie mir, oder was Sie wollen. So will ich noch heut früh zu Ihnen kommen, und wir wollen alles abreden. Einen Windofen in Ihr grün Zimmergen können Sie immer noch haben."[33] Am Umzugstag, Freitag, dem 14. November 1777, eilt Goethe sofort nach der Conseilsitzung zu Charlotte ins neue Quartier, sieht nach dem Rechten und hilft „bis abends". Er beschließt den Tag mit einem nächtlichen Spaziergang an der Ilm. „... mir war's hold in der Seele"[34], notiert er in sein Tagebuch.

Umzug der Familie von Stein

Und wo war der Oberstallmeister während all dieser, doch seine Familie betreffenden Arbeiten, ist man geneigt zu fragen. Josias von Stein litt zu diesem Zeitpunkt bereits an einem periodisch auftretenden Übel, das ihn oft über Wochen hin durch Lähmungserscheinungen, heftigste Kopfschmerzen und tiefe Depressionen regelrecht paralysierte. Erst als man nach seinem Tode im Jahre 1793 seinen Schädel öffnete, fand man die Ursache seines langen Leidens: einen in die Gehirnmasse eingedrungenen Knochensplitter, vielleicht von einem Sturz vom Pferde herrührend. Das Übel war erstmals im Sommer 1777 aufgetreten, als Josias von Stein mit seiner Gattin zur Kur in Pyrmont weilte. Wahrscheinlich erfuhr Goethe brieflich durch Charlotte davon. Er antwortete ihr mitfühlend: „Ich muß mich festhalten, sonst risse mich Ihr Kummer mit weg, und da ist mir so weh, daß ich das einzige, was meinem Herzen übrigbleibt, Ihr Andenken, oft weghalten muß."[35] Obgleich Stein im November, zum Zeitpunkt des Umzuges seiner Familie, fürs erste wiederhergestellt war, nahmen ihn seine dienstlichen Verpflichtungen bereits wieder stark in Anspruch. Darüber hinaus gehörte die Organisation eines Umzuges im zeitgenössi-

Das Haus der Frau von Stein in Weimar, *Ackerwand Nr. 25.*

Charlotte von Stein, die Besänftigerin

schen Rollenverständnis zwischen den Ehepartnern zu den häuslichen Angelegenheiten und somit in den Verantwortungsbereich der Frau. Eingedenk von Charlottes labilem Gesundheitszustand wird Josias von Stein wohl eher froh gewesen sein, Goethe als zuverlässigen Helfer an der Seite seiner Gattin zu wissen. Und Goethe verfügte im Jahre 1777 noch über weit mehr freie Zeit als der Oberstallmeister, da er – übrigens lebenslang – „nur" Staatsämter, niemals aber ein Hofamt bekleidete. Dadurch blieben ihm die nicht enden wollenden Stunden an der Hoftafel und die obligatorischen Abende am Spieltisch erspart, die Josias von Stein fast täglich zu absolvieren hatte.

Goethe wirbt nicht nur mit Geschenken, warmherziger Fürsorge und zugreifender Hilfe um Charlottes Zuneigung, beschäftigt nicht nur ihr mitfühlendes Verständnis, sondern regt auch ihre intellektuellen und musischen Interessen an. Immer wieder ermutigt er sie, ihr zeichnerisches Talent zu üben, die Unterrichtsstunden des Malers Georg Melchior Kraus an der Freien Zeichenschule in Weimar zu besuchen und ihre Eindrücke im Bilde festzuhalten. Ob Charlotte die gelungene Silberstiftzeichnung ihres Porträts speziell für Goethe angefertigt hat, ist nicht überliefert, in Anbetracht ihrer verjüngt wiedergegebenen Gesichtszüge wohl aber vorstellbar. Unter dem Eindruck von Goethes Persönlichkeit greift Charlotte sogar zur Feder. Es entsteht das satirische Dramolett *Rino*, in dem sie Goethes kokettierende Verehrung der Weimarer Damenwelt karikiert und auf diese originelle Weise ihren Beitrag zu den am Weimarer Hof sehr beliebten Matineen liefert.

Eng einbezogen wird Charlotte auch in die poetischen und bildkünstlerischen Arbeiten Goethes. Sie ist Anregerin und Adressatin unzähliger Gedichte und Zeichenblätter, die Goethe seinen Briefen beilegt. Als ihn im Frühjahr 1779 wesentliche Charakterzüge der geliebten Frau zu jener edlen Humanität seiner Iphigenie-Gestalt inspirieren, erhält Charlotte einen unsterblichen Beweis der läuternden Wirkungen, die sie in den vergangenen drei Jahren auf den genialen Dichter und Menschen ausgeübt hatte. Kurz vor seinem 30. Geburtstag blickt Goethe zurück auf sein Leben, „auf die Verworrenheit, Betriebsamkeit, Wißbegierde der Jugend, wie sie überall herumschweift, um etwas Befriedigendes zu finden. Wie ich besonders in Geheimnis-

Nähe und Vertrauen

sen, dunklen imaginativen Verhältnissen eine Wollust gefunden habe. Wie ich alles Wissenschaftliche nur halb angegriffen und bald wieder habe fahren lassen, wie eine Art von demütiger Selbstgefälligkeit durch alles geht, was ich damals schrieb. Wie kurzsinnig in menschlichen und göttlichen Dingen ich mich umgedreht habe. Wie des Tuns, auch des zweckmäßigen Denkens und Dichtens so wenig, wie in zeitverderbender Empfindung und Schattenleidenschaft gar viel Tage vertan, wie wenig mir davon zu Nutz kommen, und da die Hälfte des Lebens nun vorüber ist, wie nun kein Weg zurückgelegt, sondern vielmehr ich nur dastehe wie einer, der sich aus dem Wasser rettet und den die Sonne anfängt, wohltätig abzutrocknen."[36] Die Weimarer Zeit seit Oktober 1775 wagt Goethe noch nicht zu überschauen, doch wünscht er sich: „Möge die Idee des Reinen, die sich bis auf den Bissen erstreckt, den ich in Mund nehme, immer lichter in mir werden."[37] Dieses Selbsterziehungsprogramm korrespondiert eng mit dem ideellen Gehalt der *Iphigenie* und wird wohl auch immer wieder Gegenstand der Gespräche mit Frau von Stein gewesen sein. Leider geben die Briefe dieser ersten Weimarer Jahre nur hin und wieder Hinweise auf Charlottes Anteil an diesem eminent wichtigen inneren Bildungsprozeß. Das meiste wurde im gemeinsamen Gespräch geleistet, wobei Charlotte eine ausgesprochen kritische Mentorin gewesen sein muß.

Während dieser Jahre gestaltet sich das Zusammenleben immer enger, wächst ein tiefes Vertrauen zwischen Goethe und Charlotte. Er schreibt ihr am 29. Oktober 1780: „Ich denke, der Baum unsrer Verwandt- und Freundschaft ist lange genug gepflanzt und fest genug gewurzelt, daß er von den Unbilden der Jahrszeit und der Witterungen nichts mehr zu besorgen hat."[38]

Charlotte findet allerdings noch immer Grund zur Unzufriedenheit mit Goethe. So bittet er sie beispielsweise in seinem Brief vom 24. November desselben Jahres eindringlich darum, „sich täglich zu sagen, daß alles, was Ihnen an mir unangenehm sein konnte, aus einer Quelle kommt, über die ich nicht Meister bin; dadurch erleichtern Sie mir viel"[39]. Ob sich diese Unzufriedenheit auf sein Verhalten im allgemeinen oder im besonderen auf seine Haltung zu ihr bezog, muß im speziellen Falle offenbleiben. In seinem Brief vom 6. September desselben Jahres hatte er ihr berichtet, wie er in Ilmenau wieder einmal in

Charlotte von Stein, die Besänftigerin

die Hermannsteiner Höhle gestiegen sei, in der er vor Jahren mit ihr gestanden und später ihr zu Ehren ein „S" für „Sonne", wie er die Geliebte nannte, in den Stein gemeißelt hatte. Dieses stand nun „so frisch noch, wie von gestern angezeichnet". Er hatte es „geküßt und wieder geküßt, daß der Porphyr seinen ganzen Erdgeruch ausatmete, um mir auf seine Art wenigstens zu antworten."[40] Briefstellen wie diese lassen ahnen, mit welch sinnlicher Glut Goethe Charlotte geliebt haben muß. So wäre es nicht verwunderlich, wenn ihm in den sehr seltenen zweisamen Stunden, die ihm mit ihr vergönnt gewesen sind – meist sah man sich in Gesellschaft von Freunden oder zumindest in der Anwesenheit von Dienern –, hin und wieder die Selbstbeherrschung abhanden gekommen wäre und Charlotte ihn hätte streng zurechtweisen müssen. Aber auch in anderer Hinsicht war Goethe noch lange nicht immer Herr seiner selbst. Wenn er Anfang Mai 1781 an Lavater schreibt, er möchte „das Element, woraus des Menschen Seele gebildet ist und worin sie lebt, ein Fegfeuer nennen, worin alle höllisch und himmlischen Kräfte durcheinandergehn und würken"[41], so läßt dies tief in das Spektrum seiner Selbsterfahrungen blicken. Es geschah durchaus, daß die höllischen Kräfte aus ihm herausbrachen und sich im „fliegenden Fieber des Grimms"[42] gegen seine Mitmenschen entluden, er seinen Grillen und bösen Launen freien Lauf ließ und nicht nur gegen sich selbst, sondern ungerechterweise auch gegen andere, sogar gegen Charlotte, wütete. Im nachhinein schämte sich Goethe solch unberrschter Stunden und bat, wenn es Charlotte betraf, um Verzeihung und um Verständnis. „Ich weiß ..., er ist nicht allezeit liebenswürdig", urteilt Knebel über den Freund. „Er hat widrige Seiten. Ich habe sie wohl erfahren. Aber die Summe des Menschen zusammengenommen ist unendlich gut."[43]

Ab März 1781 vollzieht sich eine auffällige Veränderung im Ton der Goetheschen Briefe. Von diesem Zeitpunkt an strahlen sie eine Sicherheit und Dankbarkeit aus, die auf einer tiefen Harmonie zwischen ihm und Charlotte zu ruhen scheint. Allmählich gewinnt das vertrauliche Du als Anredeform in den Briefen Raum: „Ich kann nicht mehr Sie schreiben, wie ich eine ganze Zeit nicht Du sagen konnte"[44], bekennt Goethe am 12. März. Diesmal verwehrt ihm Charlotte die ver-

Die Grenzen der Sinnlichkeit

trauliche Ansprache nicht, sondern greift sie selbst auf. Als sie Ende des Jahres noch einmal in das offizielle „Sie" zurückfällt, ruft Goethe ihr zu: „... um Gottes Willen kein Sie mehr! – Wie hofft ich auf Deinen Brief, ich macht ihn zuletzt auf, und die Ihnen! ... Indes die andre Seite trocknete, hab ich Deinen Brief durchkorrigiert und alle Ihnen weggestrichen. Nun wird es erst ein Brief."[45] Und dabei bleibt es unter vier Augen. Vor der Welt wird das Geheimnis streng gewahrt.

Es ist viel darüber gerätselt worden, was sich wohl in jenen Märztagen des Jahres 1781 zwischen Goethe und Charlotte zugetragen haben mag. Es ist spekuliert worden, daß der Baronin von Stein eine schwache Stunde unterlaufen sei, in der sie es versäumt habe, Goethes leidenschaftlichen Werbungen rechtzeitig Einhalt zu gebieten. Ebenso viele Stimmen, darunter die aller Zeitgenossen, stellen der Oberstallmeisterin das Zeugnis eines in jeder Hinsicht tadelfreien Lebenswandels aus. Was sich wirklich ereignet hat, wissen wir nicht. Goethe und Charlotte haben über diese Dinge zeitlebens Stillschweigen bewahrt.

Liest man Goethes Briefe genau, so findet sich kein Hinweis darauf, daß ihre Liebe die Grenzen einer platonischen Beziehung, in der allerdings Küsse, wohl auch leidenschaftliche Küsse, gewechselt worden sind, überschritten hätte. Man trifft eher auf Formulierungen, die das Gegenteil nahelegen: Etwa wenn Charlotte ihre kühle Distanz gegenüber dem aus Italien zurückgekehrten Goethe mit den aus ihrem Munde höchst abfällig klingenden Worten begründet, Goethe „sei sinnlich geworden"[46]. Die Bemerkung offenbart, welchen Stellenwert die Sinnlichkeit in der Wertehierarchie der Baronin eingenommen hat. Bedenkt man die Geschichte ihrer sieben schweren Schwangerschaften und deren empfindliche gesundheitliche Folgen, so kann ihre Haltung nicht verwundern. Religiös geprägtes Pflichtgefühl gegenüber ihrem kranken Gatten und Charlottes ausgeprägtes Standesbewußtsein werden ein übriges getan haben, die körperliche Vereinigung mit Goethe nicht nur zu verhindern, sondern sie ihr nicht einmal als wünschenswert erscheinen zu lassen. Für Charlotte bedeutete dies wahrscheinlich keinen eigentlichen Verzicht, sondern einen Gewinn. Sie gewinnt vor ihrem eigenen Gewissen die Freiheit, Goethe lieben zu dürfen. Goethe gestaltet diese nur scheinbar paradoxe Situation, wenn Prinzessin Leonore Tasso mit folgenden Worten vor einer leidenschaftlichen Erklärung zurückhält:

> *Nicht weiter, Tasso! Viele Dinge sind's,*
> *Die wir mit Heftigkeit ergreifen sollen:*
> *Doch andre können nur durch Mäßigung*
> *Und durch Entbehren unser eigen werden.*
> *So, sagt man, sei die Tugend, sei die Liebe,*
> *Die ihr verwandt ist. Das bedenke wohl!*[47]

Allem Anschein nach sind Goethe und Charlotte von Stein im Zeichen solcher „Mäßigung" und solchen „Entbehren[s]" im Frühjahr des Jahres 1781 in ihrem eigenen Selbstverständnis tatsächlich Mann und Frau geworden, so sonderbar dies klingen mag. Es sind zwei neue Töne in Goethes Briefen, die einen gewissen Rückschluß auf das Geschehene zulassen. Am 11. März versichert er ihr aus Neunheilingen, wo er mit Carl August zu Gast beim Grafen von Werthern und dessen reizender Gattin weilt, in die sich der Herzog verliebt hatte, daß er die Stunden bis zur Rückkehr zähle, aber „nicht mit Ungeduld ..., sondern mit der Stille der gewissen Liebe und des festen Zutrauens, daß ich nicht von Ihnen entfernt bin und daß mich zur gesetzten Stunde die Gegenwart meines Glückes empfangen wird, als wenn ich's nie verlassen hätte"[48]. Am nächsten Tag gelobt er ihr: „Meine Seele ist fest an die Deine angewachsen, ich mag keine Worte machen, Du weißt, daß ich von Dir unzertrennlich bin, und daß weder Hohes noch Tiefes mich zu scheiden vermag. Ich wollte, daß es irgend ein Gelübde oder Sakrament gäbe, das mich Dir auch sichtlich und gesetzlich zu eigen machte, wie wert sollte es mir sein. Und mein Noviziat war doch lang genug, um sich zu bedenken ... – Die Juden haben Schnüre, mit denen sie die Arme beim Gebet umwickeln, so wickle ich Dein holdes Band um den Arm, wenn ich an Dich mein Gebet richte, und Deiner Güte, Weisheit, Mäßigkeit und Geduld teilhaft zu werden wünsche. Ich bitte Dich fußfällig, vollende Dein Werk, mache mich recht gut! Du kannst's, nicht nur wenn Du mich liebst, sondern Deine Gewalt wird unendlich vermehrt, wenn Du glaubst, daß ich Dich liebe."[49] Vermutlich hat Charlotte um diese Zeit ihre lange waltende Skepsis ge-

Charlotte erwidert Goethes Gefühle

genüber Goethes Liebes- und Treuebekundungen aufgegeben und ihm gestanden, daß sie seine Gefühle von ganzem Herzen erwidert. Dabei klingt es fast ein bißchen zu eindringlich, wie Goethe Charlotte als moralische Führerin anruft und preist. Zweifellos mußte er die starke Stimme der Natur in seinem Inneren übertönen.

Fünf Jahre hatte Goethes „Noviziat" gedauert, noch einmal fünf Jahre sind ihm und Charlotte gegeben, bis Goethe nach Italien aufbricht und damit seiner Verbindung zu dieser über alles geliebten Frau den Todesstoß versetzt, freilich ohne sich darüber im klaren zu sein. Während dieser fünf Jahre leben beide in einem gegenseitigen seelisch-geistigen Bezug von solcher Intensität, wie er in einer zeitgenössischen Ehe wohl kaum zu finden gewesen ist. Es vergeht fast kein Tag, an dem Goethe nicht einen Morgengruß zu Charlotte schickt, sich nach ihrem Befinden erkundigt, zu ihrer Erheiterung ein kleines Angebinde beifügt und seinen Tagesablauf mit ihr abstimmt. Sooft er es einrichten kann, speist er mit ihr zu Mittag, verbringt seine freien Abende in ihrem Hause oder lädt sie und einige Freunde zu sich ein. Selbst wenn er den ganzen Tag bei Hofe beschäftigt ist, eilt er zwischen zwei Verpflichtungen zu ihr, um sich vor ihrem Spiegel wenigstens die Frisur zu ordnen. Der geliebten Frau offenbart Goethe seine geheimsten Gedanken und nimmt aufrichtigsten Anteil an allem, was sie betrifft. So schreibt er ihr im Juli 1781 aus Ilmenau: „In sorglichen Augenblicken ängstigt mich Dein Fuß und Deiner Kinder Husten. Wir sind wohl verheuratet, das heißt: durch ein Band verbunden, wovon der Zettel aus Liebe und Freude, der Eintrag aus Kreuz, Kummer und Elend besteht."[50]

Sorge und Fürsorge für Charlotte und ihre Familie sind Goethe längst zum selbstverständlichen Bedürfnis geworden. Und so empfinden es beide wohl durchaus als folgerichtig, wenn ihn Charlottes Lieblingssohn Fritz zunächst auf dieser und jener kleinen Reise begleitet, Goethe ihn dann ab Mai 1783 in sein Haus aufnimmt und ihn wie ein Vater betreut. Er versäumt nicht, der Mutter täglichen Bericht zu erstatten: „Fritz hat gut wie immer geschlafen und räumt nun seine Sachen ein. Du weißt doch, wie sehr ich Dich auch in ihm liebe und wie ich mich freue, dies Pfand von Dir zu haben."[51] Weder Charlotte

Charlotte von Stein, die Besänftigerin

noch ihr Mann scheinen Bedenken gehegt zu haben, Goethe ihr Kind anzuvertrauen. Charlotte, der nach dem Zeugnis ihres ältesten Sohns aufgrund ihrer schwachen Nerven „leicht etwas zuwider"[52] geworden ist, empfand es möglicherweise als eine willkommene Entlastung, von der Verantwortung für ihren Jüngsten nun weitgehend entbunden zu sein. Und wenn sie ihrer Schwägerin, Sophie von Schardt, schreibt, „Goethe ... benimmt sich so verständig und gütig in seiner [Fritzens] Erziehung, daß man von ihm lernen kann"[53], gewinnt man den Eindruck, ihrer Meinung nach sei für ihren Jüngsten nirgends besser gesorgt als bei ihrem Seelenvertauten. Dabei hatte Charlotte, weniger sentimental als Goethe und bisweilen mit einer höchst nüchternen Sicht auf die Dinge begabt, zweifellos auch die Zukunft ihres lieben Fritz im Auge. Für drei Söhne reichte das Steinsche Vermögen kaum aus, so daß zusätzliche materielle Quellen perspektivisch sicher willkommen gewesen sind. Es ist nicht unwahrscheinlich, daß auch Goethe in solche Richtung gedacht und sich Charlotte gegenüber geäußert hat, denn sie schreibt später an Fritz: „... bald wollte Dich der eine adoptieren, Dir sein Vermögen mit einer reichen Nichte geben, – es wurde nichts; bald wollte Dich ein anderer adoptieren und nie von seiner Seite lassen und wurde nichts ..."[54] Einer dieser beiden Männer ist vermutlich Goethe gewesen.

Doch vor der Hand genießt dieser seine Rolle als Pflegevater, wenn er beispielsweise mit Fritz in der Kutsche nach Ilmenau fährt und dem Kind unterwegs „die zwei ersten Bildungsepochen der Welt" nach seinem „neuen System" erklärt. Der Mutter berichtet er stolz: Fritz „begriff alles recht wohl, und ich freute mich über den Versuch, durch den selbst bei mir die Materie mehr Klarheit und Bestimmtheit gewonnen hatte. Die Kinder sind ein rechter Probierstein auf Lüge und Wahrheit; es ist ihnen noch gar nicht so sehr wie den Alten um den Selbstbetrug Not."[55] Bis zu seiner Flucht nach Italien kümmert sich Goethe mit väterlicher Liebe um Charlottes Jüngsten, später auch – und zwar intensiver als die leiblichen Eltern – um ihren schwerkranken Sohn Ernst. Fritz von Stein bezeichnet die drei Jahre, die er in Goethes Haus verbracht hat, rückblickend als die „glücklichste Periode"[56] seiner Jugend. Daß das Kind Goethe überdies auch einen lebendigen Ersatz für die abwesende Geliebte bedeutete, läßt sich den-

Fritz von Stein in Goethes Haus

Goethe und Fritz von Stein, Silhouettenbild.

ken. Er schreibt Charlotte aus Eisenach, wohin er den Jungen zur Tagung der Landstände mitgenommen hatte: „Gute Nacht, Liebste. Fritz tanzt im Hemde zu Bette, ich habe ihn herzlich an mich gedrückt und fühle, daß ich nur gern um seinet- und deinetwillen lebe."[57]

Diese Briefstelle stammt aus dem Jahre 1784. Sie zeigt einen Goethe, der seinen inneren Lebensschwerpunkt scheinbar ganz ins Private verlagert hat. Bereits seit 1781/82, also etwa seit dem Zeitpunkt, in dem der große Wandel in Goethes Beziehung zu Charlotte eingetreten ist, beginnt Goethes allmählicher Rückzug aus dem geselligen Leben Weimars. Die Zeiten der euphorischen Jugendträume und der verschworenen Gemeinschaft mit dem Herzog waren zu Ende gegangen, Goethe hatte sich aus dem fröhlichen Treiben der Theaterenthusiasten zurückgezogen. Schritt für Schritt war der Ämteralltag in sein Leben eingezogen, in dem er sich oft genug als „armer Sklave der Pflicht"[58] fühlte, auch wenn er letztlich wußte, welch inneren Wachstumsprozeß er der Erfüllung seiner Amts- und Freundespflichten verdankte. An die Stelle des burschikos-mutwilligen Lärmens in der herzoglichen Kavalkade und der heiter-geselligen Unverbindlichkeit im musischen Zirkel um Anna Amalia ist ein sehr kleiner Kreis naher Freunde getreten, zu dem neben Frau von Stein vor allem Knebel und seit 1783 auch das Ehepaar Herder gehörten.

Die erhoffte Harmonie und fruchtbare Arbeitsgemeinschaft mit Herder hatte sich über viele Jahre nicht herstellen lassen, da dieser Goethe den Platz an der Seite des Herzogs neidete. Beide Männer hat-

Charlotte von Stein, die Besänftigerin

ten unter diesem Zustand gelitten, bis es Goethe gelang, das Eis zu brechen, indem er Herders zu seinem 34. Geburtstag einlud. Herder arbeitete bereits seit drei Jahren an seinen *Ideen zur Philosophie der Geschichte der Menschheit*, ohne daß Goethe davon wußte. Und Goethe hatte sich, angeregt durch seine Aufgaben im Ilmenauer Bergwerk und seine Verbindungen zur Jenaer Universität, tief in die Naturkunde, besonders die Mineralogie, Geologie, vergleichende Anatomie und Morphologie eingearbeitet. Beide waren sie der Entwicklung und den Entwicklungsgesetzen der Natur auf der Spur, wobei sich ein jeder auf seine Weise ihren Geheimnissen genähert hatte: Herder durch historisch-vergleichende Studien zur Natur- und Völkerkunde, Goethe empirisch beobachtend und vergleichend. Nun bemerkten sie mit Freude und Erleichterung, wie vielfältig sich ihre Gedanken und Anschauungen ergänzten und befruchteten.

Die ernsthaften Studien der Männer bildeten auch sogleich das Zentrum der geselligen Abendunterhaltungen im kleinen Kreis. Man traf sich in Herders hohem Haus hinter der Stadtkirche, bei Charlotte an der Ackerwand oder bei Goethe, der 1784 sein Stadtdomizil in einem Flügel des Helmershausenschen Hauses am Frauenplan aufgeschlagen hatte. Bei Tee, Wein und einem frugalen Mahl saß man zwischen ausgebreiteten Landkarten, las Reisebeschreibungen, studierte unter Herders anschaulich-lebendiger Anleitung die Sitten der Völker oder unter Goethes Ägide den Knochenbau eines Elefantenschädels. „Wir sind jetzt ganz in Welt- und Naturgeschichte, Reisebeschreibungen und was dazu gehört ausgegossen"[59], schreibt Goethe an Knebel. Und Charlotte von Stein versäumt nicht, diesem Freund ihre neuesten Erkenntnisse nach Jena zu übermitteln: „Herders neue Schrift [*Ideen zur Philosophie der Geschichte der Menschheit*] macht wahrscheinlich, daß wir erst Pflanzen und Tiere waren; was nun die Natur weiter aus uns stampfen wird, wird uns wohl unbekannt bleiben. Goethe grübelt jetzt gar denkreich in diesen Dingen, und jedes, was erst durch seine Vorstellung gegangen ist, wird äußerst interessant. So sind mir's durch ihn die gehässigen Knochen geworden und das öde Steinreich ..."[60]

Charlotte versteht es, sich Goethes naturwissenschaftliche Anschauungen und Interessen anzueignen und ihn auf ein Feld zu begleiten, das ihn zunehmend fesselt. Schon im Juni 1782 hatte er ihr geschrieben: „Wieviel wohler wäre mir's, wenn ich von dem Streit der politischen Elemente abgesondert, in Deiner Nähe ... den Wissenschaften und Künsten, wozu ich geboren bin, meinen Geist zuwenden könnte."[61] Ob es Charlotte immer gelungen ist, Goethes gedanklichen Höhenflügen zu folgen, muß dahingestellt bleiben. Aber Goethe suchte auf diesem Gebiet in ihr wohl auch nicht den kritisch-fördernden Gesprächspartner – den fand er in Herder –, sondern das einfühlsame und warmherzige Echo, einen Menschen, der die Spannungen und Freuden seiner Naturforscherseele mitzuerleben und zu teilen bereit war. So ist auch Charlotte neben Herder die einzige, der er im Frühjahr 1784 jubelnd seine Entdeckung des os intermaxillare mitteilt: „... ich habe eine anatomische Entdeckung gemacht, die wichtig und schön ist. Du sollst auch Dein Teil dran haben ... Ich habe eine solche Freude, daß sich mir alle Eingeweide bewegen."[62]

Charlotte ist nicht davor zurückgeschreckt, sich auch mit schwieriger Materie intensiv auseinanderzusetzen. Besondere Anregung bot dem kleinen Kreis um Goethe Mitte der achtziger Jahre das Studium der Positionen des niederländischen Philosophen Baruch Spinoza. Herder hatte Goethe bereits 1770 in Straßburg auf diesen theoretischen Wegbereiter bürgerlicher Emanzipationsbestrebungen hingewiesen. Nun beschäftigte man sich vor allem mit seinen Anschauungen über Gott und Natur, zu denen Charlotte offensichtlich eine Affinität empfand. Voller Vorfreude schreibt ihr Goethe am 9. November 1784: „Diesen Abend bin ich bei Dir, und wir lesen in denen Geheimnissen [Spinozas *Ethik*] fort, die mit Deinem Gemüt so viele Verwandtschaft haben."[63] Und zehn Tage später kündigt er an, den „Spinoza lateinisch mit[zubringen], wo alles viel deutlicher und schöner ist"[64]. Wie sehr auch Herder Charlotte von Stein als Schülerin Spinozas schätzte, belegt die Tatsache, daß er ihr zu ihrem Geburtstag am 25. Dezember 1784 ein lateinisches Exemplar der *Ethik* verehrte, dem er in Gedanken an Goethe folgende Verse beilegte:

Deinem und unserm Freund sollt heut' den heilgen Spinoza
Als ein Freundesgeschenk bringen der heilige Christ,
Doch wie kämen der heilige Christ und Spinoza zusammen?
Welche vertrauliche Hand knüpfte die beiden in eins?

Charlotte von Stein, die Besänftigerin

> *Schülerin des Spinoza und Schwester des heiligen Christes,*
> *Dein geweiheter Tag kränzet am schönsten das Band.*
> *Reich' ihm seinen Weisen, den du gefällig ihm machtest,*
> *Und Spinoza sei euch immer ein heiliger Christ.*[65]

Obgleich Goethe und Charlotte mit ihrer lateinischsprachigen Spinoza-Lektüre niemals zu Ende gekommen sind, haben beide die Anschauungen des Niederländers vermutlich intensiv diskutiert. Das Ergebnis dieses gedanklichen Ringens ist Goethes Spinoza-Aufsatz, den er wahrscheinlich Charlotte in die Feder diktierte. Zumindest ist der Aufsatz in ihrer Handschrift überliefert. Spinoza hat Goethes Naturauffassung zeitlebens maßgeblich beeinflußt. Welche Wirkungen die Spinoza-Lektüre auf Charlottes Weltbild ausgeübt hat, läßt sich nicht genau feststellen. Ihrem Alltag dürften diese Studien jedoch Glanz und Interesse verliehen haben.

In ebenderselben ernsthaft-geselligen Runde werden Herders und Goethes neueste poetische Schöpfungen vorgestellt und besprochen. Was keinesfalls heißt, daß Carl August, Herzogin Louise oder Anna Amalia nun gar keinen Anteil am Entstehen von *Wilhelm Meisters theatralischer Sendung*, des *Tasso* oder des *Egmont* mehr genommen bzw. erhalten hätten. Lesestunden im Wittumspalais und im Fürstenhaus gab es nach wie vor, doch verschiebt sich der Schwerpunkt auf den kleinen Kreis der nächsten Freunde. Deren wißbegierig-interessierter Zuhörerschaft ist es wohl vor allem zu danken, daß Goethe in den Jahren angestrengtester und oft ermüdender, ja erschöpfender Amtstätigkeit eine geistige Oase in Weimar gefunden hat, die seinen poetischen Arbeiten förderlich war. Dabei bewährt sich Herder als kenntnisreicher, einfühlsamer und neidloser Kritiker, Charlotte von Stein aber ist Goethes „Du", der Mensch, dessen inniges Anteilnehmen ihn trägt „wie ein Korkwams über dem Wasser"[66]. Sie begleitet jede seiner poetischen Schöpfungen vom kleinsten Gedicht bis zum großen Romanentwurf, fast täglich legt er vor ihr Rechenschaft ab über seine Vorsätze wie über das Geleistete, sie ist seine erste Leserin und inspiriert ihn überdies zu unsterblichen Gedichten wie *Das Göttliche* und zu zwei seiner beeindruckendsten Frauengestalten, zu Iphigenie und zu Prinzessin Leonore im *Tasso*. Charlotte wünscht er auch sein weitgespannt angelegtes Epos *Die Geheimnisse* zu widmen, das jedoch Fragment geblieben ist. Leider läßt sich nicht ausmachen, welcher geistige Anteil Charlotte an Goethes poetischen Schöpfungen der achtziger Jahre zuzurechnen ist. In der edlen Würde und hochgestimmten Humanität der Werke dieser Zeit spiegelt sich ihr Wesen aber zumindest teilweise wider. Auch an sie denkt Goethe, wenn er im Alter zu Eckermann sagt, die Frauen seien „silberne Schalen, in die wir goldene Äpfel legen"[67].

Als Führerin durch die moralische Welt behält Charlotte nach wie vor ihre dominierende Rolle. Sind es auch jetzt nicht mehr die höfischen Umgangsformen, die sie Goethe lehrt, so bespricht er doch am liebsten mit ihr seine Beobachtungen und Erfahrungen im dienstlichen und privaten Bereich, läßt sich von ihr raten und seine Anschauungen korrigieren. Gemeinsam managen sie manche im engeren oder weiteren Kreis der herzoglichen Familie heraufziehende Krise, schlichten Streit und Zerwürfnisse. Gemeinsam streben sie danach, das hohe Ideal, das die Alten Kalokagathie, Schönheit und Gutheit, nannten, nicht nur in ihrer Beziehung zueinander, sondern auch in ihrem täglichen Tun Wirklichkeit werden zu lassen. So versichert Goethe der geliebten Frau im März 1781: „... meine alte Wohltätigkeit kehrt zurück und mit ihr die Freude meines Lebens; Du hast mir den Genuß im Guts-Tun gegeben, den ich ganz verloren hatte. Ich tat's aus Instinkt, und es ward mir nicht wohl dabei."[68] Dieser selbstlosen Güte Goethes sind gerade in den achtziger Jahren viele Menschen teilhaftig geworden. Neben den zahlreichen Beispielen aus seiner Amtstätigkeit sei hier nur seine tätige Hilfe für den Schweizer Waisenknaben Peter im Baumgarten genannt, den Goethe zu sich nahm und ausbilden ließ. Und es sei auf jenen bis heute unerkannt gebliebenen Mann namens Kraft verwiesen, dessen materiellen Lebensunterhalt Goethe über Jahre aus seinem Privatvermögen finanzierte. Es ist nichts absurder, als Goethe kaltherzig und egoistisch zu nennen. Und es schmälert Goethes Leistung nicht, wenn er selbst einschätzt, daß er sich zu solcher zum Bedürfnis verinnerlichten Wohltätigkeit in einem schwierigen Selbsterziehungsprozeß an der Seite Charlottes heraufgebildet hat.

Mit Charlottes Hilfe meistert Goethe zumindest zeitweise auch ein anderes Problem seiner Weimarer Existenz, seine von Anfang an hef-

Charlotte von Stein, die Besänftigerin

tige Aversion gegen das Hofleben. Schon im September 1776 hatte er ihr von einem Hoffest in Tiefurt berichtet: „Ich hab die Hofleute bedauert; mich wundert, daß nicht die meisten gar Kröten und Basilisken werden."[69] Für Goethe kam es darauf an, in diesem größtenteils geistlos-aristokratischen Umfeld zu bestehen, ohne sein eigenes Wesen aufzugeben. Dies ist ihm mit Charlottes Hilfe zunehmend gelungen. So kann er ihr im Mai 1782 während einer Besuchsreise an den Höfen in Gotha, Meiningen und Coburg melden, daß er sich trotz der reichlich genossenen höfischen Atmosphäre ganz leidlich befindet. „Wenn der Kopf weiß, was er will, und das Herz nicht nötig hat, ausheimisch zu sein, daß es ihm wohl werde, so geht's ja wohl. Das dank ich Dir, Liebste, alle Tage, daß ich Dein geworden bin und daß Du mich aufs Rechte gebracht hast. Ich verlange nicht mehr von den Menschen, als sie geben können, und ich dringe ihnen wenigstens nicht *mehr* auf, als sie haben wollen, wenn ich ihnen gleich nicht *alles* geben kann, was sie gerne mögten ... Die Seele aber wird immer tiefer in sich selbst zurückgeführt, je mehr man die Menschen nach ihrer und nicht nach seiner Art behandelt; man verhält sich zu ihnen wie der Musikus zum Instrument, und ich könnte es nicht acht Tage treiben, wenn mein Geist nicht in der glückseligen Gemeinschaft mit dem Deinigen lebte."[70]

Allerdings gelingt es Goethe nicht unbegrenzt, sich im Kreise höfischer Repräsentation zu bewegen und dabei seine Seele schadlos zu halten. Mit den Jahren geht ihm die Fähigkeit, oder besser die Energie, die zur Kompensation einer solchen Persönlichkeitsspaltung notwendig ist, zunehmend verloren. Je mehr ihn die Last seiner Amtspflichten drückt, je häufiger er die Vergeblichkeit vieler seiner Bemühungen spürt, je klarer sich ihm der problematische Charakter Carl Augusts offenbart, desto schwieriger wird es für Goethe, seine Rolle als Minister und Favorit des Herzogs weiterhin souverän zu spielen. Liest man Goethes Briefe an Charlotte aus diesen Jahren, so gewinnt man den Eindruck, daß ihm die Liebe zu ihr nach und nach seine scheinbar fehlschlagenden Lebenspläne ersetzen muß. Je unzufriedener Goethe mit seiner Umwelt und seiner eigenen Situation wird, desto stärker klammert er sich an die Geliebte, die ihm als einziger Halt und Festpunkt in einem Dasein erscheint, von dessen Sinn er sich im-

Goethes voritalienische Krise

mer weniger überzeugen kann. „Ich bin recht zu einem Privatmenschen erschaffen", schreibt er ihr schon im September 1782, „und begreife nicht, wie mich das Schicksal in eine Staatsverwaltung und eine fürstliche Familie hat einflicken mögen."[71] Im September 1784 klagt er vor einer Conseilsitzung: „Mein Innerstes will nicht mehr zusammenhalten, ich sehne mich nach Dir wie noch nie."[72] Schon ab Ende 1782 hört Charlotte hin und wieder, daß nur ihre Liebe Goethe noch zu halten vermag, sonst ginge er in die weite Welt. Allein im Gespräch mit ihr kann er offen sprechen und fühlt sich verstanden. „Wenn ich mit andern, selbst vernünftigen Menschen spreche, wie viel Mitteltöne fehlen, die bei Dir alle anschlagen. Alles, was die Menschen suchen, habe ich in Dir."[73] Als er an einem trüben Novembertag 1784 in seinem Zimmer über einem der riesigen Aktenberge sitzt, die sein tägliches Pensum bilden, kann er kaum mehr an sich halten: „Wenn ich mich nicht schämte", schreibt er ihr, „brächt ich meine Akten zu Dir und brächte den ganzen Tag bei Dir zu."[74] Und im Juni 1784 gesteht er Charlotte vor dem Zubettegehn: „Es wird mir so ein unüberwindlich Bedürfnis, Dich zu sehen, daß mir wieder einmal für meinen Kopf bange wird. Ich weiß nicht, was aus mir werden soll."[75]

Goethes voritalienische Krise ist nicht von einem Tag auf den anderen ausgebrochen. Sie hat sich lange vorbereitet, und zumindest Charlotte und einigen Freunden wie Knebel und Herders gegenüber in Worten wohl noch stärker angekündigt als in den Briefen, in denen wir Nachgeborenen die Spuren mühelos zurückverfolgen können. Die Zeitgenossen haben die Veränderungen in Goethes Wesen wohl bemerkt, seinen Rückzug aus dem geselligen Leben registriert, mitunter seine Steifheit und Kälte gegenüber anderen Menschen, selbst gegenüber alten Freunden, bemängelt. Doch keiner hat geahnt, was wirklich in ihm vorging. Auch Charlotte nicht. Wahrscheinlich hat sie ihn geduldig angehört, zum Ausharren ermahnt, und ist nicht müde geworden, ihn darauf hinzuweisen, die Dinge und die Menschen endlich so zu nehmen, wie sie sind. Doch diese Lebenslehre der Baronin von Stein konnte Goethe nur bis zu einem gewissen Punkt annehmen. Im Unterschied zu ihr war Goethe ein Mensch, der von sich forderte, daß die Dinge, die er tat, „Folge" haben müßten. Dies sah er in seinem alltäglichen Tun immer weniger gewährleistet.

Charlotte von Stein, die Besänftigerin

Je tiefer Goethe in die Krise gerät, desto heftiger verlangt er nach Charlottes besänftigender Gegenwart. Vermutlich im Juni 1785 entsteht Mignons Lied. Goethe legt es einem Brief an Charlotte bei:

> *Nur wer die Sehnsucht kennt,*
> *Weiß, was ich leide!*
> *Allein und abgetrennt*
> *Von aller Freude,*
> *Seh ich ans Firmament*
> *Nach jener Seite.*
> *Ach, der mich liebt und kennt,*
> *Ist in der Weite!*
> *Es schwindelt mir, es brennt*
> *Mein Eingeweide.*
> *Ach, wer die Sehnsucht kennt!*
> *Nur wer die Sehnsucht kennt,*
> *Weiß, was ich leide!*[76]

Verbindet sich hier nicht Goethes Italiensehnsucht auf eine sonderbare Weise mit seiner Sehnsucht nach der geliebten Frau? Doch weder die eine noch die andere Sehnsucht kann gestillt werden. Im Gegenteil. Als der Herzog im August 1785 die Hoftafel abschafft, an der Josias von Stein über Jahrzehnte täglich zu Mittag gespeist hatte, ist Goethe von heute auf morgen das gewohnte gemeinsame Mahl mit Charlotte verwehrt. Er fühlt sich aufgezehrt von Sehnsucht nach der Geliebten, die er von nun an nur noch des Abends sehen kann, sofern sich keiner von ihnen beiden auf Reisen befindet oder anderweitig verpflichtet ist. Spätestens jetzt stößt Goethes Verbindung zur Baronin von Stein an die Grenzen der Realität, die beide bis dahin tapfer vor sich selbst geleugnet hatten. Es war ihnen vergönnt gewesen, den Zirkel ihrer Seelenliebe auszuschreiten und das höchste Glück zu erfahren, das einer solchen Beziehung innewohnen kann. Aber gerade jetzt, da Goethe Charlotte am dringendsten brauchte, mußte sie ihm aus gesellschaftlichen Rücksichten oft fernbleiben. Vermutlich wußten zu diesem Zeitpunkt weder Goethe noch Charlotte, daß sie den Zenit ihrer Beziehung überschritten hatten; ihre Verbindung konnte keine neue Dimension mehr erlangen. Und wie hätte Charlotte Goethe auch die Produktivität seiner Wirklichkeitsbeziehung zurückgeben können, die er verloren hatte. Das stand nicht in ihrer Macht.

Gemeinsame Kuraufenthalte in den Sommermonaten der Jahre 1785 und 1786 im böhmischen Karlsbad gewähren ihnen noch einmal die gewohnte tägliche Nähe. Der angenehm-gesellige Umgang mit den Badegästen vermag Goethe für kurze Zeit zu beleben. Doch hat er im August 1786 im geheimen bereits alle Vorbereitungen getroffen, als er Charlotte auf ihrer Heimreise aus dem Bad bis Schneeberg begleitet. Er, und nur er, weiß, daß er selbst nicht nach Weimar zurückkehren, sondern von Karlsbad aus nach Italien aufbrechen wird. Ob Goethes Aberglaube, Rom nicht zu erreichen, wenn er auch nur einem einzigen Menschen seinen Plan entdecken würde, tatsächlich so stark war, wie er später nicht müde wird, der verlassenen Geliebten zu beteuern, oder ob er vielmehr gefürchtet hat, sie würde ihn nicht ziehen lassen, kann nicht mit Sicherheit gesagt werden. Wahr aber ist, daß Goethe sich selbst nur in der Welt, nicht in einer letztlich unerfüllbaren Liebe wiederfinden konnte. Noch bis nach seiner Rückkehr aus Italien wird er diese Einsicht vor sich selbst und vor der Geliebten geheimhalten, auch wenn ihm in seinen römischen Briefen hin und wieder ein Satz tief aus dem Herzen in die Feder drängt. So schreibt er Charlotte: „An Dir häng ich mit allen Fasern meines Wesens. Es ist entsetzlich, was mich oft Erinnerungen zerreißen. Ach, liebe Lotte, Du weißt nicht, welche Gewalt ich mir angetan habe und antue, und daß der Gedanke, Dich nicht zu besitzen, mich doch im Grunde, ich mag's nehmen und stellen und legen, wie ich will, aufreibt und aufzehrt. Ich mag meiner Liebe zu Dir Formen geben, welche ich will, immer, immer – Verzeih mir, daß ich Dir wieder einmal sage, was so lange stockt und verstummt. Wenn ich Dir meine Gesinnungen ... der einsamsten Stunden sagen könnte."[77]

Goethes Worten ist Glauben zu schenken. Seine Bindung an Charlotte war aufrichtig und tief, obgleich sie den Todeskeim von Anfang an in sich getragen hat. Dabei meint der hier ausgesprochene Wunsch, Charlotte zu besitzen, nicht nur die ihrer Liebe fehlende sinnliche Glückserfüllung. Er meint auch das wirkliche tägliche Zusammenleben mit ihr als Mann und Frau in einem Hause, wie er es so

Charlotte von Stein, die Besänftigerin

oft in seinen Briefen der letzten beiden voritalienischen Jahre artikuliert hat. Ob er auf diese Weise mit Charlotte glücklich geworden wäre, muß dahingestellt bleiben.

Mit seiner Flucht nach Italien ist es Goethe gelungen, die tiefe Lebenskrise, in die ihn sein erstes Weimarer Jahrzehnt geführt hatte, ins Produktive zu wenden. Charlotte aber bleibt zurück, allein und durch ein Versehen von Goethes Weimarer Diener Philipp Seidel obendrein über Monate ohne Nachricht. Ihr Sohn Fritz wartet in Goethes Haus Woche für Woche vergebens auf die Heimkehr des ihm so lieb gewordenen zweiten Vaters. Nach den Jahren ihrer innigen Gemeinschaft muß sich Charlotte von Goethe verlassen und auf eine schmähliche, gesellschaftlich brüskierende Art verraten fühlen. Als sie endlich im November 1786 gleichzeitig mit ganz Weimar erfährt, wo sich Goethe aufhält, und daß er zumindest an ihrer schlimmen Brüskierung unschuldig ist, kommt zwar der Briefwechsel zwischen Rom und Weimar wieder in Gang, in dem Goethe inständig um Verzeihung bittet und seine Liebesschwüre erneuert. Charlotte lenkt ein, doch den Vertrauensbruch kann diese aufrichtige und gerade Frau Goethe verständlicherweise nicht verzeihen. Mit dem verjüngt und verwandelt aus Italien Zurückgekehrten verbindet die kummervoll Daheimgebliebene nur noch eine schmerzhafte Erinnerung. So geht diese große Liebe zu Ende, lange bevor im Frühjahr 1789 ausgerechnet Charlottes Sohn Fritz Goethes Beziehung zu Christiane Vulpius entdeckt. Unter der Last dieses in den Augen der Baronin von Stein entwürdigenden Verhältnisses bricht sie endgültig mit Goethe. Daß beide nach Jahren eisigen Schweigens im Alter schließlich doch zu einem freundschaftlichen, gutnachbarlichen Kontakt zurückgefunden haben, spricht für die menschliche Substanz ihrer Beziehung, auch wenn es Charlotte von Stein nicht gegeben war, die Existenz Christianes an Goethes Seite jemals mit Würde zu respektieren.

Leben mit Christiane

Was hilft uns alle Herrlichkeit
Ohne Seelen-Behaglichkeit
Und ohne des Leibes Liebesleben?

Hager und braungebrannt, verjüngt und sprühend-lebendig kehrt Goethe am 19. Juni 1788 aus Italien zurück. Der wehmütige Abschied vom Land seiner Sehnsucht streitet in seinem Inneren mit der Vorfreude, vor den Daheimgebliebenen seine gesammelten Schätze auszubreiten, mit den Freunden die Reise in Gedanken zu wiederholen, sie teilhaben zu lassen an seinen Erlebnissen und Erkenntnissen. Als „ganzer" Mensch will Goethe ihnen entgegentreten, wieder einen lebhaften Anteil an ihrer Geselligkeit nehmen und so seine italienische Ernte als Saat in Weimar aufgehen lassen.

Allein das Leben hat es anders gewollt. Charlotte von Stein vermag ihm nur stark unterkühlt zu begegnen, was Goethe empfindlich trifft, obwohl er es hätte voraussehen können. Herder, der Freund und ebenbürtige Geistesverwandte, rüstet selbst zu einer Italienreise. Goethe kann ihm nur noch ein paar gutgemeinte Ratschläge mit auf den Weg geben. Und auch in Anna Amalias Palais verlöschen die Lichter für lange Zeit, denn die inzwischen 49jährige Herzoginmutter hat ebenfalls beschlossen, nach Italien zu gehen. Einsiedel, die Göchhausen und Goethes musikalischer Freund Christoph Kayser begleiten sie, so daß das Publikum, das sich Goethe für seine Vorträge, Demonstrationen und Streitgespräche gewünscht hatte, fast vollzählig im Auswandern begriffen ist, als er heimkehrt.

Die zwei einzigen Menschen, die ihn wirklich herbeisehnen, sind Carl August und Herzogin Louise. Letztere, noch immer fremd in der thüringischen Residenzstadt und still leidend, lädt ihn zur Hoftafel, läßt sich von seinen lebendigen Mitteilungen gern über die Alpen entführen und wechselt wohl auch manches vertraulich-besorgte Wort

Leben mit Christiane

Goethe, *Kreidezeichnung von Johann Heinrich Lips, 1791.*

mit ihm über den Herzog. Carl August, kurze Zeit nach Goethes Aufbruch in den Süden als Generalmajor in preußische Dienste getreten, weilt jetzt oft wochen- und monatelang bei seinem Kürassierregiment in Aschersleben. Es scheint, als wollte er sich dort vor den unangenehmen, aber dringlicher werdenden Fragen vergraben, denen er sich seit seinem Aufenthalt in Mainz im Februar 1788 stellen muß. Spätestens von diesem Zeitpunkt an kann er die Augen nicht mehr davor verschließen, daß seine außenpolitischen Ziele nicht zu verwirklichen sind. Der Plan, in Mainz eine große Versammlung der Fürstenbundmitglieder einzuberufen, die Reichstagsvorlagen für die Gesetzgebung, für die Verwaltung der Reichsgerichte sowie für die Exekutive erarbeiten und Vorschläge zur Verbesserung der Reichsverteidigung, zur Sicherung des fürstlichen Besitzstandes usw. unterbreiten sollte, war gescheitert.[1] Nicht nur Carl Augusts vermeintlicher politischer Freund, der labile Preußenkönig Friedrich Wilhelm II., hatte sein Ohr inzwischen stillschweigend den politischen Beratern im eigenen Lande geliehen, die danach strebten, den Fürstenbund ihrer eigenen Großmachtpolitik mit Ambitionen im östlichen Raum nutzbar zu machen. Auch die Kurfürsten von Sachsen und Hannover zeigten keineswegs Interesse daran, den minder mächtigen Reichsständen in irgendeiner Weise ein Mitspracherecht einzuräumen. Carl August beginnt zu erkennen, daß sich der Fürstenbund nicht in ein Instrument zur Erneuerung des alten Reiches verwandeln läßt. Diese Erkenntnis provoziert zwangsläufig die Frage, ob sein starkes, ja ausschließliches außenpolitisches Engagement der letzten Jahre sinnvoll gewesen ist. Eine Frage, deren Antwort der Herzog vermutlich ahnt, sie sich aber aus Mangel an politischen Alternativen vorerst nicht einzugestehen vermag. Zu alledem peinigt ihn eine ebenso leidenschaftliche wie aussichtslose Liebe zu der schönen Engländerin Emily Gore.

So findet Goethe seinen fürstlichen Freund bei seiner Rückkehr aus Italien zwar in Weimar vor, doch steckt dieser nun seinerseits in einer Lebenskrise, die Goethe wohl an manches erinnert, was er selbst vor seinem Aufbruch nach Rom seelisch durchlitten hatte. „Er hat sich in der Neigung zu dem Mädchen so ganz indulgiert, wie in seinem politischen Getreibe: beides hat keinen Zweck; wie soll es Zufriedenheit gewähren?"[2] faßt Goethe die Situation Herder gegenüber zusammen. Der 30jährige Carl August bedarf noch einmal des bewährten Gefährten seiner Jugend, er bedarf des Mannes, der sich in seinem Dienste zum welterfahrenen und weltgewandten Ratgeber herangebildet hatte, er braucht den vertrauten Freund. Und Goethe, der inzwischen gelernt hat, des Herzogs Eigenentwicklung ohne Groll und Enttäuschung, wenngleich mit einer gewissen Resignation zu respektieren, steht ihm zur Seite in der Hoffnung, daß Carl August „im Vertrauen wenigstens einigen Trost finden"[3] möge. Ansonsten aber fühlt sich Goethe allein, von den Freunden unverstanden, von den Feinden behechelt. „Man kann sich keinen isoliertern Menschen denken, als ich damals war und lange Zeit blieb"[4], erinnert er sich später. Wie oft wird sich Goethe gerade in den ersten, so unerwartet schwierigen Wochen nach dem ungebundenen Leben unter Gleichgesinnten in der deutschen Künstlerkolonie in Rom zurückgesehnt haben, wenn er abends den Weg an der Ilm entlang in sein einsames Gartenhaus einschlug. Ihm schien, als könnte ihm der unwirtliche Norden nie wieder zur Heimat werden.

Leben mit Christiane

In dieser Situation führt ihm das Schicksal Christiane ins Haus. Vermutlich war es der 11. Juli dieses Jahres 1788, ein Freitag, an dem plötzlich „ein sehr hübsches, freundliches ... Mädchen" vor ihm stand; „aus ihrem apfelrunden, frischen Gesicht blickten ein Paar brennend schwarze Augen, ihr etwas aufgeworfener kirschroter Mund zeigte, da sie gern lachte, eine Reihe schöner weißer Zähne, und dunkelbraune volle Locken fielen ihr um Stirn und Nacken"[5]. Christiane war gekommen, um Goethe eine Bittschrift ihres Bruders August Vulpius zu überreichen, dem Goethe vor seiner italienischen Reise einmal behilflich gewesen war. Goethe kannte das Unglück dieser Weimarer Familie. Vor Jahren hatte er als Mitglied des Geheimen Conseils über Christianes Vater zu Gericht sitzen müssen, der sich – als Amtskopist in herzoglichen Diensten stehend – eines „falschen Konsensus" schuldig gemacht hatte. Die Akten sind verlorengegangen, so daß nicht genau zu ermitteln ist, welches Vergehen Johann Friedrich Vulpius zur Last gelegt wurde. Vermutlich handelte es sich um eine Veruntreuung von Geldern. Er verlor damals seine Stelle, später wurde er Goethe als Wegebauarbeiter zugeteilt.

Goethe, begabt mit einem wachen Interesse für die Nöte dieser einfachen Menschen, nutzte sicher die Gelegenheit, Christiane nach dem Schicksal ihrer Familie zu fragen. Sie wird ihm erzählt haben, daß ihr Vater inzwischen verstorben sei und sie mit ihrer Tante Juliane und ihrer neunjährigen Stiefschwester Ernestine allein in dem kleinen Häuschen in der Luthergasse zurückgeblieben ist. Für ihren Lebensunterhalt sorgte ihr Bruder August, der bisher bei einem Freiherrn in Nürnberg als Sekretär Dienst getan, nun aber seine Stelle verloren hatte und deshalb um Hilfe bittet. Ein anderer Sekretär war bereit gewesen, für weniger Geld noch mehr Arbeit als ihr Bruder zu übernehmen. – Wahrlich keine guten Nachrichten, die Christiane Goethe zu berichten hat. Und doch spricht sie ohne Resignation und Traurigkeit, lebhaft und frisch in ihrer breiten weimarischen Mundart, zuversichtlich darauf vertrauend, daß Hilfe nahe sei. Vielleicht hat sie sogar ein klein wenig stolz hinzugefügt, daß sie selbst vier Tage in der Woche in Bertuchs Papierblumenfabrik arbeitet und dadurch zum Unterhalt der Familie beiträgt. Goethe beschließt zu helfen; noch am selben Tag schreibt er einen ersten Brief an ihren Bruder.

Die erste Begegnung mit Christiane

Christiane, *Bleistiftzeichnung von Goethe, 1788/89.*

Während dieses Gespräches, in dem Christiane keinerlei Scheu vor dem hohen Staatsminister zeigt, sondern alle seine Fragen munter und natürlich beantwortet, muß Goethe zu tief in ihre schwarzen Augen geschaut haben. Ob er Christiane schon in dieser Nacht bei sich behalten oder ob er sie am anderen Tag noch einmal zu sich bestellt hat, wissen wir nicht. Fest steht aber, daß beide lebenslang den 12. Juli als den Tag ihres Bündnisses feierten. Der Beginn der dritten *Römischen Elegie* scheint ebenfalls auf diese erste Begegnung mit Christiane zu deuten, wenn der Liebhaber sein Mädchen mit den Worten tröstet:

> *Laß dich, Geliebte, nicht reun, daß du mir so schnell dich ergeben!*
> *Glaub es, ich denke nicht frech, denke nicht niedrig von dir.*
> *Vielfach wirken die Pfeile des Amor: einige ritzen,*
> *Und vom schleichenden Gift kranket auf Jahre das Herz.*
> *Aber mächtig befiedert, mit frisch geschliffener Schärfe,*
> *Dringen die andern ins Mark, zünden behende das Blut.*
> *In der heroischen Zeit, da Götter und Göttinnen liebten,*
> *Folgte Begierde dem Blick, folgte Genuß der Begier.*
> *Glaubst du, es habe sich lange die Göttin der Liebe besonnen,*
> *Als im Idäischen Hain einst ihr Anchises gefiel?*
> *Hätte Luna gesäumt, den schönen Schläfer zu küssen,*
> *O so hätt ihn geschwind, neidend, Aurora geweckt.*[6]

Allem Anschein nach sind Goethe und Christiane „Begierde" und „Genuß", diese beiden von Charlotte von Stein so verachteten, in Wahrheit aber so menschlichen Leidenschaften zum Tor ihrer Liebe geworden, einer Liebe, die von Zeitgenossen und Nachlebenden bis

Leben mit Christiane

in unser Jahrhundert hinein mit verständnislosem Naserümpfen bekrittelt, bestenfalls mit dem Schleier mitleidiger Diskretion zugedeckt worden ist. Erst der Weimarer Germanist Wolfgang Vulpius, ein Nachfahre von Christianes Bruder, legte im Jahre 1949 eine eigenständige Studie vor, in der er den 1906 von Heinrich Gräf veröffentlichten Briefwechsel zwischen Goethe und Christiane vorurteilsfrei auswertete und Goethes eigenes Urteil über sein Leben mit Christiane ernst genommen hat. Denn Goethe selbst empfiehlt Christiane nach 22jährigem Zusammensein in Karlsbad Elise von der Recke, einer hohen adligen Freundin, „mit dem Zeugnisse, daß, seit sie ihren ersten Schritt in mein Haus tat, ich ihr nur Freuden zu danken habe"[7].

Es ist der nachitalienische Goethe, dem Christiane begegnet: Der Mensch, der in den vorangegangenen zwei Jahren jenseits der Alpen die letzte entscheidende Phase der Bildung und Formung seiner Persönlichkeit erfahren hatte – eine „Wiedergeburt", wie er beglückt feststellen konnte. Er war zurückgekehrt in dem festen Bewußtsein, zum Künstler, zum Dichter geboren und berufen zu sein. Nicht allein geschult an den hohen Werken der Alten, wie viele andere Italienreisende vor und nach ihm, sondern zutiefst durchdrungen von der Lebens- und Kunstauffassung der antiken Künstler war er heimgekehrt, erfüllt vom Erleben der üppigen südlichen Natur, der mannigfaltigsten Landschaft, des milden Klimas und des beseligenden Lichtes. Hatte er in seinem ersten Weimarer Jahrzehnt das Eingebundensein des einzelnen in die Normen der menschlichen Gemeinschaft erlebt und dem ausfernden Individualismus seiner Jugend im Dienste eines hohen Begriffes von Pflicht strenge Zügel angelegt, so war ihm in Italien in gewisser Weise seine Unschuld wiedergegeben worden. Denn hier hatte er das Einssein des Menschen mit der Natur erfahren, war deren verschwenderischer Fülle und tiefen Wahrheit begegnet und hatte gelernt, daß es nur dem ungeteilten, „ganzen" Menschen, wie er selbst sagt, vergönnt ist, seinen Platz im Leben auszufüllen. Mit dieser „Ganzheit" hatte die Natur alle von ihr hervorgebrachten Wesen ausgestattet, von der einfachsten Pflanze bis zum hochentwickelten Tier. In Italien war sein Blick dafür geschärft worden, wie auch die geringsten Menschen „glücklich" und in ihrer Art „vollkommen" sind, weil sie „ganz" sind.[8] Dieses Einssein der inneren Natur des Menschen mit seinen nach au-

Der nachitalienische Goethe

ßen gerichteten Zwecken erhob der nachitalienische Goethe zu seinem Lebensgesetz, das ihn zukünftig davor bewahren sollte, seine Produktivität als Künstler und als Mensch noch einmal zu verlieren.

Zu den prägenden italienischen Erlebnissen gehörte auch und nicht zuletzt, daß der inzwischen 39jährige Goethe während seines zweiten römischen Aufenthalts – seit Januar oder Februar des Jahres 1788 – wohl erstmals in seinem Leben die Erfahrung beglückender sinnlicher Liebe gemacht hat. Ob man dabei von seinen ersten Erfahrungen auf diesem Gebiet überhaupt sprechen kann, entzieht sich unserer Kenntnis. Das ungebrochene Verhältnis zu den natürlichen Bedürfnissen seines eigenen Körpers, wie es sich in den *Römischen Elegien* und den *Venezianischen Epigrammen* ausspricht, ist Goethe aber unzweifelhaft erst in Italien zugewachsen.

Als Christiane in Weimar in sein Leben tritt, kann vom Ideal enthaltsamer Seelenliebe keine Rede mehr sein. Und Goethe hat es sicher als großes Glück empfunden, hier, im unwirtlichen Norden, einem weiblichen Wesen zu begegnen, das in seiner schlichten Natürlichkeit ein „ganzer" Mensch war, ohne darüber reflektieren zu müssen wie er selbst: eine Frau, 22jährig, fast noch ein Mädchen, das sich ihm ohne Scheu und falsche Scham, aber auch sorglos und frei von Berechnung anvertraut. Die *Römischen Elegien* sind erfüllt vom Zauber jener Nächte, die beide im verschwiegenen Gartenhaus an der Ilm einander schenken. Wenn Goethe den Schauplatz ins ferne Rom verlegt, so nicht nur, um die autobiographischen Bezüge zu verwischen, sondern vor allem deshalb, weil die Daseinsfreude und vitale Genußfähigkeit, die sich in diesen Gedichten ausspricht, eher zum Lebensgefühl der antiken Völker als zum christlich geprägten Sittenkodex der neueren Zeit zu passen scheinen. Keinem anderen zeitgenössischen Dichter ist es gelungen, das Erlebnis des griechisch-römischen Altertums so lebendig und überzeugend in die Gegenwart herüberzuholen wie Goethe. Und doch gibt es hier und da Verse, bei denen sich die autobiographisch-weimarischen Assoziationen unwillkürlich vor die römischen schieben:

Herbstlich leuchtet die Flamme vom ländlich gesellig Herde,
Knistert und glänzet, wie rasch! sausend vom Reisig empor.

Leben mit Christiane

Diesen Abend erfreut sie mich mehr; denn eh noch zur Kohle
  Sich das Bündel verzehrt, unter die Asche sich neigt,
Kommt mein liebliches Mädchen. Dann flammen Reisig und Scheite,
  Und die erwärmete Nacht wird uns ein glänzendes Fest.
Morgen frühe geschäftig verläßt sie das Lager der Liebe,
  Weckt aus der Asche behend Flammen aufs neue hervor.
Denn vor andern verlieh der Schmeichlerin Amor die Gabe,
  Freude zu wecken, die kaum still wie zu Asche versank.[9]

Doch Christiane weckt nicht allein die Freuden des Sinnengenusses in Goethe. Ihrem heiteren Temperament gelingt es, gute Laune und eine frohe Stimmung zu verbreiten, und ihm, wenn es not tut, die Sorgenfalten aus dem Gemüt zu scheuchen. Ganz selbstverständlich sieht sie auch in der Küche nach dem Rechten, sobald sie Goethe in seinem Gartenhaus besucht, und verwöhnt den fast 40jährigen Junggesellen, der in Italien den kulinarischen Genüssen wenig Aufmerksamkeit geschenkt hatte, mit ihren verführerischen Kochkünsten. Je genauer Goethe Christiane kennenlernt, desto mehr muß ihn ihr Wesen in Erstaunen gesetzt und letztlich entwaffnet haben. Ihre natürliche Offenheit, ihr kindliches Vertrauen, alle liebevolle Fürsorge, die sie ihm entgegenbringt, ihr heller, klarer Verstand und nicht zuletzt ihre Güte und Herzenswärme lassen es ihm wohl und behaglich werden in ihrer Gegenwart. Und Goethe mag es vielleicht gar nicht als sonderbar empfunden haben, daß dieses junge Mädchen in vielerlei Hinsicht seiner Mutter in Frankfurt glich, die in ihrer schwierigen Ehe mit dem hypochondrischen Gatten nie ihren Humor, nie ihren guten Mut verlor und ihre Kinder wie ihre Freunde immer mit einem kräftigen Wort und einem herzlichen Lachen aufzumuntern verstand. Wie Frau Aja nimmt auch Christiane das Leben in ihre tüchtigen Hände und trällert ein fröhliches Lied dazu. Solchen einfachen, zupackenden Menschen hatte von jeher Goethes Achtung und Zuneigung gehört. Erinnert sei an seinen Wegebauingenieur de Castrop und an den Meliorationsfachmann Batty, über den Goethe einmal sagte, wenn dieser in Not wäre, würde er sein Gartenhaus hergeben, um ihn zu retten.[10]

Schwerer zu sagen ist, was Christiane an Goethe gefallen haben mag. Sechzehn Jahre älter als sie, war er immer noch ein schöner, an-

Die schlafende Christiane,
*Bleistiftzeichnung von
Goethe, 1789.*

ziehender Mann. Daß er auch ein großer Mann war, auf den ganz Weimar schaute, wird sie wahrscheinlich mit einer gewissen inneren Freude erfüllt haben. Entscheidend für Christiane ist aber vermutlich gewesen, daß sie sich von Goethe so angenommen fühlen konnte, wie sie war, daß er von Anfang an keinerlei Versuche unternommen hat, sie in irgendeiner Weise zu ändern oder zu „bessern". Denn Goethe, der sich über zehn Jahre an der Seite Charlotte von Steins redlich darum bemüht hatte, „rein" zu werden, spürt sehr genau, daß er in Christiane einem Menschen begegnet ist, der diese hohe sittliche Qualität nicht mit Hilfe des Intellekts oder einer Willensanstrengung erreicht, sondern sozusagen von der Natur selbst in die Wiege gelegt bekommen hatte. Christiane, von frühester Kindheit an als Halbwaise aufgewachsen, kannte materielle Not ebenso wie die Verantwortung für eine große Geschwisterzahl. Viele von ihnen waren frühzeitig, vielleicht sogar unter ihren Händen, gestorben. Sie wird sich wohl und geborgen gefühlt haben in Goethes Wärme und Fürsorge.

So leben Goethe und Christiane fast dreiviertel Jahre ihre beglückend-heimlichen Stunden in Goethes Gartenhaus, fern von aller Weimarer Gesellschaft, bis ihr Verhältnis im März 1789 von Fritz von Stein entdeckt und von dessen Mutter publik gemacht wird. Caroline Herder berichtet ihrem Mann die Neuigkeit sogleich nach Italien: „Ich habe nun das Geheimnis von der Stein selbst, warum sie mit Goethe nicht mehr recht gut sein will. Er hat die junge Vulpius zu seinem Clärchen, und läßt sie oft zu sich kommen ..."[11] Damit hat die Stadt Weimar ihren Skandal. Für Goethe bedeutet diese Entdeckung für viele Jahre den Bruch mit Charlotte von Stein, für Christiane aber beginnt eine schlimme Zeit. Denn sie, nicht Goethe, wird bestraft, beschimpft, verleumdet, ignoriert ob dieses Verhältnisses, nicht nur in

Leben mit Christiane

den Anfangsjahren, sondern bis zum Ende ihres Lebens. Und Christianes Situation verschlimmert sich um ein Vielfaches, als spätestens im Sommer dieses Jahres offenkundig wird, daß sie ein Kind der Liebe erwartet. Ganz Weimar weiß, wer dessen Vater ist.

In Goethe aber regt sich neben der Liebe zu seinem „kleinen Naturwesen" die Verantwortung für Christianes Schicksal. Weder das armselige Häuschen in der Luthergasse noch sein im Winter oft über Wochen kaum zugängliches Gartenhaus an der Ilm sind geeignet, Christiane und das ungeachtet aller gesellschaftlichen Mißbilligung mit Freude erwartete Kind aufzunehmen. Goethes Stadtwohnung am Frauenplan liegt zu stark im Blickfeld der Öffentlichkeit, als daß er der Geliebten dort Schutz und Herberge geben könnte. Wie immer in schwierigen Situationen hilft Carl August. Die öffentliche Meinung respektierend und geschickt umgehend, weist er Goethe zwei Wohnungen im etwas abseits, am Rande der Stadt liegenden Jägerhaus in der Marienstraße zu, wo dieser die Beletage, Christiane das darüberliegende Quartier bezieht. So hätten sich beide seit Ende November ihr „Familienleben" einrichten können, weitgehend ungestört von den neugierigen Blicken der Weimarer. Doch schon Anfang Dezember beginnt Christianes Leidenszeit, die Stadtgespräch gewesen zu sein scheint: sie sieht einer schweren Geburt entgegen. Nur wenige Menschen werden ihren Nöten Mitgefühl entgegengebracht haben, wie es Caroline von Beulwitz in einem Brief an Schiller zeigt. Sie schreibt diesem am 5. Dezember nach einem Besuch Goethes: „… er dauert mich so: sein Liebchen ist in Kindesnöten seit fünf Tagen und wird vermutlich sterben, er sah milder aus als gewöhnlich und zerstreut."[12] Fünf Tage später meldet sie, Goethe „ist krank oder sagt sich krank, seines Liebchens wegen, und geht nicht aus."[13] Warum sich Goethe am 20. Dezember dennoch entschließt, nach Jena zu reisen, läßt sich nicht mit Bestimmtheit sagen. Wahrscheinlich fürchtet nun auch er den schlimmsten Ausgang und ergreift die Flucht, wie später in vergleichbaren Situationen noch oft in seinem Leben.

Am Weihnachtstag des Jahres 1789 endlich bringt Christiane ihren und Goethes Sohn zur Welt. Als Goethe wenige Stunden später aus Jena zurückkehrt, wird sie ihm das Kind ohne Vorwurf, mit einem erschöpften Lächeln entgegengehalten haben. Zwei Tage später tauft

Die Geburt des Sohnes August

Oberkonsistorialrat Schultze ihren Sohn in der Fürstlichen Hofkirche zu St. Jakob auf den Namen Julius August Walther Vulpius. Einzige Taufpatin ist Christianes Tante Juliane, die Schwester ihres verstorbenen Vaters. Carl August, von Goethe zum Gevatter gebeten, erscheint nicht, läßt sich auch nicht vertreten. Unter vier Augen hatte er aber wohl seine Patenschaft zugesagt, wie ein späterer Brief vermuten läßt. Damit erhält der Geheime Rat von Goethe von seinem fürstlichen Freund ein deutliches Zeichen hinsichtlich der Grenzen, die er als nobilitierter hoher Staatsminister im Ständestaat einzuhalten verpflichtet ist. An eine auch nur im entferntesten öffentliche Legitimation seines Verhältnisses zur Tochter des Amtskopisten Vulpius, der obendrein als Trinker verschrien war, kann nicht gedacht werden. Carl August ist bereit, das fatale Verhältnis in der Stille zu dulden, bisweilen auch hinter dem Rücken der Öffentlichkeit helfend einzugreifen. Ganz persönlich gönnt er seinem älteren Freund dieses beglückende erotische Verhältnis und genießt dessen poetische Früchte, die *Römischen Elegien*, mit dem Blick des erfahrenen Kenners. Mehr darf Goethe nicht von ihm erwarten. Die soziale Kluft, die Goethe von Christiane trennt, erweist sich als unüberwindlich.

Damit beantwortet sich auch die Frage, warum Goethe die Mutter seines Sohnes nicht geheiratet hat: Eine solche Brüskierung der Ständegesellschaft durfte er nicht wagen. Weder den Zeitgenossen noch Goethe und Christiane selbst war bewußt, daß sich dieser riesige soziale Abstand zwischen ihnen erst in der Generation ihrer Väter aufgetan und mit Goethes Nobilitierung 1782 vollendet hatte. Denn Christiane entstammte über viele Generationen dem Bildungsbürgertum, ihre Vorfahren waren Pastoren und Juristen. Erst ihr Vater verarmte aus heute nicht mehr feststellbaren Gründen und fiel die soziale Stufenleiter hinab. Goethe dagegen stammte väterlicherseits von Bürgern und Handwerkern ab. Sein Großvater, ein Schneider und Gastwirt, hatte es allerdings zu einem ansehnlichen Vermögen gebracht, mit dessen Hilfe Goethes Vater nicht nur ins Bildungsbürgertum aufsteigen und eine diesem entstammende Gattin heiraten, sondern sein Leben sogar als reicher Rentier zubringen konnte.

Goethes und Christianes Liebe war stark genug, diese eklatante soziale Scheidewand zu überbrücken. Ihr Zusammenleben jedoch ist bis

Leben mit Christiane

zum Ende davon geprägt worden. Es forderte von Goethe ein kluges Umschiffen aller gesellschaftlichen Klippen, von Christiane ein fast nicht vorstellbares Maß an Kraft und mutigem Vertrauen. Spätestens seit der Geburt des Sohnes fühlt sich Goethe an seine „kleine ..., nicht eben ... heilige Familie"[14] gebunden, fühlt dieser Mann, dem die Welt des Geistes vertraut ist wie kaum einem Menschen, das erste Mal in seinem Leben das Behagen häuslichen Glücks. Im September 1790 formuliert er in einem Brief an Herders eine Lebenskonfession, die auf den ersten Blick gar nicht zu Goethe zu passen scheint. „Es ist ... überall Lumperei und Lauserei, und ich habe gewiß keine eigentlich vergnügte Stunde, bis ich mit Euch zu Nacht gegessen und bei meinem Mädchen geschlafen habe. Wenn Ihr mich lieb behaltet, wenige Gute mir geneigt bleiben, mein Mädchen treu ist, mein Kind lebt, mein großer Ofen gut heizt, so hab ich vorerst nichts weiter zu wünschen."[15] Christiane und der kleine Gustel sind ihm der feste Boden seiner Existenz. Mit ihnen und durch sie schlägt er endlich Wurzeln, schafft sich in seiner unmittelbaren Umgebung einen Bezirk natürlichreichen Daseins, aus dem er über viele Jahre die Kraft für Leben und Werk schöpfen wird.

Sehr bald aber gilt es, Abschied zu nehmen. August ist gerade zwei Monate alt, als Goethe Anfang März 1790 schon wieder nach Italien aufbrechen muß, um Anna Amalia und ihren kleinen Hofstaat von dort nach Weimar zurückzugeleiten. Vor Antritt der Reise versichert er dem Herzog zwar, daß ihm „diese Exkursion viel Freude"[16] machen wird. Als er am 31. März jedoch endlich in Venedig anlangt, befindet er sich in gänzlich anderer Stimmung: „Übrigens muß ich ... gestehen, daß meiner Liebe für Italien durch diese Reise ein tödlicher Stoß versetzt wird. Nicht daß mir's in irgendeinem Sinne übel gegangen wäre, ... aber die erste Blüte der Neigung und Neugierde ist abgefallen ... Dazu kommt meine Neigung zu dem zurückgelaßnen Erotio und zu dem kleinen Geschöpf in den Windeln, die ich Ihnen beide, wie alles das Meinige, bestens empfehle."[17] In den *Venezianischen Epigrammen*, die hier in der Fremde entstehen, heißt es noch deutlicher:

Trennungszeiten von Christiane

Weit und schön ist die Welt, doch o wie dank ich dem Himmel,
Daß ein Gärtchen, beschränkt, zierlich, mein eigen gehört.
Bringet mich wieder nach Hause! was hat ein Gärtner zu reisen?
Ehre bringt's ihm und Glück, wenn er sein Gärtchen versorgt.[18]

Länger als ein halbes Jahr ist Goethe unterwegs, und als er Mitte Juni endlich zu den Seinen zurückkehrt, bleibt ihm daheim nur eine kurze Frist. Schon Anfang Oktober bricht Carl August zu Manövern nach Schlesien auf, das wieder einmal zum Schauplatz der Machtkämpfe zwischen Österreich und Preußen zu werden droht. Er wünscht, daß Goethe ihn begleitet. Kaum zurückgekehrt, ruft Carl August ihn an die französische Grenze, denn als preußischer General ist der Herzog von Weimar seit 1792 verpflichtet, am Feldzug der preußischen und österreichischen Alliierten gegen das revolutionäre Frankreich teilzunehmen. Wiederum wünscht er Goethe als Beobachter und Gesellschafter um sich zu haben, dem nichts verhaßter ist als kriegerische Handlungen und dem deshalb „weder am Tode der aristokratischen noch demokratischen Sünder im mindesten etwas gelegen ist"[19]. Fünf Monate hält ihn 1792 die Kampagne in Frankreich von seiner Familie fern, drei Monate kostet ihn die Belagerung von Mainz im darauffolgenden Jahr.

Lange und keineswegs ungefährliche Trennungszeiten für Goethe und Christiane. Leider sind die Briefe aus der frühesten Zeit ihrer Verbindung nicht auf uns gekommen. Der überlieferte Briefwechsel, der Goethe ganz als verliebten Privatmenschen sichtbar werden läßt, setzt erst 1792 ein. Er schreibt Christiane aus Frankfurt, wo er auf der Reise ins Feldlager bei seiner Mutter Station gemacht hat: „Heute hab ich Deinen Brief erhalten, meine liebe Kleine, und schreibe Dir nun auch, um Dir wieder einmal zu sagen, daß ich Dich recht lieb habe, und daß Du mir an allen Enden und Ecken fehlst ... Meine erste Sorge war das Judenkrämchen, das morgen eingepackt und die nächste Woche abgeschickt wird. Wenn es ankommt, wirst Du einen großen Festtag feiern ..."[20] Wie einst bei Frau von Stein, findet Goethe jetzt sein Vergnügen darin, Christiane und den kleinen August zu beschenken. Nur mit dem Unterschied, daß sich die vom Leben bisher ganz und gar nicht verwöhnte Christiane völlig unverstellt über seine Gaben freuen kann. So schildert sie ihm etwa folgende kleine Szene: „Itzo, da ich Deinen Brief zumachen will, kömmt das Paket mit dem schönen Habit, ich bin vor Freuden außer mir und springe herum wie ein Kind ... Ich bin so vergnügt, daß ich einen Brief von Dir habe. Die Frau kam, und alles ist zusammenberufen worden, und vor lauter Freuden wird auf Deine Gesundheit eine Flasche süßer Wein getrunken. Leb wohl, ich sehe, wie Du an mich denkst."[21] Aus dem Lager bei Verdun ermahnt er sie: „Behalte mich ja lieb! Denn ich bin manchmal in Gedanken eifersüchtig und stelle mir vor: daß Dir ein andrer besser gefallen könnte, weil ich viele Männer hübscher und angenehmer finde als mich selbst. Das mußt Du aber nicht sehen, sondern Du mußt mich für den besten halten, weil ich Dich ganz entsetzlich lieb habe und mir außer Dir nichts gefällt. Ich träume oft von Dir, allerlei konfuses Zeug, doch immer, daß wir uns liebhaben. Und dabei mag es bleiben."[22] Christianes Antwort auf diesen Brief ist nicht erhalten. Wahrscheinlich hat sie sich über Goethes Eifersucht empört, denn er entgegnet ihr: „Wenn ich Dir etwas schrieb, das Dich betrüben konnte, so mußt Du mir verzeihen. Deine Liebe ist mir so kostbar, daß ich sehr unglücklich sein würde, sie zu verlieren, Du mußt mir wohl ein bißchen Eifersucht und Sorge vergeben."[23] Vom strömenden Regen, den aufgeweichten Straßen und Wegen, dem Unmaß von Kot und Unrat zwischen den Zelten, von der Ruhrepidemie im Lager erfährt Christiane nichts. Sie soll sich nicht sorgen, sondern das Haus in schöner Ordnung halten, das Bübchen behüten, ihre „Kohlrabi in Frieden"[24] essen und vor allem bald schreiben.

Hält Goethe dann ein Blatt von seinem „lieben Christelchen" in den Händen, braucht er eine gute Portion Phantasie, um die Mitteilungen der Geliebten zu enträtseln. In Zeiten, in denen zumindest in den protestantischen Ländern die Schulbildung auch für die Mädchen der niederen gesellschaftlichen Schichten theoretisch zwar proklamiert, praktisch aber so unvollkommen verwirklicht wurde, daß es meist schon an den elementaren Fähigkeiten im Schreiben und Rechnen mangelte, verwundert es nicht, wenn Christiane aus der Not eine Tugend machte und gerade so schrieb, wie ihr der Schnabel gewachsen war, nämlich rein phonetisch nach ihrem Weimarer Dialekt. Bei ihr wurde aus dem Tischkasten ein „dies kaste" und aus Ferien

Die Briefe der Geliebten

Christiane mit Schultertuch, *Federzeichnung von Goethe, 1788/89.*

„förichen", „liedratdur" und „Biebeldäck" standen für Literatur und Bibliothek, die häufig gebrauchte Anrede „einzig Geliebter" las sich als „einsiegeliebter", und „Iphigenie" hieß bei Christiane „Efijenige".[25] Ob sie zu ihrem Trost wußte, daß selbst so gebildete Damen wie Charlotte von Stein und Bettina von Arnim die ohnehin noch keineswegs festgegründeten Regeln der deutschen Orthographie nur nach Gutdünken anwandten? Generationen deutscher Oberlehrer haben Christianes Persönlichkeit einzig nach der orthographischen Qualität ihrer Briefe beurteilt. Goethe aber – selbst keineswegs sattelfest auf diesem Gebiet – betrachtete ihre Briefe immer auch als ein erfrischendes Leseabenteuer. Er wußte ihre quicklebendigen Mitteilungen ohne Punkt und Komma, dafür voller origineller Wortschöpfungen und mit einigen Tintenklecksen versehen, unverfälscht zu genießen und machte ihr das Kompliment:

Welche Schrift ich zwei-, ja dreimal hintereinander
Lese? Das herzliche Blatt, das die Geliebte mir schreibt.[26]

Seit Goethe eine Familie hat, fährt er nicht mehr frei von Sorge aus Weimars Toren. War es ihm doch im Jahre 1790, als er nach Schlesien

Leben mit Christiane

aufbrechen mußte, nicht möglich gewesen, in ganz Weimar auch nur einen Menschen zu finden, dem er Christiane und seinen kleinen Sohn hätte anvertrauen können. Schon auf dem Wege, in Jena, entschloß er sich endlich, sich an seinen damals engsten Freund, an Herder, zu wenden: „Da man gegen das Ende weich und sorglich zu werden anfängt, so fiel mir erst ein, daß nach meiner Abreise mein Mädchen und mein Kleiner ganz und gar verlassen sind, wenn ihnen irgend etwas zustieße, worin sie sich nicht zu helfen wüßte. Ich habe ihr gesagt, sich in einem solchen äußersten Falle an Dich zu wenden. Verzeih!"[27] Herder mündlich um diesen Freundesdienst zu bitten, hatte Goethe nicht gewagt. Er wußte, was er dem weimarischen Generalsuperintendenten und seelsorgerlichen Wächter über Moral und Sittlichkeit am Orte zumutet mit seiner Bitte, sich im Notfall um die Belange seiner Geliebten und seines unehelichen Kindes zu kümmern. Beide werden froh gewesen sein, daß der gefürchtete äußerste Fall nicht eingetreten ist.

Sicher bewegt Goethe in den Anfangsjahren auch immer wieder die Frage, ob Christiane mit der großen Haushaltung fertig werden, ob es ihr gelingen würde, ihre schwierige Stellung gegenüber den Dienstboten zu befestigen. Nur zu genau kennt er ihre Gutmütigkeit und weiß auch, was es bedeutet, daß Christiane nicht offiziell die Frau des Hauses, sondern nur die Geliebte des Hausherrn ist. In der sozialen Hierarchie und auch in ihrem Sozialempfinden steht sie dem Dienstpersonal nahe und muß sich doch dessen Achtung und Respekt erwerben. Und Christiane hatte es nicht wie höhergestellte Bürgermädchen oder Töchter von Stand gelernt, einem großen Haushalt vorzustehen. Schon im Gartenhaus beschäftigte Goethe fünf festbesoldete Diener: einen Laufburschen, eine Köchin, eine Hausbesorgerin, einen Schreiber und einen Diener im engeren Sinne. Temporär kamen Wasch-, Bügel- und Nähfrauen, Dienstmädchen, Gärtner und andere hinzu, die alle von Christiane angeleitet und beaufsichtigt werden mußten. Denn wie in den anderen zeitgenössischen Haushalten auch, werden im Goethehaus alle Arbeiten zur Aufrechterhaltung des täglichen Lebens bis hin zum Schlachten und zur Konservierung fast sämtlicher Nahrungsmittel unter Anleitung der Hausfrau vom Dienstpersonal selbst ausgeführt.

Einzug ins Haus am Frauenplan

Im Frühjahr 1792 verändert sich noch einmal die häusliche Situation. Carl August möchte den Engländer Charles Gore mit seinen beiden schönen Töchtern im Jägerhaus unterbringen. Dafür benötigt er Goethes und Christianes Quartiere. Als großzügiges Äquivalent bietet er ihm an, jenes geräumige Haus am Frauenplan zu beziehen, das noch heute als Goethehaus zu besichtigen ist. Die Kammer erwirbt es extra zu diesem Zweck vom Erbauer und Besitzer Helmershausen für 6 000 meißnische Gulden. Als Dank für Goethes erneuerte treue Anhänglichkeit soll er dort mietfrei wohnen. Später erhält er das Haus vom Herzog zum Geschenk.

Unter stiller Duldung des Hofes und ohnmächtiger Empörung der Stadt zieht Christiane als Goethes „Haushälterin" mit ins Haus am Frauenplan ein. „... daß die Vulpius bei Goethe wohnte, [war] für die kleine Stadt etwas Unerhörtes", erinnert sich die Schauspielerin Caroline Jagemann. „Er war der erste und einzige, der es wagte, die öffentliche Meinung ohne Scheu zu verachten, und man fand das um so verletzender, als man darin einen Mißbrauch des Vorrechts erkannte, das ihm die fürstliche Freundschaft in mancherlei Hinsicht gewährte."[28]

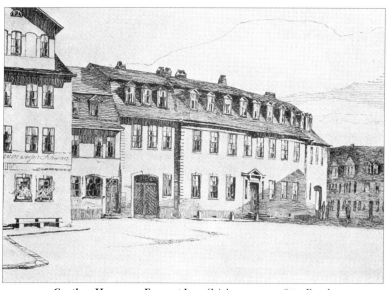

Goethes Haus am Frauenplan, *Zeichnung von Otto Rasch.*

Leben mit Christiane

Zunächst steht lediglich das Hinterhaus zur Verfügung, das bedeutend größere Vorderhaus wird erst im Herbst gänzlich von Helmershausen geräumt. Zu diesem Zeitpunkt liegt Goethe im Feldlager vor Verdun. Noch vor seiner Abreise hatte er beschlossen, die Eingangszone des Vorderhauses im italienischen Stil umgestalten zu lassen. Die schmalen, barocken Stiegen sollten einem breiten Treppenaufgang mit geringer Tritthöhe weichen, so daß Bewohner und Besucher leicht und angenehm zur Eingangstür emporgehoben würden. Abgüsse antiker Plastiken und ein Deckengemälde sollten das Ensemble beleben und zu genußvoll-nachdenklichem Verweilen einladen. Durch den Wegfall der Haupttreppe vom ersten zum zweiten Stock machte sich eine zweite Treppe im Inneren des Hauses erforderlich. Goethe entscheidet sich für eine ovale Wendeltreppe aus Holz. Wie für die Haupttreppe entwirft er auch hierfür die Pläne und Zeichnungen selbst. Vorbild ist ihm der italienische Baumeister Andrea Palladio, dessen architektonische Meisterwerke er in Vicenza, Padua und Venedig bewundert hatte.

Trotz dieser umfangreichen Bauarbeiten, mit denen erst nach Goethes Abreise begonnen werden kann, verläßt er die Seinen diesmal weniger sorgenvoll. Denn Christiane und August steht nun auch während seiner Abwesenheit ein männlicher Freund und Beschützer zur Seite. Es ist der Maler und Kunsthistoriker Heinrich Meyer aus Stäfa am Zürichsee, der im Herbst 1791 in Weimar eingetroffen war. Als herzlich empfangener Gast hatte er zunächst ein Stübchen in Christianes Quartier im Jägerhaus bezogen und war nun mit der Familie ins Haus am Frauenplan übergesiedelt. Goethe kannte und schätzte den an den Kunstwerken der Alten geschulten, scharfsinnigen Schweizer von Rom her. Von ihm „ganz allein" hörte er „einen ernsthaften Widerklang" seiner „italienischen Freuden"[29], und so hatte er ihn Carl August als Lehrer für die Weimarer Zeichenschule empfohlen. Persönlich fühlt sich Goethe dem „Kunschtmeyer", wie er in der Residenz bald genannt wird, lebenslang eng verbunden. In Geschmacksfragen stimmen beide Männer so vollständig überein, daß Goethe keinerlei Bedenken hegt, dem Freund die Leitung des Umbaus in seinem Vorderhaus zu übertragen. Auch Christiane findet zu diesem schlichten, etwas eigensinnigen Mann schnell ein herzliches Verhältnis. Wäh-

*Johann Heinrich Meyer,
Ölbild von Heinrich Müller.*

rend Meyer die im Hause tätigen Handwerker überwacht, kocht sie für ihn, sorgt für seine Wäsche und pflegt ihn, wenn er krank ist. Goethe kann indessen nur aus der Ferne Anteil nehmen und seine tätigen Werkelgeister daheim brieflich ermuntern. „Ich verfolge im Geist Ihre Arbeiten", schreibt er an Meyer, der gerade damit beschäftigt ist, das Deckengemälde im Treppenhaus auszuführen, eine Iris mit dem fünffarbigen Goetheschen Regenbogen. „[Ich] ... freue mich auf Ihren Regenbogen, der mich wie den Noah nach der Sündflut empfangen soll."[30]

Mitte Dezember 1792 überrascht Goethe die Seinigen nach fast fünfmonatiger Abwesenheit. Eines Abends steht er unangemeldet in der Tür und erlebt eine „Familienszene, welche wohl in irgendeinem Roman die tiefste Finsternis erhellen und erheitern würde"[31], erinnert er sich viele Jahre später in seinem autobiographischen Bericht *Kampagne in Frankreich*. Christiane wird in einen Freudenjubel ohne Ende ausgebrochen sein, in den der kleine August sein helles Lachen gemischt und gejauchzt haben mag, „jetzt bin ich endlich bei's Väterchen". Goethe kann zufrieden sein. „Mein Vorhaus und meine Treppen sind gut geraten, mein Haus übrigens noch ziemlich unwohnbar"[32], berichtet er wenige Tage später seinem Freund Fritz Jacobi. Für Umbau und Einrichtung des großen Hauses benötigt man noch das ganze folgende Jahr, so daß Goethe die Freude vergönnt ist, selbst mit- und einwirken zu können, auch wenn er sich im Mai noch einmal für drei Monate in die kriegerische Ferne, zur Belagerung der Stadt Mainz, entfernen muß. Christiane hütet inzwischen das Haus mit Fleiß und Sorgfalt. „Gesund bin ich und mache mir immer was zu schaffen", liest Goethe. „Heut bringe ich Deine Schränke und Sachen in Ordnung und will mich recht freuen, wenn Du wiederkömmst und Dir es recht ist. Der Saal wird gemacht, die Stube und alles ist in 14 Tagen fertig. Dann will ich alle Stuben im ganzen Hause saubermachen lassen ..."[33] Und im nächsten Brief heißt es: „Im Hause werden die Tüncher bis morgen fertig und der Saal wird sehr schön ... heut und gestern sind die Öfen in Ordnung gebracht worden. In Gärten und auf dem Lande ist alles gepflanzt und zurechte."[34]

Christiane und August, *Aquarell von Johann Heinrich Meyer, 1792.*

Christiane als Hausfrau

Christiane ist eine fröhliche Hausfrau. Sie erledigt ihre Arbeit mit Freude und Liebe, ohne zu murren oder zu verzagen. Dem abwesenden Goethe schildert sie ihre alltäglichen Freuden und Sorgen so frisch und lebendig, daß man meint, sie tatsächlich in ihrem Hauswesen herumwirtschaften zu sehen. So berichtet sie ihm im Mai 1797 nach Jena: „Lieber, ich habe heute Abend große Lust, Dir noch ein paar Worte zu schreiben. Vor's erste, daß ich heute Deine Fenstervorhänge gewaschen und getrocknet habe, und alles, was noch sonsten schmutzig war, die grünen Stühle, die schwarzen ausgebessert habe, und daß ich nach aller der vielen Arbeit noch sehr lustig bin und mir alleweil meinen Schatz wünsche. Da Du nun aber nicht da bist, so muß ich mich schriftlich unterhalten. Das Bübechen ist auch sehr vergnügt, wäre es aber freilich mehr, wenn das Väterchen da wäre. Aus lauter Hasigkeit möchte ich, wenn es nur einigermaßen anginge, ein Wägelichen nehmen und mit dem Bübechen zu Dir fahren, damit ich nur recht vergnügt sein könnte. Da es aber nicht geht, so will ich sehen, ob ich nicht irgend jemand finde, der mit mir im Garten herumspringt."[35] Auch wenn Christiane als Hausfrau ein Naturtalent gewesen sein muß was Arbeitskraft und frohen Mut betrifft, so ist sie doch durchaus in der Lage, die Schattenseiten nicht nur ihres, sondern des weiblichen Aufgabenbereiches überhaupt zu sehen. Daß sie den Teil, der ihr von Natur und Konvention zugewiesen worden ist, trotzdem neidlos annimmt, macht ein wichtiges Stück ihrer ungebrochenen Persönlichkeit aus. „Mit Deiner Arbeit ist es schön: was Du einmal gemacht hast, bleibt ewig", schreibt sie Goethe, „aber mit uns armen Schindludern ist es ganz anders. Ich hatte den Hausgarten sehr in Ordnung, gepflanzt und alles. In einer Nacht haben mir die Schnecken beinahe alles aufgefressen, meine schöne Gurken sind fast alle weg, und ich muß wieder von vorne anfangen ... Es soll eine besondere Art Schnecken sein, die alles aufzehren ... Doch was hilft es? Ich will es wieder machen; man hat ja nichts ohne Mühe. Es soll mir meinen guten Humor nicht verderben."[36]

Ganz ihrer Stellung im Hause gemäß, bezieht Christiane jene zwei Zimmer im Hinterhaus, durch deren Fenster sie gleichzeitig den Hof und den Hausgarten überwachen kann. Sie sind noch heute als Christianezimmer im Haus am Frauenplan zu besichtigen. Goethe richtet

Leben mit Christiane

sich zunächst im Vorderhaus ein, entscheidet sich aber schon im Jahre 1794, auch seinen innersten Bezirk, das Refugium von Arbeitszimmer, Bibliothek und Schreibzimmer ins Hinterhaus zu verlegen. Sicher ist es ihm dabei auch um Ruhe und Zurückgezogenheit, um den heiteren Blick und den direkten Zugang zum Hausgarten gegangen. Gleichzeitig hebt er mit dieser Geste aber die Trennung von Christiane in Inneren des Hauses auf; auch er begnügt sich mit einem Platz im Hinterhaus. Die repräsentativen Räume des Vorderhauses werden als Gesellschafts- und zunehmend als Sammlungszimmer genutzt, einige dienen der Familie als Speisezimmer sowie für abendliche Geselligkeiten im kleinen Kreis. Goethes und Christianes Schlafzimmer befand sich wahrscheinlich im heutigen Majolikazimmer. Indem sich Goethe in seinem Haus am Frauenplan nach seinen Bedürfnissen einrichtet, schafft er sich ganz bewußt die inneren Bedingungen seiner Weimarer Existenz: ein Haus, „wo ich einen Kreis um mich ziehen kann, in welchen außer Lieb und Freundschaft, Kunst und Wissenschaft nichts herein kann."[37]

Offiziell aber sind die Lebensbereiche des Geheimen Rats und seiner „lieben Kleinen" notwendigerweise noch für lange Jahre getrennt. Kommen Gäste von Stand oder auch nur höhergestellte Bürgerliche ins Goethehaus, tagt hier die berühmte Freitagsgesellschaft, die Goethe zu Ehren Anna Amalias 1791 ins Leben gerufen hatte, oder hält Goethe nach 1802 den von ihm zur Erheiterung der Weimarer Adelsgesellschaft eingerichteten Cour d'amour in seinem Hause ab, sorgt Christiane still im verborgenen für das leibliche Wohl der Gäste, bleibt aber ausgeschlossen aus ihrem Kreis.

Wie jenseits aller geltenden Normen Goethes Verhältnis zu Christiane von den Zeitgenossen und letztlich auch von ihm selbst empfunden worden ist, zeigt die Tatsache, daß er sogar seiner Mutter wahrscheinlich erst im Jahre 1792 die Wahrheit über seine häuslichen Verhältnisse anvertraut. Bei seinem Besuch 1791 hatte er vermutlich geschwiegen. Dieser Umstand wirkt um so aufschlußreicher, als Goethes gestrenger Vater bereits 1782 gestorben war und er der großen Liebe, die ihm seine Mutter immer entgegengebracht hatte, einige Toleranz hätte zutrauen können. Wenn Goethe selbst ihr gegenüber so

Goethes Mutter und Christiane

lange schweigt, muß er die gesellschaftlichen Barrieren fast als unüberwindlich betrachtet haben. Frau Aja allerdings, nach Goethes Geständnis plötzlich Großmutter eines fast dreijährigen Enkels, greift in ihrer vorurteilsfreien Herzensgüte sofort zur Feder und schreibt Christiane einen freundlichen Brief, den sie in Ermangelung eines offiziellen Verwandtschaftsverhältnisses kurzerhand mit „Ihre Freundin Goethe" unterzeichnet.

Wie Christiane diesen Brief aufnimmt, läßt wiederum tief in das Wesen ihrer Persönlichkeit blicken: „Lieber, ich habe das schöne Tuch und alles erhalten und mich herzlich gefreut, aber der Gruß von der lieben Mutter ging mir über alles, ich habe vor Freuden darüber geweint. Ich habe was ohne Dein Wissen getan, ich habe an die liebe Mutter geschrieben und mich bei ihr bedankt, mein Herz ließ mir es nicht anders zu, ich mußte schreiben. Du wirst doch nicht böse darüber? ... am meisten freu ich mich, daß die liebe Mutter nicht böse auf mich ist, das macht mich sehr glücklich, denn das hat mich noch mannichmal betrübt. Im Stillen habe ich darüber nachgedacht."[38] Christianes Worte lassen erkennen, daß sie keineswegs mit naiver Unbedarftheit in ihrer höchst problematischen gesellschaftlichen Stellung lebt. Sie hat sehr wohl befürchtet, Goethes Mutter könnte sie für ein leichtfertiges Mädchen halten. Ihrem Liebsten verschweigt sie allerdings ihre Nachtgedanken, spricht ihre Ängste erst aus, wenn sie sich aufgelöst haben. So wird sie es lebenslang halten. Dieser ganz von ihrer eigenen

Goethes Mutter, *Handzeichnung in einer Porträtsammlung Johann Kaspar Lavaters.*

Leben mit Christiane

Person absehende Herzenstakt, der Goethe immer wieder schont und in Sicherheit wiegt, kann nicht hoch genug eingeschätzt werden. Ihm verdankt die Liebe zwischen diesen beiden ungleichen Menschen zu einem guten Teil ihren lebenslangen Bestand.

Im August 1797 stellt Goethe Christiane und den inzwischen achtjährigen Gustel endlich seiner Mutter vor. Äußerer Anlaß ist eine geplante Studienreise nach Italien, die aufgrund der politischen Spannungen im Süden aber schließlich nur bis in die Schweiz führen wird. Goethe und Heinrich Meyer hatten sich vorgenommen, das Material für ein großangelegtes Werk über Geschichte und Kunst, Klima, Landschaft und Nationalcharakter der Apenninenhalbinsel zu sammeln. Auf der Hinreise läßt sich Goethe von den Seinen bis Frankfurt begleiten. Sie genießen diese erste größere gemeinsame Reise, und Goethe wird nicht müde, ihnen die Welt zu zeigen. In Frankfurt freilich dürfen sie nur drei Tage bleiben. Goethe muß darauf bedacht sein, unnötiges Aufsehen in seiner Vaterstadt zu vermeiden. Er selbst wohnt bei seiner Mutter, die kürzlich eine neue Wohnung am Roßmarkt bezogen hatte, Christiane und August werden im Gasthof untergebracht. Goethe ist nur damit beschäftigt, „diesen Fremdlingen alles zu zeigen"[39]. Man fährt um die Tore bis nach Sachsenhausen, besichtigt die Stadt, geht abends ins Theater und ißt täglich mit der Mutter im „Schwan" zu Mittag. Am Tag vor der Abreise dürfen Christiane und August Frau Rat Goethe in ihrer Wohnung besuchen, um von ihren Fenstern aus eine Parade zu sehen. Goethe hat sich mit den Seinen in der Öffentlichkeit gezeigt, Freunden der Familie sind sie aber – soweit bekannt ist – nicht vorgestellt worden. Trotz aller Kürze hat der Besuch seinen Zweck erreicht. „Meine Mutter hat Dich recht lieb und lobt Dich und erfreut sich des Kleinen"[40], kann Christiane, nach Weimar zurückgekehrt, in einem Brief Goethes lesen. Frau Aja dankt ihr auch persönlich für die „vergnügt[e] und herzlich[e]"[41] Zusammenkunft und ruft ihr zu: „Sind Sie, meine Liebe, arbeitsam – sorgsam – wirtschaftlich –, damit, wenn der Häschelhans zurückkommt, er Kammern und Speicher angefüllt von allem Guten vorfinden wird, nehmen Sie auch davor meinen besten Dank, denn ein wirtschaftliches Weib ist das edelste Geschenk vor einen Biedermann, da das Gegenteil alles zerrüttet und Unglück und Jammer über die ganze Familie verbrei-

Erste Reise nach Frankfurt

tet. Bleiben Sie bei denen Ihnen beiwohnenden edlen Grundsätzen – und Gott und Menschen werden Wohlgefallen an Ihnen haben ..."[42]

Dieser Zuspruch der Mutter, mit der Christiane von nun an in eifrigerem Briefwechsel steht als Goethe selbst, wird ihr gutgetan haben. Gerade während dieser Reise Goethes hat sie in Weimar besonders viel auszustehen, wird von Gerüchten über Goethes Befinden geängstigt und in Schrecken versetzt. In diesen Dingen kann Goethe ihr nur in Worten beistehen: „... laß die Menschen reden, was sie wollen; Du weißt ja die Art des ganzen Geschlechts, daß es lieber beunruhigt und hetzt, als tröstet und aufrichtet."[43]

Doch eingedenk der Tatsache, daß jede größere Reise unter den zeitgenössischen Bedingungen eine erhöhte Gefahr für Gesundheit und Leben des Reisenden darstellte, hatte Goethe vor Antritt der Fahrt, im Juli 1797, erstmals ein Testament aufgesetzt, in dem er seine illegitime kleine Familie für den Fall seines Todes so gut es ging materiell sicherte. Nachdem Goethes Mutter, seiner Bitte entsprechend, den Verzicht auf ihre Erbansprüche erklärt hatte, konnte er Sohn August als Alleinerben einsetzen und Christiane das lebenslange Nutzungsrecht seines Hauses und seines Vermögens zusprechen. Doch solange ihm Christiane nicht in aller Form angetraut war, konnte Goethe nicht sicher sein, daß im Fall der Fälle sein Wille tatsächlich vollzogen würde. An eine Legitimation seiner Beziehung zu Christiane und zu seinem Sohn aber war noch immer nicht zu denken.

Ungeachtet dessen hatten Goethes Bemühungen nicht nachgelassen, Christiane das Leben in seinem Hause zu erleichtern. Schon seit geraumer Zeit – wahrscheinlich sogar seit Anbeginn – wohnen ihre Tante Juliane und ihre Stiefschwester Ernestine bei Christiane im Hinterhaus, so daß sie beständig von vertrauten und verständnisvollen Menschen umgeben ist. Darüber hinaus unterhält Christiane sehr gute Kontakte zu den Schauspielerinnen und Schauspielern des Hoftheaters, mit vielen ist sie befreundet. Sie verkehren bei ihr im Haus am Frauenplan, wo sich Goethe gern zu ihnen gesellt. Oftmals vermittelt Christiane zwischen den Interessen und Meinungen ihrer Freunde und den strengen Prinzipien des Theaterdirektors Goethe, vermag Übereinkünfte herzustellen, wo dieser nicht in der Lage ist, die rechten Worte zu finden, oder eine Situation menschlich nicht versteht.

Leben mit Christiane

Im Kreise der Schauspieler wird Christiane geachtet, dieser sozialen Schicht steht sie nahe, mit den Künstlern teilt sie ihr lebendig-zuversichtliches Lebensgefühl, ihre Vitalität und Daseinsfreude.

Goethe bemüht sich aber auch, Christiane nach und nach seinen auswärtigen Freunden vorzustellen, etwa dem Altphilologen Wolf und dem Theologen Niemeyer aus Halle oder dem Komponisten Reichardt aus Giebichenstein. Und er schätzt diejenigen besonders, die sich Christiane gegenüber aufgeschlossen oder zumindest loyal verhalten, was aber auch außerhalb Weimars oft nicht der Fall ist.

So antwortet beispielsweise August Ludwig Hülsen dem Theologen Friedrich Schleiermacher im April 1800 auf dessen nicht überlieferte, offensichtlich aber sehr negative Einschätzung von Goethes Beziehung zu Christiane, „daß das Verhältnis zwischen ihn und seiner Geliebten doch vielleicht reiner ist. Die christliche Einsegnung ist freilich nicht erfolgt, aber ... [ich] weiß, daß Goethes Genossin keineswegs eine Magd im Hause war. Ich selbst habe beide Hand in Hand und in traulichen Gesprächen öffentlich spazieren gehen sehen, und ein schöner, muntrer Knabe geleitete sie. Auch habe ich die Frau selbst gesprochen und könnte nicht sagen, daß es ihr an Bildung fehlte. Sie hat sehr viel Einnehmendes, und ich sehe besonders mit Wohlgefallen ihre Liebe zu dem trefflichen Knaben ... Ferner weiß ich auch, daß sie sogar bei Staatsvisiten die Honneurs im Hause macht, welches mir unter anderm die Geheimderätin von Koppenfels in Weimar erzählt hat, die auch Besuche von ihr erhielt und sie erwiderte."[44] Die Honneurs bei Staatsvisiten hat Christiane allerdings niemals in ihrem Leben gemacht. Entweder irrt hier Hülsen, oder die Geheimrätin von Koppenfeld hatte sich freundlicherweise bemüht, die öffentliche Meinung über Goethes häusliche Verhältnisse zu heben. Sie war die zukünftige Schwiegermutter Heinrich Meyers, des engen Freundes von Goethe und Christiane. Insofern ist es möglich und wahrscheinlich, daß sie gute Kontakte zu beiden pflegte.

Die allgemeine Gestimmtheit der Weimarer Damen von Stand gegenüber Christiane drückt Charlotte Schiller in einem Brief an Fritz von Stein im Februar 1801 mit erschreckender Offenheit aus: „Schiller ist fast täglich bei ihm [Goethe]. Daß wir Frauen nicht so sans façon in seinem Hause Eintritt haben können und wollen, hängt von

Die soziale Ächtung Christianes

Goethe und Christiane, *Kreidezeichnungen von Friedrich Bury, 1800.*

seinen inneren Verhältnissen ab. Obgleich Schiller selbst nie die Dame des Hauses als Gesellschafterin sieht und sie nie bei Tisch erscheint, so könnten doch andere Menschen es nicht glauben, daß sie sich verbärge, wenn unsereins auch diese Gesellschaft teilte." Und sie setzt scheinheilig hinzu: „Sie wissen am besten, wie die Menschen hier sind, wie sie lauern usw. Man wäre vor tausend Erdichtungen nicht sicher."[45] Dabei war Christiane im Herbst 1799 gut genug, Schillers Sohn Carl zu betreuen, als die Vorbereitungen zur Übersiedelung der Schillers von Jena nach Weimar bereits liefen und Charlotte schwer erkrankte. Wie liebevoll sich Christiane des Jungen angenommen hatte, läßt sich in ihren Briefen an Goethe nachlesen: „Die Kinder vertragen sich sehr gut zusammen und Carl läßt beinahe keine Spur von Eigensinn merken. Wenn das Kind ordentlich behandelt wird, ist es das beste Kind von der Welt. Er hat sich so an mich gewöhnt, daß er überall mit mir herumgeht und mich nur seine gute Damela nennt ..."[46]

Zumindest in bestimmten Bereichen der Öffentlichkeit kann sich Goethe mit Christiane inzwischen doch zeigen. So schreibt sie ihm im Herbst 1799: „Ich freu mich diesen Winter auf die Komödie, wenn wir auf der Bank zusammen sitzen werden, und überhaupt auch auf die Winterabende, wenn wir zu Hause miteinander schwätzen."⁴⁷ Schon im April dieses Jahres hatte Goethe zu Christianes großer Freude eine Kutsche und zwei Pferde angeschafft. Von nun an mußte es sich die neidische Weimarer Damenwelt gefallen lassen, beide zusammen durch die Stadt kutschieren zu sehen. Im Winter des Jahres 1802 gibt es eine neue Unerhörtheit zu bechecheln, die die tüchtige Christiane aber ganz und gar nicht als solche betrachtet. Unbefangen erzählt sie Goethe: „... ich habe mir die paar Tage noch große Freude gemacht: der Kutscher hat mir das Fahren gelernt, und ich habe selbst gefahren. Gestern habe ich mich ganz allein in Schlitten gesetzt und gefahren, und der Kutscher hat hinten darauf gestanden und mit einer rechten großen Karbatsche geklatscht, und ich bin in der Stadt durch alle Gassen und um alle Ecken recht gut gefahren und habe mir großen Ruhm erworben. Der Herr von Hinzenstern und der Hauptmann Egloffstein, die haben mich sehr gelobt. Wenn Du wiederkommst, ... so mußt Du mir erlauben, daß ich Dich einmal fahren darf."⁴⁸ Diese Bitte wird Goethe Christiane nicht abgeschlagen haben. Er freute sich zeitlebens, wenn sie sich auf ihre Art vergnügte, und kümmerte sich nicht darum, ob die feine Gesellschaft die Nase rümpfte. Mitunter gewinnt man sogar den Eindruck, es habe ihm Spaß gemacht, die Kritiker ein wenig herauszufordern. So erfuhr die Baronin Stein von Schillers Gattin 1796, daß Goethe „den eben abgereisten Grafen Geßler, einen Freund Körners, zum Heiraten habe bereden wollen, und auf die Frage der Schwägerin Körners: ,Warum heiraten Sie denn nicht selbst?' erwidert habe: ,Ich bin verheiratet, nur nicht mit Zeremonie.'"⁴⁹

Auch in der Dichtung der neunziger Jahre spiegelt sich das Glück wider, das Goethe bei Christiane gefunden hat. Aus allen Distichen des Abschnitts *Sommer* aus dem Zyklus *Vier Jahreszeiten* blicken Christianes schwarze Augen hervor, wenn der Dichter von seiner Geliebten spricht. Diese kleinen Gedichte, 1795/96 entstanden, erscheinen in Schillers *Musenalmanach auf das Jahr 1797*. Hier tragen sie im Gegensatz zum ersten Abschnitt der Sammlung, der *Vielen* gewidmet ist, die deutlich verweisende Überschrift *Einer*.

Poetische Bekenntnisse zu Christiane

———◆———

Wie im Winter die Saat nur langsam keimet, im Sommer
  Lebhaft treibet und reift, so war die Neigung zu dir.

Raum und Zeit, ich empfind es, sind bloße Formen des Anschauns,
  Da das Eckchen mit dir, Liebchen, unendlich mir scheint.

Neigung besiegen ist schwer; gesellet sich aber Gewohnheit,
  Wurzelnd, allmählich zu ihr, unüberwindlich ist sie.

Alle Freude des Dichters, ein gutes Gedicht zu erschaffen,
  Fühle das liebliche Kind, das ihn begeisterte, mit.[50]

Daß Charlotte Schiller – sie verehrte Goethe seit ihren Kindertagen – und ihre Schwester, Caroline von Wolzogen, einen „Geheimbund" zur Rettung Goethes gegründet hatten, dem auch Charlotte von Stein, tief enttäuscht über die „Gewöhnlichkeit", in die ihr einstiger Freund an der Seite der Vulpius hinabgesunken war, beizutreten nicht versäumt hatte, wußte Goethe sicherlich nicht. Ein Vierzeiler aus den *Xenien* des Jahres 1797 hört sich aber gerade so an, als wäre er als Antwort auf derartige absurde Vorstellungen über sein häusliches Leben entstanden:

  Ich wünsche mir eine hübsche Frau,
  Die nicht alles nähme gar zu genau,
  Doch aber zugleich am besten verstände,
  Wie ich mich selbst am besten befände.[51]

Seit Goethe mit Christiane zusammenlebte, führte er gleichsam ein Doppelleben. Des Tages ein hoher Herr und Staatsminister, zur Mittagstafel aber, an der sich die Familie, oft auch einige Freunde, gegen vierzehn Uhr versammelten, und in den Abendstunden genoß er das trauliche Zusammensein mit den Seinigen. Was Johann Heinrich Voß, der Sohn des berühmten Homer-Übersetzers, über solche Familienabende aus den Jahren 1804 bis 1806 berichtet, in denen er – am Weimarer Gymnasium als Professor angestellt – häufig im Goethehaus verkehrte, darf man sich auch für die neunziger Jahre vorstellen, für

Leben mit Christiane

die es leider an Zeugnissen aus dem engsten Kreise fehlt. Voß berichtet: „Nie ist der Mann [Goethe] liebenswürdiger als in solchen Abendstunden. Dann sitzt er, im tiefsten Negligé, in einem wollenen Jäckchen, ohne Halstuch, mit bloßer Brust, die Strümpfe über die Hosen gezogen, auf seinem Sofa und unterhält sich oder läßt sich vorlesen. Und diese Bequemlichkeit, die Abendstille und die Ruhe nach schwerem Tagesgeschäft machen ihn ... überaus heiter und gesprächig. Seine Gespräche dabei sind das Lehrreichste und Schönste. Wenn er dann recht lebendig ist, so kann er auf dem Sofa nicht aushalten; dann springt er auf und geht hastig im Zimmer auf und nieder, und jede Gestikulation, ihm selbst unbewußt, wird zur lebendigsten Sprache ... aus seinen Augen strahlt das seelenvollste Feuer. Dann hat sein manchmal furchterregender Blick ... alles Schreckhafte verloren. Besonders gern erzählt er dann von seinem Leben, nie aber etwas anderes als heitere Dinge."[52] Die Kritiker versäumten freilich nicht, Goethes häuslichem Leben einen philiströsen Anstrich zu geben, indem sie ihre Berichte satirisch zuspitzten. So gefiel sich etwa Gymnasialdirektor Böttiger in folgender Karrikatur: „Abends sitzt er [Goethe] in einer wohlgeheizten Stube, eine weiße Fuhrmannsmütze auf dem Kopf, ein Moltumjäckchen, lange Flauschpantalons an, in niedergetretenen Pantoffeln und herabhängenden Strümpfen im Lehnstuhl, während sein kleiner Junge auf seinen Knien schaukelt. In einem Winkel sitzt stillschweigend und meditierend der Maler Meyer, auf der andern Seite die Donna Vulpia mit dem Strickstrumpf. Dies ist die Familiengruppe."[53]

Dagegen erinnert sich Heinrich Voß daran, daß die beiden Wintermonate, Dezember und Januar, „Goethes ‚Faulenzermonate' [sind]. Er kränkelt da fast jedes Jahr, ohne eben krank zu sein, ist aber dabei äußerst gesellig und liebenswürdig. Denn, selbst unfähig zu arbeiten und zu schaffen, lebt er in dieser Zeit für häusliche Geselligkeit. Ich bin oft ganze Nachmittage bei ihm ... Gestern ... wurde er so gut aufgeräumt, daß er die Vulpius bat, die Persikoflasche zu holen. Bei der Gelegenheit fiel ihm eine Begebenheit ein, wo er vor zwanzig Jahren auch die Persikoflasche nicht geschont habe, und fing an zu erzählen, und während dessen wurde das Gläschen oft gefüllt und ging die Runde. Die Vulpius leerte es dreimal und ward in den dritten Himmel gesetzt,

Häusliche Geselligkeit

und als Goethe einmal hinausging, strömte ihr Herz über zu des lieben Geheimerats Lobe."[54] Goethe liebte diese legere Art häuslicher Geselligkeit, hier konnte er sich ungezwungen von seinem Tagwerk erholen, Entspannung mit heiterer Belehrung verbinden, sich selbst, Christiane und wenigen Freunden ein Refugium abseits des gesellschaftlichen Lebens schaffen, „Wo sich, nah der Natur, menschlich der Mensch noch erzieht"[55], wie er es, poetisch überhöht, in seiner Elegie *Hermann und Dorothea* formuliert hat. Leider waren weder das literarische Publikum noch die Weimarer Gesellschaft jemals bereit und fähig, Goethes Liebe und vor allem seine Treue zu Christiane und dem Sohn als ein Herzensbedürfnis des großen Mannes anzuerkennen. Carl August behauptete noch im Alter, die „Vulpius habe alles verdorben" und Goethe „der Gesellschaft entfremdet"[56]. Kaum einer ist auf den Gedanken gekommen, daß es vielleicht gerade die „ungebildete" Vulpius gewesen sein könnte, die Goethe der Weimarer Gesellschaft erhalten hat. Denn bei ihr fand er jene Übereinstimmung der Lebensanschauungen, die neben der Liebe die unverzichtbare Grundbedingung für ein dauerhaftes erfülltes Zusammenleben von Mann und Frau darstellt. Der mit Christiane gelebten Harmonie setzt er in den Schlußstrophen seines großen Lehrgedichtes *Die Metamorphose der Pflanzen* ein Denkmal:

Freue dich auch des heutigen Tags! Die heilige Liebe
   Strebt zu der höchsten Frucht gleicher Gesinnungen auf,
Gleicher Ansicht der Dinge, damit in harmonischem Anschaun
   Sich verbinde das Paar, finde die höhere Welt.[57]

Oftmals sind diese Verse als Wunschbild gedeutet worden, auf dessen Verwirklichung der Dichter im Leben vergebens gehofft habe. Ein Jahr nach Christianes Tod hält Goethe dem Fehlurteil seiner Zeitgenossen jedoch gerade mit Bezug auf dieses Gedicht sein Bekenntnis zu seiner Frau entgegen: „Höchst willkommen war dieses Gedicht der eigentlich Geliebten, welche das Recht hatte, die lieblichen Bilder auf sich zu beziehen; und auch ich fühlte mich sehr glücklich, als das lebendige Gleichnis unsere schöne vollkommene Neigung steigerte und vollendete; von der übrigen ... Gesellschaft aber hatte ich viel zu erdul-

Leben mit Christiane

den ..."⁵⁸ In Christianes völlig unverbildetem Wesen, das zu Hause war in allem Natürlichen und Menschlichen, fand Goethe einen Gegenpol zu den hypochondrischen Grillen, die ihn mitunter heimsuchten, aber auch ein Gegengewicht zu den gesellschaftlichen Zwängen, in die er nach seiner Rückkehr aus Italien wieder hineingeraten war. Dank Christiane konnte er sich in der Liebe zu seiner Familie, in seinem engsten häuslichen Kreis ein Stückchen jener Unbeschwertheit bewahren, die ihn in Italien zu sich selbst gebracht hatte.

Und doch kann dieses häusliche Refugium auf die Dauer nur den einen Pol seiner weitgespannten Existenz darstellen, oder, besser gesagt, das Fundament, den Sockel seines Lebens abgeben. Darauf, und immer in Bezug zu diesen Wurzeln, baut sich die gewaltige Pyramide seines Daseins auf, dessen geistiges Kraftfeld sich seit Mitte der neunziger Jahre immer stärker nach Jena verlagert. Die Universität mit ihren naturwissenschaftlichen Studienmöglichkeiten zieht ihn ebenso in die Saalestadt wie die beginnenden freundschaftlichen Kontakte zu Schiller, die Goethes künstlerische Produktivität neu beleben. Die schöpferische Konzentration, die zur Gestaltung großer künstlerischer Werke unabdingbar ist, kann Goethe in Weimar nicht finden. Der Hof und die vielfältigen gesellschaftlichen Verpflichtungen, denen er in der Residenzstadt nachkommen muß, verhindern diese Konzentration ebenso wie Christiane selbst. Sie besitzt zwar ein ausgesprochen feines Gespür für alle Bedürfnisse ihres „liebsten Schatzes", sie versteht wohl auch, daß er der Ruhe und Sammlung bedarf, doch sich über längere Zeit still zurückzunehmen, wenn Goethe im Hause arbeitet, das vermag sie nicht. Wo Christiane wirtschaftet, herrscht laute Fröhlichkeit, wird gesungen, getanzt und gelacht, so daß Goethe nichts anderes übrigbleibt, als selbst das Feld zu räumen. Mehrmals im Jahr geht er für Wochen nach Jena und kehrt erst zurück, wenn seine großen Arbeiten wie das Epos *Hermann und Dorothea*, die Aufsatzsammlung *Der Sammler und die Seinigen* oder seine Übersetzung von Voltaires *Mahomet* vollendet sind. Diese selbstauferlegten Trennungszeiten werden von Goethe und Christiane als notwendiges Element ihres Zusammenlebens betrachtet, von Goethe, dem Schöpferischen, aber naturgemäß besser verkraftet als von Christiane und August, die sich heftig nach ihm sehnen.

Ruhe und Sammlung in Jena

Obgleich nur drei Wagenstunden zwischen Weimar und Jena liegen, man sogar die Möglichkeit hat, sich auf halbem Wege in Kötschau zu treffen, gestattet Goethe den Seinigen nur selten kurze Besuche. Was auf den ersten Blick wie eine Lieblosigkeit aussieht, erweist sich bei deutlicherem Hinschauen jedoch als ein Anzeichen dafür, wie störanfällig das Bedingungsgefüge war, das ein Dichter wie Goethe für seine poetische Arbeit benötigte. Schiller gegenüber bekennt er: „... da ich nicht nach Jena entweichen konnte, so mußten die Meinigen weichen, denn dabei bleibt es nun einmal: daß ich ohne absolute Einsamkeit nicht das Mindeste hervorbringen kann."[59] Goethes künstlerisches Naturell gestattete es ihm nicht, ein Werk gleichsam in einem schöpferischen Gewaltakt hervorzubringen, wie es Schiller vermochte. Bei Goethe mußten die poetischen Ideen wachsen und reifen. Oft brachte er vierzehn Tage in Jena zu, bevor er zur Feder greifen und die ersten Verse eines größeren Werkes niederschreiben konnte oder den Anschluß an eine vorangegangene Arbeitsphase wiedergefunden hatte. Waren diese hochsensiblen Prozesse endlich in Gang gekommen, wollte und durfte Goethe sie keinen Störungen durch seine „liebenswürdige[n], unruhige[n] Ungetüme"[60], wie er Christiane und August in einem solchen Zusammenhang einmal scherzend nannte, preisgeben. Wahrscheinlich wirkten die Begegnungen mit den Seinigen gerade deshalb besonders irritierend auf Goethes inneres Gleichgewicht, weil diese beiden Menschen seinem Herzen so nahestanden. Darauf weist der Umstand, daß er sie nach langen, schweren Arbeitsphasen, wenn er selbst einer Pause bedurfte und sich für das Getane belohnen wollte, bei sich wünschte. „Ich habe so viel gearbeitet", schreibt er im März 1796, als er in Jena über *Wilhelm Meisters Lehrjahren* sitzt, an Christiane, „daß ich es ganz satt habe und mir auch wieder einmal mit Dir und dem Kleinen was zu Gute tun mögte ... – Ich muß Dich einmal wieder an mein Herz drücken und Dir sagen, daß ich Dich recht lieb habe."[61] Wieviel strenge Selbstdisziplin für Goethe und Christiane mit dieser Lebensweise verbunden war, belegen die vielen Briefe, die in solchen Zeiten zwischen Weimar und Jena hin- und hergehen, Christianes und Gustels Jubel, wenn sie Goethe endlich abholen dürfen, oder ein Geständnis Goethes, wie er es im November 1799 nach Hause schickt: „Ich küsse Dich

Leben mit Christiane

und das Kind in Gedanken, und meine Abwesenheit wird mir dadurch leidlich, daß ich für Euch arbeite."[62]

Dieser letztgenannte Aspekt wird häufig unterschätzt, indem man Goethe für einen reichen oder sogar für einen sehr reichen Mann hält. Mit seinen 1800 Talern Jahreseinkommen, die ihm der Herzog nach wie vor zahlte, verfügte er in der Tat über ein Spitzeneinkommen für Weimarer Verhältnisse. Doch führte Goethe ein großes Haus, dessen Umbau viel Geld gekostet hatte, investierte in jedem Jahr Hunderte Taler in den Ankauf von Kunstgegenständen, finanzierte sich selbst und Christiane vor allem nach der Jahrhundertwende kostspielige Kuraufenthalte, so daß er auf die Einkünfte aus seiner schriftstellerischen Tätigkeit durchaus angewiesen war. Dafür hatte Christiane Verständnis, denn sie spürte an ihrer Haushaltskasse, daß Goethe ihr das Geld nicht unbegrenzt zumessen konnte. Sie versuchte durch tüchtigen Obst- und Gemüseanbau in ihren Gärten und auf dem Krautland an der Lotte, durch Schlachten im eigenen Haus und durch den Verkauf ihres Gemüses, die Haushaltskasse zu schonen und selbst zu den Familieneinkünften beizutragen. In dem sicheren Bewußtsein, zusammenzugehören, beruhigt durch Briefe und Nachrichten, in denen sich beide ihres Wohlseins versicherten, lebten Goethe und Christiane in den Trennungszeiten jeder sein eigenes Leben, voll Freude auf das Wiedersehen, das dann um so lustiger gefeiert wurde. Beide verspürten das tiefe Bedürfnis, einander alle Begebenheiten, die sie erlebt hatten, zu erzählen, Anteil zu nehmen an dem, was dem anderen geschehen war, so daß der Bestand ihrer Verbindung durch diese Trennungszeiten nicht gefährdet wurde.

Schmerzlich erfahren Goethe und Christiane jedoch ein anderes: Es ist ihnen nicht vergönnt, ihr weitläufiges Haus widerklingen zu hören von einer Schar fröhlicher Kinderstimmen, wie sie es sich gewünscht hatten. Christiane bringt nach ihrem Erstgeborenen noch vier Kinder zur Welt, 1791 einen totgeborenen Knaben, in den Jahren 1793, 1795 und 1802 noch einen Jungen und zwei Mädchen, die aber alle nur wenige Tage lebensfähig sind. So folgt der großen Freude über die Geburt jedes neuen Erdenbürgers, die von der Großmutter in Frankfurt von ganzem Herzen geteilt wird, jedesmal Schmerz und Trauer. „Der arme Kleine hat uns gestern schon wieder verlassen, und

Trauer um die verstorbenen Kinder

wir müssen nun suchen, durch Leben und Bewegung diese Lücke wieder auszufüllen"[63], beginnt Goethe 1795 seinen Brief an Schillers Frau. Es scheint, als hätte Christiane ihr schweres Los nach außen hin und auch Goethe gegenüber tapfer getragen, niemand aber kann wissen, welche Wunden die verstorbenen Kinder in ihre Seele gegraben haben. Von ihr liegen uns keine Zeugnisse vor. Im Dezember 1802, drei Tage nach der Geburt der kleinen Kathinka, des letzten Kindes von Goethe und Christiane, schreibt Goethe an Schiller: „Bei uns geht es nicht gut ... Der neue Gast wird wohl schwerlich lange verweilen, und die Mutter, so gefaßt sie sonst ist, leidet an Körper und Gemüt."[64] Christiane ist inzwischen 37 Jahre alt, Goethe 53, vielleicht ahnt sie, daß es ihr nicht beschieden sein wird, noch einmal ungetrübte Mutterfreuden zu empfinden. Trotz der hohen Säuglings- und Kindersterblichkeit, die, da sie fast allen Familien wiederfuhr, in gewisser Weise als etwas Bitter-Natürliches betrachtet wurde, ist die Bilanz in Goethes Familie besonders traurig und hoffnungslos. Man geht heute davon aus, daß bei Goethe und Christiane eine Rhesusfaktorinkompatibilität vorlag, ein Phänomen, das der zeitgenössischen Medizin unbekannt war. Goethe und Christiane konnten ihr Los nur als schicksalsgegeben betrachten, und es ist nicht verwunderlich, wenn sie ihre elterliche Liebe um so tiefer ihrem Erstgeborenen zuwandten.

Es spricht für Christianes Liebesfähigkeit und Güte, daß diese bedrückenden Erlebnisse keine Verbitterung in ihrem Herzen hervorgerufen haben. Wie sie versuchte, diese schmerzliche Lücke in ihrem Leben auszufüllen, berichtet Carl Gustav Moltke, der Sohn eines Weimarer Hofschauspielers: „Mitunter waren wir Schauspielerkinder von unserer mütterlichen Gönnerin ... [Christiane] recht zahlreich eingeladen, dann ging's natürlich nicht allzu ruhig her. So trat einstmals, als die prächtige Frau in ihrer großen Gutmütigkeit dem Kinderlärm nicht zu steuern vermochte, der empörte alte Diener zornfunkelnd heran und schrie: Der Geheimbderat könne den verfluchtigen Spektakel nicht länger ertragen. Kurze Zeit blieb's ruhig, sobald uns aber der Cerberus aus den Augen war, wurde lustig weiter spektakelt. – Plötzlich aber trat die allgefürchtete Exzellenz im langen Hausrock selber herein, in gemessenem Schritt, voll majestätischer Haltung, die Hände auf dem Rücken. Rasch flüchteten wir Kinder zu unserer guten Fee,

Leben mit Christiane

———◇———

die mich kleinen Unband liebreich umschloß. Da aber der gefürchtete Herr beim Anblick dieser komischen Gruppe nur lächelnd mit dem Finger drohte und gar nicht schalt, fing ich mutwilliges Bürschchen an zu kichern. Der Gestrenge setzte sich und rief: ‚Kleiner Molke! (das t in meinem Namen war ihm eine grausame Härte), komm einmal her zu mir.' Etwas zaghaft ging ich zu ihm, er aber nahm mich freundlich auf sein Knie und fragte: ‚Was habt ihr kleinen tollen Kobolde denn eigentlich getrieben, weshalb der störende Lärm?' Sogleich bekam ich wieder Courage und sagte, wir hätten getanzt und gesungen, im Garten Haschemännchen gespielt, wären dabei tüchtig herumgesprungen, an der Laube emporgeklettert und hätten den Herlitzchenbaum geplündert.' ‚Was, meine Herlitzchen, die ich selbst so gern genieße, hast du kleiner Schlingel mir stibitzt? I, das ist ja recht schön!' – Mit einem wohlwollenden Backenstreich entließ mich der gestrenge Herr, und Frau von Goethe schickte uns Kinder sofort nach Haus, mit dem Bedeuten, daß wir künftig artiger sein müßten.'"[65]

Diese kleine Szene gewährt gleichsam nebenher einen recht charakteristischen Einblick in das Leben im Haus am Frauenplan, in die unterschiedlichen Sphären Goethes und Christianes, zeigt, wie diese Sphären miteinander kollidieren. Sie läßt die patriarchalische Familienstruktur durchscheinen, aber auch erkennen, wie beide Partner einander in ihren Lebensbedürfnissen respektieren und verstehen. Zugetragen hat sich die Episode um 1810, zu einem Zeitpunkt, als Sohn August Weimar verlassen hatte, um zum Studium nach Heidelberg zu gehen.

Doch zunächst zieht mit dem neuen Jahrhundert eine andere Sorge ins Haus am Frauenplan ein. Goethe hat fast alljährlich mit heftigen körperlichen Leiden zu kämpfen, in den Jahren 1801 und 1805 erkrankt er über Wochen so schwer, daß Angehörige und Freunde um sein Leben bangen. Christiane weicht nicht von seiner Seite. „Wie gut, sorgfältig und liebevoll sich meine liebe Kleine bei dieser Gelegenheit erwiesen, werden Sie sich denken", bekennt Goethe seiner Mutter, als er sich im Februar 1801 von Gesichtsrose, hohem Fieber und Krampfhusten einigermaßen erholt hatte, „ich kann ihre unermüdete Tätigkeit nicht genug rühmen."[66] Aus dem Jahre 1805 liegt ein Bericht Christianes an den Bremer Arzt Nicolaus Meyer vor, dem sie und

Die Besetzung Weimars 1806

auch Goethe seit dessen Jenaer Studienzeit freundschaftlich verbunden sind. Er ist neben Tante und Schwester wahrscheinlich der einzige Mensch gewesen, dem Christiane ihr bedrücktes Herz öffnen konnte. Sie schreibt: „Der Geheime Rat hat nun seit einem Vierteljahr fast keine gesunde Stunde gehabt und immer Perioden, wo man denken muß, er stirbt ... Sie können sich denken, wenn so ein unglücklicher Fall käme, und ich so ganz allein stünde, wie mir zumute ist. Ich bin wahrhaftig ganz auseinander, und dann kommt noch dazu, daß die Ernestine sich abzehrt und auch dem Grabe sehr nahe ist, und die Tante ist auch sehr schwach, es ist also die ganze große Last der großen Haushaltung auf mich gewälzt, und ich muß fast unterliegen ..."[67]

Goethes Erkrankungen überschatten in diesen Jahren wahrscheinlich recht oft die häusliche Harmonie, obwohl kaum Zeugnisse darüber Auskunft geben. Um so ernster sind Christianes seltene Klagen zu nehmen, wenn sie etwa im April 1803 an Nicolaus Meyer schreibt: „Das Theater ist noch einzig und allein meine Freude, ich lebe aber sehr in Sorge wegen des Geheimen Rats, er ist manchmal ganz hypochonder und ich stehe viel aus, weil es aber Krankheit, so tue ich alles gerne."[68]

Als im Januar des Jahres 1806 Christianes Stiefschwester Ernestine, im März desselben Jahres ihre Tante stirbt – beide hatten bis zu ihrem Ende im Haus am Frauenplan gewohnt –, wird es sehr einsam um Christiane. Ihre Sorgen um Goethe lassen nicht nach. Doch es bleibt ihr kaum Zeit zur Besinnung. Die militärischen Auseinandersetzungen zwischen Frankreich und den alten Monarchien, die bisher in entfernter gelegenen Teilen Europas ausgetragen worden waren, drohten, sich nach Deutschland selbst zu verlagern. In Carl Augusts Herzogtum lagerten bereits seit Januar 1806 preußische Truppen. Auch im Goethehaus mußte Einquartierung aufgenommen und täglich verpflegt werden. Im Oktober stehen 95 000 Preußen im Feldlager bei Weimar, die Sachsen schlagen ihr Lager bei Jena auf. Die Entscheidungsschlacht von Jena und Auerstedt kündigt sich an. In den Morgenstunden des 14. Oktober hört man in Weimar ganz deutlich die Kanonade der Schlacht, nachmittags gegen 5 Uhr fliegen die Kanonenkugeln über die Dächer der Residenz, halb 6 Uhr wird Weimar von den Franzosen besetzt. „Währenddessen herrschte die größte Ver-

Leben mit Christiane

wirrung in der Stadt durch das Hereinströmen immer neuer ... Truppen, die auf den Plätzen der Stadt bivouakierten, Läden und Keller erbrachen, in die Häuser drangen, um zu plündern und Mißhandlungen zu verüben."[69] Im Goethehaus sollen Marschall Ney und Kavalleristen untergebracht werden. „Für 40 Personen Betten mußten in einer Nacht bereitet sein und unser Tischzeug ward als Leinlaken aufgedeckt"[70], berichtet Goethe nach überstandener Gefahr dem Philologen Wolf nach Halle. Bei Christiane in einer Stube des Hinterhauses hatten sich eine „Menge Personen aus der Stadt zusammengedrängt, die, geflüchtet vor der Wut und den Mißhandlungen der Plünderer, hier Schutz ... zu finden hofften. Einige derselben waren der Wirtin in Bereitung der Speisen und der Heraufschaffung des nötigen Kellervorrates für den erwarteten Marschall und sein Gefolge behülflich; andere jammerten über das wie ein Blitz hereingebrochene ... Elend, und vermehrten so die Bestürzung ... der Hausgenossen, die den Kopf zusammenzunehmen hatten, um das Nötigste und Geeignetste in dieser Bedrängnis nicht zu verfehlen."[71] „Erhaltung unseres Hauses durch Standhaftigkeit und Glück"[72], notiert Goethe am nächsten Morgen in sein Tagebuch, nachdem der französische Marschall eingetroffen und Sauvegarde vor der Tür seines Hauses aufgezogen war. Er selbst läßt sich nicht anmerken, daß er in dieser Nacht dem Tode knapp entgangen war. Riemer, der als Lehrer von Sohn August schon einige Jahre im Goethehaus wohnte, und der in der Unglücksnacht am Haustor gewacht hatte, erfährt am nächsten Morgen, daß, während er zwei eingedrungene Marodeure betrunken in den Betten geglaubt hatte, diese „dem Hausherrn auf das Zimmer gerückt wären und sein Leben bedroht hätten. Da habe seine Frau einen der mit ins Haus Geflüchteten zu Hülfe gerufen, dieser habe Goethe von den Wütenden befreit, sie hinausgejagt [und] die Türen seines Zimmers ... verriegelt."[73]

Drei Tage später, am Freitag, dem 17. Oktober, sendet Goethe folgenden bedeutungsschweren Brief an Oberkonsistorialrat Günther: „Dieser Tage und Nächte ist ein alter Vorsatz bei mir zur Reife gekommen; ich will meine kleine Freundin, die so viel an mir getan und auch diese Stunden der Prüfung mit mir durchlebte, völlig und bürgerlich anerkennen als die Meine. – Sagen Sie mir, würdiger geistli-

Goethes und Christianes Hochzeit

cher Herr und Vater, wie es anzufangen ist, daß wir, sobald möglich, Sonntag oder vorher getraut werden."[74] Es ist der Geheime Rat Christian Gottlob Voigt, seit vielen Jahren Goethes vertrauter und hochgeschätzter Mitarbeiter in allen Amtsgeschäften, der kraft seiner Autorität alle Schwierigkeiten beiseite räumt und in Abwesenheit des Herzogs – dieser steht als preußischer General im Feld gegen Napoleon – die offizielle Heiratserlaubnis für Goethe ausstellt. Am Samstagabend sind alle Vorbereitungen vollbracht, Goethe sammelt die Hausgenossen um sich. Er dankt Christiane „für ihre Treue in diesen unruhigen Tagen" und schließt mit den Worten: „So Gott will, sind wir morgen mittag Mann und Frau."[75] Nach achtzehnjährigem Zusammenleben werden Goethe und Christiane am Sonntag, dem 19. Oktober 1806, in der Sakristei der Schloßkirche zu St. Jacob getraut. Anwesend sind außer Oberkonsistorialrat Günther nur die beiden Trauzeugen: Friedrich Riemer und der inzwischen sechzehnjährige Sohn August.

Die Öffentlichkeit zeigt sich empört, reagiert nicht nur in Weimar, sondern weit darüber hinaus mit Unverständnis und Spott. Ausgerechnet die Goethes Verleger Cotta gehörende, in Ulm erscheinende *Allgemeine Zeitung* bringt unter dem 24. November die Notiz: „Goethe ließ sich unter dem Kanonendonner der Schlacht mit seiner vieljährigen Haushälterin, Dlle. Vulpius, trauen, und so zog sie allein einen Treffer, während viele tausend Nieten fielen."[76] Goethe entgegnet seinem Verleger in einem scharfen Brief: „Ich bin nicht vornehm genug, daß meine häuslichen Verhältnisse einen Zeitungsartikel verdienten, soll aber was davon erwähnt werden, so glaube ich, daß mein Vaterland mir schuldig ist, die Schritte, die ich tue, ernsthaft zu nehmen: denn ich habe ein ernstes Leben geführt und führ' es noch."[77] Auch wenn sich Goethe letztlich entschließt, diesen Brief nicht abzusenden, Cotta stattdessen nur knapp auffordert, den „unwürdigen Redereien" in seiner Zeitung „ein Ende"[78] zu setzen, wird deutlich, wie empfindlich er sich von der öffentlichen Meinung getroffen und verkannt fühlt.

Daß er es im Oktober des Jahres 1806 schließlich doch wagt, Christiane auch offiziell an seine Seite „emporzuheben", das heißt, ihr den Namen und den Titel „Frau Geheime Rätin von Goethe" zu geben, hat mehrere Gründe: Liebe und Dankbarkeit gegenüber Christiane verbinden sich mit der Fürsorge für sie und den gemeinsamen Sohn.

Leben mit Christiane

———◆———

August konnte er zwar 1801 kurz vor dessen Konfirmation und nach eigener überstandener schwerer Krankheit durch ein herzogliches Legitimationsedikt das „Gebrechen seiner [unehelichen] Geburt"[79] nehmen lassen – ein Akt, der dem Sohn neben dem Namen des Vaters auch das Recht auf dessen Erbe zugesichert hatte. Aber erst die Eheschließung der Eltern vermochte den Makel von Sohn August wenigstens so weit abzuwaschen, wie es unter den gegebenen Bedingungen möglich war, und ihn für eine zukünftige standesgemäße Hochzeit zu präparieren. Auch gegenüber Christiane fühlt Goethe seit langem das Bedürfnis, ja die Notwendigkeit, ihr für den Fall seines Todes eine „unabhängige Existenz"[80] zu sichern. Mit seinen beiden Testamenten von 1797 und 1800 hatte er in diese Richtung gewirkt. Auch der Kauf des Gutes in Oberroßla im Jahre 1798 hatte letztlich diesen Zweck verfolgt, aber nicht realisiert, da das Gut wegen seiner zu geringen Wirtschaftlichkeit nach wenigen Jahren wieder verkauft werden mußte. Als mit Napoleons Sieg bei Jena und Auerstedt am 14. Oktober gleichsam von einer Stunde auf die andere Kriegsrecht in Sachsen-Weimar einzog und der Fortbestand des Herzogtums allein von Napoleons Willkürentscheidung abhing, wurden Goethes bisherige juristische Maßnahmen, mit denen er seine Familie zu sichern gesucht hatte, in ihren Wirkungen höchst zweifelhaft. Wie sehr auch sein Leben einem Spielball des Zufalls glich, hatte Goethe in der Nacht zum 15. Oktober erfahren. In dieser Situation muß der Gewissensdruck, den er wohl immer gegenüber Christiane und August empfunden hatte, so stark geworden sein, daß er es in einem plötzlichen, wenn auch lange vorbereiteten Entschluß – seine Worte an Oberkonsistorialrat Günther sind sehr ernst zu nehmen – vermochte, die Schranken der gesellschaftlichen Konvention gleichsam zu überspringen und Christiane zu ehelichen. „.... in Friedenszeiten könne man die Gesetze wohl vorbeigehen", erklärt er Johanna Schopenhauer, „in Zeiten wie die unsern müsse man sie ehren."[81]

Welche gesellschaftliche Herausforderung auch nach achtzehnjährigem Zusammenleben mit Christiane in dieser Eheschließung lag, wie groß Goethes Unsicherheit gewesen sein muß, verrät die Tatsache, daß er Carl August erst Ende Dezember brieflich von seinem Schritt unterrichtet, nachdem er mehrere vorher geschriebene Brief-

Christianes Einführung in die Gesellschaft

konzepte nicht abgesandt hatte! Es wird noch zwei Jahre dauern, bis er es endlich wagen kann, seine Frau in seiner Weimarer Theaterloge zu plazieren und sie in die Gesellschaft der Weimarer Damen von Stand einzuführen.

Der Nobilität gegenüber wahrt er die schickliche Rücksicht, von den bürgerlichen Kreisen der Stadt fordert er dagegen Christianes Anerkennung. Schon einen Tag nach der Hochzeit führt er sie abends in den Salon von Johanna Schopenhauer, die gerade erst von Hamburg nach Weimar übergesiedelt war. „… ließ er sich bei mir melden und stellte mir seine Frau vor", berichtet die Schopenhauer ihrem später berühmten Sohn; „ich empfing sie, als ob ich nicht wüßte, wer sie vorher gewesen wäre, ich denke, wenn Goethe ihr seinen Namen gibt, können wir ihr wohl eine Tasse Tee geben. Ich sah deutlich, wie sehr mein Benehmen ihn freute; es waren noch einige Damen bei mir, die erst formell und steif waren und hernach meinem Beispiel folgten. Goethe blieb fast zwei Stunden und war so gesprächig und freundlich, wie man ihn seit Jahren nicht gesehen hat. Er hat sie noch zu niemand als zu mir in Person geführt. Als Fremden und Großstädterin traut er mir zu, daß ich die Frau so nehmen werde, als sie genommen werden muß; sie war in der Tat sehr verlegen, aber ich half ihr bald durch … Morgen will ich meine Gegenvisite machen."[82]

Sobald sich die politischen Wogen im März des folgenden Jahres etwas geglättet hatten, sendet Goethe Christiane nach Frankfurt zu seiner Mutter. Auch dort soll sie den Freunden und Verwandten als seine Gattin vorgestellt werden. Sicher hat es Christiane genossen, im Reisewagen Platz zu nehmen, zwei „colossale" Pistolen griffbereit neben sich. Stattlich zu Pferde gibt ihr Sohn August das Geleit bis Erfurt. Diesmal bleibt sie fast drei Wochen in der Messestadt, genügend Zeit für die beiden Frauen, den flüchtigen Eindruck des Besuches von 1797 zu vertiefen. „Ja, wir waren sehr vergnügt und glücklich beieinander!" resümiert Frau Aja in ihrem Brief an den Sohn. „Du kannst Gott danken! So ein liebes, herrliches, unverdorbenes Gottesgeschöpf findet man sehr selten – wie beruhigt bin ich jetzt, da ich sie genau kenne, über alles, was dich angeht – und was mir unaussprechlich wohltat, war, daß alle … meine Bekannten sie liebten; es war eine solche Herzlichkeit unter ihnen, die nach zehnjähriger Bekanntschaft

Leben mit Christiane

nicht inniger hätte sein können ..."[83]

Leider war es die letzte Begegnung Christianes mit ihrer herrlichen Schwiegermutter. Als sie 1808 noch einmal den Reisewagen gen Frankfurt besteigt, hatte Frau Aja ihre Augen für immer geschlossen. Christiane fährt in Goethes Auftrag, um für ihn die Erbschaftsangelegenheiten zu regeln. Sie tat es zu seiner vollsten Zufriedenheit „auf eine glatte und noble Weise"[84], wie Goethe Knebel gegenüber bemerkt.

Ebenso wie Frau Aja, die warmherzige Menschenkennerin, ehrte und respektierte auch Goethe Christianes Wesen, obgleich manche ihrer Züge nicht zu ihrem nunmehrigen Titel „Geheimrätin" passen wollten, und die feine Gesellschaft nicht müde wurde, sich pikiert zu zeigen. Christiane war eine ausgezeichnete Tänzerin, und sie betrieb dieses Vegnügen mit unbekümmerter Leidenschaft. Auch daheim, in Weimar und Jena, ließ sie – mit Goethes ausdrücklicher Erlaubnis – kaum einen Ball oder eine Redoute aus. Das Eldorado ihrer Tanzfreuden aber erlebt sie in Lauchstädt, wo sie seit 1803 häufig die Kur gebraucht. Von diesen Aufenthalten existieren unnachahmliche Berichte Christianes, dafür bestimmt, Goethe im fernen Weimar oder in Karlsbad an ihren Freuden teilhaben zu lassen. Seit der Geburt der kleinen Kathinka scheint Christianes Gesundheit nicht mehr unerschütterlich stabil gewesen zu sein. Sie wird von Zeit zu Zeit von heftigen Krämpfen heimgesucht, vielleicht Vorboten ihrer Nierenschwäche. Goethe hat es wohl für ratsam gehalten, ihr Erholungsphasen zu ermöglichen, die Christiane ganz auf ihre Weise nutzt. „Heute frühe ... mußte [ich] mir Schuhe kaufen, weil sie alle durchgetanzt sind", erfährt Goethe im Sommer 1803. „Nach Tische gingen wir in die Allee, wo uns Herr von Nostitz und mehrere erwarteten und uns zum Thé dansant führten, wo es sehr schön war, und wo ich alles getanzt habe, was getanzt worden war, und wo ich auf der Stelle die neuen Schuhe durchgetanzt habe. Itzo habe ich 3 Tage hintereinander getanzet, und nun bin ich erst recht dabei. Gestern, habe ich nachher erfahren, hatte sich ein Graf vorgenommen, mich mit einer Quadrille recht müde zu machen, denn es wurde sehr rasch getanzt. Aber ich ward nicht einmal müde; und man spricht hier sehr viel von mir wegen des Tanzen, und ich glaube, die Comtessen haben mitunter doch

Christianes Tanzleidenschaft

eine kleine Bosheit auf mich, lassen sich aber nichts merken."[85] Goethe beeilt sich, ihr zu antworten: „Schicke mir mit nächster Gelegenheit Deine letzten, neuen, schon durchgetanzten Schuhe ..., daß ich nur wieder etwas von Dir habe und an mein Herz drucken kann."[86] Eine anrührende Liebeserklärung nach beinahe fünfzehnjährigem Zusammenleben!

Der Eindruck, daß Christiane hier noch vor ihrer Eheschließung unbeschwert und unbekümmert mit Standespersonen verkehrt, ist durchaus richtig, aber doch auch ein wenig irreführend. Lauchstädt galt nicht als Kurbad europäischen Zuschnitts, wo sich die Hautevolee des Kontinents in den Sommermonaten ein Stelldichein gab wie in den böhmischen Bädern. Wenn Goethe nach Karlsbad reiste und dort mit Königen, Herzögen und höchsten Staatspersonen verkehrte, verbot es sich von selbst, daß Christiane ihn begleitete. Erst im Jahre 1811, fünf Jahre nach der Hochzeit, Goethe gilt längst als eine der ersten europäischen Dichterpersönlichkeiten, wird er es wagen, seine Frau in diese illustren Kreise einzuführen. Das kursächsische Lauchstädt hingegen, ein florierendes Modebad von regionaler Bedeutung, bot weitaus günstigere Bedingungen für Christiane. Hierher kamen vor allem jüngere Leute, die Söhne der Nobilität, Offiziere und Studenten von den nahegelegenen Universitäten in Halle und Leipzig, man erlaubte es sich, in der Urlaubszeit die Standesschranken ein bißchen nonchalant zu behandeln. Im Zentrum des Kuraufenthaltes stand keineswegs die medizinische Anwendung – diese wurde am Morgen mit einem Glas eisenhaltigen Brunnenwasser und von Zeit zu Zeit mit einem Vollbad abgetan. Leib und Seele sollten vielmehr auf dem Wege des geselligen Verkehrs, auf Bällen, Soupers und Diners, plaudernd auf der Promenade und beim Thé dansant belebt und erfrischt werden. Gerade die bunte Mischung der Badegäste machte die Würze dieser farbenfrohen Wochen aus, und so waren die Weimarer Hofschauspieler, die schon seit den neunziger Jahren während jeder Saison im Lauchstädter Theatersaal gastierten, nicht nur auf den Brettern, sondern auch im geselligen Verkehr gerngesehene Gäste.

Mit den Schauspielern kommt Christiane, das Angenehme mit dem Nützlichen verbindend. Denn sie wirkt seit 1802 während dieser Gastspiele gleichsam als gute Seele der Truppe, gleicht in ihrer warmherzi-

Leben mit Christiane

Der neue Tanzsaal in Lauchstädt*, Radierung von C. B. Schwarz.*

gen und lebensklugen Art Spannungen aus, die unter dem temperamentvollen Völkchen oft hell auflodern, besucht als Theaterenthusiastin jede Aufführung und sendet Theaterdirektor Goethe fleißig ihre Berichte. Diese enthalten Anmerkungen über die Stücke, über schauspielerische Einzelleistungen und besondere Vorkommnissse, immer auch die Höhe der Kasseneinnahme.

Goethe, auf Gelegenheiten bedacht, sie Schritt für Schritt ins gesellschaftliche Leben einzuführen, hatte die Kuratmosphäre in Lauchstädt von Anfang an richtig kalkuliert und Christiane zur Eröffnung des neuen Lauchstädter Theatersaales 1802 neben sich in seiner Loge Platz nehmen lassen. Christiane sitzt das erste Mal in ihrem Leben an so exponierter Stelle. Scheinbar spielend wird sie mit der Situation fertig. Noch ganz unter dem Eindruck der Festlichkeiten, formuliert sie ihre Beobachtungen für Nicolaus Meyer: „Das Theater ist hier sehr schön geworden, es können tausend Menschen zusehen, – im ersten Stück, das mit einem kleinen Vorspiel vom Geheimen Rat anfing, betitelt: ‚Was wir bringen', waren achthundert Menschen – wir waren auf dem Balkon in einer sehr schönen Loge, und wie das Vorspiel zu Ende war, so ruften die Studenten ‚Es lebe der größte Meister der Kunst, Goethe!' Er hatte sich ganz hinten hingesetzt, aber ich stand

Einweihung des neuen Lauchstädter Theatersaals 1802

auf, und er mußte vor, und sich bedanken. Nach der Komödie war Illumination ... Und wir speisen mit im Salon ..."[87]

Nach dieser Einführung gehört Christiane in Lauchstädt zur Gesellschaft, verkehrt mit Oberforstmeistern und Offizieren ebenso wie mit Universitätsprofessoren und Studenten. Als sie 1803 mit „Bediente[m], Kutscher und ... schönen Pferde[n]"[88] anreist, ist man ihr gegenüber noch artiger als vor einem Jahr. Sogar mit Hofrat Schiller will die Konversation in Lauchstädt besser vom Fleck als in Weimar. „Ich habe mit Schiller an einem Tische gesessen", erfährt Goethe sofort, „und wir waren sehr vergnügt."[89] An einem anderen Tag heißt es: „Von dem Herrn Hofrat [Schiller] hat es mich sehr gefreut, daß er sich bei Tische zu uns setzete, denn es waren sehr viel lustige Offiziere da, die sich aber alle sehr gut benommen haben."[90] Goethe, der dem Freund gegenüber nie ein Hehl aus seiner Bindung an Christiane gemacht hatte, wird sich über diese Nachricht besonders gefreut haben. Schiller allerdings verschweigt seiner Frau seinen Umgang mit Goethes Liebchen.

Christiane genießt die lang entbehrte gesellschaftliche Anerkennung sichtlich, auch wenn es nur eine partielle ist, nimmt Ständchen der Schauspieler und Studenten entgegen, gibt „eine Chocolade"[91] oder „ein Déjeneur ... [für] 18 Personen"[92], läßt sich gern einladen und erfreut sich an Ausflügen nach Halle, Giebichenstein und Leipzig. Goethe, der daheim über der *Farbenlehre* sitzt, ermuntert sie: „Daß Dir alles glücklich vonstatten geht, freut mich sehr, Du verdienst es aber auch, da Du Dich so klug und zierlich zu betragen weißt. Mache Dir wegen der Ausgaben kein Gewissen, ich gebe alles gern, ... Du wirst zeitig genug in die Sorglichkeiten der Haushaltung zurückkehren."[93] Und mit einem Augenzwinkern setzt er die Ermahnung hinzu: „Mit den Äugelchen geht es, merke ich, ein wenig stark, nimm Dich nur in acht, daß keine Augen daraus werden."[94]

Dem Thema der „Äugelchen" begegnet man an vielen Stellen des Briefwechsels. Nicht nur in den Anfangsjahren, was keineswegs verwunderlich ist. Denn Christiane findet mit ihrem hübschen Gesicht und ihrem tänzerischen Können regen Anklang bei der Herrenwelt, hat Verehrer und zeichnet hervorragende Tänzer, wenn sie zugleich offene und herzliche Menschen sind wie Nicolaus Meyer, wohl auch

Leben mit Christiane

mit ihrer besonderen Sympathie aus. Ebenso natürlich empfindet es Goethe, sich von jugendlicher Weiblichkeit bezaubern und inspirieren zu lassen: Minchen Herzlieb in Jena, Silvie von Ziegesar oder Pauline Gotter, Bettina von Arnim oder Marianne von Willemer regen ihn an, setzen seine dichterische Phantasie in Bewegung, diese oder jene berührt wohl auch sein Herz. Wie Goethe und Christiane einander diese zarten Schwingungen gönnen, ohne eifersüchtige Angst zu verspüren, wie jeder dem anderen diese Freiheit, diesen Bewegungsspielraum gestattet, wie sie sich ihre Beunruhigung in der hübschen Formel der „Äugelchen" gestehen, diese aber gleichsam in die Schwebe des Einverständnisses und Vertrauens bringen, und wie sie schließlich, nach Hause zurückgekehrt, dem anderen auch diese Seite ihres auswärtigen Lebens lachend oder nachdenklich erzählen, zeugt von der tiefen und festen Bindung aneinander, von der diese beiden, scheinbar so ungleichen Partner durchdrungen sind. Manches „Äugelchen" hat Goethe mehr zugesetzt als er selbst gutheißen konnte. In solchen Fällen wird er Christiane vermutlich die letzte Aufrichtigkeit schuldig geblieben sein, bis er sein eigenes Gefühl in Entsagung geläutert hatte. So wissen wir von ihm selbst, daß er die reizende Pflegetochter des Frommannschen Hauses in Jena, das damals siebzehnjährige Minchen Herzlieb, im Winter des Jahres 1806 auf 1807 „mehr als billig geliebt"[95] hat. Wir wissen es aus einem Brief an Christiane aus dem Jahre 1812.

Natürlich hat es, wie in jeder Beziehung, auch in ihrem Zusammenleben Irritationen gegeben. Als Christiane älter wird und an Körperfülle zunimmt – böse Zungen bezeichnen ihr Äußeres als „gemein" und „gewöhnlich" – als wohl auch ihr Selbstverständnis, von unzerstörbarer Natur zu sein, durch häufiger auftretende heftige Krankheitszeichen, die zunächst schnell wieder abklingen, erschüttert wird, scheint sie von Goethes „Äugelchen" stärker beunruhigt worden zu sein. Nach einer Krankheitsphase fragt sie 1810 bei Goethe dringlicher als in früheren Jahren an: „Ist denn die Bettine in Karlsbad angekommen und die Frau von Eybenberg? Und hier sagt man, die Silvie und Gottern gingen auch hin. Was willst Du denn mit allen Äuglichen anfangen? Das wird zu viel. Vergiß nur nicht ganz Dein ältstes, mich, ich bitte Dich, denke doch auch zuweilen an mich. Ich will indes fest auf Dich vertrauen, man mag sagen, was man will."[96] Wenn Goethe

„*Äugelchen*" *und Augen*

ihr einige Zeit später die Ankunft der Frau von Eybenberg meldet und hinzusetzt, sie sei „ganz unendlich politisch [geworden] und auf eine Weise, daß wir nicht eben zusammenstimmen," gewinnt man nicht den Eindruck, er wolle die Daheimgebliebene nur beruhigen. Sein Zusatz: „Ich freue mich, Dich wiederzusehen, um einmal wieder ganz offen mich mitteilen und ausreden zu können"[97], weist eher darauf, daß sich Goethe und Christiane ihre häusliche Atmosphäre von gegenseitigem Verstehen, Vertrauen und Geborgensein über die Jahre hin bewahren konnten.

Im darauffolgenden Sommer, 1811, fährt das Ehepaar Goethe erstmals gemeinsam nach Karlsbad. Christianes Gesundheitszustand bedarf einer kräftigeren Kur, als sie in Lauchstädt möglich ist. Goethe hält wahrscheinlich sein gesellschaftliches Ansehen und seine Verbindungen nun für ausreichend gestärkt, um seine Frau mit seinem Schatten schützen zu können. Mit von der Partie ist die zwanzigjährige Caroline Ulrich, die seit 1809 als Christianes Gesellschafterin im Goethehaus wohnt. Aber selbst zu diesem späten Zeitpunkt können es die Mißgünstigen in Weimar nicht lassen, ihre scharfen Zungen zu wetzen. Charlotte von Schiller vermag sich nur zu wundern, „wie klug der Meister ist. Da er einmal seine dicke Hälfte im Bad mit hatte, so empfahl er sie der Obhut der Frau von [der] Recke, der berühmten nämlich. Diese und ihre Nichte, die Fürstin Hohenzollern, haben sie protegiert und an alle öffentlichen Plätze eingeführt. Unter dieser Ägide ist ihr Ansehn und Ruf trefflich geblieben, ... der Meister weiß seine Freunde zu brauchen."[98] Elisa von der Recke hat in den Wochen des Karlsbader Zusammenseins allerdings einen ganz anderen Eindruck von Christiane gewonnen. Diese habe sich ihr dadurch empfohlen, schreibt sie rückblickend an Johanna Schopenhauer, „daß ich sie nie von andern Böses sprechen hörte; auch war ihre Unterhaltung, soweit ich sie kannte, immer so, daß ich mir es wohl erklären konnte, daß ihr anspruchsloser, heller, ganz natürlicher Verstand Interesse für unsern Goethe haben konnte ..."[99]

Überhaupt gelingt es Christiane außerhalb Weimars meist sehr schnell, die Herzen der Menschen zu erobern. Ihr unkompliziertes Wesen, ihre Warmherzigkeit und Hilfsbereitschaft, ihre fröhliche Natur haben ihr dabei ebenso geholfen wie die Tatsache, daß ihr der

Leben mit Christiane

Platz an Goethes Seite wohl niemals zu Kopf gestiegen ist. Eine gebildete, hochkultivierte Person ist Christiane niemals geworden. Das verbreitete Vorurteil, sie habe keine Zeile von Goethes Werken gelesen, entspricht zwar nicht den Tatsachen, doch steht fest, daß sie Goethe keine Partnerin in geistigen Fragen sein konnte. Allerdings gibt das Urteil Frau von der Reckes über Christianes Verstandesgaben zu denken, das in ähnlicher Weise von Knebels Gattin bestätigt wird: „ … Goethe hat uns oft gesagt, daß, wenn er mit einer Sache in seinem Geiste beschäftigt wäre und die Ideen sich zu stark bei ihm drängten, er dann manchmal zu weit käme und sich selbst nicht mehr zurechtfinden könne, wie er dann zu ihr ginge, ihr einfach die Sache vorlege und oft erstaunen müßte, wie sie mit ihrem einfachen natürlichen Scharfblicke immer gleich das Richtige herauszufinden wisse, und er ihr in dieser Beziehung schon manches verdanke."[100]

Es spricht alles dafür, daß Goethes und Christianes Zusammenleben ein glückliches gewesen ist, auch wenn die Intensität der gegenseitigen Zuneigung nicht immer in gleicher Stärke pulsierte. Ein sehr seltener Fall bei hochbegabten Persönlichkeiten. Eines ihrer Geheimnisse bestand wohl darin, daß sich Christiane an Goethes Seite ihr Wesen bewahren konnte und er nicht versuchte, ihre Bedürfnisse zu unterdrücken. Jeder hatte die Möglichkeit, seine eigenen Lebensbereiche auszugestalten, und sie hatten das Glück, daß sie einander in vielen dieser Bereiche ergänzten. So ist Christiane nicht nur die Stütze von Goethes gesamter häuslicher Existenz, sondern auch eine unverzichtbare Helferin in seiner langjährigen Theaterarbeit. „... ohne Dich", gesteht er ihr schon 1808, „... könnte und möchte ich das Theaterwesen nicht weiterführen."[101] Es ist kein bloßer Zufall, wenn Goethe seine Funktion als Theaterdirektor ein knappes Jahr nach Christianes Tod niederlegt. Eine ähnliche Bedeutung kommt ihr ab 1807 bei der Pflege der häuslichen Geselligkeit zu, als sich Goethe entschließt, aus Mitgliedern der Hofkapelle und einigen stimmbegabten jungen Weimarerinnen eine Hauskapelle zusammenzustellen, die regelmäßig sonntags vormittags in seinem dem Publikum geöffneten Hause kleine Konzerte gibt. Die Proben finden unter Leitung des jungen Kammermusikers Carl Eberwein donnerstags in Christianes Zimmern statt. Ihr

Geselligkeiten im Goethehaus

***Christiane**, aquarellierte Bleistiftzeichnung von Friedrich August Tischbein, um 1812.*

obliegt es, Sänger und Musikanten zusammenzuhalten und nach getaner Arbeit in fröhlicher Runde zu bewirten. So teilen sich Goethe und Christiane in ihre gesellschaftlichen Verpflichtungen und tragen das ihre zur geselligen Unterhaltung in der Residenzstadt bei, in der Musik ansonsten zu den rareren Genüssen zählt. Hin und wieder erscheinen die Weimarer Damen von Stand nun zu diesen Veranstaltungen, widmen Christiane mitunter sogar eine persönliche Visite, das Verhältnis zu ihr aber bleibt kühl und letztlich abweisend.

Besonders schmerzhaft muß es Goethe empfunden haben, daß seine Frau niemals bei Hofe zugelassen worden ist. Im Sommer 1810, als ganz Weimar zur Hochzeit von Prinzessin Caroline rüstet, erwartete er vermutlich, daß auch sie nun endlich bei Hofe präsentiert, das heißt, das offizielle Entreebillett in die Hofgesellschaft erhalten würde. Goethe befindet sich zur Kur in Karlsbad, als er Christianes Bericht erhält: „Die Trauung ist schon am 1. Juli vollzogen worden; ich ging einige Tage vorher zu der Frau Hofmarschallin [von Egloffstein] und erfuhr, daß von Damen niemand zu dieser Feierlichkeit eingeladen würden als die, welche an Hof präsentiert wären und wo auch den Sonntag

Leben mit Christiane

vorher eine ganze Menge erst präsentiert wurden."[102] Die Gattin des ältesten Staatsdieners in Sachsen-Weimar und engen Freunds des Herzogs gehörte nicht zu den Auserwählten. Ein bitterer Schlag für Goethe. Er schweigt zu dieser Verletzung, hofft aber von nun an nicht mehr, daß seine Frau in Weimar jemals offiziell anerkannt werden wird.

Er steht um so fester zu ihr. Als es im September 1811 in der Öffentlichkeit zu einem heftigen Streit zwischen Christiane und Bettina von Arnim kommt, ergreift er sofort Partei für seine Frau und verweist die „Tollhäusler"[103], wie er die Arnims in einem späteren Brief an Christiane nennt, seines Hauses. Noch nach 25jährigem Zusammenleben macht ihn ein Blatt von ihr „auf den ganzen Tag vergnügt"[104] und wenig später entsteht auf einer Ausfahrt nach Stadtilm mit dem Gedanken an Christiane das Gedicht *Gefunden*. In der Kutsche sitzend, kritzelt der Vierundsechzigjährige diese schlicht-anrührende Parabel mit dem Bleistift auf ein Stück Papier, faltet es zusammen und sendet es Christiane als dankbare Erinnerung an den 12. Juli 1788, den Tag ihres Bündnisses, der sich gerade zum 25. Male gejährt hatte. Neben diesen liebevollen Reminiszenzen gibt es in Christianes Briefen der letzten Jahre verschiedene Hinweise darauf, daß sie sich, bedingt durch Unwohlsein und auftretende Krankheitsphasen, nicht mehr beständig so heiter und fröhlich geben konnte, wie es Goethe gewohnt war und wie es ihm wohltat. Damit fehlte ihrer Beziehung zeitweise ein wichtiges Element. Christiane, die nur zu genau wußte, welche Scheu Goethe vor den dunklen Seiten des Lebens, vor Krankheit und Tod, empfand, wird diese Zeichen ihres Körpers mit Unruhe und einer unterschwelligen Angst wahrgenommen haben. Ob die fast Fünfzigjährige, die noch immer auf jeder Studentenlustbarkeit zu finden war – mit Goethes Erlaubnis, versteht sich –, im wilden Tanz auch ihre Ängste niederzuzwingen suchte, kann nur vermutet, nicht bewiesen werden.

Im Januar 1815 erleidet Christiane einen Schlaganfall, von dem sie sich verhältnismäßig schnell erholt. Schon im Mai fühlt sie sich kräftig genug, um Goethe zu bereden, seine eigene Gesundheit wie im vergangenen Jahr an Rhein und Main zu stärken. Beruhigt fährt er gen Westen, im Reisegepäck ein knappes Hundert *Divan*-Gedichte, fährt Marianne von Willemer, seiner Suleika, entgegen. Niemand weiß, wie krank Christiane wirklich ist. Man nimmt heute an, sie litt an Urämie.

Christianes Tod

Im Mai des folgenden Jahres trifft sie vermutlich ein zweiter Schlaganfall. „Gefährliches Befinden meiner Frau während der Nacht", notiert Goethe am 1. Juni in sein Tagebuch. „Verschlimmerter Zustand meiner Frau", „meine Frau noch immer in äußerster Gefahr"[105], heißt es an den folgenden Tagen. Am 4. Juni wird Goethe selbst von einem heftigen Fieberanfall ins Bett gezwungen. Nach zwei Tagen fühlt er sich besser, doch bringt er es wahrscheinlich nicht über sich, die von entsetzlichen Krämpfen geschüttelte Christiane noch einmal zu sehen. „Nahes Ende meiner Frau. Letzter fürchterlicher Kampf ihrer Natur. Sie verschied gegen Mittag", verzeichnet das Tagebuch am 6. Juni. „Leere und Totenstille in und außer mir."[106] Goethe legt sich nieder, nimmt keine Kondolenzen entgegen, nur sein Sohn, „Helfer, Ratgeber, ja einziger haltbarer Punkt in dieser Verwirrung"[107], ist um ihn. Abends die nächsten Freunde, Heinrich Meyer und Friedrich Riemer.

Goethe schweigt, lauscht den Tönen nach, die langsam aus seinem Schmerz emporsteigen, zunächst in Prosa sich formen, sich schließlich zu Versen fügen: „Du versuchst, o Sonne, vergebens / Durch die düstren Wolken zu scheinen! / Der ganze Gewinn meines Lebens / Ist, ihren Verlust zu beweinen."[108] Zwei Wochen später gesteht er seinem jungen Freund Sulpiz Boisserée: „Leugnen will ich Ihnen nicht, und warum sollte man großtun, daß mein Zustand an die Verzweiflung grenzt ..."[109]

Fast gewaltsam zwingt er sich zur Tätigkeit, seinem bewährten Mittel, sich aufrechtzuhalten. Goethe ist nicht ganz 67 Jahre, als er Christiane verliert. Mit ihrem Tod beginnt die Einsamkeit seines Alters. Er weiß, welcher Teil des Lebens ihm fortan verschlossen bleiben wird:

Ein rascher Sinn, der keinen Zweifel hegt,
Stets denkt und tut und niemals überlegt;
Ein treues Herz, das, wie empfängt, so gibt,
Genießt und mitteilt, lebt, indem es liebt;
Froh glänzend Auge, Wange frisch und rot,
Nie schön gepriesen, hübsch bis in den Tod.[110]

Christianes Grab auf dem Jakobsfriedhof.

Minister ohne Portefeuille

*Des Menschen Leben ist nur insofern
etwas wert, als es Folge hat.*

Goethes italienische Reise bedeutete in mehrfacher Hinsicht eine Lebenswende. Mit ihr verband sich nicht zuletzt eine grundlegende Neuordnung seiner amtlichen Obliegenheiten. Noch aus Italien hatte er im März 1788 an Carl August geschrieben: „Ich ... habe mich in dieser anderthalbjährigen Einsamkeit selbst wiedergefunden; aber als was? – Als Künstler! Was ich sonst noch bin, werden Sie beurteilen und nutzen. Sie haben durch Ihr fortdaurendes würkendes Leben jene fürstliche Kenntnis: wozu die Menschen zu brauchen sind, immer mehr erweitert und geschärft, wie mir jeder Ihrer Briefe deutlich sehen läßt; dieser Beurteilung unterwerfe ich mich gern. Nehmen Sie mich als Gast auf, lassen Sie mich an Ihrer Seite das ganze Maß meiner Existenz ausfüllen und des Lebens genießen; so wird meine Kraft ... nach Ihrem Willen leicht dahin oder dorthin zu leiten sein ... Ich kann nur sagen: Herr, hie bin ich, mache aus deinem Knecht, was du willst."[1] Signalisiert Goethe damit einerseits eine fast biblische Treue gegenüber Carl August und den Seinigen, so vergißt er andererseits nicht die Hoffung hinzuzufügen, daß der Herzog seiner Dienste „im Mechanischen" jetzt wohl „nicht unmittelbar"[2] bedürfe. Daß er zum „Detail" der Verwaltungsarbeit „nicht geboren"[3] sei, war Goethe nach den Erfahrungen seines ersten Weimarer Jahrzehnts zur unumstößlichen Gewißheit geworden. Seine Selbstbestimmung als Künstler gebot ihm nun, sich vor der Rückkehr in seine Wahlheimat mit Carl August über den Rahmen seiner zukünftigen Existenz zu verständigen. Auch wenn Goethe dabei bedachtsam und höchst diplomatisch zu Werke ging, war sein Bekenntnis zu Carl August tief empfunden. „Ich habe so ein großes und schönes Stück Welt gesehn, und das Resultat ist: daß ich nur mit Ihnen und in dem Ihrigen leben mag"[4], schrieb er dem Herzog schon im Mai 1787.

Goethes erneute Entscheidung für Weimar

Carl August als Aschersleber Kürassier, Stich von J. Ch. E. Müller, 1793.

Carl Augusts Antworten auf Goethes italienische Briefe sind verlorengegangen. An ihrer Stelle sprechen seine beiden Reskripte vom 11. April 1788 eine deutliche Sprache: Obgleich er Goethe sehr gern die Kammerpräsidentschaft übertragen hätte, entband er den noch in Italien Weilenden, dessen Wunsch gemäß, von seiner schwersten Amtslast, der Verantwortung für die Kammergeschäfte. Um sich den Rat des weltgewandten Freundes in besonderen Fällen zu sichern, fügte er aber ausdrücklich hinzu, Goethe möge „von Zeit zu Zeit, so wie es seine Geschäfte erlauben", den Zusammenkünften des Kammerkollegiums beiwohnen und sei berechtigt, „dabei seinen Sitz auf den für Uns bestimmten Stuhl zu nehmen"[5]. Dieses höchst fürstliche Entgegenkommen krönte Carl August mit der Verfügung, Goethes Gehalt sei um 200 Taler jährlich aufzubessern. Geschickt hatte er damit allem Orakeln über eine Entthronung des allzulange Ferngebliebenen den Wind aus den Segeln genommen und Weimars Tore für Goethes Rückkehr weit geöffnet. Hans Tümmler, Carl Augusts Biograph, spricht in diesem Zusammenhang von „wahrhaft exzeptionellen Regelung[en]", wie sie „wohl nur das absolute Regierungssystem ermöglichen konnte"[6]. Über die Freundestreue hinaus, die bei Goethe wie bei Carl August nicht zu gering veranschlagt werden darf, war sich der Herzog des Wertes, den Goethes Persönlichkeit für sein Land besaß, zutiefst bewußt.

Auch für Goethe war die erneute Entscheidung für Sachsen-Weimar alles andere als Kalkül. Es existiert kein einziges Zeugnis, das ihn während seiner italienischen Abwesenheit mit anderweitigen Plänen beschäftigt gezeigt hätte. Bereits seine „Flucht" nach Rom im September 1786, so geheim sie auch ausgeführt worden war, glich, was die Amtsgeschäfte betraf, viel eher einem lange geplanten geordneten Rückzug. Mit Blick auf die Gestalt des Hauptmanns wird Goethe später in den *Wahlverwandtschaften* sagen: „Denn er hatte den Grundsatz, aus einem übernommenen, unvollendeten Geschäft nicht zu scheiden, bis er seine Stelle genugsam ersetzt sähe. Ja er verachtete diejenigen, die, um ihren Abgang fühlbar zu machen, erst noch Verwirrung in ihrem Kreise anrichten ..."[7] Diesem Grundsatz war Goethe 1786 gefolgt: Die Reformen in der Kriegskommission hatte er abgeschlossen, die Wegebaukommission so gestellt, daß sie auf eine bestimmte Zeit auch ohne ihn arbeiten konnte. Für das Geheime Conseil, für die Kammer wie für die Ilmenauer Bergwerks- und Steuerkommission war es seiner sicheren Menschenkenntnis gelungen, zwei Männer aus der weimarischen Beamtenschaft heranzuziehen, die die ihm obliegenden Amtsgeschäfte während seiner Abwesenheit mit Sorgfalt, Treue und Sachkompetenz zu führen wußten. Es war dies zunächst der Geheime Assistenzrat Johann Christoph Schmidt, den Goethe dem Herzog als einen Menschen empfohlen hatte, „dem es ernst ums Gute ist"[8] und dessen Fähigkeit zum Haushalten der herzoglichen Kammer wohl anstehen sollte. Schmidt wirkte neben Goethe, später an seiner Stelle im Geheimen Conseil und bei der Kammer. Im April 1788 wurde er – wiederum auf Goethes Anraten und an dessen Stelle – von Carl August zum Kammerpräsidenten ernannt.

Neuordnung der Amtsgeschäfte

Christian Gottlob Voigt.

Noch wichtiger und im wahrsten Sinne des Wortes ein Segen für Carl Augusts Landesverwaltung wurde Goethes zweite Personalempfehlung: der Geheime Regierungsrat Christian Gottlob Voigt. Sechs Jahre älter als Goethe, hatte sich dieser aus Allstedt stammende und an der Jenaer Universität ausgebildete Jurist auf der „Ochsentour", wie er es selbst nannte, durch die Amtsstuben der herzoglichen Landesverwal-tung gearbeitet. Ein scharfer, kritisch abwägender Verstand und ein rasches, sicheres Urteilsvermögen paarten sich in ihm mit einer gründlichen Arbeitsweise und einem kaum zu ermüdenden Arbeitsvermögen. Schon im Jahre 1783 war Goethe auf diesen fähigen Mann aufmerksam geworden und hatte Carl August veranlaßt, ihn der Ilmenauer Bergwerks-, später auch der dortigen Steuerkommission zuzuordnen. In gemeinsamer Arbeit lernten Goethe und Voigt einander kennen und schätzen. Die Tätigkeitsberichte, die Voigt nach Italien sandte, überzeugten Goethe vollends von der Leistungsfähigkeit und menschlichen Integrität des Älteren, und er empfahl Carl August dringend, diesen rastlos Tätigen zu höheren Verwaltungsaufgaben heranzuziehen.

So nahm Goethe nach seiner Rückkehr aus Italien seine amtlichen Pflichten lediglich in der Ilmenauer Bergwerks- und Steuerkommission wieder auf, zwei Bereiche, die ihm nach wie vor außerordentlich am Herzen lagen. Voigt, der die Geschäfte fast zwei Jahre weitestgehend selbständig geführt hatte, entlastete ihn nun aber von aller zermürbenden Detailarbeit, zu der er sich als erfahrener Verwaltungsbeamter ohnehin berufener fühlte. Unter diesen Umständen blieb dem aus Italien Heimgekehrten zunächst genügend Freiraum, seine erste große Werkausgabe bei Göschen abzuschließen. 1790 erschienen

nen die letzten beiden Bände mit dem endlich vollendeten *Tasso* und dem ersten Teil des *Faust*, letzterer allerdings als Fragment. Die Dankeselegie, die Goethe Carl August im Mai 1789 widmete, belegt, daß er sich der tiefen Problematik seiner außergewöhnlichen Existenz ebenso bewußt war wie Carl Augusts Verdiensten um seine Person:

Klein ist unter den Fürsten Germaniens freilich der meine;
Kurz und schmal ist sein Land, mäßig nur, was er vermag.
Aber so wende nach innen, so wende nach außen die Kräfte
Jeder; da wär's ein Fest, Deutscher mit Deutschen zu sein.
Doch was priesest du ihn, *den Taten und Werke verkünden?*
Und bestochen erschien' deine Verehrung vielleicht;
Denn mir hat er gegeben, was Große selten gewähren,
Neigung, Muße, Vertraun, Felder und Garten und Haus.
Niemand brauchet ich zu danken als ihm, *und manches bedurft ich,*
Der ich mich auf den Erwerb schlecht, als ein Dichter, verstand.
Hat mich Europa gelobt, was hat mir Europa gegeben?
Nichts! Ich habe, wie schwer! meine Gedichte bezahlt.
Deutschland ahmte mich nach, und Frankreich mochte mich lesen.
England, freundlich empfingst du den zerrütteten Gast.
Doch was fördert es mich, daß auch sogar der Chinese
Malet mit ängstlicher Hand Werthern und Lotten auf Glas?
Niemals frug ein Kaiser nach mir, es hat sich kein König
Um mich bekümmert, und er war mir August und Mäcen.[9]

Allerdings war es Goethe bei seiner Bitte um amtliche Entlastung niemals darum gegangen, sich einen Freibrief für ein abgeschiedenes Künstlerdasein zu sichern. Ungewöhnlich vielseitig begabt und regelrecht nach Tätigkeit dürstend, hatte er seinem Anspruch, das Antlitz Sachsen-Weimars kräftig mitzugestalten, keineswegs entsagt. Nur wünschte er diesen Anspruch künftig auf Gebieten zu erfüllen, die seinen Begabungen und besonderen Fähigkeiten gemäß waren. Und so hatte ihn Carl August völlig richtig verstanden, wenn er ihm zu den beibehaltenen alten nach und nach neue Aufgaben übertrug: Die Verantwortlichkeit für das „Freie Zeicheninstitut" in Weimar – Goethe übte sie gemeinsam mit Schnauß bereits seit Jahren aus – erschien im

Freie Zeichenschule und Schloßbaukommission

―――⋅―――

Herzoglich S. Weimar- und Eisenachischen Hof- und Adreßkalender von 1788 erstmals mit der Funktionsbezeichnung „Oberaufsicht", gleichsam auf das „Ressort" vorausdeutend, das Goethe im Laufe des kommenden Jahrzehnts von seinem Fürsten auf den Leib geschneidert wurde. Am Zeicheninstitut bemühte man sich, Beobachtungsvermö-gen, Geschicklichkeit und Geschmack zu schulen, ein Anliegen, das Goethe seit Gründung der Schule Mitte der siebziger Jahre intensiv förderte. Der Unterricht stand den Mitgliedern aller sozialen Schichten unentgeltlich offen und wurde von Handwerkern ebenso rege wahrgenommen wie von den Damen der Gesellschaft.

Das Schloß nach dem Wiederaufbau, *Kupferstich von Christian Müller nach Georg Melchior Kraus, undat.*

Im März 1789 berief Carl August Goethe in die neugegründete Schloßbaukommission. Die alte Wilhelmsburg, deren rußgeschwärzte Mauerreste seit anderthalb Jahrzehnten das Gesicht der Residenzstadt prägten, sollte endlich wieder aufgebaut werden. Eine Aufgabe von historischem Format, die Goethes Leidenschaft für architektonische Gestaltungsmöglichkeiten einem höchst anspruchsvollen Tätigkeitsfeld zuführte. Durch intensives Studium der antiken sowie der Renaissancearchitektur hatte er sich in Italien mehr oder minder bewußt darauf vorbereitet. Da sich Carl August keinen eigenen Hofbaumeister von Rang leisten konnte, sah Goethe seine Aufgabe vor allem darin, „für die Menschen zu sorgen, die das, was geschehen soll, klug angeben und genau ausführen. Wir verstehns ja alle nicht, und höchstens können wir wählen."[10] Dem sich in Deutschland gerade erst etablierenden neuen Zeitgeschmack gemäß, wandte er sich, persönliche Verbindungen nutzend, an namhafte Baumeister, die, mit Carl Augusts und Goethes Geschmack übereinstimmend, im klassizistischen Stil wirkten.

Ebenfalls im Jahre 1789 übertrug der Herzog Goethe die Aufgabe, in Jena gemeinsam mit dem Botaniker August Johann Georg Karl Batsch einen botanischen Garten aufzubauen. Ein Unternehmen, das vorerst allerdings aus Mangel an finanziellen Mitteln nicht recht vorankam und Goethe mit Blick auf die Teilnahme Sachsen-Weimars am Reichskrieg gegen Frankreich zu dem Stoßseufzer veranlaßte: „Ich wollte, daß ich dem guten Batsch den Betrag von ein paar Hundert unnütz verschoßnen Kanonenladungen übermachen könnte ..."[11] 1791 fiel Goethe auf des Herzogs Wunsch die Leitung des neu zu gründenden Weimarer Hoftheaters zu. Zum Ende des nächsten Jahres bat ihn der Herzog, während seiner Abwesenheit das längst gewünschte Landhaus im Weimarer Ilmpark – das heutige Römische Haus – errichten zu lassen: „... erzeige mir den Gefallen zu besorgen, daß endlich einmal der Plan des Dinges zustande komme und schnell ausgeführt werde ... Nimm Dich der Sache ernstlich an ... Decke es, womit und wie Du willst, und tue, als wenn Du für Dich bautest; unsere Bedürfnisse waren einander immer ähnlich"[12], so die Instruktion des Herzogs. Auf diese Weise wächst Goethe, dem ohnehin kaum etwas entgeht, was sich auf den Gebieten von Kunst und Wissenschaft im Herzogtum ereignet, und der selbst Mannigfaltiges anregt, nach und nach in einen neuen Wirkungskreis hinein, der neben seinen literarischen Leistungen auch von verschiedenen amtlichen Seiten her das vorbereitet, was wir heute gewohnt sind, als „klassisches Weimar" zu bezeichnen.

Diese kulturprägenden Prozesse vollziehen sich zunächst im Windschatten der französischen Revolutionsereignisse. Schon bald aber zwingt die europäische Gesamtkonstellation auch Sachsen-Weimar zu entschiedener Stellungnahme. Carl August nimmt als preußischer General am Ersten Koalitionskrieg gegen Frankreich teil, dessen Erhebung zum Reichskrieg er mit Billigung des Geheimen Conseils letztlich anerkennt. Dem herzoglichen Befehl folgend, begleitet ihn Goe-

Teilnahme am Reichskrieg gegen Frankreich

the 1792 während der Kampagne in Frankreich ebenso wie ein Jahr später während der Belagerung von Mainz, ohne Carl Augusts zeitweilige Kriegsbegeisterung zu teilen. Aus dem Lager von Luxemburg schreibt Goethe am 15. Oktober 1792 an Voigt: „Ich habe mit Betrübnis gesehen, daß das Geheime Conseil unbewunden diesen Krieg für einen Reichskrieg erklärt hat. Wir werden also auch mit der Herde ins Verderben rennen – Europa braucht einen Dreißigjährigen Krieg, um einzusehen, was 1792 vernünftig gewesen wäre."[13] Realpolitisch war diese von Goethe und letztlich auch von Voigt gewünschte strikte Friedensposition zum gegebenen Zeitpunkt allerdings kaum durchsetzbar. Carl August verfügte über keinerlei Machtgrundlagen, die es ihm erlaubt hätten, im Alleingang eine Politik entgegen den Reichstagsbeschlüssen zu versuchen oder gar durchzusetzen.

Aber gerade während der militärischen Aktionen gegen Frankreich vollzieht Carl August zu Beginn der neunziger Jahre seine entscheidende Lebenswende. Nach wie vor strikt antirevolutionär und französenfeindlich eingestellt, haben ihn die Erfahrungen mit der überlegenen französischen Kriegstechnik ebenso wie seine Einblicke in die Zerstrittenheit der österreichischen Führungsspitze gelehrt, daß eine Fortsetzung des Krieges aufs Ganze gesehen keinen Erfolg verspricht und er sein eigenes Land damit nur unberechenbaren Gefahren aussetzen würde. Mit der ihm inzwischen eigenen Konsequenz stellt sich der Herzog seinen Einsichten: Ende Dezember 1793 scheidet er aus dem preußischen Militärdienst aus und kehrt in sein Land zurück, wo er fortan eine höchst engagierte und aktive Friedenspolitik betreibt. Denn die Gefahr ist keineswegs gebannt. Noch steht sein Land im Reichskrieg gegen Frankreich, muß zahlen in Geld und Mannschaft. „... wie sollte man sich erholen, da uns die ungeheuern Bewegungen innerhalb Frankreichs jeden Tag beängstigten und bedrohten", schreibt Goethe rückblickend in den *Annalen* zum Jahr 1794. „Im vorigen Jahre hatten wir den Tod des Königs und der Königin bedauert, in diesem das gleiche Schicksal der Prinzeß Elisabeth. Robespierres Greueltaten hatten die Welt erschreckt, und der Sinn für Freude war so verloren, daß niemand über dessen Untergang zu jauchzen sich getraute; am wenigsten, da die äußern Kriegstaten der im Innersten aufgeregten Nation unaufhaltsam vorwärtsdrängten, ringsumher die

Welt erschütterten und alles Bestehende mit Umschwung, wo nicht mit Untergang bedrohten. – Indes lebte man doch in einer traumartigen, schüchternen Sicherheit im Norden und beschwichtigte die Furcht durch eine halbgegründete Hoffnung auf das gute Verhältnis Preußens zu den Franzosen."[14]

Diese Hoffnung wuchs, als im April des folgenden Jahres die preußisch-französischen Verhandlungen im sogenannten Separatfrieden von Basel ihren Abschluß fanden. Indem aber der Kurfürst von Sachsen als Oberhaupt der wettinischen Häuser und als Kreishauptmann des Obersächsischen Reichskreises, dem Sachsen-Weimar angehörte, aus traditioneller Reichstreue seinen Zutritt zu diesem besonderen Frieden verweigerte, waren auch Carl August die Hände gebunden. Doch kämpft er in einer nicht abreißenden Kette diplomatischer Bemühungen zunächst am Dresdner, später auch direkt am Berliner Hof um Frieden für sein Land. Als die Franzosen am 15. Juli 1796 Frankfurt eingenommen hatten und über Würzburg bis in den Fränkischen Kreis vorgedrungen waren, begibt sich Carl August mit Christian Gottlob Voigt, dem inzwischen tätigsten Mitglied des Geheimen Conseils, nach Eisenach, um die thüringische Süd- und Westgrenze mit seinen bescheidenen Mitteln wenigstens notdürftig militärisch gegen den ersten Anprall der Franzosen zu sichern. Gleichzeitig ringt er auf diplomatischem Wege fieberhaft um einen Friedensvertrag für Sachsen-Weimar.

An diesen politischen und militärischen Aktivitäten ist Goethe nicht direkt beteiligt. Er sitzt in Weimar und arbeitet an *Wilhelm Meisters Lehrjahren*. Doch ist in Anbetracht der kriegerischen Bedrohung „alles in solcher Konfusion und Bewegung, daß die ästhetische Stimmung, die erforderlich wäre, den Roman ... zu vollenden, nur als eine Wundergabe erwartet werden kann"[15]. Fast täglich gehen Akten und Berichte von Voigt ein, die Goethe über jede Veränderung der Lage auf dem laufenden halten. Endlich, am 3. August, kann er lesen: „Diese Nacht habe ich gern unruhig zugebracht und sofort 10 Stunden de suite gearbeitet. Denn der Kurfürst [von Sachsen] erklärte sich endlich [bereit], die preußische Vermittlung zur Neutralitätserlangung anzunehmen. – Und nun schließen wir uns an Kursachsen an, und dieses vertritt uns ... Des Herzogs Bestürmung an den Kurfürsten

Der Friede des klassischen Weimar

(mittelst ... zwölf ... Stafetten und Mémoires) hat also etwas geholfen."[16] Am 13. August wird in Erlangen der Waffenstillstand geschlossen und Ende Dezember mit dem förmlichen Beitritt Kursachsens und seiner Verbündeten zum preußisch-französischen Friedensvertrag besiegelt.

Genau ein Jahrzehnt wird dieser Friede dauern. Er geht als Friede des klassischen Weimar in die Kulturgeschichte ein und bildet den realhistorischen Hintergrund, vor dem sich die kulturellen Leistungen der Doppelstadt Weimar-Jena entfalten. Auch wenn Goethe in Zukunft nach wie vor nicht alle politischen Entscheidungen seines Fürsten teilen wird, findet das große Zutrauen, das er von Anfang an in Carl August gesetzt und auch über Krisensituationen hin aufrechterhalten hatte, in der Hinwendung des Herzogs zu einer auf kulturelle Werte und deren Ausstrahlungskraft orientierende Politik eine schöne Bestätigung und erneute Befestigung. „Ferrara ward durch seine Fürsten groß"[17], hatte Goethe im *Tasso* fast beschwörend formuliert; eine Botschaft, von deren tiefer Wahrheit er nun auch Carl August zumindest im Grundsätzlichen durchdrungen fand.

Arbeitsfelder eröffneten sich Goethe in diesem wissenschaftlich-kulturell geprägten Rahmen in Fülle. Schon seit Anfang der neunziger Jahre hatten sich seine Kontakte zur der nur knappe drei Poststunden entfernten Jenaer Universität vertieft. Von den vier ernestinischen Herzogtümern Sachsen-Weimar-Eisenach, Sachsen-Gotha-Altenburg, Sachsen-Meiningen und Sachsen-Coburg-Saalfeld gemeinsam finanziert, hatte sich die Salana im letzten Drittel des 18. Jahrhunderts zu

Das Collegium Jenense, *die Gründungsstätte der Universität Jena, Kupferstich, 1710.*

einer der bedeutendsten Universitäten Deutschlands entwickelt. Trotz geringer Mittel war es den Nutritoren gelungen, hoffnungsvolle jüngere Kräfte als Außerordinarien nach Jena zu ziehen und zunächst im naturwissenschaftlichen Bereich mit Männern wie dem Anatom Justus Christian Loder, dem Mediziner Johann Christian Stark, dem Botaniker Batsch, dem Apotheker und Chemiker Johann Friedrich August Göttling u.a. überregional wahrnehmbare Zeichen zu setzen. Schon aus naturwissenschaftlichem Interesse schloß sich Goethe diesen Männern eng an und bahnte nicht wenigen, wie etwa Batsch und Göttling, selbst den Weg zu einem Lehrstuhl.

Obwohl Goethe rein institutionell gesehen an der Leitung der Universität keinen Anteil besaß und auch nicht zu besitzen wünschte, bezeichnet Hans Tümmler seine und Christian Gottlob Voigts Stellung zu derselben „nicht der Form und dem Namen, wohl aber dem Inhalt und Charakter nach" als diejenige, „die dem ‚Kurator' nach dem eigentlichen Wortsinn zukommen müßte"[18]. Voigt selbst steht der Universität auch amtlich nahe, zunächst als Stellvertreter des altersschwachen Hochschulreferenten Schnauß im Geheimen Conseil, seit dessen Tod im Jahre 1797 als verantwortlicher Referent. Wie Goethe betrachtet er die Universität nicht nur als ökonomischen Faktor innerhalb der Landesverwaltung, sondern ist zutiefst an der Entfaltung des wissenschaftlichen Niveaus der Lehreinrichtung interessiert. Beide Männer sehen es als gemeinsame Aufgabe an, die Freiheit der wissenschaftlichen Lehre sichern zu helfen und vor allem in Berufungsfragen und beim Aufbau der naturwissenschaftlichen Sammlungen anregend und lenkend mitzutun.

So wirken sie im Jahre 1794 auf den anfangs skeptischen Herzog ein, den aufgrund seiner anonym erschienenen Schrift *Beitrag zur Berichtigung der Urteile des Publikums über die französische Revolution* im zweifelhaften Ruf eines Jakobiners stehenden Johann Gottlieb Fichte nach Jena zu berufen. Dessen Amtsvorgänger Carl Leonhard Reinhold war es auf Voigts Anregung hin gelungen, mit seinen Briefen und Vorlesungen zur Kantschen Philosophie seit dem Jahre 1787 eine philosophische Neuorientierung an der Alma mater Jenensis einzuleiten und diese zu einer wichtigen Verbreitungsstätte der neusten Philosophie in Deutschland zu entwickeln. Wißbegierige Studenten lie-

Die Berufung Fichtes nach Jena

ßen nicht auf sich warten. Den guten Ruf der Salana nach Reinholds Fortgang aufrechtzuerhalten, lag ganz in Voigts und Goethes Interesse. So ließen sie politischen Ressentiments gegenüber Fichte keinen Raum und bahnten diesem hoffnungsträchtigen Jünger Kants den Weg nach Jena. Goethe spricht rückblickend zu Recht von der „Kühnheit, ja Verwegenheit"[19] dieses Schrittes, setzte doch gerade im Berufungsjahr 1794 die Opposition kirchlicher Kreise gegen die Freiheit der universitären Lehre massiv ein. Eine besonders unrühmliche Rolle spielte dabei das Eisenacher Oberkonsistorium.

*Johann Gottlieb Fichte,
Kreidezeichnung von Friedrich
Bury, 1801.*

Als Fichte schon knapp zwei Monate nach seinem Amtsantritt von maßgeblichen Männern der Weimarer Gesellschaft als „schlimmer Jakobiner" verketzert wird, der „in einem Collegio gesagt habe, in 10 bis 20 Jahren werde es keinen König oder Fürsten mehr geben"[20], wie Goethe von seinem etwas ratlosen Kollegen Voigt erfährt, setzt sich Goethe maßgeblich für Fichte ein und bemüht sich, die Angriffe aus

Minister ohne Portefeuille

dem Lager der Orthodoxie abzuwenden. Schließlich ist es Carl August selbst, von dem Goethe die Aufforderung erhält: „Sorge doch dafür, daß wir von Zeit zu Zeit die Hefte von Fichtens Lektionen bekommen; es ist doch gar zu wunderlich, daß man solche Leute, auf die Aufmerksamkeit zu verwenden ist, bloß von Hörensagen beurteilen will."[21] Goethes Brief an Fichte vom 24. Juni 1794 bezeugt, mit wieviel Fingerspitzengefühl er sich des unappetitlichen Auftrags entledigt. Er dankt dem Philosophen für die übersendeten ersten Bogen der *Wissenschaftslehre*: „Das Übersendete enthält nichts, das ich nicht verstände oder wenigstens zu verstehen glaubte, nichts, das sich nicht an meine gewohnte Denkweise willig anschlösse. – Nach meiner Überzeugung werden Sie durch die wissenschaftliche Begründung dessen, worüber die Natur mit sich selbst in der Stille schon lange einig zu sein scheint, dem menschlichen Geschlechte eine unschätzbare Wohltat erweisen ... Was mich betrifft, werde ich Ihnen den größten Dank schuldig sein, wenn Sie mich endlich mit den Philosophen versöhnen, die ich nie entbehren und mit denen ich mich niemals vereinigen konnte."[22] Ein von Goethe in seinem Hause zum gegenseitigen Kennenlernen arrangiertes Essen mit Fichte, dem frei denkenden Knebel und Christian Gottlob Voigt am 28. Juni vermag auch letzteren zu beruhigen. „Es sind mir einige recht angenehme Stunden gewesen", berichtet Voigt nach Jena. „Ich hoffe, er [Fichte] soll mit uns zufrieden sein, so wie ich ganz gewiß mir viel Gutes verspreche. Er ist ein sehr gescheuter Mann, von dem schwerlich etwas Unbesonnenes oder Gesellschaftswidriges kommen kann."[23] Auch Fichte selbst fühlt sich durch Goethe wohl aufgenommen. „... ich liebe ihn sehr, und er verdient es auch um mich. Er ist weit mehr eingeweiht in das freie Forschen, als man bei seinem dichterischen Charakter glauben sollte, und übertrifft Schiller darin um vieles ..."[24]

Fichtes kompromißloser und bisweilen heftiger Charakter hat es seinen beiden Weimarer Gönnern nicht immer leichtgemacht, ihm seinen Arbeitsfrieden zu sichern, der nicht nur von seiten der Orthodoxie und neidischer Kollegen, sondern nach Fichtes Versuch, die anachronistischen Studentenorden aufzulösen, auch von seiten eines Teiles der Studenten bedroht wurde. Als diese ihm im Frühjahr 1795 mehrfach die Fenster seiner Wohnung eingeworfen hatten, war Fichte

Die geistige Atmosphäre in Jena

entschlossen, seinen Abschied zu nehmen. Es ist Voigt, der des Philosophen Unmut beschwichtigt und ihn bewegt, sich für einige Zeit „auf dem Lande zu erholen und abzuwarten, was für seine Sicherheit geschehen könne"[25]. Der Herzog bewilligt einen längeren Urlaub. An diesem erneuten, folgenreichen Eintreten für Fichte ändert es nichts, wenn Goethe in einem Schreiben an Voigt ironisch bemerkt: „Sie haben also das absolute Ich in großer Verlegenheit gesehen, und freilich ist es von den Nicht-Ichs, die man doch gesetzt hat, sehr unhöflich, durch die Scheiben zu fliegen. Es geht ihm aber wie dem Schöpfer und Erhalter aller Dinge, der, wie uns die Theologen sagen, auch mit seinen Kreaturen nicht fertigwerden kann"[26], und wenn Voigt repliziert: „Seine [Fichtes] metaphysische Demagogie hat einen garstigen Stoß bekommen. Er dankt Gott, wenn die Monarchie ihm seine Fenster ganz erhält."[27] Solche Nuancen der internen Korrespondenz belegen, daß sich Goethes ehrlich gemeinter Wunsch nach Annäherung an Fichtes philosophisches Gedankengebäude nicht erfüllt hat, ebensowenig wie Voigt metaphysischen Spekulationen gegenüber offen gewesen ist. Sie ändern aber nichts an der Tatsache, daß beide Männer Weitblick genug besaßen, um die Freiheit der Lehre und damit das wissenschaftliche Niveau der Universität höher zu stellen als ihre subjektiven weltanschaulichen Überzeugungen. In diesem Sinne haben sie Fichte bis zum sogenannten Atheismusstreit im Jahre 1799 so gut sie konnten den Rücken freigehalten und das Ihre dafür getan, daß die Universität Jena nicht ausschließlich, aber vor allem durch Fichtes Wirken zur Heimstatt der klassischen deutschen Philosophie werden konnte. Fichtes *Wissenschaftslehre* erfährt in jenen fruchtbaren Jenaer Jahren ihre klassische Ausgestaltung.

Wie stark Goethe und Voigt die geistige Atmosphäre Jenas auch persönlich immer wieder als höchst belebend empfanden, belegen viele Briefäußerungen. So schreibt Goethe beispielsweise im März 1797 an Knebel: „Schiller ist fleißig an seinem *Wallenstein*, der ältere Humboldt arbeitet an der Übersetzung des *Agamemnon* von Aeschylus, der ältere Schlegel an einer des *Julius Cäsar* von Shakespeare ... – Nimmst Du nun dazu, daß Fichte eine neue Darstellung seiner *Wissenschaftslehre* im *Philosophischen Journal* herauszugeben anfängt, und daß ich, bei der spekulativen Tendenz des Kreises, in dem ich lebe, wenigstens im Ganzen Anteil daran nehmen muß, so wirst Du leicht sehen, daß man manchmal nicht wissen mag, wo einem der Kopf steht ..."[28] Gerade in den neunziger Jahren schlägt sich die Anziehungskraft Jenas in stark steigenden Studentenzahlen nieder: Konnte die Universität im vorangegangenen Jahrzehnt 14 340 Studenten zählen, so wählten in den neunziger Jahren 18 767 Studenten Jena zu ihrem Studienort.[29]

Fichtes kraftvolle Persönlichkeit, sein wachsender philosophischer Ruhm und seine trotz der Fensterscheibenaffäre insgesamt steigende Ausstrahlungskraft auf dem Katheder fordern jedoch immer wieder die Gegner aus dem Lager der Orthodoxie auf den Plan. Als im Jahre 1798 in dem von Fichte und Niethammer in Jena herausgegebenen *Philosophischen Journal* ein Aufsatz des Saalfelder Rektors Forberg über die *Entwicklung des Begriffs der Religion* erscheint, in dem der Autor die Religion ausschließlich als praktische Tugend apostrophiert, die allein im Handeln besteht und einen Gottesglauben nicht notwendig impliziert, tritt die Orthodoxie erneut auf den Plan. Mittels einer anonymen Flugschrift, in der ein Vater seinen Sohn in starken Worten vor dem Atheismus der Verfasser warnt, treffen die Gegner mit Forberg auch Fichte, der als Zeitschriftenherausgeber Forbergs Artikel ursprünglich zu mildern gewünscht hatte. Nachdem Forberg aber auf dem Wortlaut bestand, sah sich Fichte veranlaßt, einen eigenen Aufsatz unter dem Titel *Über den Grund unseres Glaubens an eine göttliche Weltregierung* vorauszuschicken. Hierin leitet er die Religion vom Glauben an eine übersinnliche moralische Weltordnung ab und relativiert damit Forbergs atheistische Gedanken und Positionen durch pantheistische. Da diese aber zumindest nicht ganz leicht mit der tradierten christlichen Glaubenslehre vereinbar waren, geriet auch Fichte selbst erneut ins Schußfeld.

Soweit ähnelt der Vorgang den Märzereignissen des Jahres 1796, als in der für ihren religiösen Starrsinn bekannten Zeitschrift *Eudämonia* „Jakobiner-Riecher" – so Voigt in seinem Bericht an Goethe – Fichtes Sonntagsvorlesungen verketzert und Jena als „ein Hauptnest der Jakobiner"[30] ausgeschrien hatten. In der Überzeugung, daß derartige „Pasquille ... gewöhnlich viel geschwinder vergessen [werden], als man glaubt", und er dem Herzog „keine unangenehme Stunde ohne Not"[31] bereiten mochte, hatte Voigt die Angelegenheit damals als Bagatelle betrachten und Carl August gegenüber verschweigen wollen. Obgleich dieser zweckdienliche Vorsatz des erfahrenen Staatsmanns von Fichtes Impulsivität durchkreuzt worden war, der die Angelegenheit persönlich vor den Herzog brachte, blieb man in Weimar ruhig und ließ die Sache von selbst verebben.

Diese Möglichkeit bestand Ende 1798 nicht, da sich die kursächsische Regierung in Dresden aufgrund des in besagter anonymer Flugschrift formulierten Atheismusvorwurfes gegenüber Fichte veranlaßt sah, das *Philosophische Journal* an den beiden sächsischen Landesuniversitäten Leipzig und Wittenberg zu konfiszieren sowie in einem scharf formulierten Schreiben an die Nutritoren der Jenaer Universität die Bestrafung der Zeitschriftenherausgeber zu fordern. Für den Fall der Fortsetzung des atheistischen Unwesens wurde ein Studienverbot für sächsische Landeskinder an der Jenaer Universität angedroht.

Diese überregionalen Aspekte muß Voigt als Hochschulreferent im Geheimen Conseil sehr ernst nehmen. Ohnehin gewohnt, alle die Universität betreffenden Angelegenheiten mit Goethe zu besprechen, sendet er diesem am 25. Dezember 1798 das Dresdner Schreiben mit der Bitte um Rat. Er selbst hält nach „aller Überlegung ... den ordnungsmäßigen Weg für den besten, nämlich an die Akademie zu reskribieren und Fichte und Niethammer verantwortlich vernehmen zu lassen. Denn etwas muß geschehen", setzt er fort, da das angedrohte sächsische Studienverbot weitere auswärtige Wirkungen nach sich ziehen und „unsre theologische Fakultät ruinieren könnte"[32]. Obgleich Voigt Goethe gegenüber seinem Unmut über Fichtes fehlendes Fingerspitzengefühl mit den Worten, daß „doch die verruchten Philosophen für ihren ungeheuren Dünkel alle Klugheit verlieren", die Zügel schießen läßt, möchte er durch Reskript und offiziellen Weg Fichte und Niethammer Gelegenheit geben, „sich zu verteidigen"[33]. Insgesamt sollte die Sache möglichst sachlich und ohne Aufsehen, für Fichte möglichst glimpflich behandelt werden.[34]

Alle Goetheschen Schreiben in dieser Angelegenheit sind mit großer Wahrscheinlichkeit von diesem selbst vernichtet worden. Aus Voigts Antwortbriefen lassen sich seine Positionen aber in den Grundzügen ablesen. Goethe muß sich der Sache noch am selben Tag in einer beruhigenden und dämpfenden Weise angenommen haben.

Minister ohne Portefeuille

Voigt erwidert ihm: „Ich finde mich durch Ihren gütigen Anrat sehr verpflichtet und werde das kürzeste, trockenste, parteiloseste Reskript von der Welt an die Akademie vorschlagen, und dieses wird den breitesten und geräumigsten Weg eröffnen."[35]

Als sich Voigt am nächsten Tag bemüht, sein Reskript beim Herzog durchzusetzen und sich dabei wohl auf Goethes Rat beruft oder sogar dessen Brief vorlegt, erlebt er einen jener allgemein gefürchteten, für Carl August nicht untypischen Zornesausbrüche, in dem sich dieser über die wiederholten Schwierigkeiten mit Fichte wie über Goethes legere Haltung Luft macht. In einem eigenhändigen Schreiben Carl Augusts an Voigt heißt es: „Wenn dergl[eichen] Zeug, als wie die Dresdner Beilage enthält, bloß gedruckt würde, so wäre nichts dagegen zu sagen, denn man fände darinnen dann nichts Neues ...; es aber auf dem Katheder, denn wahrscheinlich ist das Zeug, ehe es gedruckt wurde, als Collegium vorgetragen worden, jungen unmündigen, meistens sehr schwachen und ungeformten Seelen zu incolquieren, die keinen Begriff von menschlichen Verhältnissen, von dem, was notwendig, gut, an- oder unanwendbar ist, haben, finde ich äußerst unvorsichtig und wohl noch etwas mehr." Rückblickend spricht sich der Herzog gegen Fichtes Berufung nach Jena aus, um die er sich seinerzeit, da er im Felde stand, „so genau nicht bekümmern" konnte. Es hieß, „der öffentlichen Meinung sehr ins Gesicht" zu schlagen, „einen sich öffentlich bekennenden Revolutionisten nach Jena als Lehrer zu berufen ...; wir werden unsere ganze Universität ruinieren ... Menschen, die nicht wissen, was sie der allgemeinen Schicklichkeit zuliebe verschweigen oder wenigstens nicht öffentlich sagen sollen, sind höchst unbrauchbar und schädlich."[36]

Goethes Haltung empört ihn derart, daß er die Kommunikation mit ihm abbricht, aber nicht versäumt, ihm seinen Zorn via Voigt auszusprechen. Diesem schreibt er: „Über Goethen habe ich wohl zehnmal mich halb zu Schanden geärgert, der ordentlich kindisch über das alberne kritische Wesen ist und einen solchen Geschmack daran findet, daß er den seinigen sehr darüber verdorben hat: er besieht dabei das Ding und das ganze akademische Wesen mit einem solchen Leichtsinn, daß er alles das Gute, was er bei seinen häufigen Anwesenheiten zu Jena stiften könnte, unterläßt; er könnte leichter wie je-

Der Atheismusstreit

mand wissen, was jene Schäkers lehren, uns davon avertieren und ihnen selbst zuweilen einreden und sie durch Ermahnungen in der Ordnung halten; sie würden sich gewiß willig finden, denn mit aller ihrer Unendlichkeit ist es eine sehr eingeschränkte, an ihrem Platz und Einnahme hangende Rasse ... Mit Goethen kann ich gar nicht mehr über diese Sache reden, denn er verliert sich gleich dabei in eine so wort- und sophismenreiche Diskussion, daß mir alle Geduld ausgeht, und ihm zuweilen die Klarheit und Einfachheit des Gedankens: ich wünschte, ... Sie ... machten ihn auf den politischen Teil der Angelegenheit aufmerksam."[37]

Voigt versäumt nicht, Goethe das herzogliche Schreiben umgehend zu kommunizieren, worauf dieser souverän und beinahe amüsiert repliziert: „Serenissimi Strafrede ... ist gut gedacht und geschrieben. Nur bleibt uns ... in diesen Tagen nichts übrig, als auf den Augenblick zu sehen und das möglich Beste zu wirken. Wäre es also auch möglich, in dieser Sache gelassen und der ruhigen Gerechtigkeit gemäß zu verfahren, erst die Verteidigung zu hören und dann weiter zu schreiten, so würde es meiner Einsicht nach das Beste sein. Denn überhaupt haben wir uns noch auf manches dieser Art zu rüsten; man wende einige Öltonnen an, die Wellen ums Schiff her zu besänftigen, das hohe Meer sehen wir vielleicht unser Leben lang nicht wieder in Ruhe."[38]

Trotz des herzoglichen Zorns nimmt die Fichtesche Angelegenheit in den folgenden Monaten den von Goethe vorgeschlagenen Weg der „ruhigen Gerechtigkeit", indem sie amtlicherseits ruht und Fichte an seiner Verteidigungsschrift arbeitet. Zu diesem Zeitpunkt hat, so das Urteil Hans Tümmlers, auch Carl August selbst nicht ernstlich an eine Entlassung Fichtes gedacht[39], zumal sich verschiedene Zeitschriften und Institutionen, wie beispielsweise das Berliner Konsistorium, öffentlich zugunsten Fichtes aussprechen, wodurch sich der außenpolitische Aspekt der Angelegenheit zumindest mildert. Das Blatt wendet sich, als Fichte am 22. März 1799 fast gleichzeitig mit seiner Rechtfertigungsschrift ein persönliches Schreiben an Voigt richtet, in dem er erstens Johann Gottfried Herder, den sachsen-weimarischen Generalsuperintendenten, atheistischer Philosopheme bezichtigt und eine öffentliche Diskussion derselben androht, zum zweiten für den Fall eines gegen ihn ausgesprochenen Verweises seine Demission ankündigt, die drittens den Weggang mehrerer bedeutender Lehrkräfte nach sich ziehen würde, die mit Fichtes auch ihre eigene Lehrfreiheit angegriffen fühlten. Durch diesen unglückseligen Versuch, den weimarischen Hochschulreferenten in anmaßender Form unter Druck zu setzen und damit Regierungsentscheidungen zu manipulieren, überspannt Fichte den Bogen. Er verliert Voigts Geduld und Fürsprache. Ob Voigt durch private Andeutungen zu den in Jena kursierenden Gerüchten selbst bewußt oder unbewußt beigetragen hat, die dann Fichtes unbesonnenen Brief hervorriefen, läßt sich aufgrund des überlieferten Quellenmaterials nicht feststellen.[40] Mit Blick auf Voigts korrektes Verhalten im weiteren Verlauf der Angelegenheit erscheint ein solcher Verdacht aber eher unwahrscheinlich. Er gab Fichtes Privatschreiben, dessen weiteren Gebrauch der Philosoph ihm freigestellt hatte, umgehend dem Herzog zur Kenntnis – ein Schritt, der von Goethe entweder im vor- oder zumindest im nachhinein gebilligt wurde – und leitete damit ein rasches Vorgehen gegen Fichte ein. Carl August, der in Fichte ohnehin nur den Unruhestifter sah, kam es sehr gelegen, diesen nun so leicht von der Universität entfernen zu können. Gern schenkte er auf der Conseilsitzung vom 29. März dem Votum des Geheimen Rats Johann Christoph Schmidt, dem auch die Gothaer Regierung bereits zugestimmt hatte, endgültig Gehör, Fichte durch ein herbes, zumindest aber ungewöhnliches Verfahren aus dem akademischen Dienst zu entlassen. Ihm wurde nicht, wie ursprünglich geplant, in einem privaten Schreiben Voigts ein Verweis angekündigt und die Annahme seiner in Aussicht gestellten Demission zugesichert – ein Verfahren, das Fichte die ehrenvolle Möglichkeit eingeräumt hätte, selbst zu demissionieren. Der Herzog entschied sich für den Weg der sofortigen Demission „per Postscriptum ad Academiam"[41], ohne Voigts Argumente für den auch von Goethe gewünschten milderen Weg zu berücksichtigen, wie dieser noch am selben Tag von Voigt erfährt.

Zur Abfassung des Entlassungsschreibens nimmt Voigt noch einmal Goethes Weitblick und stilistische Gewandtheit in Anspruch, wobei es beiden vor allem darum zu tun ist, die von Gotha gewünschten theologischen Festlegungen zu umgehen, das heißt keinen Lehrsatz zu verweisen und die akademische Lehrfreiheit staatlicherseits möglichst unangetastet erscheinen zu lassen. So spricht das von Voigt formulierte und vom Herzog wie den drei anderen Nutritoren schließlich gebilligte Reskript nicht von der „allgemein angenommenen Gotteslehre", mit der sich die Lehrenden in Einklang zu befinden hätten, sondern von einer „allgemeinen Gottesverehrung", und Fichte und Niethammer wird nicht „Unvorsichtigkeit", sondern „Unbedachtsamkeit" zur Last gelegt[42] – bedeutsame stilistisch-inhaltliche Nuancen, die mit großer Wahrscheinlichkeit von Goethe eingebracht worden sind, auch wenn sich seine Handschrift nicht in genanntem Manuskript finden läßt.

Als Fichte am 3. April in einem zweiten Brief an Voigt versucht einzulenken, sind die Entscheidungen längst unumkehrbar. „Was ist das nicht für ein miserables Volk!" äußert der Herzog drastisch. „Wenn immer und an jedem Orte dieser Art Menschen der Daume vorsichtig aber anhaltend wäre aufs Auge gehalten worden, so stünden die Sachen jetzt ganz anderst. Die Sache behält wohl ihren Lauf, und adieu, Fichte!"[43]

Weitere unangenehme Auftritte Fichtes erwartend, steigert sich der einigermaßen entnervte Voigt in den folgenden Wochen in einen persönlichen Zorn gegen den Philosophen hinein, der auch in seinen Äußerungen über Fichte aus späteren Jahren bisweilen noch anklingt, obwohl er sich dann wie Goethe um ein gutes persönliches Verhältnis zu ihm bemüht. Goethe, nicht im selben Maße offiziell beteiligt wie Voigt, spricht seine tiefe Übereinstimmung mit der staatlichen Maßnahme gegen Fichte in einem Brief an seinen Schwager Schlosser vom August 1799 aus, auch wenn er diese menschlich für den Philosophen ebensotief bedauert: „Was Fichten betrifft, so tut mir's immer leid, daß wir ihn verlieren mußten, und daß seine törige Anmaßung ihn aus einer Existenz hinauswarf, die er auf dem weiten Erdenrund ... nicht wieder finden wird. Je älter man wird, je mehr schätzt man Naturgaben, weil sie durch nichts können angeschafft werden. Er ist gewiß einer der vorzüglichsten Köpfe; aber, wie ich selbst fürchte, für sich und die Welt verloren ... Übrigens ist es ... ein Glück, daß die Höfe [die Nutritoren] in einer Angelegenheit, wo eine unverschämte Präokkupation ... so weit ging, einen Schritt tun konnten, der, wenn er von der einen Seite gebilligt wird, von der andern nicht getadelt werden kann. Und ich für meine Person gestehe gern, daß ich gegen

Minister ohne Portefeuille

meinen eignen Sohn votieren würde, wenn er sich gegen ein Gouvernement eine solche Sprache erlaubte."[44]

Trotz dieses Bekenntnisses läßt die Selbstvernichtung der Briefdokumente darauf schließen, daß es Goethe höchst unangenehm gewesen sein muß, von der Nachwelt als Beteiligter an der Entlassung des berühmten Philosophen erkannt zu werden. Als Mann der Kunst und der Wissenschaft fühlte sich Goethe allem Produktiven verpflichtet, wobei dem Staat und dessen Repräsentanten nach seiner Überzeugung die Aufgabe zufiel, die Rahmenbedingungen für jegliche Form von Produktivität im materiellen wie im geistigen Bereich zu schaffen und zu gewährleisten. In dem Moment, in dem die Funktionstüchtigkeit des Ganzen durch einen einzelnen in Frage gestellt wurde – und so sah Goethe die Fichtesche Angelegenheit –, steht Goethe auf seiten der Staatsräson, auch wenn er aus Hochachtung vor Fichte und mit Blick auf den Ruf der Universität eine andere Lösung gewünscht hätte.

Mit einiger Wahrscheinlichkeit hat der negative Ausgang der Fichteaffäre zu Goethes Rückzug aus den brisanten, politisch tangierten amtlichen Tagesgeschäften beigetragen, der in den folgenden Jahren zu verzeichnen ist. Um so intensiver wendet er sich wissenschaftsorganisatorischen Aufgaben an der Jenaer Universität zu, die darauf abzielen, besonders im naturwissenschaftlichen und Bibliotheksbereich wichtige akademische Arbeitsgrundlagen zu schaffen.

Zu einer Zeit, als sich die Naturwissenschaften gerade erst zu spezialisieren und in den Rang von Einzelwissenschaften aufzurücken begannen, erhielten die naturwissenschaftlichen Anschauungsmaterialien einen vorher nicht gekannten Stellenwert. Goethe, in seinen eigenen naturwissenschaftlichen Studien ganz den Prinzipien empirischer Untersuchung verpflichtet, wirkte schon seit Anfang der neunziger Jahre mehr oder minder gezielt auf den Ausbau naturwissenschaftlicher Spezialbereiche an der Jenaer Universität hin. So war er es, der dem in Weimar geborenen, mittellosen Mediziner August Johann Georg Karl Batsch 1787 zu einer außerordentlichen Professur an der Jenaer Universität verhalf und dessen botanische Interessen förderte. Fünf Jahre später gelang es, Batsch eine ordentliche Professur nicht an der Medizinischen, sondern an der Philosophischen Fakultät zu übertragen.

Der Botanische Garten in Jena

Eine bahnbrechende Entscheidung, weil damit die Loslösung der Botanik aus der Medizin an der Salana praktisch eingeleitet worden ist.

Bei der Profilierung der Botanik zur Einzelwissenschaft spielte der Aufbau des Jenaer Botanischen Gartens eine wichtige Rolle. Als Carl August im Jahre 1794 dafür erstmals einen winzigen jährlichen Etat in Höhe von 200 Talern aussetzte und Goethe nochmals die Verantwortung für das Unternehmen übertrug, bemühte sich dieser als erstes, die Kompetenzenfrage in einer für die neue Anstalt produktiven Weise zu klären. Er wußte nur zu gut, wie lähmend sich die Tatsache, daß die Universität vier Nutritoren besaß, auf alle Entscheidungsprozesse auswirkte. Obgleich Sachsen-Weimar von jeher den größten Teil der Erhaltungskosten der Universität trug, sich Meiningen nur mit 3/16, Coburg sogar nur mit knapp 1/18 beteiligten, beanspruchten alle Nutritoren das volle Stimmrecht. Deshalb bemühte sich Goethe im Einklang mit Carl Augusts Intentionen, den allein vom Herzog finanzierten Botanischen Garten von vornherein dem Einfluß der anderen Nutritoren zu entziehen. In seinem Votum vom 11. Februar 1794 schlug er Carl August vor, „eine besondere und beständige Kommission zur ersten Einrichtung und Aufsicht niederzusetzen"[45]. Um dieser Kommission mehr Nachdruck zu verleihen, bat er, den weimarischen Hochschulreferenten Gottlob Voigt höchstpersönlich als Mitkommissar einzusetzen. Dem bewährten Botaniker Professor Batsch sollten Aufsicht und Nutzung des Instituts auf Lebenszeit übertragen werden. Der Herzog genehmigte Goethes Vorschläge, so daß der Botanische Garten als erstes herzoglich-weimarisches Institut in die Geschichte der Jenaer Universität eingegangen ist. Hier kümmert sich Goethe in den nächsten 40 Jahren nicht nur um jedes Detail bei der Anlage des Gartens, bei der Verlegung der Wasserleitungen und beim Bau der Gewächshäuser. Seine eigenen, seit Jahren betriebenen botanischen Studien befähigen ihn auch, gemeinsam mit Batsch die weitblickende Grundsatzentscheidung zu treffen, als wissenschaftliches Ordnungsprinzip nicht die Linnésche Nomenklatur zugrunde zu legen, sondern die Pflanzen nach ihren natürlichen Verwandtschaftsverhältnissen zu systematisieren. Rückblickend bekennt Goethe: „... nach Shakespeare und Spinoza [ist] auf mich die größte Wirkung von Linné ausgegangen und zwar gerade durch den Widerstreit, zu welchem er mich aufforderte. Denn indem ich sein scharfes, geistreiches Absondern, seine treffenden, zweckmäßigen, oft aber willkürlichen Gesetze in mich aufzunehmen versuchte, ging in meinem Innern ein Zwiespalt vor: das, was er mit Gewalt auseinander zu halten suchte, mußte, nach dem innersten Bedürfnis meines Wesens, zur Vereinigung anstreben."[46] Batschs Denkweise, „die Ordnung der Pflanzen nach Familien in aufsteigendem, sich nach und nach entwickelndem Fortschritt"[47] zu betrachten, kommt Goethes ganzheitlicher Sicht auf die Natur entgegen. Schon 1786 publiziert Batsch seinen ersten Versuch, ein natürliches System aufzustellen, in welchem er 78 Familien aus 9 Klassen diagnostiziert. Die bahnbrechende Leistung in der natürlichen Pflanzensystematik erbringt drei Jahre später der französische Botaniker Antoine Laurent de Jussieu, dessen System von Goethe und Batsch dann auch der Anlage des Botanischen Gartens in Jena zugrunde gelegt worden ist – eine Entscheidung, die im Jahre 1794 noch keineswegs unumstritten war, sich historisch aber als richtig erwiesen hat.

Teichgraben mit Anatomieturm. In diesem Gebäudekomlex befand sich die Bibliothek. Lithographie von Johann Friedrich Karl Hirsch, um 1800.

Oberaufsicht über die Bibliothek

Unter Goethes Verantwortung konnte sich der Garten mit den Jahren zu einem beachtlichen Anschauungsinstrument einer eigenständigen Botanik entwickeln, auch wenn er dem Vergleich mit anderen etwa zeitgleich entstandenen Einrichtungen nicht standzuhalten vermochte. Bedenkt man, daß beispielsweise der 1809/10 in Königsberg gegründete Botanische Garten über ein jährliches Budget von mehr als 1000 Talern verfügte, wird deutlich, wie begrenzt die Möglichkeiten in Jena waren. Diesen Grenzen versucht Goethe durch sparsamste Finanzpolitik, die er fest in seinen Händen konzentriert, und durch eine kluge Personalpolitik entgegenzuwirken. Und er ist sich, je mehr er selbst zu einer europäischen Persönlichkeit wird, nicht zu schade dafür, seine internationalen Kontakte zu nutzen, um Tauschaktionen wertvoller Pflanzen zwischen Jena und anderen botanischen Gärten in die Wege zu leiten. Trotz aller Bemühungen dauert es noch fast ein Menschenalter, bis die Botanik an der Jenaer Universität auch institutionell als eigenständige Wissenschaft mit speziellen Forschungsmöglichkeiten bestehen kann. Diese späte Frucht seiner Arbeit hat Goethe nicht mehr erlebt.

Ganz andere, aber in gleichem Maße grundlegende wissenschaftsorganisatorische Aufgaben stellen sich Goethe, als er im Dezember 1797 wiederum gemeinsam mit Voigt die Oberaufsicht über die Herzogliche Bibliothek und über das Münzkabinett in Weimar übertragen bekommt. Auch dies Aufgabenbereiche, die er bis zu seinem Tode ausfüllt und deren kulturpolitischer Rang Goethe zutiefst bewußt ist: In einer Bibliothek fühlt man sich „wie in der Gegenwart eines großen Kapitals, das geräuschlos unberechenbare Zinsen spendet"[48], schreibt er in den *Annalen* zum Jahr 1801. Gemäß dieses Verständnisses erarbeitet Goethe eine neue Benutzerordnung für die Bibliothek, deren Grundgedanken bis heute ihre Gültigkeit behalten haben. Um die Bestände einem weiten Nutzerkreis zuzuführen, läßt er die Herzogliche Bibliothek an den Markttagen, mittwochs und samstags, öffnen. Er sorgt für tüchtige Bibliothekare und läßt in der Folge die Katalogisierung der umfangreichen Buchbestände fortsetzen. Seinem großen Ziel, einen Gesamtkatalog aller Weimarer und Jenaer Buchbestände erstellen zu lassen, kann er sich allerdings nur nähern. Der Gesamtkatalog ist Fragment geblieben.

Minister ohne Portefeuille

Über fast vier Jahrzehnte ist Goethe für die Vermehrung der Buchbestände verantwortlich und trifft alle wichtigen Entscheidungen über Buchankäufe in Absprache mit Voigt selbst. Während seiner Amtszeit verdoppeln sich die Bestände der Herzoglichen Bibliothek in Weimar von reichlich 60 000 auf ca. 130 000 Bände.

Als im Jahre 1801 der Jenaer Hofrat Büttner starb, stand vor Goethe die Aufgabe, dessen hinterlassene und vom Herzog angekaufte Bibliothek den Herzoglichen Beständen zuzuordnen. Büttners Sammlerleidenschaft war ihm ebenso bekannt wie dessen „völliger Mangel an allgemein überschauendem Ordnungsgeiste"[49]. Dennoch erschrickt Goethe, als er am 21. Januar die entsiegelten Büttnerschen Zimmer im Jenaer Stadtschloß betritt und die kostbaren Schätze unter dicken Schichten von Staub und Ruß, teilweise durchnäßt und von Tierunrat beschmutzt, bar jeglicher Ordnung auf und unter Tischen, Stühlen, Betten, Kästen und Koffern vorfindet. Goethe schätzt allein die Masse der erst in den letzten Jahren angeschafften und noch nicht in den Katalog eingetragenen Bände auf sechs- bis achttausend. Davon liegen zwei- bis dreitausend rohe, d.h. ungebundene Bücher „in der schlimmsten Unordnung durcheinander"[50], oft ohne Titelblatt und ohne einen Hinweis auf Inhalt oder Fachgebiet – eine „literarische Schweinigelei"[51], wie Goethe den Tatbestand gegenüber Voigt kurz und bündig apostrophiert. „... gedenken Sie mein, indes ich in Staub und Schmutz nach literarischen Schätzen wühle"[52], schreibt er dem Amtsgefährten. Auch wenn Goethe in den *Annalen* rückblickend verärgert konstatiert: „Darüber verlor ich meine Zeit, vieles kam zu Schaden, und mehrere Jahre reichten nicht hin, die Verworrenheit zu lösen"[53], belegen die vielen Briefe, die er vor allem 1802 in Sachen Büttneriana an Voigt gerichtet hat, wie stark er sich persönlich für die Rettung der Bücher verantwortlich fühlte. „Je mehr ich die kostbaren Schätze gewahr werde, nach denen man so oft fragt und die jetzt in Schichten übereinander modern, so wünsche ich nichts lebhafter, als solche in Ordnung brauchbar am Tageslicht aufgestellt zu sehen"[54], heißt es am 12. Februar. Um diesem Zweck möglichst wohlfeil und ohne zeitraubende Fehlentscheidungen näherzukommen, läßt sich Goethe seinen Jenaer Urlaub – seine „literarische Quarantäne"[55] – vom Herzog ausdrücklich verlängern. Er wünscht, das „Geschäft ...

Rettung der Büttnerschen Bibliothek

Das 1905 abgebrochene Jenaer Schloß, an seinem Platz befindet sich heute das Universitätshauptgebäude.

auf einen gewissen Punkt zu bringen, wo man sich schmeicheln kann, es sei etwas Zweckmäßiges geschehen, und es gehe nachher auch zweckmäßig fort, wenn man auch in vier Wochen nicht darnach sehen kann."⁵⁶ So leitet er persönlich den Transport der Bücher teilweise in geeignete Jenaer Räumlichkeiten, teilweise nach Weimar ein und erarbeitet einen detaillierten Plan, nach dem die Bibliotheksmitarbeiter diese Tausende von Schriften in jahrelanger Arbeit schließlich ordnen, katalogisieren, systematisch aufstellen und der akademischen Nutzung zuführen konnten.

Während Goethe amtlich um diese friedlichen Geschäfte wissenschaftsorganisatorischer Art bemüht war, häuften sich die Signale dafür, daß die Universität insgesamt immer tiefer in eine krisenhafte Situation hineingeriet. Diese gipfelte im Jahre 1803 in einer regelrechten Abwanderungswelle namhafter Professoren. Nach Fichtes Entlassung 1799 war 1800 der berühmte Mediziner Christian Wilhelm Hufeland einem Ruf nach Berlin gefolgt, eine empfindliche Lücke an der Medizinischen Fakultät in Jena hinterlassend. Ebenso schmerzlich wurde Batschs früher Tod im Jahre 1802 empfunden. Angestrengt hielten

Minister ohne Portefeuille

Goethe und Voigt Ausschau nach einem hoffnungsvollen Nachfolger für die mit Mühe aufgebauten Jenaer Botanica. Dieser Nachfolger war noch nicht gefunden, als Voigt Goethe über die Weggangsabsichten eines der wichtigsten Männer der Juristischen Fakultät, Gottlieb Hufelands, informierte. Ab Frühjahr 1803 ereignen sich dann die Demissionen Schlag auf Schlag: der Anatom Loder folgt einem Ruf nach Halle und nimmt seine gesamte wissenschaftliche Präparatesammlung einschließlich der aus herzoglichen Geldern finanzierten Teile mit. Der Theologe Paulus, neben dem kränkelnden Griesbach die stärkste Stütze der Theologischen Fakultät – er hatte sich seinen Namen vor allem durch die verstandesmäßige Ausdeutung der Bibel erworben – geht nach Würzburg. Ebenfalls nach Würzburg wendet sich der junge, hoffnungsvolle Schelling, der mit seinen naturphilosophischen Positionen nach der Entfernung Fichtes das hohe Niveau der Philosophischen Fakultät an der Jenaer Universität gehalten und fortgeführt hatte.

Dieser personelle Kahlschlag gestaltet sich im Sommer 1803, als Christian Gottfried Schütz einen Wechsel nach Halle plant, existenzbedrohlich für die Jenaer Universität. Nicht daß Schütz auf seinem Lehrstuhl für Poesie und Beredsamkeit unersetzlich gewesen wäre. Unersetzlich aber war die in Jena angesiedelte und von Schütz als verantwortlichem Redakteur geleitete *Allgemeine Literaturzeitung*, die mit ihm ins preußische Halle verpflanzt werden sollte. Dies ganz im Einverständnis mit dem Verleger Christian Justin Bertuch, jenem Freund Carl Augusts aus fernen Jugendtagen, der die durch den preußischen Staat reichlich in Aussicht gestellten Fördermittel für seine Zeitung in Anspruch zu nehmen gedachte. Dabei galt das von Schütz und Bertuch 1785 als erste Literaturzeitung Deutschlands gegründete Blatt als das „Wahrzeichen der Glanzzeit Jenas"[57]. Mit ihrem erfolgreich umgesetzten Programm, die Kantsche Philosophie in Deutschland zu verbreiten und neu erscheinende Schriften vom Standpunkt moderner geistiger Strömungen aus zu kritisieren, hatte sie sich in den neunziger Jahren zu einer Art geistiger Macht in Deutschland profiliert. Auch wenn ihr Ruhm nach der Jahrhundertwende nicht mehr so hell erstrahlte, war die düstere Prophezeiung in Kotzebues Berliner Zeitschrift *Der Freimütige*, daß der Verlust der Zeitung Jenas Untergang ankündige, alles andere als unberechtigt.

Die Universitätskrise von 1803

Von Christian Gottlob Voigt über alle Prozesse im einzelnen informiert und dringend um Mitarbeit gebeten, setzt der inzwischen 53jährige Goethe seine ganze Kraft zur Rettung der Landesuniversität Jena ein. In einer Reihe dringlicher Schreiben an Carl August vom August und September 1803 versucht er, ihm den Ernst der Lage nahezubringen und das herzogliche Interesse an der Jenaer Universität erneut zu wecken. Wurde doch die in den vorangegangenen Jahren zu verzeichnende Hinwendung des Herzogs zu dynastischen und repräsentativen Projekten in Gestalt des Weimarer Schloßbaues und des ehrgeizigen Planes, den Erbprinzen Carl Friedrich mit der russischen Zarentochter Maria Pawlowna zu verheiraten, von den Jenaer Professoren im allgemeinen als Abwendung von den universitären Interessen gewertet. Und in der Tat verschlang der Schloßbau gerade im Jenaer Krisenjahr 1803 oft täglich bis zu 4 000 Taler an Baukosten, für die Universität stand aber nach wie vor nur ein Jahresetat von 7 000 Talern zur Verfügung.[58] Zu wenig, um etwa dem Mediziner Hufeland eine eigene Klinik einzurichten, wie sie ihm in Berlin geboten wurde, oder um Loders Gehalt auf 1 400 Taler jährlich zu erhöhen, wie er es in Halle erhielt. Die Jenaer Professorengehälter beliefen sich auf 200 bis 550 Taler im Jahr! Und gerade 1803 hätte der Jenaer Universität eine merkliche Aufstockung ihres schmalen Etats not getan, als die deutschen Fürsten infolge des sogenannten Reichsdeputationshauptschlusses für verlorene linksrheinische Gebiete mit solchen aus dem Reichsinneren – zumeist säkularisierten Kirchengütern – entschädigt wurden. Von dieser territorialen Umverteilung profitierten besonders Bayern und Preußen, so daß den beiden benachbarten Universitäten Halle und Würzburg bedeutende Mittel zuflossen. Insbesondere die Universität Würzburg – aus den Händen des Erzbischofs an die bayerische Krone gefallen – kam einer Neugründung gleich. Der „heilige Kilian", wie Voigt die Würzburger Konkurrenz ironisch nennt, umwarb die besten Geister Jenas, die sich hier zumeist als Außerordinarien kümmerlich ernähren mußten, mit hohen Gehältern und ordentlichen Professuren, so daß es Goethe letztlich keinem von ihnen verdenken konnte, dem lockenden Ruf zu folgen, auch wenn er die völlige Entblößung Jenas von guten Kräften zutiefst bedauerte. Schmerzlich berührte ihn insbesondere der Weggang Schellings. Gemeinsam mit Voigt hatte er 1797 dessen Berufung nach Jena eingeleitet, fühlte sich ihm inzwischen persönlich eng verbunden und hatte manche Bereicherung durch dessen Naturphilosophie erfahren, die er, anders als das Fichtesche System, seiner Denkart tief verwandt fand.

Es ist Goethe selbst, der in den *Annalen* zum Jahr 1803 einen ursächlichen Zusammenhang zwischen der nun erfolgten Auswanderung der Professoren und Fichtes Entlassung sieht, wenn er schreibt, daß sich die Verabredung, mit Fichte die Universität zu verlassen, 1799 zwar nicht erfüllt hatte, „doch hatte sich ein heimlicher Unmut aller Geister so bemächtigt, daß man in der Stille sich nach außen umtat ..."[59] – Sicher ist es ein ganzer Komplex von Ursachen gewesen, der die Universitätskrise von 1803 hervorgebracht hatte. Daß die Jenaer Akademie mit der Entlassung Fichtes um ihren Ruf gekommen war, die liberalste Universität Deutschlands zu sein, steht jedoch außer Zweifel und wird neben der materiellen Misere als demoralisierendes Moment keine zu unterschätzende Rolle gespielt haben.

So ging es im Krisensommer 1803 in erster Linie darum, das geschwundene Vertrauen in die Jenaer Lehreinrichtung wieder aufzubauen. Wie groß die Verunsicherung tatsächlich war, geht aus einem Schreiben Goethes und Voigts an den Herzog vom 31. August hervor: „Wir können nicht bergen, daß man fortfährt, unter Vorspiegelung eines nahen Untergangs Professoren, Privatdozenten, Repetenten [und] Studierende mit Versprechungen zu sollizitieren, um bei der Ratlosigkeit einzelner Menschen dadurch mehrere, wo nicht zu gewinnen, doch äußerst zu beunruhigen."[60] Einen Tag später mahnt Goethe fast beschwörend: „In der gegenwärtigen Lage bleibt nichts übrig als die Akademie und Zubehör von allen Seiten zu bedenken und sowohl die wissenschaftlichen als Landesherrlichen Kräfte sämtlich aufzubieten. Ich sehe ein Vierteljahr von Mühe, Sorge, Verdruß und Gefahren vor mir, welche alle unnütz überstanden würden, wenn nicht von oben herein die Hebel der Gaben, der Gunst, der Gnade, der Teilnahme gleichfalls angelegt würden."[61]

Gemäß dem gegenüber Voigt formulierten Konzept: „Da wir die Menschen verlieren, müssen wir einstweilen die Sachen aufstutzen"[62], geht Goethe an die Arbeit. Am wichtigsten erscheint es ihm, zunächst Jenas Reputation nach außen zu stützen, indem hier schon ab Januar

Die „Jenaische Allgemeine Literaturzeitung"

―◇―

1804 eine neue *Allgemeine Literaturzeitung* mit dem Anspruch erscheinen soll, die Qualitäten der von Schütz fortan in Halle herausgegebenen nicht nur zu erreichen, sondern zu überbieten. Ein kühner Vorsatz, da dem neuen Blatt nicht nur Verleger und Herausgeber, sondern auch alle Rezensenten sozusagen über Nacht gewonnen werden müssen. Goethe und Voigt setzen ihre Hoffnungen zunächst auf den ein weites Fachgebiet überschauenden Theologen Paulus, dessen Demission zu diesem Zeitpunkt noch nicht perfekt ist. Die auf ihre Intervention vom Herzog erlangten 200 Taler Gehaltsaufbesserung für Paulus reichen aber nicht aus, den umworbenen Theologen in Jena zu halten. Nach weiteren fehlgeschlagenen Versuchen finden sie schließlich in Schütz' Lehrstuhlnachfolger, dem 31jährigen Heinrich Carl Abraham Eichstädt, einen humanistisch gebildeten, ungewöhnlich vielseitigen und geistig wie organisatorisch beweglichen Redakteur, der dem Blatt in dem ihm befreundeten Kommissionsrat Carl Gottlob Samuel Heun den angestrengt gesuchten Verleger vermittelt. Nach schwierigen Verhandlungen mit Voigt – „Das war ein schlimmes Entretien!"[63] – erklärt sich Heun, der sich unter dem Pseudonym Heinrich Clauren einen Namen als Autor seichter Romane und Theaterstücke gemacht hatte, bereit, das Gründungskapital für die neue Zeitung allein aufzubringen. Carl August unterstützt das Unternehmen moralisch durch ein herzogliches Privilegium. Umgehend veranlassen Goethe und Voigt die Ankündigung des neuen Blattes in wichtigen ausländischen Zeitungen, worauf Preußen eine Einfuhrsperre in seine Länder androht. Hier greift der juristisch versierte Voigt rettend ein, indem er der preußischen Gegenmaßnahme durch die Umbenennung des projektierten Blattes in *Jenaische Allgemeine Literaturzeitung* den Wind aus den Segeln nimmt. Wenige Tage später verhandelt er mit dem Fürstlich Taxisschen Geheimrat Freiherrn von Vrints, der verspricht, „allen seinen Postämtern die vorzügliche und billige Behandlung dieses aus Jena kommenden Journals anzubefehlen. Er versicherte", berichtet Voigt Goethe weiter, „daß man wegen der Spedition außerhalb der preußischen Staaten, in Westfalen, Niedersachsen, Mecklenburg, Pommern p. allhier ganz außer Verlegenheit sein könne."[64]

Schon seit Anfang September führt Goethe mit Eichstädt intensive Beratungen über die innere Ausgestaltung der JALZ. Goethe ist es vor

Minister ohne Portefeuille

allem, der dem neuen Blatt das inhaltliche Profil aufprägt und dessen Mitarbeiterstab wirbt. Sehr schnell gewinnt er die „eminente Majorität der weimarischen und jenaischen Gelehrten"[65]: Schiller, Herder, Hegel, Kunstfreund Heinrich Meyer, die Altphilologen Johann Heinrich Voß und Friedrich Wilhelm Riemer, den gerade erst aus Rom an die Jenaer Universität berufenen Ästhetiker und Kunstschriftsteller Carl Ludwig Fernow, den Weimarer Philanthropen Johannes Daniel Falk, den Bibliothekar Christian August Vulpius und andere mehr. Von September bis November steht der größte Teil von Goethes auswärtiger Korrespondenz im Dienst der Zeitung. In unzähligen Briefen nutzt er seine persönlichen und wissenschaftlichen Kontakte, um dem neuen Blatt Rezensenten zu gewinnen. Er schreibt nach Halle an den Theologen Friedrich Immanuel Niethammer, den Philologen Friedrich August Wolf und den Komponisten Johann Friedrich Reichardt, nach Berlin an Schleiermacher und Zelter, nach Leipzig an Friedrich Rochlitz, nach Breslau an Fritz von Stein, nach Bremen an Nicolaus Meyer und vor allem an die inzwischen Rang und Namen besitzenden Vertreter des romantischen Kreises, an August Wilhelm Schlegel, Friedrich Schelling und Henrik Steffens. Goethes souveräner Überblick über verschiedenste Fachgebiete setzt ihn in die Lage, Eichstädt lange Listen von potentiellen Rezensenten in Pommern, Wien, Regensburg und Paris zuzuarbeiten, um der neuen Zeitung auch internationales Gewicht zu verleihen. Insbesondere die durch Carl Augusts Heiratspolitik angeküpften russischen Kontakte ebenso wie seine persönlichen zu Jugendfreund Friedrich Maximilian von Klinger in Petersburg nutzend, kümmert sich Goethe ebenso um Abonnenten im Ausland und ein international gestütztes Vertriebssystem.

Das angestrebte geistige Profil der JALZ charakterisiert er in einem Brief an Steffens dahingehend, „daß ein kritisches Blatt dadurch den höchsten Wert erhält, wenn tüchtige Männer darin sich produktiv erzeigen und durch Darstellung fremder und eigner Ansichten nicht Kritiken, sondern Werke der lehrbegierigen Welt liefern".[66] Im Philosophischen ist er besonders an Kritiken von „Schellings Arbeiten, die sich auf Naturlehre beziehen", interessiert, weil diese „von unsern Vorgängern teils verschwiegenen, teils auf eine eigne Weise abgefertigten Schriften"[67] bisher zu wenig publik gemacht worden sind. Im

Aufbau der naturwissenschaftlichen Sammlungen

Unterschied zur alten Literaturzeitung, deren Fundament die kritische Philosophie Emanuel Kants war, setzt Goethe damit programmatisch und energisch auf Schellings Naturphilosophie.

Die Maßnahmen greifen. Den November und Dezember bringt Goethe fast ausnahmslos in Jena zu, um die Vorbereitung des im Januar 1804 erscheinenden ersten Heftes persönlich zu überwachen. Als ihn der Herzog am 12. Dezember nach Weimar ruft, um ihn der soeben angekommenen Madame de Staël – schon damals eine europäische Berühmtheit – zu präsentieren, bittet er Schiller, ihn zu vertreten: „Ich habe, besonders in diesem bösen Monat, nur gerade soviel physische Kräfte, um notdürftig auszulangen, da ich zur Mitwirkung zu einem so schweren und bedenklichen Geschäft verpflichtet bin. Von der geistigsten Übersicht bis zum mechanischen typographischen Wesen muß ich's wenigstens vor mir haben, und der Druck ... fordert meine öfter Revision. Wie viele Tage sind denn noch hin, daß das alles fertig sein und, bei einer leidenschaftlichen Opposition, mit Geschick erscheinen soll?"[68] – Der Einsatz lohnt sich. Das von Goethe, Voigt und Eichstädt innerhalb von vier Monaten förmlich aus dem Nichts heraus geschaffene Rezensionsorgan erwirbt sich einen guten Ruf in Deutschland und existiert bis zum Jahre 1848.

Parallel zu dieser publizistischen Neugründungsaktion richtet sich Goethes Aufmerksamkeit auf die Sicherung der naturwissenschaftlichen Sammlungen in Jena. Loders Weggang hatte mit alarmierender Deutlichkeit gezeigt, welche Gefahren die bisher generell übliche Praxis barg, nach der das fachspezifische Anschauungsmaterial persönliches Eigentum des Lehrenden, nicht der Lehreinrichtung bzw. des Staates war. So bemüht sich Goethe im Verein mit Voigt, des Herzogs Augenmerk auf diesen Punkt zu leiten, und erreicht, daß ihnen beiden per Reskript vom 11. November 1803 die Oberaufsicht über das im Jenaer Stadtschloß befindliche naturwissenschaftliche Museum des Herzogs übertragen wird.[69] Der Kern dieses Museums bestand zunächst aus dem sogenannten Walchschen Naturalienkabinett, das Ansätze zu einem anatomisch-zootomischen Kabinett beinhaltete. Goethe sah in den folgenden Jahren eine seiner Hauptaufgaben darin, das anatomische Kabinett durch Loders Nachfolger, die Professoren Jakob Fidelis Ackermann und Johann Friedrich Fuchs, aus herzoglichen

Mitteln zu didaktischen Zwecken ausbauen zu lassen. Keine einfache Aufgabe, die ihm gerade in den Anfangsjahren zu manchem Stoßseufzer Anlaß bot.

Eine ähnliche Entwicklung leitete Goethe ein, als er im August 1803 anregte, die von Professor Johann Georg Lenz gegründete Mineralogische Sozietät durch ein herzogliches Privilegium staatlich sanktionieren zu lassen. Goethe selbst hatte im vorangegangenen Jahrzehnt nicht unwesentlich dazu beigetragen, die mit dem Namen Lenz verbundene Mineralogie zu einer selbständigen Wissenschaftsdisziplin an der Jenaer Universität auszubauen. Durch Lenz' rührige Aktivitäten im In- und Ausland, von Goethes weitgespannten persönlichen Kontakten unterstützt, verfügte die Mineralogische Gesellschaft schon in den neunziger Jahren über außerordentlich reichhaltige Bestände. Goethe kam es im Krisenjahr 1803 nun einerseits darauf an, den Namen der Jenaer Universität durch den der Mineralogischen Gesellschaft zu stützen. Er selbst erklärte sich bereit, seinen internationalen Ruf in die Waagschale zu werfen und sich zum Präsidenten der Gesellschaft wählen zu lassen. Andererseits wollte Goethe die Sammlungen, die ursprünglich aus der Mineralienabteilung des Walchschen Kabinettes hervorgegangen waren und den „Nutzen der gewöhnlichen Vorlesungen über diesen Gegenstand ... erhöhen"[70] sollten, der Universität tatsächlich als Eigentum sichern. Im Laufe des Jahres 1804 gelang es, Lenz für seinen persönlichen Aufwand zu entschädigen und das Mineralogische Kabinett der herzoglichen Oberaufsicht einzugliedern. Unter Goethes Anleitung und Finanzverwaltung entwickelte es Bergrat Lenz in den nächsten 30 Jahren zu einem der angesehensten Kabinette Deutschlands mit beachtlichem internationalen Ruf.

Johann Georg Lenz.

Stabilisierung der Universität

Auch wenn diese Perspektive im Jahre 1803 noch nicht vorauszusehen war, trugen die von Goethe und Voigt eingeleiteten Maßnahmen wesentlich dazu bei, die Universität fürs erste funktionstüchtig zu halten und ihr wichtige materielle Grundlagen für die Zukunft zu sichern. Darüber hinaus lieh Goethe seinen Rat zu den anstehenden Neuberufungen, mit denen er von Amts wegen nichts zu tun hatte und auf die er über Voigt nur bedingt Einfluß nehmen konnte. Die Berufungen gestalteten sich schwierig. So gelang es beispielsweise nicht, den jungen, später berühmt gewordenen Staatsrechtler Carl Salomo Zachariä nach Jena zu holen, weil Gotha die nötigen finanziellen Zulagen verweigerte. „Man muß wirklich das Gute sehr stark wollen, wenn man nicht ermüden will"[71], kommentiert Voigt.

Goethe nutzt unterdessen die Monate seines Jenaer Aufenthaltes auch dazu, die akademische Atmosphäre insgesamt zu verbessern. In vielen persönlichen Gesprächen bemüht er sich, die Gemüter der verbliebenen Professoren zu beruhigen, ausgleichend zu wirken, Stabilität und Zuversicht zu verbreiten. Zu diesem Zweck lädt er am 26. November den alteingesessenen Mediziner Hofrat Stark, den seit 1801 in Jena als Privatdozent wirkenden jungen Georg Wilhelm Friedrich Hegel sowie die beiden neuberufenen Professoren Fernow und Friedrich Joseph Schelver, den Nachfolger von Botanikprofessor Batsch, zu sich ins Jenaer Schloß ein, mit denen er „recht angenehme Stunden"[72] verbringt. Schelver „arbeitet im botanischen Fach so schön aus, was ich fürs Rechte halte, daß ich meinen eignen Ohren und Augen kaum traue"[73], resümiert Goethe. Sensibilisiert für hoffnungsvolle junge Kräfte in den eigenen Reihen, wird er jetzt erstmals auf Hegel aufmerksam. „Bei Hegeln ist mir der Gedanke gekommen: ob man ihm nicht durch das Technische der Redekunst einen großen Vorteil schaffen könnte. Es ist ein ganz vortrefflicher Mensch; aber es steht seinen Äußerungen gar zuviel entgegen."[74] Um den hoffnungsvollen jungen Gelehrten sogleich stärker heranzuziehen, schickt ihm Goethe schon am nächsten Tag ein Buch zur Rezension. Dieser Zusammenkunft im kleinen Kreis folgt am 23. Dezember ein großer Abendtee im Jenaer Schloß, zu dem Goethe mehr als zehn wichtige Persönlichkeiten der Universität und der Stadt einlädt. So endet das Jenaer Krisenjahr 1803 mit einem kräftig-ermutigenden Zeichen für alle Beteiligten.

Minister ohne Portefeuille

Carl August schreibt Goethe zum Neujahrstag: „Tausend Dank, lieber Alter ... Du weißt selbst, wie vielen Teil Du an allen den, was seit etlichen und 20 Jahren bei uns zum Guten gediehn ist, Dir zuschreiben kannst, als daß ich nötig hätte, Dir zu sagen, daß ich es lebhaft erkennte, indem Du gewiß nicht an meiner Erkenntlichkeit zweifeln kannst, noch an der Gerechtigkeit, die mein Herz Deinen seltnen Verdiensten gerne widerfahren lässet."[75]

Mit seinem Engagement für die Jenaer Universität hat Goethes Amtsbereich entscheidende neue Konturen erhalten. Gerade zu einer Zeit, in der seine Tätigkeit in wichtigen Kommissionen wie der Schloßbaukommission sowie der Ilmenauer Bergwerks- und Steuerkommission zu Ende geht, erwachsen ihm neue Aufgaben in der Verantwortung für die herzoglich-universitären naturwissenschaftlichen Sammlungen und die Bibliotheken. Goethe widmet sich der friedlichen Aufbauarbeit in diesen neuen Tätigkeitsbereichen mit dem ihm eigenen Pflichtgefühl und getreuer Sorglichkeit bis ins Detail.

Da geht am 14. Oktober 1806 nach der verlorenen Schlacht von Jena und Auerstedt der Friede des klassischen Weimar jäh zu Ende. Seit Frühjahr des Jahres hatte Carl August als preußischer General und Verbündeter gegen Napoleon im Felde gestanden und gehört nun zu den Geschlagenen. Noch Wochen wird man in Weimar vergeblich auf ihn warten. Die Existenz seines Herzogtums ist aufs äußerste gefährdet, der Fortbestand der Jenaer Universität von einem Tag auf den anderen in Frage gestellt. Die Franzosen besetzen und plündern die Stadt, ganze Straßenzüge gehen in Flammen auf. Der Nachrichtenverkehr bricht zusammen. Vier Tage warten Goethe und Voigt vergebens auf ein Lebenszeichen aus Jena. Nachdem er selbst notdürftig zur Besinnung gekommen ist, sendet Goethe „in der größten Sorge wegen unserer jenaischen Freunde" ein dringliches Zirkularschreiben hinüber. „Ich bitte daher Nachverzeichnete, nur ein Wort auf dieses Blatt zu unserer Beruhigung zu schreiben."[76] Genannt werden u.a. die Professoren Griesbach und Schelver, Fuchs und Eichstädt, Bergrat Lenz und Doktor Seebeck. Nach und nach erfährt Goethe, daß die materiellen Verluste verhältnismäßig gering sind. „Das Museum ist gerettet. Die Bibliotheken und andre Institute auch"[77], schreibt er er-

Auswirkungen der Schlacht bei Jena

***Napoleon** in der Schlacht bei Jena, Stahlstich nach einem Gemälde von Horace Vernet.*

leichtert an Voigt. Die Menschen aber haben zum Teil furchtbar gelitten oder stehen dem Unglück völlig kopflos gegenüber. Mehrere Professoren wollen die besetzte Stadt verlassen. So der junge Botaniker Schelver, auf den Goethe so große Hoffnungen gesetzt hatte. Er „ist ganz ausgeplündert und nebst seiner Frau mit einem französischen General als Arzt fortgegangen"[78], berichtet Goethe Voigt. Bergrat Lenz schreibt in höchster Verzweiflung aus Jena: „Gott weiß, was ich anfangen soll. Der Kummer verzehrt mich ganz. Nirgends Unterstützung, kein Brot, beraubt, kein Heller Geld, Einquartierungen, die größte Angst, die man sich nur vorstellen kann. Wo Hülfe! Ach Gott! Erbarmen Sie sich meiner Familie. Diesen Nachmittag muß ich das Kabinett [die mineralogische Sammlung im Schloß] räumen, und wohin? Meine Tränen gestatten mir nicht, mehr zu schreiben."[79] Auch Goethe weiß im Moment keinen Rat. „Lenzens Strudelei muß freilich in solchen Augenblicken aufs höchste geängstigt erscheinen", kommentiert er dessen Brief gegenüber Voigt. „Hätte er geschrieben wegen des Kabinett wo oder wie; so konnte man irgend etwas tun. Gegenwärtig weiß ich nichts als ihm durch den sichern Boten zwanzig Taler zu schicken ..."[80] Um der Plünderung der naturwissenschaftlichen Sammlungen womöglich zuvorzukommen, wiederholt Goethe dringend die aus Jena gekommene Bitte, ihnen einen „resoluten Mann, der deutsch und französisch könnte"[81], hinüberzuschicken. Er schlägt vor, den jungen Dr. Müller, den Bruder des später berühmt gewordenen Kanzlers von Müller, zu senden, „der näher sähe, wie die Sachen stehen, und ob sich die Ausräumung der Bibliothek und des Museums abwenden läßt. Es wäre was darum zu geben. – Denn nie kommen sie wieder zusammen. Bitte auch dies gefällig zu bedenken."[82]

Voigt kommt in Abwesenheit des Herzogs die wenig beneidenswerte Aufgabe zu, das Staatsschiff durch das Chaos des drohenden Untergangs zu führen und, wenn möglich, zu retten. Trotz der Überlast an Arbeit – „da alles aus dem Lande auf mich andringt"[83] – bedenkt er Goethes dringende Bitte und wäre bereit, den vorgeschlagenen Mann – er „spricht gut französisch und hat viel Kopf" – nach Jena zu senden. Aber „wer bezahlt ihn? Jena müßte es selbst tun; *hier* weiß ich kaum Rat für die Stadt!"[84] – Doch schon am nächsten Tag hat Voigt eine Lösung gefunden. Müller geht auf Befehl des Conseil administratif, wie sich das Geheime Conseil während der Besatzungszeit nennt, um den französischen Stadtkommandanten von Jena „um Schutz für die den gelehrten Instituten zuständigen gelehrten Sammlungen [zu] bitten und nach seiner guten Entschlossenheit und Klugheit wahr[zu]nehmen, wie die Sachen stünden"[85]. Vor seiner Abreise erhält Müller von Goethe genaue Instruktionen.

So versucht Goethe in diesen ersten schlimmen Tagen nach der Schlacht die Jenaer Professoren zu beruhigen, ihnen mit Geld auszuhelfen und, da sein „eignes Geld ... nach und nach weg[geht] wie Wasser durch Sieb"[86], andere Formen der dringendsten Hilfeleistung zu finden. Für den ausgeplünderten Bergrat Lenz ruft er beispielsweise zu einer Sammlung unter den Gliedern der Mineralogischen Gesellschaft auf. Umgehend sinnt er auf einen Ersatz für Schelver und findet ihn in dem jungen, kenntnisreichen Dr. Friedrich Siegmund Voigt, einem Sohn des Jenaer Mathematikers. Dieser soll sich vorerst des verlassenen Botanischen Gartens annehmen und, falls Schelver nicht zurückkehrt, dessen Stelle erhalten, „insofern sie unter den neuen Umständen noch eine Stelle sein wird"[87]. Schließlich gelingt es Goethe sogar, bei Voigt einen „kleinen Fonds" von 200 Talern zu organisieren, „um für diesen Winter die jenaischen Dinge kümmerlich durchzuführen"[88].

Dabei wußte Goethe nur zu genau, wie schwerfällig sich die ganze Universitätsverwaltung durch die vier stimmberechtigten Nutritoren

Französische Besetzung

und einen Senat, den Voigt einmal treffend ein „unnützes Corpus mysticum"[89] genannt hatte, von jeher gestaltete. Zu allem Unglück brachen nun unter den zurückgebliebenen Professoren alte Streitigkeiten um zäh umkämpfte Rechte und Kompetenzen aus, die Voigt zu dem Stoßseufzer veranlaßten: „Wer doch den Professoren nur den gemeinsten Menschenverstand inokulieren könnte!"[90] Goethe resümiert gegenüber Knebel: „Daß die morsche jenaische Verfassung bei dieser Gelegenheit zusammenbrechen würde, ließ sich voraussehen. Jämmerlicher konnte kein gemeines Wesen geführt sein. Ich weiß, was es mir für Not machte, meine wenigen Anstalten als ein gesundes Glied innerhalb eines absterbenden Körpers zu erhalten."[91] Dennoch setzt er alle seine Kräfte ein, um die Universität, „dieses alte Kleinod des Landes"[92], wie sie Voigt trotz der verwaltungsrechtlichen und internen Unzulänglichkeiten nannte, zu sichern. „Doch wollen wir zu Beruhigung und Trost das Mögliche tun"[93], schreibt Goethe programmatisch an den Kollegen.

Neben den stützenden und sanierenden Maßnahmen im Inneren kam es nun vor allem darauf an, die Universität an sich zu erhalten. Einen unschätzbaren Beitrag leistete dazu die rasche Wiederaufnahme des Lehrbetriebes noch zum Wintersemester 1806/07, die – nicht zuletzt dank Voigts und Goethes Vermittlung – vom Chef des französischen Generalstabs, Marschall Berthier, mit der Ausstellung eines Schutzbriefes für alle akademischen Personen und Einrichtungen genehmigt wurde. Die zügige Wiederaufnahme der Lehre verhinderte ebenso wie die persönliche Fürsorge, die Goethe und Voigt den Universitätsmitarbeitern angedeihen ließen, daß das Jahr 1806 mit einer ähnlichen Auswanderungsbewegung der Professoren endete wie das Jahr 1803.

Doch damit war die Universität noch keineswegs gerettet. Carl Augusts Herzogtum war inzwischen zum „pays conquis", zum eroberten Land, erklärt worden. Im November übernahm der französische Militärintendant Vilain die Kontrolle über die gesamte innere Verwaltung. Mittels eines ca. 350 Punkte umfassenden Fragenkatalogs versuchte er sich Einblick in die innere Struktur und Leistungsfähigkeit des Landes zu verschaffen. Kompetenzgemäß übernahm Goethe die Beantwortung der zehn Wissenschaft, Bildung und Kunst betreffen-

Minister ohne Portefeuille

den Fragen. Dabei versäumte er nicht, nachdrücklich auf den kulturstiftenden Wert Weimar-Jenas hinzuweisen und die hier geschaffenen Einrichtungen, allen voran die Universität, als erhaltenswert zu charakterisieren. „Man kann sich auf das Zeugnis des deutschen und auswärtigen Publikums berufen", beginnt er seine Punktuation, „wenn man versichert, daß seit mehr als dreißig Jahren Wissenschaften und Künste in den Weimarschen Landen auf eine vorzügliche Weise kultiviert werden. – Wenn sich in Jena, als Lehrer und Schüler, eine große Anzahl Männer ausgebildet, welche gegenwärtig in Deutschland bei den vorzüglichsten Akademien und Lehranstalten angestellt sind, so haben in Weimar sich so viele berühmte und bekannte Schriftsteller teils ihre Lebzeit, teils jahrelang aufgehalten und die allgemeine Zirkulation des Wissens und Arbeitens unterhalten und vermehrt."[94]

Sicher ist es nicht zuletzt die Arbeit an dieser Punktuation gewesen, die Goethe noch einmal nachdrücklich deutlich gemacht hat, welchen kulturellen Rang sich Carl Augusts kleines Herzogtum im geistigen Europa der Jahrhundertwende erworben hatte. Die Ende November, Anfang Dezember zu ihm gelangenden Nachrichten konnten den Eindruck elementarer Bedrohung des Geschaffenen nur verstärken. So wendet sich Goethe am 3. Dezember 1806 noch einmal voll Sorge an Voigt, um zu bemerken, daß des „französischen Kaisers Majestät ... keineswegs mit dem deutschen Lehr- und Schreibewesen zufrieden [sind], wie sich recht gut voraussehen ließ. Auch haben Allerhöchstdieselben, als Sie sich die Leipziger akademischen Deputierten auf der Parade vorstellen ließen, geäußert, es seien der Akademien in Deutschland viel zu viel ... Wäre es nicht Sache, hiervon Herrn Regierungsrat Müller zu avertieren und ihm aufzugeben, daß er gelegentlich zum Vorteil von Jena handle und negoziere?"[95] Voigt sendet Goethes Brief umgehend an Regierungsrat Friedrich Müller weiter, der inzwischen im Posener Hauptquartier Napoleons um einen weimarisch-französischen Friedensvertrag verhandelt. Voigt fügt die Bemerkung hinzu: „... wenn der große Kaiser eine so liberale, nie dem Geist einer egoistischen Richtung unterworfene Akademie wie die jenaische protegieren und begünstigen wollte, so könnte das allein viele unsrer Wunden verbinden."[96] Darüber hinaus verweist er Müller an Baron de Denon, der Napoleon als Generaldirektor der französischen Museen begleitet

Rettung der Jenaer Universität

und in den eroberten Ländern die Auswahl der nach Paris zu bringenden Kunstschätze bestimmt. Diesen feinsinnigen Gelehrten und Kunstverständigen hatte Goethe einst in Venedig kennen- und schätzengelernt. Als dieser wenige Tage nach der verhängnisvollen Schlacht in Goethes Haus einquartiert wird, verwandeln sich ihm „die unglücklichen Tage zu frohen Festtagen"[97]. „So muß erst ein Gewitter vorbeiziehen, wenn ein Regenbogen erscheinen soll! Er [Denon] war äußerst munter und artig"[98], berichtet Goethe an Knebel. Er versäumt nicht, seine langjährigen persönlichen Kontakte zu nutzen, um bei empfänglichen Menschen der französischen Seite Verständnis und Unterstützung für die kulturelle Bedeutung Weimar-Jenas zu wecken. Schon am 21. Oktober hatte er sich in einem Brief an Denon über den Gewissenszwiespalt ausgesprochen, den er in Anbetracht des Elends im Lande in Erinnerung an die so anregend und heiter verlebten gemeinsamen Tage empfindet. Sein Brief gipfelt in der eindringlichen Bitte, das Bemühen der weimarischen Abgesandten um die Erhaltung der Jenaer Universität zu unterstützen: „... Ich beschwöre Sie, für sie [die weimarischen Abgesandten] und mich Ihr Möglichstes zu tun; ich sage für mich, weil die Institutionen in Jena zum Teil mein Werk waren und ich jetzt fürchte, daß eine Arbeit von dreißig Jahren für immer verloren geht ... Es ist nötig, alles zu tun, um zu versuchen, sich und die anderen zu retten."[99]

Der von Regierungsrat Friedrich Müller abgeschlossene französisch-weimarische Frieden von Posen, der gleichzeitig den Beitritt Sachsen-Weimars zum Rheinbund festlegte, beendete endlich am 15. Dezember 1806 die allgemeine Verunsicherung. Carl Augusts Herzogtum blieb bestehen, war nun allerdings Bundesgenosse Frankreichs. Die Universität Jena konnte ihre Tätigkeit unter der Protektoratsmacht fortsetzen. Sicher dürfen die Wirkungen der Goetheschen Aktivitäten auf die großen politischen Entscheidungen nicht überschätzt werden. Über Denon und andere persönliche Verbindungen hatte er aber zumindest atmosphärisch das Seine getan.

Daß der Zustand eines napoleonisierten Deutschland über sieben Jahre anhalten würde, konnten die Zeitgenossen nicht wissen. Anders als Carl August und Herzogin Louise, die auch als gezwungene Verbün-

Minister ohne Portefeuille

dete Napoleons ihren Haß gegen den Imperator nicht niederlegten, schätzten Goethe und Voigt ihn als Überwinder der Französischen Revolution. In der französischen Fremdherrschaft sahen sie eine Friedensgarantie für ihr Land und wohl auch einen Schutz gegen die preußischen Großmachtbestrebungen, gegen „des schwarzen Adlers Krallen"[100], wie es Voigt formuliert. Darüber hinaus zeigt sich insbesondere Goethe fasziniert von Napoleon, dessen Persönlichkeit er zu den dämonischen zählt. Er versteht darunter „dasjenige, was durch Verstand und Vernunft nicht aufzulösen ist ... Dämonische Wesen solcher Art rechneten die Griechen unter die Halbgötter."[101]

Trotz dieser grundsätzlichen Unterschiede in der Beurteilung der Lage sind sich das Fürstenpaar auf der einen, Voigt und Goethe auf der anderen Seite aber in dem übergreifenden Ziel einig, das Herzogtum Sachsen-Weimar-Eisenach unter seinem alteingesessenen Herrscherhaus über die Zeit der Fremdherrschaft zu bringen und die Schäden und Verluste dabei möglichst gering zu halten. Für Goethe und Voigt bedeutete dies vor allem, die besondere kulturelle Mission Weimar-Jenas auch während dieser Jahre zu bewahren und fortzuführen. „Nur durch unsere Literatur bleiben wir noch Deutsche"[102], hatte Voigt unmittelbar nach dem Zusammenbruch von 1806 geschrieben. Ohne sich den französischen Vertretern auf servile Art anzubiedern, setzen beide ihre Kräfte dafür ein, im gegebenen und vorerst unveränderlichen politischen Rahmen erhaltend und aufbauend zu wirken. Dabei kommt Goethe hinsichtlich der ihnen gemeinsam unterstellten herzoglichen Einrichtungen die ganze Last der Detailarbeit zu. Voigt – nach dem Tode der Geheimen Räte Schmidt und von Wolzogen 1807 bzw. 1809 – über Jahre einziges aktives Mitglied des Geheimen Conseils und von Aufgaben übergreifender Art überhäuft, steht ihm beratend, beim Herzog vermittelnd und Gelder organisierend zur Seite.

Hilfe hatten nicht nur die Jenaer wissenschaftlichen Institute nötig, auch die Weimarer Zeichenschule war verwaist. Ihr Direktor Georg Melchior Kraus, bei der Einnahme Weimars durch französische Truppen schwer verwundet, erlag Anfang November seinen Verletzungen. Goethe bestimmte seinen langjährigen Schweizer Freund Heinrich Meyer zu dessen Nachfolger. Voigt und Carl August billigten die Wahl, da sich Meyer – wenn er auch nur ein mittelmäßiger Maler war

Die Gründung der „Oberaufsicht"

– im vorangegangenen Jahrzehnt als theoretisch fundierter Wegbereiter und Mitstreiter für ein von Weimar ausgehendes klassisches bzw. klassizistisches Kunstkonzept bewährt hatte. So konnte der Zeichenschule über das Krisenjahr 1806 hinaus Festigkeit und Dauer verliehen werden.

Noch im gleichen Jahr wurde das Kabinett der Naturforschenden Gesellschaft in Jena unter Goethes und Voigts Oberaufsicht gestellt, das seit Batschs Tod im Jahre 1802 trotz mehrfacher Versuche einer Neuorganisation zu zerfallen drohte. Die Arbeit in den Bibliotheken in Weimar und Jena konnte trotz knapper Mittel fortgesetzt, durch Um- bzw. Anbaumaßnahmen die Kapazität teilweise sogar erweitert werden.

Im Jahre 1809 gelang es Goethe mit Voigts Unterstützung, ihr gemeinsames Ressort verwaltungsmäßig und finanziell zu zentralisieren, indem Carl August anordnete, „daß alle unmittelbaren Anstalten für Wissenschaft und Kunst unter *eine* Oberaufsicht versammelt, aus *einer* Kasse bestritten und in *einem* Sinne verhältnismäßig fortgeführt werden sollten"[103]. Betroffen waren alle von Carl August ohne Mitwirkung der anderen Nutritoren gegründeten und geförderten Anstalten von den Bibliotheken über die Zeichenschule und das Herzogliche Münzkabinett bis hin zu den Jenaer naturwissenschaftlichen Sammlungen. Die Vereinigung der Institute, die bisher aus verschiedenen Einzeletats finanziert worden waren, brachte den entschiedenen Vorteil, daß es nun von den Vorgesetzten abhing, „zu ermessen, wo jedesmal nach Vorkommnis der Umstände Gelder verwendet und diesem und jenem Zweige nachgeholfen werden sollte, welches bei lebendiger Übersicht und vorurteilsfreien Gesinnungen um desto möglicher war, da der Fürst nicht sowohl Vorschläge zu dem, was geschehen sollte, verlangte, als vielmehr gern von dem, was geschehen war, berichtlich und persönlich Kenntnis nahm"[104].

Goethes intensives Interesse für viele naturwissenschaftliche Gebiete und Phänomene, seine Aufgeschlossenheit und Überschau sowie seine eigenen naturwissenschaftlichen Studien, aber auch seine jahrzehntelange Verwaltungserfahrung befähigten ihn wie keinen anderen, die vom Herzog zur Verfügung gestellten Mittel effektiv zu verwenden. Einen Schwerpunkt setzte er beispielsweise in den Jahren

Minister ohne Portefeuille

1809 bis 1812, als er ein großzügiges Geldgeschenk der Erbprinzessin Maria Pawlowna benutzte, um für den gerade berufenen Professor Johann Wolfgang Döbereiner ein modern ausgestattetes chemisches Laboratorium in Jena einrichten zu lassen. Döbereiner übernahm die Stelle des 1809 verstorbenen Johann Friedrich August Göttling, für den Ende der achtziger Jahre auf Goethes Anregung und Vermittlung hin die erste selbständige Professur für Chemie an einer deutschen Universität geschaffen worden war. Unter nachhaltiger und kompetenter Anteilnahme Goethes und Carl Augusts – letzterer zeigte großes Interesse an den praktischen, wirtschaftlich nutzbaren Ergebnissen der Chemie – setzte Döbereiner Göttlings experimentelles Arbeiten fort und wurde einer der ersten Lehrer für experimentelle Chemie in Deutschland noch vor Justus von Liebig.

Ganz im Einklang mit Goethes eigenen naturwissenschaftlichen Forschungen im Rahmen seiner Metamorphose-Konzeption stehend, erhielt der junge Botaniker Friedrich Siegmund Voigt, der, wie Goethe es gewünscht hatte, in der Tat Schelvers Nachfolger geworden war, einen längeren Studienaufenthalt in Paris finanziert, um sich für seinen Jenaer Lehrstuhl auch international zu profilieren.

Im Jahre 1812 ließ Goethe auf Carl Augusts Befehl in Jena eine Sternwarte einrichten, später ein flächendeckendes System von Wetterbeobachtungsstationen im gesamten Herzogtum aufbauen, dessen Beobachtungsergebnisse international verglichen und ausgetauscht wurden. Ebenfalls auf Carl Augusts Anregung ging die Gründung einer der ersten Tierarzneischulen Deutschlands auf dem Jenaer Heinrichsberg zurück, deren Einrichtung Goethe seit 1816 in Zusammenarbeit mit dem tüchtigen Theobald Renner betrieb, der bis dahin als Professor für vergleichende Anatomie und Tierheilkunde in Moskau gewirkt hatte.

Über diese und viele andere fachspezifische Aktivitäten hinaus ermöglichte der selbständige Etat der Oberaufsichtskasse Goethe auch gewisse Einflußmöglichkeiten auf die Personalpolitik, die ihm besonders am Herzen lag. Da nach seiner langjährigen Diensterfahrung mit dem rechten Mann am rechten Ort eine Sache stehen und fallen konnte, versuchte er gerade die entscheidenden Plätze im mittleren Verwaltungsdienst der ihm unterstellten Anstalten mit fachlich befä-

Der Erfurter Fürstenkongreß 1808

higten, zuverlässigen Leuten zu besetzen und diese auch speziell zu fördern wie beispielsweise den Bibliothekar Christian August Vulpius, den Mechaniker Johann Christian Friedrich Körner oder den Prosektor der Tierarzneischule, Christian Friedrich Schröter. Über seinen Umgang mit den ihm unterstellten Mitarbeitern äußert Goethe rückblickend zu Kanzler von Müller: „Ich wirke nun fünfzig Jahre in meinen öffentlichen Geschäften nach meiner Weise, als Mensch, nicht kanzleimäßig, nicht so direkt und folglich etwas minder platt. Ich suche jeden Untergebenen frei im gemeßnen Kreise sich bewegen zu lassen, damit er auch fühle, daß er ein Mensch sei. Es kommt alles auf den Geist an, den man einem öffentlichen Wesen einhaucht und auf Folge."[105] – So gelingt Goethes Vorsatz, die ihm unterstellten wissenschaftlichen und künstlerischen Anstalten des Herzogtums auch während der beschwerlichen Zeit der französischen Besatzung am Leben zu erhalten und in wichtigen Bereichen sogar zu fördern.

An der großen Politik und am geselligen Leben nimmt er jedoch immer weniger aktiven Anteil. „... schon seit den letzten Jahren gewohnt, mich von der Außenwelt völlig abzuschließen, meinen Geschäften nachzuhangen, Geistesproduktionen zu fördern ..."[106], beschreibt er selbst seine Lebensweise während der französischen Besatzungszeit rückblickend in den *Annalen* zum Jahr 1809. Gemäß seiner Überzeugung, daß das Leben eines Menschen nur insofern etwas wert ist, als es Folge hat, sucht er in jenen politisch schwierigen Jahren sich selbst und den Bereichen, auf die er unmittelbar Einfluß nehmen kann, die Produktivität zu bewahren. All jene Bereiche, die sich seinem Einfluß entziehen, meidet er. Carl August betrachtet Goethes Haltung – auch gegenüber Napoleon – mit gelassener, bisweilen etwas spöttischer Toleranz und läßt ihn gewähren. Nur in wenigen entscheidenden Momenten bittet er den inzwischen fast Sechzigjährigen aufs internationale Parkett, um sich dessen weitgespanntem Ansehen zumindest repräsentierend zu bedienen. Zu diesem Zweck beruft er Goethe beispielsweise Ende September 1808 zum sogenannten Fürstentag nach Erfurt, wo Napoleon Bonaparte mit Alexander I. von Rußland und zahlreichen Fürsten der von ihm unterworfenen Länder zusammentrifft. Hier erlebt Goethe am 2. Oktober jene Audienz, zu welcher ihn

Minister ohne Portefeuille

Audienz Goethes bei Napoleon
*im Erfurter
Gouvernementsgebäude
am 2. 10. 1808.*

der Kaiser der Franzosen mit den berühmt gewordenen Worten: „Vous êtes un homme."[107] begrüßt haben soll. Als Goethe knapp zwei Wochen später, am Tag der zweiten Wiederkehr der Niederlage von Jena und Auerstedt, gemeinsam mit Christoph Martin Wieland und dem Jenaer Mediziner Johann Christian Stark mit dem Kreuz der französischen Ehrenlegion geehrt wird, schreibt er vielsagend an Friedrich von Müller: „Indem ich lebhaft fühle, was mir dadurch widerfährt, gibt es mir ebensoviel zu denken ..."[108]

Im täglichen persönlichen Umgang ist es Goethe nicht schwergefallen, die französischen Vertreter und Abgesandten offiziell und inoffiziell entsprechend ihrem menschlichen Wert und nicht nach den Maßgaben politisch-emotionaler Vorbehalte zu behandeln. Nationalismus ist auch in den Jahren der Fremdherrschaft ein seinem Denken nicht integrierbares Phänomen. Rückblickend bestätigt er Eckermann: „... ich haßte die Franzosen nicht, wiewohl ich Gott dankte, als wir sie los waren. Wie hätte auch ich, dem nur Kultur und Barbarei Dinge von Bedeutung sind, eine Nation hassen können, die zu den

Begegnung mit der französischen Obrigkeit

kultiviertesten der Erde gehört und der ich einen so großen Teil meiner eigenen Bildung verdankte! – Überhaupt ... ist es mit dem Nationalhaß ein eigenes Ding. – Auf den untersten Stufen der Kultur werden Sie ihn immer am stärksten und heftigsten finden. Es gibt aber eine Stufe, wo er ganz verschwindet und wo man gewissermaßen *über* den Nationen steht, und man ein Glück oder ein Wehe seines Nachbarvolkes empfindet, als wäre es dem eigenen begegnet. Diese Kulturstufe war meiner Natur gemäß, und ich hatte mich daran lange befestigt, ehe ich mein sechzigstes Jahr erreicht hatte."[109]

So ist es Goethe ebenso wie seinem Kollegen Christian Gottlob Voigt selbstverständlich, dem höchst kultivierten französischen Baron de Saint-Aignan, der zur Jahreswende 1811/12 als Gesandter bei den sächsischen Höfen seinen Sitz in Weimar nimmt, sein Haus zu öffnen. Dabei weiß Goethe, daß dieser kenntnisreiche und kunstsinnige Aristokrat in erster Linie die Aufgabe hat, die alles andere als franzosenfreundliche Haltung Carl Augusts und dessen Umgebung aus der Nähe zu überwachen. Das Mißtrauen gegen den weimarischen Herzog hatte den Franzosen in den vorangegangenen Jahren immer wieder als Vorwand gedient, die militärischen und wirtschaftlichen Forderungen weiter zu erhöhen und das erschöpfte Land noch mehr auszusaugen. Voigt, verantwortlich für die Beschaffung der Gelder, bemühte sich nach Kräften, eine maßvolle „Erfüllungspolitik"[110] zu betreiben, aus der er bei ungerechtfertigten oder übertriebenen Forderungen auch die Argumente für eine hartnäckige Verweigerung zog. Letzteres hatte Verdacht und Mißtrauen des französischen Militärintendanten in Erfurt auf ihn gelenkt.

In Gestalt des „edlen Saint-Aignan"[111], wie ihn Voigt einmal nennt, tritt dagegen eine Persönlichkeit auf, die, überzeugt von der kulturellen Bedeutung Weimars, ihrerseits bemüht ist, dem kleinen Staatswesen übergroße Opfer zu ersparen. Im Bemühen um Weimars Kulturmission haben Goethe, Voigt und Saint-Aignan zusammengefunden und, gestützt auf gegenseitige Hochschätzung, durch ihren intensiven persönlichen Umgang, bei dem Politisches sorgsam ausgespart blieb, letztlich staatlich und kulturell stabilisierend gewirkt – eine Handlungsweise, die auch Carl August zu schätzen wußte.

Minister ohne Portefeuille

In Anbetracht der militärischen Wechselbäder im Frühjahr 1813 – Preußen hatte sich an der Seite Rußlands endlich gegen Frankreich erhoben – droht Weimar wiederum zum Kriegsschauplatz zu werden. Der vierundsechzigjährige Goethe fühlt sich erneuter physischer Bedrohung nervlich und gesundheitlich nicht mehr gewachsen. „Nach vielfältiger Betrachtung meiner körperlichen und geistigen Zustände habe ich mich entschlossen, morgen die Reise nach Töplitz [Teplitz] anzutreten, zuletzt mehr auf Anregung der Meinigen als auf persönlichen Antrieb"[112], verabschiedet er sich am 16. April von Voigt. Als er vier Monate später heimkehrt, ist das Schicksal Deutschlands noch immer nicht entschieden. Obgleich Carl August als preußischer General längst wieder gegen Napoleon im Felde steht, hofft Goethe – im Angesicht russischer Kosakenheere nun die kriegerisch-zerstörende Gefahr aus dem Osten befürchtend – bis nach der Völkerschlacht bei Leipzig auf einen friedlichen Ausgleich mit Napoleon. Daß er den inzwischen als Freund seines Hauses betrachteten Saint-Aignan gerade in den Oktobertagen vor der entscheidenden Schlacht besonders häufig empfängt, hängt aber wohl weniger mit seiner politischen Fehleinschätzung der Lage zusammen, sondern ist als bewußte Geste menschlicher Beständigkeit und übernational wie überpolitisch verstandener Gastlichkeit zu verstehen.

Bei den meisten Zeitgenossen ist Goethes mangelnde Sympathie für die nationale Erhebung gegen die Fremdherrschaft natürlicherweise auf wenig Verständnis gestoßen. Sein unabdingbarer Friedenswunsch haben ihn ebenso wie sein Glaube an die Unbesiegbarkeit Napoleons daran gehindert, die Zeichen der Zeit angemessen zu deuten. Erst im Laufe des Frühjahrs 1814 wagt er etwas freier in die Zukunft zu sehen. Als Ende Mai vom Direktor der Königlichen Schauspiele in Berlin, August Wilhelm Iffland, die Bitte an Goethe herangetragen wird, ein Festspiel anläßlich des feierlichen Einzugs der siegreichen Monarchen Preußens, Österreichs und Rußlands in Berlin zu verfassen – in Ifflands Brief heißt es, „daß der erste Mann der Nation über diese hohe Begebenheit schreibt"[113] –, fühlt sich Goethe dieser Aufgabe zunächst nicht gewachsen. Schließlich findet er den Antrag aber doch „allzu schmeichelhaft"[114], als daß er nicht alle seine Kräfte hätte hervorrufen sollen. Entstanden ist *Des Epimenides Erwachen*, ein opern-

„*Des Epimenides Erwachen*"

haft-allegorisches Festspiel, in dem nach dem alle Kräfte paralysierenden Sieg des Dämonen der Unterdrückung die vereinigten Kräfte der Liebe, des Glaubens und der Hoffnung eine triumphale Selbstbefreiung herbeiführen. Die Titelgestalt Epimenides, von den Göttern in einen vieljährigen Schlaf versenkt, erwacht erst, als die Befreiung bereits geschehen ist. Seine Selbstanklage ist oft – und vielleicht nicht zu Unrecht – als Selbstkritik des Dichters verstanden worden:

> *Doch schäm ich mich der Ruhestunden;*
> *Mit euch zu leiden war Gewinn:*
> *Denn für den Schmerz, den ihr empfunden,*
> *Seid ihr auch größer, als ich bin.*[115]

Die Entgegnung der Priester relativiert allerdings die Aussage oder bringt sie vielmehr in eine für den Dichtungsstil des alten Goethe charakteristische Schwebe:

> *Tadle nicht der Götter Willen,*
> *Wenn du manches Jahr gewannst:*
> *Sie bewahrten dich im stillen,*
> *Daß du rein empfinden kannst:*
> *Und so gleichst du künft'gen Tagen,*
> *Denen unsre Qual und Plagen,*
> *Unser Streben, unser Wagen*
> *Endlich die Geschichte beut;*
> *Und nicht glauben, was wir sagen,*
> *Wirst du, wie die Folgezeit.*[116]

So weist der Text insgesamt auf das bewegte und bewegende geschichtliche Wechselspiel von Nationalem und Kosmopolitischem, von realpolitisch notwendiger Alltagsentscheidung und übergreifender Zielsetzung im Sinne des Erhaltens und Bewahrens, im Sinne schöpferischer Produktivität. In diesem Wechselspiel der Kräfte ist jedem Menschen sein Platz zugewiesen, und Goethe sah den seinen auch in der nachnapoleonischen Zeit nicht auf dem politischen oder diplomatischen Parkett. Die vorsichtig ausgesprochene Einladung Carl

Minister ohne Portefeuille

Augusts, ihn zum Wiener Kongreß zu begleiten, lehnt Goethe ab. Von dem dort stattfindenden feudalen Länderschacher ist er enttäuscht und angewidert, auch wenn er seinem Fürsten zu dem in Wien erhaltenen Gebietszuwachs, verbunden mit dem Großherzogstitel, in aufrichtig-herzlichen Worten gratuliert.

In der mit dem neuen Status des Landes einhergehenden Verwaltungsreform von 1815, in welcher das Geheime Conseil, dem Goethe bis zu diesem Zeitpunkt noch immer nominell, wenn auch nicht mehr aktiv angehörte, aufgelöst und durch ein neugegründetes Staatsministerium unter der Präsidentschaft von Christian Gottlob Voigt ersetzt wurde, scheidet Goethe endgültig aus der Leitung des sachsen-weimarischen Staatswesens aus. Carl August versäumt aber nicht, ihn ebenso wie alle anderen Mitglieder des ehemaligen Geheimen Conseils „in Betracht seiner ausgezeichneten Verdienste um die Beförderung der Künste und Wissenschaften und der denselben gewidmeten Anstalten in Unsern Landen"[117] zum Staatsminister zu ernennen und sein Gehalt wie das der anderen Staatsminister auf 3 000 Taler im Jahr zu erhöhen. Gleichzeitig überträgt er Goethe und Voigt nun offiziell und per Reskript die Oberaufsicht über alle unmittelbaren Anstalten für Kunst und Wissenschaft im Herzogtum, die beide de facto bereits seit fast zwei Jahrzehnten wahrgenommen hatten. „Es ist vielleicht das wundersamste Departement in der Welt, ich habe mit neun Männern zu tun, die in einzelnen Fächern alle selbständig sind, unter sich nicht zusammenhängen und, bloß in mir vereinigt, eine ideelle Akademie bilden"[118], berichtet Goethe seinem Kunstfreund Sulpiz Boisserée im Dezember 1815. In der Tat war Goethes Departement zu klein, um ein eigenes Ministerium zu bilden. Doch lehnte es der inzwischen 66jährige Staatsmann ab, einem anderen als dem Herzog persönlich unterstellt zu werden. Carl August kam auch diesem durch Voigt vermittelten Wunsch seines alten Freundes nach und erwies dessen besonderer Stellung sowohl zur fürstlichen Familie als auch innerhalb der Staatsbeamten seine Reverenz, indem er Goethes Namen im offiziellen Adreßkalender unmittelbar nach dem Personal des Großherzoglichen Hauses einrangieren und die Reihe der Großherzoglichen Wirklichen Geheimen Räte anführen ließ.

Die Verwaltungsreform von 1815

Goethe, *Ölbild von George Dawe, 1819.*

In dieser Dienststellung, die es Goethe gestattete, Pflicht und Neigung schöpferisch zu verbinden, wirkte er noch reichlich anderthalb Jahrzehnte im bewährten Sinne. Programmatisch schrieb er zu Beginn der neuen Epoche an seinen vertrauten Amtskollegen Christian Gottlob Voigt:

>*Nun aber Friede tröstend wiederkehrt,*
>*Kehrt unser Sinn sich treulich nach dem Alten,*
>*Zu bauen auf, was Kampf und Zug zerstöret,*
>*Zu sichern, wie's ein guter Geist erhalten.*[119]

Das Bündnis mit Schiller, dem „Geistesantipoden"

Für mich ... war es ein neuer Frühling, in welchem alles froh nebeneinander keimte und aus aufgeschlossenen Samen und Zweigen hervorging.

Je höher ein Mensch, desto mehr steht er unter dem Einfluß der Dämonen, und er muß nur immer aufpassen, daß sein leitender Wille nicht auf Abwege gerate. – So waltete bei meiner Bekanntschaft mit Schillern durchaus etwas Dämonisches ob; wir konnten früher, wir konnten später zusammengeführt werden, aber daß wir es grade in der Epoche wurden, wo ich die italienische Reise hinter mir hatte und Schiller der philosophischen Spekulationen müde zu werden anfing, war von Bedeutung und für beide von größtem Erfolg."[1] Mit diesen Worten erinnert sich der alte Goethe jenes Sommers des Jahres 1794, der im tiefsten Sinne des Wortes „Epoche" in seinem Leben gemacht hat.

Zunächst waren es aber gerade die ästhetischen und naturwissenschaftlichen Ergebnisse der italienischen Reise, die Goethe in der Heimat in eine schmerzlich empfundene Isolation führten und insbesondere seine Haltung gegenüber dem zehn Jahre jüngeren Friedrich Schiller schwer belasteten. Der nachitalienische Goethe ist von der Mehrheit des deutschsprachigen Publikums nicht angenommen worden. Die Leser erwarten von ihm nach wie vor den Enthusiasmus und die gesteigerte Emotionalität des *Götz* und des *Werther*; für die klassische Formenstrenge der Versfassung der *Iphigenie*, des *Tasso* und des *Egmont* vermochte der größte Teil der Leser kein Verständnis aufzubringen.

Beinahe noch empfindlicher trifft Goethe die kühle Ignoranz, mit der die Fachwelt im Jahre 1790 auf seine erste naturwissenschaftliche Veröffentlichung, auf den *Versuch, die Metamorphose der Pflanzen zu er-*

Goethe im Widerspruch zur herrschenden Kunstauffassung

Friedrich Schiller, *Pastellzeichnung von Ludowike Simanowicz, 1793.*

klären, reagiert. Und auch wenn Goethe als Staatsmann 1794 maßgeblich dazu beiträgt, den Kantschüler Fichte an die Jenaer Universität zu berufen, heißt das keinesfalls, daß er den neusten philosophischen Lehren des Königsbergers persönlich besonders aufgeschlossen gegenübersteht. Die philosophische Spekulation enthält auch in ihrer kritischen Form nur wenige Ansatzpunkte für einen Sensualisten wie Goethe, dessen Weltverhältnis ganz auf Erfahrung und strenger Naturbeobachtung ruht. Wenn er sich von Fichte die Versöhnung mit den Philosophen erhofft[2], erwartet er von ihm wohl eher eine Wendung in jene Richtung zur Natur hin, die später Schelling vollzogen hat.

Es ist nicht zu übersehen, daß sich der Künstler und Naturwissenschaftler Goethe nach seiner Rückkehr aus Italien in wesentlichen Punkten in Widerspruch zu den herrschenden geistigen Tendenzen seiner Zeit befindet. Alle seine internationalen Kontakte, seine breit gefächerte amtliche Tätigkeit und die guten Beziehungen zu einzelnen akademischen Lehrern in Jena und außerhalb des Herzogtums können nicht darüber hinwegtäuschen, daß er seine schöpferischen Kräfte in den Jahren bis 1794 durch einen Rückzug auf sich selbst bewahrt und aktiviert. Dies scheint ihm die einzige Möglichkeit zu sein, jene Selbstbewahrung zu gewährleisten, die ihm in Italien zum obersten Lebensprinzip geworden war. Menschlich aufgehoben im engsten Kreis seiner Familie, ästhetische Übereinstimmung nur mit Heinrich Meyer und Carl Philipp Moritz, den bewährten Freunden aus römischer Zeit, empfindend, folgt er in seiner künstlerischen und naturwissenschaftlichen Arbeit dem von seinen persönlichen Überzeugungen vorgeschriebenen Weg. In diesen sieben Jahren nimmt Goethe die geistige Isolation als Preis seiner schöpferischen Produktivität bewußt an, legt die Grundlagen zu jener Lebenshaltung der Entsagung, die schließlich sein Alterswerk bestimmen wird. Was aber nicht heißt, daß er diese Isolation nicht als Einsamkeit schmerzlich durchlebt und durchlitten hätte.

Eingedenk dieser Situation verwundert zunächst, daß Goethe nicht freudig zusagt, als er Mitte Juni des Jahres 1794 von Schiller eingeladen wird, an dessen soeben gegründeter Zeitschrift *Die Horen* mitzuarbeiten. Obwohl es eigentlich keine sachlichen Argumente gegen Schillers freundlich, ja ehrerbietig ausgesprochenen Wunsch gibt, zögert

Goethe mit seiner Antwort. Gegen das Programm der geplanten Zeitschrift selbst kann er nichts einwenden. „Sie wird sich über alles verbreiten, was mit Geschmack und philosophischem Geiste behandelt werden kann, und also sowohl philosophischen Untersuchungen als historischen und poetischen Darstellungen offenstehen."[3] So ist es in der „Einladung zur Mitarbeit" an den *Horen* zu lesen, die Schiller dem persönlichen Anschreiben beigelegt hatte. „Alles, was entweder bloß den gelehrten Leser interessieren oder was bloß den nichtgelehrten befriedigen kann, wird davon ausgeschlossen sein; vorzüglich aber und unbedingt wird sie sich alles verbieten, was sich auf Staatsreligion und politische Verfassung bezieht. Man widmet sie der *schönen* Welt zum Unterricht und zur Bildung, und der *gelehrten* zu einer freien Forschung der Wahrheit und zu einem fruchtbaren Umtausch der Ideen ..."[4] In diesem Rahmen ist es Schillers erklärte Absicht, die „vorzüglichsten Schriftsteller der Nation"[5] zusammenzuführen und zu Wort kommen zu lassen – ein Anspruch, der bisher von keinem der zahlreichen zeitgenössischen Periodika erfüllt wird. *Die Horen* als Sprachorgan der besten Dichter und Denker der Nation, da kann und will Goethe nicht abseits stehen. Auch ihm scheint es an der Zeit, den politischen Tumulten, die von der Revolution der Franzosen ausgelöst worden sind, eine Kraft entgegenzusetzen, die sich nicht vom Parteigeist leiten läßt, sondern die nach den tiefen, notwendigen Gesetzen in Natur, Kunst und menschlichem Leben fragt und damit in der höchst widersprüchlichen, unübersichtlichen und gefährlichen Gegenwart an Orientierungen für eine friedliche Zukunft baut. Wie nötig eine solche humane Orientierung ist, hatte ihm während des Frankreichfeldzuges vor zwei Jahren und während der Mainzer Belagerung im vergangenen Jahr täglich vor Augen gestanden. „... die Welt erschien mir blutiger und blutdürstiger als jemals", erinnert er sich rückblickend. „... und wie die Halsbandsgeschichte als düstre Vorbedeutung, so ergriff mich nunmehr die Revolution selbst als die gräßlichste Erfüllung; den Thron sah ich gestürzt und zersplittert, eine große Nation aus ihren Fugen gerückt und ... offenbar auch die Welt schon aus ihren Fugen. – Indem mich nun dies alles in Gedanken bedrängte, beängstigte, hatte ich leider zu bemerken, daß man im Vaterlande sich spielend mit Gesinnungen unterhielt, welche eben auch uns ähnliche Schicksale vorbereiteten. Ich kannte genug edle Gemüter, die sich gewissen Aussichten und Hoffnungen, ohne weder sich noch die Sache zu begreifen, phantastisch hingaben ..."[6] Hier denkt Goethe, der lebenslange Monarchist und konsequente Gegner aller revolutionären Umwälzungen, wohl nicht zuletzt an die politischen Differenzen, die er mit so engen Freunden wie Carl Ludwig von Knebel und Johann Gottfried Herder nebst dessen Gattin Caroline auszufechten hat, die der Französischen Revolution günstig bzw. schwankend gegenüberstehen. Ob die Freundschaft diesen Spannungen auf die Dauer gewachsen sein wird, bleibt vorerst unentschieden.

Gerade die besten Geister der Nation vom Parteiinteresse abzuziehen und in einer „literarischen Assoziation" jenseits aller Tagespolitik zu vereinigen, wie es Schiller beabsichtigt, scheint Goethe eines Versuches wert zu sein. „Schon eine sehr interessante Unterhaltung wird es werden, sich über die Grundsätze zu vereinigen, nach welchen man die eingesendeten Schriften zu prüfen hat, wie über Gehalt und Form zu wachen, um diese Zeitschrift vor andern auszuzeichnen"[7], heißt es schließlich in Goethes Antwortschreiben an Schiller.

Auch die kommerziellen Überlegungen Schillers lassen Goethe aufhorchen. Dieser verschließt durchaus die Augen nicht davor, daß Deutschland bereits über eine lange Reihe von schöngeistigen und wissenschaftlichen Zeitschriften mit einem mehr oder minder großen Kreis von Lesern verfügt. Es fehlt also „nicht an einem zahlreichen Publikum, aber in dieses Publikum teilen sich zu viele einzelne Journale"[8], argumentiert dieser und leitet den kühnen Vorsatz ab, durch die hohe Qualität der *Horen* das potentielle Leserpublikum auf seine Zeitschrift vereinigen zu können. Damit glaubt er sowohl die Breitenwirkung als auch den buchhändlerischen Erfolg seiner Zeitschrift sichern zu können. Es scheint, als hätte keiner der Beteiligten – auch Cotta, der erfahrene Stuttgarter Verleger des Unternehmens, nicht – vorausgesehen, daß das, was theoretisch so schlüssig klingt, in der Praxis ganz anders funktioniert.

Über diese Sachargumente hinaus hofft Goethe nicht zuletzt, über die Mitarbeit an Schillers Zeitschrift seine geistige Isolation wenigstens teilweise durchbrechen zu können. Zu diesem Zeitpunkt denkt er wohl vor allem an eine engere Verbindung zu Fichte.

Goethe und das deutsche Publikum

Von Schiller selbst verspricht sich Goethe allerdings nicht viel. Seine Aversion gegen den Dichter der *Räuber* und des *Don Carlos* sitzt zu tief, rührt zu sehr an Grundsätzliches, als daß er eine Annäherung an den Jüngeren hoffen oder gar wünschen könnte. Goethe, der einen strengen Kunstbegriff aus Italien mitgebracht hatte, kann Schiller nur als ein „unreifes Talent" betrachten, ein „kraftvolles" zwar, aber eines, das „die ethischen und theatralischen Paradoxen", von denen er selbst sich „zu reinigen gestrebt, recht im vollen hinreißenden Strome über das Vaterland ausgegossen hatte"[9]. Im vergleichenden Betrachten zahlloser antiker Skulpturen war Goethe klargeworden, daß die Aufgabe des Künstlers nicht darin bestehen kann, im Kunstwerk seine subjektiven Überzeugungen oder gar nur seine persönlichen Empfindungen niederzulegen, wie er es – darin Schiller durchaus gleichend – in seinen früheren Werken zumeist getan hatte. Es kam vielmehr darauf an, die Wirklichkeit selbst darzustellen, sie in ihren wesentlichen inneren Beziehungen und Zusammenhängen zu erfassen und diese ins künstlerische Abbild zu transponieren. In Italien hatte Goethe den langen Weg seiner Selbsterziehung vorläufig vollendet, den er im Jahre 1775 mit seiner amtlichen Tätigkeit in Sachsen-Weimar an der Seite Charlotte von Steins begonnen hatte: Es war ihm auch als Künstler die entscheidende Wendung von der Subjektivität weg und zum Objekt hin gelungen. Die höchste Forderung, die er nun an den Künstler stellte und die diesen auf die verwesentlichte Darstellung des Objekts, der Natur, wie Goethe es nennt, orientiert, bezeichnete er fortan mit dem Begriff des Stils. In diesem Sinne hatte er seine *Iphigenie* umgearbeitet, seinen *Tasso* und seinen *Egmont* vollendet. Doch Goethe weiß, daß sich der Absatz seiner ersten Werkausgabe, die diese Dramen präsentierte und deren letzter Band 1790 erschienen war, außerordentlich unbefriedigend darstellt. Es schmerzt ihn, daß das Publikum nicht bereit ist, die künstlerische Entwicklung, den Reifeprozeß zur Klassizität hin mitzuvollziehen oder auch nur zu respektieren, den Goethe so konsequent und nicht ohne Mühe durchlaufen hatte. Und Schöpfungen wie die Schillers, die das Publikum mit ihrem rhetorischen Schwung begeistern und mitreißen, leisten diesem noch ganz im Sturm und Drang verhafteten Publikumsgeschmack entschieden Vorschub. Goethe hätte, schreibt er später, „die Ausübung der Dichtkunst ...

Das Bündnis mit Schiller, dem „Geistesantipoden"

gerne völlig aufgegeben, wenn es möglich gewesen wäre; denn wo war eine Aussicht, jene Produktionen von genialem Wert und wilder Form zu überbieten? ... Die reinsten Anschauungen suchte ich zu nähren und mitzuteilen, und nun fand ich mich zwischen Ardinghello [Hauptgestalt in Wilhelm Heinses gleichnamigem Erfolgsroman von 1787] und Franz Moor eingeklemmt"[10]. Zwar hatte Schiller lange nichts Dramatisches hervorgebracht, der *Carlos*, sein jüngstes Werk, war immerhin vor acht Jahren im Druck erschienen, doch beginnt dieses Werk Anfang der neunziger Jahre gerade erst seinen Siegeszug über die deutschen Bühnen.

Auch mit Schillers ästhetischen Schriften kann sich Goethe nicht anfreunden. Es ist zu viel Kantsches Gedankengut in ihnen zu finden. „Die Kantische Philosophie, welche das Subjekt so hoch erhebt, indem sie es einzuengen scheint, hatte er [Schiller] mit Freuden in sich aufgenommen"; Schiller denkt und urteilt aus dem „höchsten Gefühl der Freiheit und Selbstbestimmung" heraus und zeigt sich „undankbar gegen die große Mutter" seiner Talente, gegen die Natur. „Anstatt sie als selbständig, lebendig, vom Tiefsten bis zum Höchsten gesetzlich hervorbringend zu betrachten"[11], wie Goethe dies tut, ist für Schiller Natur nur ein höchst unvollkommener Zustand des Menschen, den es mit Hilfe von Vernunft und Sittlichkeit zu veredeln gilt. In Schillers jüngstem Aufsatz, *Über Anmut und Würde* aus dem Jahre 1793, scheint es Goethe sogar, als ob gewisse „harte Stellen" auf ihn selbst deuten würden. Vermutlich sind es Schillers Äußerungen über das Genie, die Goethe auf sich bezieht. So tadelt Schiller, daß das Genie als Günstling der Natur oft „als ein gewisser Geburtsadel, als eine höhere Kaste betrachtet" wird, weil seine „Vorzüge von Naturbedingungen abhängig sind und daher über alle Wahl hinaus liegen". Und er glaubt sich berechtigt, dem Genie nachdrücklich zu empfehlen, sich „beizeiten" seines „zweideutigen Geschenks" der Natur zu versichern, indem es sich „durch Grundsätze, Geschmack und Wissenschaft" stärke. Naturgaben, so Schiller weiter, können nur Besitzungen des Geistes werden, indem das Genie „der Materie Form erteilt". „Durch keine verhältnismäßige Kraft der Vernunft beherrscht, wird die wild aufgeschossene üppige *Naturkraft* über die Freiheit des Verstandes hinauswachsen und ... ersticken ..." Dieser Prozeß sei besonders an „denjenigen Dichtergenien" zu beobachten, „die früher berühmt werden, als sie mündig sind, und wo ... das ganze Talent oft die *Jugend* ist. Ist aber der kurze Frühling vorbei, und fragt man nach den Früchten, die er hoffen ließ, so sind es schwammigte und oft verkrüppelte Geburten ..."[12]

Zu diesen frühzeitig Berühmten gehörte Goethe zweifellos, doch hatte er keineswegs versäumt, sein Genie zu bilden, seine Dichtung mit den straffen Zügeln der Form zu bändigen. Die Verfassung der *Iphigenie*, der *Tasso*, der *Egmont* waren Zeugen und Produkte dieses Ringens, so daß sich Goethe von Schiller empfindlich mißverstanden und fehlinterpretiert fühlen mußte. Allerdings war seine Bildung nicht mittels gedanklicher Spekulation, nicht in der Auseinandersetzung mit theoretischen Postulaten erfolgt, nicht auf dem Wege, den Schiller für den einzig angemessenen Weg der Erkenntnis zu halten schien. Goethes „Bildungprozeß" hatte sich während seines fast zweijährigen Italienaufenthalts durch lebendige, weil anschauende Erkenntnis, auf dem Wege der sinnlichen Erfahrung vollzogen. So stellte Schillers Kritik des Genies nicht nur Goethes Künstlertum, sondern die Grundpositionen seines Weltverhältnisses insgesamt in Frage. Daß sich Goethe unter diesen Voraussetzungen keineswegs von Schiller angezogen fühlen konnte und es ihm trotz aller positiven Sachargumente schwerfiel, einer Mitarbeit an den *Horen* freudig zuzustimmen, versteht sich von selbst. Lange brütet er über dem Eingangspassus seines Antwortbriefes an Schiller, bis ihm endlich eine lebendige Formulierung gelingt: „Ich werde mit Freuden und von ganzem Herzen von der Gesellschaft sein"[13], kann Schiller dann in Goethes eigenhändiger Reinschrift lesen.

Schiller bedeutet Goethes Zusage weit mehr als der Beginn einer publizistischen Zusammenarbeit, eines geschäftlichen Verhältnisses. Für ihn ist es ein Sieg, ein erster, langersehnter und zäh angestrebter Erfolg gegenüber dem großen Unnahbaren in Weimar. Schon als Eleven in Carl Eugens „Militärischer Pflanzschule" auf der Stuttgarter Solitude hatten er und seine Gefährten den *Götz* und den *Werther* nicht nur gelesen, sondern verschlungen, wie eine Nahrung in sich aufgesogen. „Goethe war überhaupt unser Gott"[14], berichtet Schillers Freund Scharffenstein. Gepreßt vom soldatischen Reglement, gede-

Das Bündnis mit Schiller, dem „Geistesantipoden"

mütigt von der Willkür des württembergischen Herzogs, seiner persönlichen Freiheit und Selbstbestimmung beraubt, war Schiller das kraftvolle Selbsthelfertum eines Götz von Berlichingen wie eine Offenbarung erschienen. Er empfand die kühne Sprache dieses völlig neuartigen Dramas, das in einem großen Wurf alle Regeln sprengte, als seine eigene Sprache, als eine Sprache, zu der auch er einst fähig zu sein wünschte. Und er empfand eine leidenschaftliche Verehrung für den Mann, der diese Wunder der Dichterkraft geschaffen hatte.

Mehr als zwei Jahrzehnte waren seither vergangen, unbeirrt war Schiller seiner Berufung gefolgt. Kein äußerer Zwang hatte ihn hindern können, sein dichterisches Talent auszubilden. Nichts hatte ihn zu beugen vermocht, nicht das von Carl Eugen verhängte Schreibverbot, keine noch so schwere materielle Not. Als politischer Emigrant war er durch vieler Herren Länder gezogen. Gestützt auf kleinere Einkünfte aus publizistischer und kunstkritischer Tätigkeit, unterstützt von Freunden und Gönnern, hatte er seine aufsehenerregenden dramatischen Frühwerke hervorgebracht, ohne daß Goethe, der als Dichter während seines ersten Weimarer Jahrzehnts nach außen hin verstummt war, dabei eine Rolle gespielt hätte.

Als Schiller im Jahre 1787 erstmals nach Weimar reiste, wußte er, daß Goethe in Italien weilte. Damals erhoffte sich Schiller äußere Unterstützung von Wieland, dem freundlich-konzilianten Altvater der zeitgenössischen deutschen Literatur und Herausgeber der einflußreichen Zeitschrift *Teutscher Merkur*. Doch konnte es nicht ausbleiben, daß er hier auf Schritt und Tritt „Goethes Geist" dergestalt begegnete, wie er sich in der Reflexion der Weimarer spiegelte. „Goethens Geist hat alle Menschen, die sich zu seinem Zirkel zählen, gemodelt", berichtet Schiller seinem Freund Körner nach Dresden. „Eine stolze philosophische Verachtung aller Spekulation und Untersuchung, mit einem bis zur Affektation getriebenen Attachement an die Natur und einer Resignation in seine fünf Sinne, kurz eine gewisse kindliche Einfalt der Vernunft bezeichnet ihn und seine ganze hiesige Sekte. Da sucht man lieber Kräuter oder treibt Mineralogie, als daß man sich in leeren Demonstrationen verfinge. Die Idee kann ganz gesund und gut sein, aber man kann auch viel übertreiben."[15] Ganz anders das Bild, das ihm Herder von Goethe vermittelt, der diesen „mehr noch als

Schillers Verhältnis zu Goethe

Mensch denn als Schriftsteller" liebt und bewundert: „Herder gibt ihm einen *klaren* universalen Verstand, das wahrste und innigste Gefühl, die größte Reinheit des Herzens! Alles, was er ist, ist er ganz, und er kann ... vieles zugleich sein. Nach Herders Behauptung ist er rein von allem Intrigegeist, er hat wissentlich noch niemand verfolgt, noch keines anderen Glück untergraben. Er liebt in allen Dingen Helle und Klarheit, selbst im Kleinen seiner politischen Geschäfte, und mit eben diesem Eifer haßt er Mystik, Geschraubtheit, Verworrenheit."[16]

Schiller *zur Zeit seiner Jenaer Professur, um 1794/95.*

Etwa zur gleichen Zeit lernt Schiller Goethes neueste Dramen, die Versfassung der *Iphigenie* und den *Egmont* kennen, die 1787 und 1788 bei Göschen erschienen waren. Der *Iphigenie* bringt er aufrichtige Bewunderung entgegen, hier sieht er erstmals in einem zeitgenössischen Drama die antiken Muster nicht nur erreicht, sondern übertroffen durch die Einbeziehung moderner ethischer Werte. In diesem Sinne veröffentlicht er eine ausführliche Rezension des Werkes in Göschens *Allgemeiner Literatur-Zeitung*. Darüber hinaus hat dieses Goethesche Drama bei Schiller eine wichtige gedankliche Öffnung eingeleitet, einen Klärungsprozeß, in dem sich Schiller allmählich von seiner gegenwartsfeindlichen Idealisierung des Griechentums verabschiedete und der modernen Kultur eine höhere Wertschätzung einzuräumen begann.

Dem *Egmont* dagegen stand er zwiespältig gegenüber. Wenn er betrachtete, „wie wenig sich Staatsaktionen überhaupt dramatisch behandeln lassen, und was für Kunst dazu gehöre, so viele zerstreute Züge in *ein* faßliches, lebendiges Bild zusammenzutragen und das Allgemeine wieder im Individuellen anschaulich zu machen"[17], so mußte er Goethes schöpferisches Genie auch in diesem Drama bewundern. Der Protagonist Egmont, wie ihn Goethe angelegt hatte, scheint Schiller allerdings nicht zum dramatischen Helden zu taugen. Egmont ist Schiller zu leichtblütig, folgt zu unbedarft und zu unreflektiert seinen momentanen Eingebungen, so daß dem Stück der tragfähige dramatische Konflikt fehlt. Einen solchen sieht Schiller aber bereits im historischen Grafen Egmont angelegt, und er entwickelt nun in seiner Rezension, die ebenfalls in Göschens Zeitschrift veröffentlicht wurde, seine eigene Version des Stückes. In dieser fühlt sich Egmont einerseits der Sache der vaterländischen Freiheit verpflichtet, andererseits bindet ihn die Sorge für seine vielköpfige Familie und deren materielle Existenzgrundlage, die sich aus Einkünften aus eigenen Ländereien in den Niederlanden und aus zwei Statthalterschaften speist, an den König. So gibt er sich eher noch so schwachen Hoffnungen auf die Loyalität des Königs hin, anstatt die Situation klar einzuschätzen und zu fliehen.

Schillers klare und sprachgewaltige Analysen zeigen ihn auf einer geistigen und ästhetischen Höhe, die der Aufmerksamkeit, ja der Achtung Goethes hätte wert gewesen sein müssen. Beide Rezensionen waren, bei aller strengen Sachbezogenheit, auch zu dem Zweck geschrieben, endlich Goethes Beachtung zu erwirken. Schiller reagiert verstimmt und verletzt, als eine entgegenkommende Geste von Goethes Seite ausbleibt. Auch die Vermittlungsbemühungen gemeinsamer Freunde, besonders der Rudolstädter Schwestern Caroline von Beulwitz und Charlotte von Lengefeld, der späteren Frau Schillers, die wiederum mit Charlotte von Stein auf vertrautestem Fuße steht und die Goethe noch aus seinen Großkochberger Tagen bestens kennt, nutzen nichts. Nicht einmal die Fürsprache des Erfurter Koadjutors von Dalberg, des langjährigen Vertrauten von Goethe und Carl August, vermochte es, Goethes kühle Distanz gegenüber Schiller aufzubrechen. Vermutlich ahnte keiner dieser freundlich-bemühten Menschen, durch welch tiefe Kluft sich Goethe von Schiller getrennt fühlte, ja daß Schillers Rezensionen ihm diese Kluft von neuem bestätigt hatten. Wenn dieser des Lobes voll war über *Iphigenie*, so huldigte er einem ästhetischen Konzept, das Goethe längst hinter sich gelassen hatte. Er empfand *Iphigenie* inzwischen als „ganz verteufelt human"[18]. Und wenn Schiller die Potenzen des Egmont-Stoffes in einem Konflikt zweier Pflichten sah, so schaute aus dieser Position Kants kategorischer Imperativ nur allzu deutlich hervor. Worum es Goethe im *Egmont* wirklich gegangen war, hatte Schiller gar nicht erfaßt, eben weil er – nach Goethes Meinung – eine völlig abwegige, abstruser philosophischer Spekulation entsprungene Auffassung von der Natur des Menschen vertrat. Die Tragik des Egmont, wie ihn Goethe gestaltet hatte, bestand ja gerade darin, daß dessen Charakter, der ihm von der großen Mutter Natur in die Wiege gelegt worden war, „mit dem notwendigen Gang des [geschichtlichen] Ganzen zusammenstößt"[19] und unausweichlich sein Schicksal, seinen Untergang bestimmt. Nirgends hatte Goethe seinen Glauben an das „Dämonische" im Menschen so deutlich gestaltet wie im *Egmont*, doch davon keine Spur von Verständnis in Schillers Rezension. Nicht nur ihre ästhetischen Positionen, sondern auch ihre Betrachtungsweisen der Welt und des Menschen zeigten sie als „zwei Geistesantipoden", zwischen denen „mehr als *ein* Erddiameter die Scheidung"[20] machte.

Diese Differenzen haben Goethe allerdings nicht daran gehindert, im Dezember 1788 Schillers Anstellung als außerordentlicher Professor an der Universität Jena zu befürworten. Von Carl August beauftragt, ein entsprechendes Promemoria für das Geheime Conseil zu verfassen, spricht Goethe die Hoffnung aus, daß Schiller, der gerade mit seiner Schrift über den *Abfall der vereinigten Niederlande von der spanischen Regierung* Aufmerksamkeit erregt hatte, „das historische Fach mit Glück bearbeiten werde"[21]. Da Schillers Betragen „ernsthaft und gefällig" sei, könne man „glauben, daß er auf junge Leute guten Einfluß haben werde"[22]. Damit erhielt der 30jährige Schiller erstmals in seinem Leben ein Amt, wenn auch zunächst eines ohne feste Besoldung. Als außerordentlicher Professor standen ihm nur die Kollegiengelder der Studenten zu. Schiller griff keineswegs mit Freuden nach diesem Brotberuf, doch war es für ihn die einzige und nicht einmal die schlechteste Möglichkeit, seine bisher völlig ungesicherte Existenz im bürgerlichen Leben zu verankern.

Wahrscheinlich hat er Goethes Fürsprache zunächst auch als ein Zeichen persönlichen Entgegenkommens betrachtet und gehofft, das Eis endlich brechen zu können. Als Schiller im Haus am Frauenplan aufwartet, um zu danken, begegnet er jedoch nur dem Geheimen Rat von Goethe, der sich bemüht, die Selbstzweifel des Jüngeren an seiner

Das Bündnis mit Schiller, dem „Geistesantipoden"

Befähigung zu akademischer Lehre mit einem wohlwollenden „docendo discitur" zu besänftigen. Dem Menschen und dem Dichter Goethe begegnet Schiller nicht, weder im Dezember 1788 noch in den darauffolgenden sechs Jahren.

Wahrscheinlich verhärtet sich in Schiller erst nach diesem unglücklichen Besuch der Verdacht, Goethe habe ihn, der zeitweise in Weimar wohnte, durch die Anstellung an der Jenaer Universität nicht nur aus seiner Nähe verbannen, sondern auch als Dichter ausschalten wollen. Letztere Vermutung ist zu naiv, als daß man sie Goethe unterstellen könnte. Bedenkt man allerdings die Emotionalität, mit der Goethe noch im Alter seine ursprünglichen Vorurteile gegenüber Schiller formuliert, so ist sicher, daß dessen endgültige Übersiedelung nach Jena höchst beruhigend auf ihn gewirkt haben muß.

Schiller fühlt sich verständlicherweise zutiefst getroffen. „Öfters um Goethe zu sein", schreibt er im Februar 1789 an Körner, „würde mich unglücklich machen: er hat auch gegen seine nächsten Freunde kein Moment der Ergießung, er ist an nichts zu fassen ... Er macht seine Existenz wohltätig kund, aber nur wie ein Gott, ohne sich selbst zu geben – dies scheint mir eine ... planmäßige Handlungsart, die ganz auf

Südostecke des Jenaer Marktes *mit dem Haus, in dem Schiller 1794/95 wohnte und sich 1794 mit Goethe traf.*

den höchsten Genuß der Eigenliebe kalkuliert ist ... Mir ist er dadurch verhaßt, ob ich gleich seinen Geist von ganzem Herzen liebe ... Ich betrachte ihn wie eine stolze Prüde, der man ein Kind machen muß, um sie vor der Welt zu demütigen."[23] Deutlicher kann Schiller nicht bezeugen, wie leidenschaftlich er sich aufbäumt gegen Goethes Gleichgültigkeit, die er als Mißachtung interpretiert. Dabei liegt ihm „überaus viel"[24] an Goethes Urteil über seine künstlerischen Werke, ja er sieht in Goethe den einzigen Zeitgenossen, dessen Urteil ihn vorwärtsbringen könnte. Mit seinen beiden großen Gedichten *Die Götter Griechenlands* und *Die Künstler* aus dem Jahre 1788, in denen Schillers Bemühen, sich Goethes ästhetischen Positionen anzunähern, deutlich sichtbar ist, hat Schiller ein letztes Mal versucht, sich ihm als Dichter zu erkennen zu geben. Aber Goethe blieb auch in diesem Falle stumm.

Doch Schiller wäre nicht Schiller, hätte er nicht die Kraft besessen, seine aufschäumenden Emotionen zu bändigen. „Ich muß lachen, wenn ich nachdenke, was ich Dir von und über Goethen geschrieben haben mag", gesteht er Freund Körner einen Monat später. „Du wirst mich wohl recht in meiner Schwäche gesehen ... haben ... [Aber] dieser Goethe ist mir einmal im Wege, und er erinnert mich so oft, daß das Schicksal mich hart behandelt hat. Wie leicht ward *sein* Genie von seinem Schicksal getragen, und wie muß *ich* bis auf diese Minute noch kämpfen!"[25] Hier spricht Schiller selbst den psychologischen Hintergrund aus, der diese „ganz sonderbare Mischung von Haß und Liebe"[26] hervorgebracht hat, die er Goethe gegenüber empfindet. Dieser erscheint ihm als der in jeder Hinsicht vom Schicksal Begünstigte, wogegen er selbst als sozial Benachteiligter jede seiner Leistungen widrigsten Bedingungen abringen mußte. Und die Frage, ob sein Talent groß genug ist, um all die Opfer und Entbehrungen zu rechtfertigen, die er diesem Talent bisher gebracht hatte, war für Schiller Ende der achtziger Jahre noch nicht entschieden. Diese bange Frage spitzte sich vielmehr zu und stellte sich schärfer in der Konfrontation mit Goethe, dessen Überlegenheit der um so vieles jüngere Schiller mit seltener Klarheit erkennt, der ihn aber auch wie kein anderer zum Vergleich herausfordert. „... mit Goethen messe ich mich nicht, wenn er seine ganze Kraft anwenden will", gesteht er

Das Bündnis mit Schiller, dem „Geistesantipoden"

Körner. „Goethe hat weit mehr Genie als ich, und bei diesem weit mehr Reichtum an Kenntnissen, eine sicherere Sinnlichkeit, und zu allem diesem einen durch Kunstkenntnis aller Art geläuterten und verfeineten Kunstsinn, was mir in einem Grade, der ganz und gar bis zur Unwissenheit geht, mangelt. Hätte ich nicht einige andre Talente, und hätte ich nicht soviel Feinheit gehabt, diese Talente und Fertigkeiten in das Gebiet des Dramas herüberzuziehen, so würde ich in diesem Fache gar nicht neben ihm sichtbar geworden sein."[27] Doch Schiller läßt sich nicht entmutigen: „... denn eben, je mehr ich empfinde, *wie viele* und *welche* Talente oder Erfordernisse mir fehlten, so überzeuge ich mich desto lebhafter von der Realität und Stärke *desjenigen* Talents, welches ... mich soweit gebracht hat, als ich schon bin."[28]

Es entspricht ganz Schillers Charakter, daß es ihm gelingt, die starken Irritationen, die Goethes Zurückhaltung in sein Selbstverständnis hineingetragen hat, produktiv zu überwinden. „Es ist eine Sprache", resümiert er das Ergebnis seines Nachdenkens gegenüber Caroline von Beulwitz Ende Februar 1789, „die alle Menschen verstehen, diese ist, gebrauche deine Kräfte. Wenn jeder mit seiner ganzen Kraft wirkt, so kann er dem andern nicht verborgen bleiben. Dies ist *mein* Plan."[29]

Gemäß diesem Plan bildet sich Schiller in den nächsten fünf Jahren weiter aus. Als Dichter verstummt er völlig, um sich mit aller Konzentration der letzten Ausformung seiner Geisteshaltung zu widmen, was für ihn in erster Linie bedeutet, sich mit dem philosophischen System Kants aufs gründlichste auseinanderzusetzen und dieses vor allem auf ästhetischem Gebiet weiterzuentwickeln. Ein Prozeß, der ihn zunächst immer weiter von Goethe entfernt und der 1793 zu jener in Wielands *Teutschem Merkur* erschienen Schrift *Über Anmut und Würde* geführt hatte, durch welche Goethe seine sinnlich-empirische Weltbetrachtung so grundlegend verkannt fühlte. Doch der Schein trügt Goethe, der nicht bereit oder nicht fähig ist zu sehen, in welchem Maße Schiller gerade mit den naturfeindlichen Positionen Kants ringt und diese in seinem Aufsatz zumindest teilweise zu überwinden beginnt.

So arbeitet sich Schiller seit Anfang der neunziger Jahre zäh und zielstrebig an Goethes geistige Höhe heran, indem er seinem eigenen Weg der philosophischen Spekulation folgt. Hin und wieder begegnet er Goethe. Diese Begegnungen bleiben folgenlos.

Die entscheidende Begegnung

Auf lange Sicht aber geht Schillers „Plan" auf. Seine Stunde kommt, als er Ende Juni des Jahres 1794 Goethes Zusage zur Mitarbeit an den *Horen* in den Händen hält. Zu jubeln wagt er noch nicht, doch ist es ein Sieg, ein erster Schritt, eine erste Anerkennung, die ihm dieser große Spröde zuteil werden läßt. Wie hatte er doch geschrieben? „Ich werde mit Freuden und von ganzem Herzen von der Gesellschaft sein."[30] Das klang offen und zuversichtlich, signalisierte Bereitschaft. Schiller sah die Chance, auf die er so lange gewartet hatte, in greifbare Nähe gerückt.

Vielleicht ist es daher kein Zufall gewesen, daß er Goethe nach jener Sitzung der Naturforschenden Gesellschaft, die am 20. oder 21. Juli 1794 in Jena stattgefunden hat, im Hinausgehen anspricht und das Gespräch interessanterweise nicht auf die *Horen* lenkt, sondern an den eben gehörten naturwissenschaftlichen Vortrag anknüpft: „... eine so zerstückelte Art, die Natur zu behandeln", könne den Laien, „der sich gern darauf einließe, keineswegs anmuten", soll Schiller nach Goethes späterem Bericht gegen den Vortrag eingewendet haben. Goethes starke Neigung zu naturwissenschaftlichen Fragen war ihm bekannt, weniger vielleicht, daß er mit seinem Einwand sogleich das Zentrum von Goethes Aufmerksamkeit getroffen hatte. Dieser erwidert darauf, „daß es doch wohl noch eine andere Weise geben könne, die Natur nicht gesondert und vereinzelt vorzunehmen, sondern sie wirkend und lebendig, aus dem Ganzen in die Teile strebend darzustellen". Schiller „wünschte, hierüber aufgeklärt zu sein, verbarg aber seine Zweifel

***Goethe und Schiller im Gespräch**, nach einer Johann Christian Reinhardt zugeschriebenen Federzeichnung (1804).*

nicht, er konnte nicht eingestehen, daß ein solches, wie ich behauptete, schon aus der Erfahrung hervorgehe". Vertieft in ihren Disput, überquerten beide den alten Jenaer Marktplatz, gelangten zu Schillers Haus; „das Gespräch lockte" Goethe hinein. Da trug er Schiller „die Metamorphose der Pflanzen lebhaft vor, und ließ, mit manchen charakteristischen Federstrichen, eine symbolische Pflanze vor seinen Augen entstehen". Schiller „vernahm und schaute das alles mit großer Teilnahme, mit entschiedener Fassungskraft; als ich aber geendet, schüttelte er den Kopf und sagte: das ist keine Erfahrung, das ist eine Idee. Ich stutzte, verdrießlich einigermaßen: denn der Punkt, der uns trennte, war dadurch aufs strengste bezeichnet. Die Behauptung aus *Anmut und Würde* fiel mir wieder ein, der alte Groll wollte sich regen, ich nahm mich aber zusammen und versetzte: das kann mir sehr lieb sein, daß ich Ideen habe, ohne es zu wissen, und sie sogar mit Augen sehe." Schiller antwortete „als ein gebildeter Kantianer" und warf die Frage auf, wie denn „jemals Erfahrung gegeben werden [könne], die einer Idee angemessen sein sollte? Denn darin besteht eben das Eigentümliche der letzteren, daß ihr niemals eine Erfahrung kongruieren könne"[31]. Goethe, der in solchen Postulaten die Gefahr aller Spekulation witterte, sich von der sinnlich wahrnehmbaren Welt unkontrolliert zu entfernen und damit das Erkenntnisobjekt selbst zu verlieren, hielt Schiller seinen „hartnäckigen Realismus"[32] entgegen, nach dem alle Erkenntnis nur durch ein genaues Beobachten und Vergleichen der Naturobjekte, also nach seiner Auffassung auf dem Wege der „Erfahrung" gewonnen werden könne. Ihm ging es darum, die Natur in ihrem wirkenden Zusammenhang zu erfassen, „die lebendigen Bildungen als solche zu erkennen, ihre äußern sichtbaren, greiflichen Teile im Zusammenhange zu erfassen, sie als Andeutungen des Innern aufzunehmen und so das Ganze in der Anschauung gewissermaßen zu beherrschen"[33]. – „... so ward [an diesem Abend] viel gekämpft und dann Stillstand gemacht; keiner von beiden konnte sich für den Sieger halten, beide hielten sich für unüberwindlich." Aber wenn „er [Schiller] das für eine Idee hielt, was ich als Erfahrung aussprach, so mußte doch zwischen beiden irgend etwas Vermittelndes, Bezügliches obwalten! Der erste Schritt war jedoch getan", berichtet Goethe weiter, „Schillers Anziehungskraft war groß, er hielt alle

„Wettkampf zwischen Objekt und Subjekt"

fest, die sich ihm näherten ... und so besiegelten wir, durch den größten, vielleicht nie ganz zu schlichtenden Wettkampf zwischen Objekt und Subjekt, einen Bund, der ... für uns und andere manches Gute gewirkt hat."[34]

Es ist vielfach bezweifelt worden, daß sich das entscheidende Gespräch zwischen Goethe und Schiller mit diesen, von Goethe mehr als 20 Jahre später bezeugten Gegenständen beschäftigt habe. Und tatsächlich besagt ein zeitgenössischer Brief Schillers an Körner scheinbar das Gegenteil: „... über Kunst und Kunsttheorie [sei] ein langes und breites gesprochen" worden, wobei sich zwischen ihrer beider Ideen „eine unerwartete Übereinstimmung" gefunden hätte, „die um so interessanter war, weil sie wirklich aus der größten Verschiedenheit der Gesichtspunkte hervorging"[35].

Erst im Jahre 1952 ist ein Aufsatz unter dem Titel *Inwiefern die Idee: Schönheit sei Vollkommenheit mit Freiheit, auf organische Naturen angewendet werden könne* gefunden worden, den Goethe vermutlich kurze Zeit nach jenem entscheidenden Gespräch mit Schiller niedergeschrieben hat. Dieser Aufsatz macht wahrscheinlich, daß der naturwissenschaftliche und philosophische Teil des Gespräches, an den sich Goethe später erinnerte und den er zweifellos stilisiert niederschrieb, in der Tat Eingang und Überleitung zu Gegenständen der Kunst und Kunsttheorie gebildet hatte. Dabei scheint Goethe von der Kant-Schillerschen Idee der „Willensfreiheit", deren Überbetonung ihm bislang zu subjektiv erschienen war, so stark inspiriert worden zu sein, daß er diese mit seinen eigenen, morphologisch geprägten Naturanschauungen verbindet. Es erscheint ihm produktiv, sich die Schillersche Formel, „Schönheit sei Vollkommenheit mit Freiheit", anzueignen und damit seine eigenen Vorstellungen von Schönheit und Vollkommenheit, wie er sie in Italien gewonnen hatte, Schillers Positionen anzunähern. Die Frage nach dem Verhältnis von Naturschönheit und Kunstschönheit hat bei beiden Dichtern von Anfang an im Zentrum ihrer Überlegungen gestanden, so daß der Übergang von der Natur- zur Kunstbetrachtung sich immer wieder als fließend erweisen mußte.[36]

Dieses wichtige Gespräch hat Goethes Vorurteile gegenüber Schiller beträchtlich abgebaut. Ein gemeinsames Abendessen bei Humboldts am 22. Juli, wahrscheinlich also unmittelbar nach diesem ersten Gespräch, erweitert und vertieft den positiven Eindruck. Nach Weimar zurückgekehrt, versichert er Schiller, daß er sich „auf eine öftere Auswechslung der Ideen" mit ihm „recht lebhaft freue".[37]

Der alles entscheidende Schritt geht aber nun noch einmal von Schiller aus. Am 23. August 1794, wenige Tage vor Goethes 45. Geburtstag, schreibt er jenen bedeutungsschweren Brief, in dem er – wie Goethe es in seinem Antwortschreiben ausdrückt – „mit freundschaftlicher Hand die Summe ... [der Goetheschen] Existenz"[38] zieht. In diesem Brief bietet Schiller alles auf, was ihm an Beobachtungsgabe, analytischem Scharfsinn und objektivierender Bewertung, aber auch an menschlichem Einfühlungsvermögen und stilistischer Brillanz zu Gebote steht. „Die neulichen Unterhaltungen mit Ihnen haben meine ganze Ideen-Masse in Bewegung gebracht", eröffnet er Goethe, „denn sie betrafen einen Gegenstand, der mich seit etlichen Jahren lebhaft beschäftigt. Über so manches, worüber ich mit mir selbst nicht recht einig werden konnte, hat die Anschauung Ihres Geistes ... ein unerwartetes Licht in mir angesteckt. Mir fehlte das Objekt, der Körper, zu mehreren spekulativischen Ideen, und Sie brachten mich auf die Spur davon."[39] Auch bei Schiller hatte sich also eine wichtige Korrektur seines Goethebildes vollzogen. Gerade Goethes unverbrüchlicher „Realismus", seine auf die „Anschauung" des Objekts eingeschworene Haltung, die Schiller bisher befremdet hatte, ist es, die ihn nun beeindruckt und seine Ideen bereichert. In Goethes Lebenshaltung, in der Ausstrahlung der gesamten Persönlichkeit des Älteren findet er in der Gegenwart, was er für immer verloren glaubte: den tief in der Natur verwurzelten harmonischen Geist des antiken Griechentums, den „naiven" Künstler. So heuchelt Schiller keineswegs, wenn er fortfährt: „Ihr beobachtender Blick, der so still und rein auf den Dingen ruht, setzt Sie nie in Gefahr, auf den Abweg zu geraten, in den ... die Spekulation ... sich so leicht verirrt. In Ihrer richtigen Intuition liegt alles und weit vollständiger, was die Analysis mühsam sucht, und nur weil es als ein Ganzes in Ihnen liegt, ist Ihnen Ihr eigener Reichtum verborgen ... Geister Ihrer Art wissen daher selten, wie weit sie gedrungen sind und wie wenig Ursache sie haben, von der Philosophie zu borgen, die nur von Ihnen lernen kann. Diese kann bloß zergliedern, was ihr gegeben wird, aber das Geben selbst ist nicht die Sache des Analytikers, sondern des Genies, welches unter dem dunkeln, aber sichern Einfluß reiner Vernunft nach objektiven Gesetzen verbindet."[40] Ohne vorerst die erkenntnistheoretischen Fragen zu erörtern, die zwischen den zur Sprache gekommenen Polen „Erfahrung" und „Idee" vermitteln, wertet Schiller hier die intuitive Kraft des Genies – beispielsweise gegenüber seinem Aufsatz *Über Anmut und Würde* – enorm auf, ja setzt sie höher als die philosophische Spekulation und versöhnt Goethe in diesem wichtigen Punkt. Darüber hinaus bemüht er sich, Goethes empirisch geprägten Erkenntnisweg mit dem Kantischen Begriffssystem ins Verhältnis zu setzen.

„Sie suchen das Notwendige der Natur", fährt er fort, „aber Sie suchen es auf dem schwersten Wege ... Sie nehmen die ganze Natur zusammen, um über das Einzelne Licht zu bekommen, in der Allheit ihrer Erscheinungsarten suchen Sie den Erklärungsgrund für das Individuum auf." Und nun legt Schiller dar, wie Goethes „griechischer Geist", in eine „nordische Schöpfung geworfen", nicht schon in der „erste[n] Anschauung der Dinge ... die Form des Notwendigen" aufnehmen und den „große[n] Stil" ausbilden konnte. Er mußte sich mit Hilfe der „Denkkraft", auf „einem rationalen Wege ein Griechenland ... gebären" und die seiner „Einbildungskraft schon aufgedrungene schlechtere Natur nach dem besseren Muster, das Ihr bildender Geist sich erschuf, korrigieren". Doch damit nicht genug. Nachdem Goethe so „von der Anschauung zur Abstraktion" übergegangen war, mußte er nun den Weg wieder rückwärts gehen, „Begriffe wieder in Intuitionen umsetzen und Gedanken in Gefühle verwandeln, weil nur durch diese das Genie hervorbringen kann"[41].

Das Einfühlungsvermögen und die analytische Kraft, mit welchen Schiller hier Goethes Entwicklungsweg seit der italienischen Reise nachzeichnet und zu fassen sucht, muß Goethe tief beeindruckt haben. War er doch seit Jahren kaum einem Menschen begegnet, der seine nachitalienischen Positionen zu Natur und Kunst offen aufgenommen, geschweige denn geteilt hätte. Nach dem Tod von Carl Philipp Moritz war ihm als einziger Mitstreiter Heinrich Meyer geblieben. Mit Schillers Brief kam Goethe von ganz unerwarteter Seite Verständnis für seine Methode des intuitiven Schauens und für deren Ergebnisse. Wahrscheinlich blickte Goethe erst im Spiegel des Schillerschen Briefes mit aller Klarheit auf seinen eigenen Lebensweg und Erkenntnisgang zurück, erfaßte dessen Notwendigkeit, Folgerichtigkeit und Produktivität, erkannte sich selbst.

Und wenn Schiller seine Darlegungen damit schloß, Goethe „die schöne Übereinstimmung" seines „philosophischen Instinktes mit den reinsten Resultaten der spekulierenden Vernunft" zu bestätigen, so war dies vermutlich das erste Mal, daß Goethes Methode von einem Kantianer anerkannt wurde. Schiller argumentiert: „Beim ersten Anblicke zwar scheint es, als könnte es keine größern Opposita geben als den spekulativen Geist, der von der Einheit, und den intuitiven, der von der Mannigfaltigkeit ausgeht. Sucht aber der erste mit keuschem und treuem Sinn die Erfahrung und sucht der letzte mit selbsttätiger freier Denkkraft das Gesetz, so kann es gar nicht fehlen, daß nicht beide einander auf halbem Wege begegnen werden. Zwar hat der intuitive Geist nur mit Individuen und der spekulative nur mit Gattungen zu tun. Ist aber der intuitive genialisch und sucht er in dem Empirischen den Charakter der Notwendigkeit auf, so wird er zwar immer Individuen, aber mit dem Charakter der Gattung erzeugen; und ist der spekulative Geist genialisch, und verliert er, indem er sich darüber erhebt, die Erfahrung nicht, so wird er zwar immer nur Gattungen, aber mit der Möglichkeit des Lebens und mit gegründeter Beziehung auf wirkliche Objekte erzeugen."[42]

Mit dieser Argumentation hat Schiller den theoretisch-logischen Beweis dafür geliefert, daß Goethes und seine eigene Geisteshaltung einander keineswegs ausschließen, sondern daß sie sich im Gegenteil höchst fruchtbar ergänzen können. Sein Brief ist ein Werben um Goethe, doch Schiller wirbt nicht anbiedernd oder gar schmeichlerisch, nicht als einer, der mit leeren Händen kommt. Er wirbt mit der Schärfe seines Verstandes und der Lauterkeit seines Herzens, mit Bescheidenheit und Selbstbewußtsein. Spätestens beim Lesen dieses Briefes muß Goethe gespürt haben, daß ihm hier – in aller Stille und in unmittelbarer Nähe – nicht nur ein Mitstreiter, sondern ein Ebenbürtiger herangewachsen war. Nun zögert er nicht mehr, die ihm entgegengehaltene Hand zu ergreifen. „Ich habe den redlichen und so seltenen Ernst, der in allem erscheint, was Sie geschrieben und getan haben, immer zu schätzen gewußt", antwortet er Schiller. Er rechne „von jenen [gemeinsamen Juni-]Tagen an ... eine Epoche", das heißt einen bedeutsamen neuen Abschnitt in seinem Leben, ihm scheint, als müßten sie nun „miteinander fortwandern"[43]. Goethe scheut nicht, gegenüber dem Jüngeren auch die schwachen Stellen seiner Persönlichkeit zu bekennen. Er spricht von einer „Art Dunkelheit und Zaudern", über die er „nicht Herr werden" könne, und erhofft sich gerade in diesen Dingen einen großen „Vorteil"[44] von Schillers Teilnehmung. Damit war das Eis endgültig gebrochen; neben Achtung und Interesse hatte Schiller Goethes Vertrauen errungen.

Nun geht Goethe seinerseits auf Schiller zu, läßt sich dessen Aufsätze zu ästhetischen Fragen schicken und stellt zu seiner Freude fest, daß sie sich über „alle Hauptpunkte ... einig"[45] sind. Er wünscht, sich „ohne Zeitverlust" mit Schillers gesamtem ästhetischen Gedankengebäude vertraut zu machen. Glücklicherweise geht der Hof im September nach Eisenach, so daß Goethe „vierzehn Tage so allein und unabhängig" sein wird, wie so bald nicht wieder. „Wollten Sie mich nicht in dieser Zeit besuchen, bei mir wohnen und bleiben?"[46] fragt er in Jena an. Schiller würde gern kommen, doch zwingt ihn sein angegriffener Gesundheitszustand, Goethe um ein Zugeständnis zu bitten, um „die leidige Freiheit", bei ihm „krank sein zu dürfen"[47]. Schillers Brustkrämpfe lassen ihm des Nachts keine Ruhe, so daß er den ganzen Morgen dem Schlaf widmen muß. Auch tagsüber kann er nie „auf eine *bestimmte* Stunde sicher zählen"[48]. Nichts kann Goethes hohe Erwartung stärker verdeutlichen als die Tatsache, daß er, dem alle Unordnung zutiefst verhaßt ist und der möglichst alles Kranke von sich fernhält, Schillers Ankunft mit Zuversicht entgegensieht.

Dieser Besuch räumt die letzten Zweifel aus. Jede nur mögliche Stunde verbringen sie gemeinsam. Oft sitzen sie von mittags halb zwölf bis abends elf Uhr zusammen, betrachten Goethes Kunst- und Naturaliensammlungen, die immer wieder Anlaß zu Beobachtungen, Vergleichen und Verallgemeinerungen bieten. Beide stehen in Lessings und Winckelmanns Tradition und stimmen überein in ihrer Sicht auf die Kunstwerke der Antike, die sie zum Muster und Maßstab aller Kunstausübung erheben. Doch hatte jeder auf seine Weise die

Positionen jener Lehrer weiterentwickelt, und jeder war auf seinem Wege zu ähnlichen Auffassungen über Stil und Schönheit, innere Gesetzlichkeit und Eigenwert der Kunst gelangt.

Auch in ihren geschichtsphilosophischen Ansichten finden Goethe und Schiller Berührungspunkte. Beide fühlen sich verunsichert und herausgefordert von der Französischen Revolution, deren Ursachen sie im Versagen der französischen Regierung sehen und die sie somit als notwendig betrachten, deren Verlauf sie aber mit Entsetzen gegenüberstehen und deren Ausweitung nach Deutschland sie fürchten. Schiller war vom Gang der französischen Ereignisse, insbesondere vom Terror der Jakobiner, derartig enttäuscht, daß sein gesamtes Geschichtsbild, wie er es noch im *Don Carlos* vertreten hatte, zusammengebrochen war. Die französischen Ereignisse hatten ihm bewiesen, daß der „freigebige Augenblick" der Revolution ein „unempfängliches Geschlecht"[49] vorfand, daß das Menschengeschlecht moralisch nicht reif war zur bürgerlichen Freiheit. In einem außerordentlich gründlichen Neuorientierungsprozeß, dessen Zentrum die Kantstudien der vorangegangenen Jahre bildeten, hatte sich Schiller zu seinem Programm der „ästhetischen Erziehung des Menschen" durchgearbeitet. Geschmacksveredelung, Humanisierung der Triebe, sittliche Selbsterziehung des einzelnen schienen ihm nötig zu sein, bevor die Menschheit als Ganzes fähig wäre, die politische Freiheit als Staatsbürger wahrnehmen zu können. In diesem Zusammenhang weist er der Kunst und den schönen Wissenschaften eine entscheidende Rolle zu.

Schillers Positionen kommen Goethe entgegen. Auch er ringt um ein neues Verständnis des historischen Prozesses, ohne sich den restaurativen Kräften des Ancien régime auf der einen und und den zerstörenden Kräften der Revolution auf der anderen Seite anschließen zu können. Auch er ist tief verunsichert, hatte er doch während des ersten Koalitionskrieges und der Belagerung von Mainz ein Maß an menschlichem Egoismus und menschlicher Verrohung erlebt, das ihn ähnlich wie Schiller an der Menschheit zweifeln ließ. In seinen Revolutionsstücken der frühen neunziger Jahre, etwa im *Großkophta* und im *Bürgergeneral*, hatte er das vernünftige Urteilsvermögen, die sittliche Festigkeit und menschliche Verantwortung gegenüber dem politischen Chaos der Revolution angemahnt. Allerdings sind diese Stücke,

Neues Verständnis des historischen Prozesses

besonders der *Großkophta*, vom Publikum reserviert bis ablehnend aufgenommen worden. Goethe war zunächst ausgewichen und hatte den Schwerpunkt seiner Arbeit auf das Gebiet der Naturwissenschaft verlagert. Doch ihn beschäftigte wie Schiller die Frage, wie eine Kunst auszusehen habe, die sich auf der geschichtlichen Höhe der Zeit befinden wollte, ohne sich in die politischen Tageskämpfe einzulassen.

Wie sich nun im Gespräch herausstellt, hatte Schiller mit seinem Programm zur ästhetischen Erziehung hier gedanklich weit vorgearbeitet, wobei Goethe den Wirkungspotenzen der Kunst allerdings weitaus skeptischer gegenübersteht als Schiller. Dieser will mit den *Horen* gleichsam ein deutschlandweites Forum schaffen, das, getragen von den besten Köpfen der Zeit, „ästhetische Erziehung" in praxi erproben soll. Goethe bringt seine italienischen Verbindungen ein, wirbt weitere Autoren, damit das gesamte Gebiet der schönen Künste bis hin zu Architektur und Musik in der Zeitschrift vertreten werden kann, und erklärt sich bereit, selbst „zu jedem Stücke des Journals einen Beitrag"[50] zu geben. Allerdings besitzt er wenig vorrätiges Manuskript. Zu Schillers großer Enttäuschung hatte Goethe über seinen Roman *Wilhelm Meisters Lehrjahre* gerade mit dem Verleger Unger kontraktiert, so daß dieses Manuskript für die *Horen* verloren war. Trotzdem interessiert sich Schiller für den Roman und beide vereinbaren, daß er ihn bandweise erhält, und „dann soll ich [Schiller] ihm allemal schreiben, was in dem künftigen stehen müßte ... Er will dann von dieser antizipierenden Kritik Gebrauch machen ..." Beide erhoffen sich, auf diese Weise „die Gesetze der poetischen Komposition"[51] erkennen und entwickeln zu können. Sie sind sich darin einig, daß in der Kunst, ebenso wie in der Natur, Gesetzmäßigkeiten wirksam sind, die es zu erkennen und anzuwenden gilt. Diesen Gesetzmäßigkeiten möchten sie nun gemeinsam auf die Spur kommen, wobei sie ebenfalls übereinstimmend die antiken Dichter und bildenden Künstler zum Muster und Maßstab erheben. Aus diesen Ansätzen heraus entwickeln Goethe und Schiller die klassische Ästhetik, in deren Rahmen sie ihre großen Werke hervorbringen werden.

Nicht nur für Goethe ist es ein „neuer Frühling"[52], der in diesen beiden Septemberwochen beginnt, aber vielleicht empfindet er nach den langen Jahren der schmerzhaften Isolation den höchst produktiven Gedankenaustausch mit Schiller noch beglückender als dieser. Schiller stehen mit Gottfried Körner und Wilhelm von Humboldt bereits zwei enge Freunde und sachkundige Kritiker zur Seite, die aber selbst nicht künstlerisch tätig sind. Goethe dagegen steht allein, seit Herder, dem er in künstlerischen Dingen während der vergangenen zehn Jahre völlig vertrauen konnte, sowohl für die *Römischen Elegien* als auch für das erste Buch von *Wilhelm Meisters Lehrjahren* kein Verständnis aufgebracht hatte. Ganz anders Schiller. Er lernt die *Römischen Elegien* sogleich in Weimar kennen, bringt ihnen aber keinerlei moralische Ressentiments entgegen. Sie seien „zwar schlüpfrig und nicht sehr dezent", berichtet er seiner Frau, doch gehörten sie „zu den besten Sachen ..., die er gemacht hat"[53]. Von dem Vorsatz, die *Horen* mit diesen gewagten Stücken zu eröffnen, nehmen sie später allerdings Abstand und plazieren dieses Hohelied auf die sinnliche Liebe erst im 3. Heft des ersten Jahrgangs. Auch dort rufen sie die allgemeine Entrüstung der gesitteten Welt hervor, die Herder treffend zusammenfaßt, wenn er meint, die „*Horen* müßten nun mit dem *u* gedruckt werden"[54]. Wahrscheinlich trägt sich Goethe bereits während dieses ersten Weimarer Zusammenseins mit dem Gedanken, die Geschichte des ehrlichen Prokurators novellistisch für die *Horen* zu bearbeiten – ein Gedanke, aus dem die *Unterhaltungen deutscher Ausgewanderten* hervorgehen, die schließlich Schillers Zeitschrift eröffnen werden.

Eine Fülle poetischer und poetologisch-ästhetischer Anregungen und Pläne sind für Goethe das wohl wichtigste Ergebnis dieser vierzehntägigen Arbeitsbesprechung mit Schiller. Das, was so lange Zeit in ihm stockte und nur zaghaft in Erscheinung getreten war, sein poetisches Talent, beginnt sich unter Schillers belebender Gegenwart erneut zu regen. Goethe ist der Dichtung wiedergegeben.

Auch Schiller scheidet nicht mit leeren Händen. Es wird ihn „Zeit kosten", schreibt er an Goethe, „alle die Ideen zu entwirren"[55], die dieser in ihm aufgeregt hat. Als Direktor des Weimarer Hoftheaters hat sich Goethe besonders bemüht, Schillers dramatisches Talent wiederzubeleben und es für sein Theater fruchtbar zu machen. Besonders ehrenvoll muß für Schiller Goethes Bitte gewesen sein, „seinen *Egmont* für das Weimarische Theater zu korrigieren, weil er es selbst

Gemeinsame Projekte

nicht wagt"⁵⁶. Überzeugender hätte Goethe seine Hochschätzung für Schillers dramatische Begabung nicht ausdrücken können.

Pläne also in Hülle und Fülle! Auch wenn nicht alle Vorsätze ausgeführt worden sind, gibt es von nun an kein Projekt mehr, das nicht durch Anteilnahme und kritisches Mitdenken des anderen gefördert, teilweise sogar hervorgerufen worden wäre. Im Hochgefühl der Gemeinsamkeit glauben beide, die *Horen* als ästhetische Macht und erste Zeitschrift in Deutschland etablieren zu können. Dem „unreinen Parteigeist", der das Interesse der Menschen in diesen unruhigen Zeiten gefangenhält, möchten sie ein „höheres Interesse an dem, was *rein menschlich* und über allen Einfluß der Zeiten erhaben ist", entgegenstellen. Ihr Ziel ist es, die Zeitgenossen „wieder in Freiheit zu setzen und die politisch geteilte Welt unter der Fahne der Wahrheit und Schönheit wieder zu vereinigen". Zu einem „Ideale veredelter Menschheit" wollen sie „einzelne Züge sammeln und an dem stillen Bau besserer Begriffe, reinerer Grundsätze und edlerer Sitten [mitwirken], von dem zuletzt alle wahre Verbesserung des gesellschaftlichen Zustandes abhängt"⁵⁷. Daß sie damit dem eminent politisierten Zeitgeist direkt entgegenarbeiten, ist Schiller und Goethe bewußt gewesen. Doch hatten viele der besten Köpfe Deutschlands und darüber hinaus ihre Mitarbeit zugesagt: neben Fichte der Jenaer Historiker Carl Ludwig von Woltmann, Wilhelm von Humboldt und dessen Bruder Alexander, der Kurmainzische Erzbischof und Erfurter Koadjutor von Dalberg, Gleim aus Halberstadt, der Archäologe Alois Ludwig Hirt aus Rom, Herder aus Weimar, Matthisson aus der Schweiz, der Moral-

Der Markt zu Jena, *Radierung von Christian Carl Ludwig Heß, um 1810.*

philosoph Christian Garve aus Breslau und andere mehr. Gestützt auf diesen Mitarbeiterstab, der sich aus Vertretern der älteren, der mittleren und der jüngeren Generation zusammensetzte, glaubte Schiller, sein Ziel erreichen zu können, zumal in einem Zeitalter, in dem ein „so großer Teil der Menschen seine eigentliche Erziehung durch Lektüre bekommt"[58].

Dieser hochgesteckte Anspruch ist nicht in Erfüllung gegangen. Als am 25. Januar 1795 das erste Heft der *Horen* mit einer Epistel Goethes und dem Anfang von dessen *Unterhaltungen deutscher Ausgewanderten*, den ersten Briefen Schillers *Über die ästhetische Erziehung des Menschen* und einem philosophischen Beitrag Fichtes erscheint, erheben sich die Stimmen der Rezensenten eher kritisch als zustimmend. Man mißt die Beiträge am Programm der Zeitschrift und fühlt sich zu recht betrogen. Unter dem Mantel des Unpolitischen, so urteilt eine anonym erscheinende Rezension aus der Feder Johann Friedrich Reichardts in der mit der Französischen Revolution sympathisierenden Zeitschrift *Deutschland*, werden eminent politische Dinge verhandelt. Besonders in den *Unterhaltungen* fällt „die ganze Verteilung der Charaktere und Maximen ein ... verdammendes Urteil über ein Lieblingsthema des Tages ... Der Autor spricht für den Adel und Adelstolz ... – Ist das ehrlich? ... Heißt das nicht vielmehr, die wichtigen Gegenstände mit diktatorischem Übermute aburteilen und das einseitige Urteil mit hämischer Kunst dem Schwachen ... durch imponierende Namen ehrwürdig machen wollen?"[59] Die Kantgegner richten sich vor allem gegen die Aufsätze Schillers und Fichtes, später Wilhelm von Humboldts, und kritisieren deren komplizierte Sprache und Terminologie. Und Böttiger in Weimar spottet, Goethe stecke „seit vier Wochen in Jena, wo er mit Schiller über den *Horen* brütet ... Bis jetzt ist nicht viel Verständliches herausgekommen."[60]

Schiller, derart von allen Seiten angegriffen, nimmt den Fehdehandschuh zunächst auf und nennt die *Horen* Goethe gegenüber eine „wahre Ecclesia militans"[61]. Doch fehlt es ihm zunehmend an geeignetem Manuskript, um die Zeitschrift auf dem anvisierten Niveau fortzuführen. Goethe ist der einzige Mitarbeiter, auf den er wirklich zählen kann, auch wenn Schiller nicht alle Manuskripte zur Erstveröffentlichung erhält, die er sich von Goethe gewünscht hätte. Die unveröf-

Die Horen

eine Monatsschrift

herausgegeben von Schiller

Erster Band.

Tübingen
in der J. G. Cottaischen Buchhandlung
1795.

Titelblatt der Zeitschrift „Die Horen", 1795.

fentlichten Teile des *Faust* etwa hält Goethe aus guten Gründen noch für Jahre geheim. Doch erfüllt er sein Versprechen weitestgehend und liefert bis zum Beginn seiner Schweizreise im Sommer 1797 fast für jedes Heft ein bis zwei Beiträge. Neben den *Episteln*, den *Römischen Elegien* und den *Unterhaltungen deutscher Ausgewanderten* erscheinen der kämpferische Aufsatz *Literarischer Sansculottismus* sowie Goethes *Cellini*-Übersetzung und die Übersetzung von Diderots *Rameaus Neffe* in den *Horen*. Doch auch diese Arbeiten haben wenig Erfolg beim Publikum, das lieber Originalpoesie statt Übersetzungen und theoretische Aufsätze zu lesen wünscht. Der Stuttgarter Verleger Cotta reagiert bereits nach dem sechsten Heft, er reduziert die Auflagenhöhe von 2 000 auf 1 500 Exemplare. Um der Zeitschrift eine gewisse Breitenwirkung zu sichern, muß Schiller schließlich auf anspruchslosere Modeliteratur wie Johann Jakob Engels Erzählung *Herr Lorenz Stark* und Caroline von Wolzogens Roman *Agnes von Lilien* ausweichen. Nach drei Jahren stellt er die Zeitschrift ein, ohne daß die *Horen* eine maßgebliche Rolle in der deutschen Pressegeschichte gespielt hätten. Die Beiträge sind zumeist am Interesse und am Fassungsvermögen der Leser vorbeigegangen. Die beabsichtigte „ästhetische Erziehung" konnte mit den Mitteln der Zeitschrift nicht realisiert werden, doch lernt Goethe während der gemeinsamen Arbeit an den *Horen* den zeitgenössischen Literaturbetrieb gründlicher als jemals kennen.

Das Bündnis mit Schiller, dem „Geistesantipoden"

Die unmittelbare Folge dieser publizistischen Tätigkeit ist eine scharfe Polarisation innerhalb der literarischen Welt. Schiller und Goethe als die hauptsächlichen Träger der *Horen* sehen sich einer ziemlich geschlossenen Front von Kritikern jeder Couleur gegenüber. Voller Eifer tauschen sie die neuesten Rezensionen aus, verfolgen mit einem seltsamen Gemisch aus Ärger und Genugtuung die Angriffe und denken über eine geharnischte Gegenattacke nach. Kurz vor Weihnachten kommt Goethe die zündende Idee: Er schlägt vor, „auf alle Zeitschriften Epigramme, jedes in einem einzigen Disticho, zu machen, wie die *Xenia* des Martials sind"[62], und sendet gleich die ersten zur Probe mit:

Fort ins Land der Philister, ihr Füchse mit brennenden Schwänzen,
Und verderbet der Herrn reife papierene Saat![63]

Xenien nannten die Griechen kleine Geschenke, die ein Gastgeber seinen Gästen nach dem Festmahl überreichen ließ. Martial, der römische Dichter und Meister des Epigramms, hatte diese Bezeichnung für seine sprachlich geschliffenen, oft pointierten Begleitverse zu derartigen Gastgeschenken übernommen. Gastgeschenke satirischer Art möchte Goethe den *Horen*-Kritikern nun überreichen. „Der Gedanke mit den Xenien ist prächtig und muß ausgeführt werden"[64], meint auch Schiller und spinnt Goethes Plan weiter. Er gibt diesem über die *Horen* hinaus einen ausgreifenderen, die zeitgenössische Literatur grundsätzlich treffenden Charakter: „Ich denke aber, wenn wir das Hundert voll machen wollen, werden wir auch über einzelne Werke herfallen müssen, und welcher reichliche Stoff findet sich da! Sobald wir uns nur selbst nicht ganz schonen, können wir Heiliges und Profanes angreifen. Welchen Stoff bietet uns nicht die Stolbergische Sippschaft, Racknitz, Ramdohr, die metaphysische Welt mit ihren Ichs und Nicht-Ichs, Freund Nicolai, unser geschworner Feind, die Leipziger Geschmacksherberge, Thümmel, Göschen als sein Stallmeister und dergleichen dar!"[65] Schiller fiebert Goethes baldigem Besuch in Jena entgegen, „… dann soll es auch heißen: nulla dies sine Epigrammate"[66].

Als Goethe am 3. Januar in Jena eintrifft, wird das Programm in die Tat umgesetzt. Tagsüber arbeitet er in seinem Quartier im Jenaer

Der „Xenien"-Streit

Schloß am sechsten Buch von *Wilhelm Meisters Lehrjahren,* nachmittags gegen vier aber geht er eine Ecke weiter und steigt die wenigen Stufen zu Schillers Wohnung hinauf. „Gewöhnlich tritt er schweigend herein, setzt sich nieder, stützt den Kopf auf, nimmt auch wohl ein Buch oder einen Bleistift und Tusche und zeichnet. Diese stille Szene unterbricht etwa der wilde Junge [Schillers Sohn Carl] einmal, der Goethen mit der Peitsche ins Gesicht schlägt, dann springt dieser auf, zaust und schüttelt das Kind, schwört, daß er ihn einmal wurzeln oder mit seinem Kopf Kegel schieben müsse, und ist nun, ohne zu wissen wie, in Bewegung gekommen ... Auf alle Fälle taut er beim Tee auf, wo er eine Zitrone und ein Glas Arrak bekömmt und sich Punsch macht ..."[67] Bald wird der Diskurs von diesem und jenem Vers abgelöst, den einer der beiden Dichter in den Raum wirft. „Wir haben viele Distichen gemeinschaftlich gemacht", bekennt Goethe später, „oft hatte ich den Gedanken und Schiller machte die Verse, oft war das Umgekehrte der Fall, und oft machte Schiller den einen Vers und ich den andern."[68] Gelang eine Xenie, „dann wurde das Gelingen von einem unbändigen Gelächter begleitet, das durch die Decke des Zimmers ... drang."[69]

Daß bei dieser Arbeitsweise das geistige Eigentum des einen nicht mehr von dem des anderen zu trennen war, liegt auf der Hand. Mit den *Xenien* treten Goethe und Schiller der literarischen Welt ganz bewußt gemeinsam entgegen, etablieren und manifestieren ihr Bündnis nachdrücklich gegenüber der Öffentlichkeit. „Goethe und ich werden uns darin absichtlich so ineinander verschränken, daß uns niemand ganz auseinander scheiden und absondern soll ... Eine angenehme und zum Teil genialische Impudenz [Unverschämtheit] und Gottlosigkeit, eine nichtsverschonende Satire, in welcher jedoch ein lebhaftes Streben nach einem festen Punkt zu erkennen sein wird, wird der Charakter davon sein."[70] Gegenüber Körner bezeichnet Schiller das „gemeinschaftliche Opus" sogar als „wahre poetische Teufelei"[71].

Mit einer fast an Übermut grenzenden Ausgelassenheit gehen sie an ihr satirisches Strafgericht. Schon nach einem Monat schmieden sie am dritten Hundert der *Xenien*. „*Unter* 600 Monodistichen tun wir es nicht, aber womöglich steigen wir auf die runde Zahl 1 000"[72], erfährt Wilhelm von Humboldt. Goethe und Schiller genießen ihr Zu-

Das Bündnis mit Schiller, dem „Geistesantipoden"

sammenwirken, sie sind derartig in Fahrt gekommen, daß es Goethe im Juni für nötig hält, ihren Schwung ein wenig zu bremsen. Er sendet 30 soeben fertiggewordene Epigramme mit der Bemerkung: „... leider ist auch hier der Haß doppelt so stark als die Liebe ... Überhaupt wird mich beim Durchgehen ... im allgemeinen der Gedanke leiten, daß wir bei aller Bitterkeit uns vor kriminellen Inkulpationen hüten."[73] Schiller stimmt ihm zu und meint, sie sollten „das Gebiet des frohen Humors sowenig als möglich verlassen. Sind doch die Musen keine Scharfrichter! Aber schenken wollen wir den Herren auch nichts."[74]

Zeitgenössische anonyme Karikatur zum „Xenien"-Streit.

So entsteht innerhalb eines halben Jahres ein Manuskript von über 900 Epigrammen, in dem sich neben strafend-satirischen Distichen zu Literatur und Zeitgeschehen auch anmutig-heitere über die Liebe und andere Weltphänomene finden. Die *Xenien* sollen allerdings nicht in den *Horen* erscheinen, sondern im *Musenalmanach für das Jahr 1797*, den Schiller ebenfalls bei Cotta in Stuttgart herausgibt. Schiller obliegt die redaktionelle Hauptarbeit, wobei sich Auswahl und thematische Gruppierung dieser überschäumenden Fülle als

Der „Musenalmanach für das Jahr 1797"

Titelblatt des „Xenien"-Almanachs für 1797.

schwierig erweisen. Die ersten Seiten des Almanachs befinden sich bereits in der Druckerei, als Schiller endlich die Lösung findet. Er rangiert „die philosophischen und rein poetischen, kurz die unschuldigen Xenien" im vorderen Teil des Almanachs unter die anderen Gedichte ein, „die lustigen" schließt er hingegen „unter dem Namen *Xenien* und als ein eigenes Ganze ... dem ersten Teile"[75] an. Wahrscheinlich erfindet Schiller den *Xenien* erst jetzt die kleine Fabel, die ihnen einen losen Zusammenhalt geben: Sie reisen zur Leipziger Messe, wo sie sogleich vom Zensor visitiert und auf Kontrebande hin untersucht werden, ziehen weiter zu den deutschen Flüssen und statten schließlich Shakespeare und anderen großen Dichtern und Philosophen der Vergangenheit einen Besuch in der Unterwelt ab.

In den letzten Septembertagen des Jahres 1796 erscheint dann der *Musenalmanach für das Jahr 1797*, der als *Xenien*-Almanach in die Literaturgeschichte eingegangen ist. Seinen Abschluß bilden die 414 von Goethe und Schiller schließlich ausgewählten Stachelepigramme, in denen die zeitgenössische Literatur und -kritik aufgespießt wird. Außer Lessing und Wieland bleibt kaum etwas stehen. Scharf gehen die *Xenien* gegen Friedrich Nicolai, den Hauptvertreter der Berliner Spätaufklärung, vor, der in den zukunftsweisenden Vertretern der modernen bürgerlichen Philosophie, vor allem in Kant, Fichte und Schelling, nichts anderes als „philosophische Querköpfe" sieht und sie wüst beschimpft. Darüber hinaus ist es gerade das Lager Nicolais, aus dem die Forderung, die Kunst unter das Diktat der Moral zu stellen, beson-

Das Bündnis mit Schiller, dem „Geistesantipoden"

ders laut ertönt. Angegriffen wird in diesem Zusammenhang auch alle überstiegen empfindsame und frömmelnde Literatur etwa aus den Federn Johann Kaspar Lavaters, Heinrich Jung-Stillings, Johann Georg Sulzers, Georg Friedrich Schlossers, Friedrich Heinrich Jacobis und der Grafen von Stolberg, fast alles Männer, denen Goethe viele Jahre seines Lebens verbunden gewesen ist. Satirisch abgeführt wird die Trivialliteratur, die auf dem Gebiet der Dramatik vor allem in Gestalt des bürgerlichen Rührstückes aus den Federn Ifflands und Kotzebues die zeitgenössische Bühne beherrscht, und die in Lyrik und Prosa ihr Unwesen in zahllosen Zeitschriften und Almanachen treibt. Gemäß dem Goethe- und Schillerschen Grundsatz, Kunst habe das „rein Menschliche" darzustellen und sich aller politischen Meinungsartikulation oder gar Meinungsbildung zu enthalten, verfallen darüber hinaus alle Schriftsteller und Kritiker aus dem Lager der deutschen Jakobiner dem Verdikt wie beispielsweise der Komponist und Zeitschriftenherausgeber Johann Friedrich Reichardt mitsamt seinem französischen Korrespondenten Carl Friedrich Cramer, aber auch Georg Forster und seine Frau Therese. Dabei haben Goethe und Schiller allerdings geflissentlich übersehen, daß sie mit diesen *Xenien* entgegen ihrem Programm selbst Politik betrieben und gerade Georg Forster, mit dem sie sich literarisch und wissenschaftlich vielfach verbunden fühlten, tief unrecht getan haben.

Trotz aller Bemühungen blieb in der Kürze der Entstehungszeit die ästhetische Qualität der *Xenien* allerdings unausgeglichen. Ihr antikes Vorbild Martial konnten Goethe und Schiller bei weitem nicht in allen Fällen erreichen, oftmals sind die Ideen nicht sonderlich originell oder den Versen fehlt der nötige Schwung, wie dem folgenden Epigramm gegen Nicolai:

> *Die Horen an Nicolai*
> *Unsere Reihen störtest du gern, doch werden wir wandeln;*
> *Und du tappe denn auch, plumper Geselle! so fort.*[76]

Der *Xenien*-Almanach ist ein Bestseller auf der Leipziger Michaelismesse des Jahres 1796 geworden. Schon im November bringt Cotta die zweite, im Januar/Februar 1797 die dritte Auflage heraus. Begie-

Anti-Xenien

rig nimmt die literarische Öffentlichkeit den Fehdehandschuh entgegen, ohne allerdings den prinzipiellen Charakter des Anliegens zu erkennen, das für Goethe und Schiller darin bestand, allem Mittelmaß den Kampf anzusagen. Dieser Kampf vollzieht sich an der Wende zum 19. Jahrhundert vor dem Hintergrund steigender Kommerzialisierung des literarischen Marktes, die Literatur entwickelt sich in rasantem Tempo zur Massenware. Diese sozialökonomisch bedingte Entwicklung konnte von den *Xenien* nicht aufgehalten werden. Es ist letztlich ein Kampf gegen Windmühlenflügel gewesen, den Goethe und Schiller geführt haben. Bis auf den Grund haben sie diese Prozesse wohl auch nicht durchschauen können.

Das Publikum findet sein besonderes Vergnügen an dem Rätselspiel um Verfasser und Getroffene, das die Autoren durch das Weglassen der Epigrammüberschriften und des jeweiligen Verfassernamens allerdings selbst herausgefordert hatten. Die verärgerten Literaten und Kritiker zahlen in gleicher Münze zurück, eine Flut von Anti-Xenien überschwemmt den Markt. Von den 15 selbständig publizierten Sammlungen sei hier nur die von Johann Gottfried Dyk und Johann Kaspar Friedrich Manso genannt, die unter dem vielsagenden Titel *Gegengeschenke an die Sudelköche in Jena und Weimar von einigen dankbaren Gästen* erschienen ist. Alle Welt erwartet nun eine Erwiderung, man rechnet mit einem neuen *Xenien*-Band. Für Goethe und Schiller steht allerdings schon frühzeitig fest, daß sie in einer ganz anderen als der vom Publikum erwarteten Form antworten werden. Goethe hatte bereits am 15. November 1796 an Schiller geschrieben: „Das Angenehmste, was Sie mir aber melden können, ist Ihre Beharrlichkeit an *Wallenstein* und Ihr Glaube an die Möglichkeit einer Vollendung; denn nach dem tollen Wagestück mit den *Xenien* müssen wir uns bloß großer und würdiger Kunstwerke befleißigen und unsere proteische Natur, zu Beschämung aller Gegner, in die Gestalten des Edlen und Guten umwandeln."[77]

Doch damit hatten Goethe und Schiller in Wahrheit längst begonnen. Bereits im Januar 1795 war der erste Band von *Wilhelm Meisters Lehrjahren* erschienen. Die höchst konzentrierte Arbeit an diesem ersten modernen Bildungsroman der Deutschen hatte die übermütig-mutwillige *Xenien*-Produktion die ganze Zeit über begleitet. Der Roman ist das erste große Werk Goethes, das in beständiger Kommunikation mit Schiller entstanden ist. Dessen Einfluß kann Goethe selbst nicht hoch genug schätzen. Er übertreibt nicht, wenn er Schiller nach der Vollendung des achten und letzten Buches gesteht: „... denn gewiß [hätte ich] ohne unser Verhältnis ... das Ganze kaum, wenigstens nicht auf diese Weise, zustande bringen können."[78]

Bedenkt man, daß Goethes Pläne zu diesem Roman in seine Frankfurter Zeit zurückreichen, daß er das Werk als Theaterroman in den Jahren 1777 bis 1786 zu großen Teilen ausgearbeitet hatte, von seinen Erfahrungen während der Italienreise und den Ereignissen der Französischen Revolution die Gesamtkonzeption des Romans aber zunichte gemacht worden war, so daß das Projekt bis Anfang 1794 ruhte und dann mit völlig veränderter Konzeption in einem intensiven zweijährigen Arbeitsprozeß neu geformt worden ist, so kann man ahnen, welches Maß an beharrlicher und ernsthafter künstlerischer Arbeit dieser Roman von Goethe gefordert hat. „Es ist unter allen meinen Arbeiten, die ich jemals gemacht habe, die obligateste und in mehr als einem Sinn die schwerste ..."[79], gesteht er seinem Verleger Unger während des Schreibprozesses. Unter diesen Vorzeichen ist ihm Schillers enthusiastisches Interesse am Fortgang des Werkes lebendiger Ansporn und unschätzbare Hilfe zugleich. Rückblickend schreibt er ihm: „Hundertmal, wenn ich mich mit Ihnen über Theorie und Beispiel unterhielt, hatte ich die Situationen im Sinne, die jetzt vor Ihnen liegen, und beurteilte sie im stillen nach den Grundsätzen, über die wir uns vereinigten."[80]

Goethes künstlerische Individualität verbot es ihm, mit einem anderen Menschen im vorhinein über seine poetischen Ideen und Erfindungen zu sprechen. Er hat oft bekundet, daß er in diesem Falle sofort das Interesse am Ganzen verlieren und nichts hervorbringen könnte. Er mußte seine Pläne für sich behalten und konnte auch Schiller die einzelnen Bücher seines Romans erst zur kritischen Durchsicht übergeben, wenn er diese im Manuskript niedergeschrieben hatte. Doch spürt Goethe das große, ehrliche Interesse, mit dem Schiller jedem neuen Buch des Romans entgegenfiebert, um es dann mit „wahrer Herzenslust"[81] zu verschlingen. Fast zwei Jahre begleitet

„Wilhelm Meisters Lehrjahre"

Schiller Goethes Schaffensprozeß ebenso sensibel wie kompetent. In dieser Zeit gewinnt Goethe ein völliges Zutrauen in die ästhetische Urteilsfähigkeit des Jüngeren, so daß er ihm das letzte Buch des Romans am 25. Juni 1796 mit den Worten ankündigen kann: „Lesen Sie das Manuskript erst mit freundschaftlichem Genuß und dann mit Prüfung, und sprechen Sie mich los, wenn Sie können. Manche Stellen verlangen noch mehr Ausführung, manche fordern sie, und doch weiß ich kaum, was zu tun ist, denn die Ansprüche, die dieses Buch an mich macht, sind unendlich ... Meine ganze Zuversicht ruht auf Ihren Forderungen und Ihrer Absolution."[82]

Gern stellt sich Schiller dieser großen und anspruchsvollen Aufgabe. Nach dem ersten Lesen des Gesamtwerkes fühlt er sich durch die „erstaunliche und unerhörte Mannigfaltigkeit", die darin waltet, regelrecht „überwältigt". „Ohnehin gehört es zu dem schönsten Glück meines Daseins", versichert er Goethe, „daß ich die Vollendung dieses Produkts erlebte ...; und das schöne Verhältnis, das unter uns ist, macht es mir zu einer gewissen Religion, Ihre Sache hierin zu der meinigen zu machen ..."[83]

Mehrfach geht Schiller den Roman durch und formuliert in sechs großen Briefen vom Juni und Juli 1796 sein abschließendes ästhetisches Urteil. Diese Briefe gehören bis heute zum Klügsten, was über die *Lehrjahre* geschrieben worden ist. Mit leidenschaftlichem Eifer denkt sich Schiller in die poetische Welt des Goetheschen Romans hinein, mit dem wissenden Blick des Künstlers erfaßt er die weitgespannte Ideenwelt des Werkes und würdigt Schönheit und Natürlichkeit der Ausführung. Es ist erstaunlich, wie es Schiller gelingt, sich in die völlig andersgeartete künstlerische Individualität des Freundes hineinzuversetzen, mit welcher Liebe und welch tiefem Verständnis er die handelnden Personen charakterisiert: „Wie schön gedacht ist es", schreibt er beispielsweise an Goethe, „daß Sie das praktisch Ungeheure, das furchtbar Pathetische im Schicksal Mignons und des Harfenspielers von dem theoretisch Ungeheuren, von den Mißgeburten des Verstandes ableiten, so daß der reinen und gesunden Natur nichts dadurch aufgebürdet wird. Nur im Schoß des dummen Aberglaubens werden diese monstrosen Schicksale ausgeheckt, die Mignon und den Harfenspieler verfolgen."[84] Auch den zartesten Andeutungen des Goe-

Das Bündnis mit Schiller, dem „Geistesantipoden"

theschen Textes vermag Schiller zu folgen, wenn er etwa im „Saal der Vergangenheit" die Inschrift „Gedenke zu leben" besonders hervorhebt. Sie sei „trefflich und wird es noch viel mehr, da sie an das verwünschte ‚Memento mori' erinnert und so schön darüber triumphiert"[85].

Schillers Begeisterung für Goethes Werk ist tief und echt. „Leben Sie jetzt wohl, mein geliebter, mein verehrter Freund", schließt er seinen ersten großen *Wilhelm-Meister*-Brief. „Wie rührt es mich, wenn ich denke, [daß,] was wir sonst nur in der weiten Ferne eines begünstigten Altertums suchen und kaum finden, mir in Ihnen so nahe ist. Wundern Sie sich nicht mehr, wenn es so wenige gibt, die Sie zu verstehen fähig und würdig sind. Die bewundernswürdige Natur, Wahrheit und Leichtigkeit Ihrer Schilderungen entfernt bei dem gemeinen Volk der Beurteiler allen Gedanken an die Schwierigkeit, an die Größe der Kunst, und bei denen, die dem Künstler zu folgen imstande sein könnten, die auf die Mittel, wodurch er wirkt, aufmerksam sind, wirkt die genialische Kraft, welche sie hier handeln sehen, so feindlich und vernichtend, bringt ihr bedürftiges Selbst so sehr ins Gedränge, daß sie es mit Gewalt von sich stoßen, aber im Herzen und nur de mauvaise grace Ihnen gewiß am lebhaftesten huldigen."[86]

Schillers Begeisterung verhindert allerdings nicht, daß er die *Lehrjahre* mit jener scharfen, analytischen Kraft durchdringt, die ihm als Kritiker eigen ist. Dabei wird ihm deutlich, daß Goethes Werk in zweierlei Hinsicht die letzte ästhetische Abrundung fehlt. Zum einen hat er die künstlerische Idee, die hinter den Mächten des Turmes steht, zu wenig deutlich gemacht. Mit ihren bisweilen phantastischen Eingriffen in Wilhelms Lebensweg drohen sie als bloße Maschinerie verkannt zu werden. Deshalb wünscht Schiller, daß Goethe „das Bedeutende dieser Maschinerie, die notwendige Beziehung derselben auf das innere Wesen, dem Leser ein wenig nähergelegt" hätte. Zum zweiten erscheint ihm die Art, in der sich Goethe „über den Begriff der *Lehrjahre* und der *Meisterschaft*" erklärt, dem Ganzen des Romans zu enge Grenzen zu setzen. Er empfiehlt, „daß die Beziehung aller einzelnen Glieder des Romans auf jenen philosophischen Begriff noch etwas klärer gemacht würde"[87].

Goethe sieht sogleich, welchen Dienst ihm Schiller mit seiner Kritik geleistet hat, indem der Freund ihn nötigt, „auf die eigentliche Vollendung des Ganzen aufmerksam zu sein. Ich bitte Sie", schreibt er ihm, „nicht abzulassen, um ... mich aus meinen eignen Grenzen hinauszutreiben. Der Fehler, den Sie mit Recht bemerken, kommt aus meiner innersten Natur, aus einem gewissen realistischen Tick, durch den ich meine Existenz, meine Handlungen, meine Schriften den Menschen aus den Augen zu rücken behaglich finde. So werde ich immer gerne inkognito reisen, das geringere Kleid vor dem bessern wählen ..., mich leichtsinniger betragen, als ich bin, und mich so, ich möchte sagen, zwischen mich selbst und zwischen meine eigne Erscheinung stellen."[88] Diese Eigenheit hätte er sich ohne Schillers Anstoß auch bei diesem Roman durchgehen lassen, „welches denn doch, bei dem ungeheuern Aufwand, der darauf gemacht ist, unverzeihlich gewesen wäre ... Es ist keine Frage, daß die scheinbaren, von mir ausgesprochenen Resultate [von Wilhelms Entwicklung] viel beschränkter sind als der Inhalt des Werks, und ich komme mir vor wie einer, der, nachdem er viele und große Zahlen übereinandergestellt, endlich mutwillig selbst Additionsfehler machte, um die letzte Summe, aus Gott weiß was für einer Grille, zu verringern."[89] Er spricht Schiller seinen „lebhaftesten Dank" dafür aus, daß dieser „noch zur rechten Zeit, auf so eine entschiedene Art diese perverse Manier zur Sprache" gebracht hat. „... ich werde gewiß, insofern es mir möglich ist, Ihren gerechten Wünschen entgegengehn."[90]

Goethe hat ganz in dem von Schiller angeregten Sinne letzte Hand an seinen Roman gelegt und die vorgenommenen Veränderungen zumindest teilweise im Gespräch mit ihm geprüft. Daß er das Manuskript dann an den Verleger sendet, ohne es Schiller noch einmal abschließend vorzulegen, wie es seine ursprüngliche Absicht gewesen ist, deutet nicht auf ein Mißtrauen gegenüber Schillers Urteil. Goethe fühlt nur allzu deutlich die Grenze, die ihnen die Verschiedenheit ihrer künstlerischen Naturelle setzt. „Ich habe zu Ihren Ideen Körper nach meiner Art gefunden, ob Sie jene geistigen Wesen in ihrer irdischen Gestalt wiederkennen werden, weiß ich nicht ... Es liegt in der Verschiedenheit unserer Naturen, daß es [das Werk] Ihre Forderungen niemals ganz befriedigen kann, und selbst das gibt ... dereinst ... gewiß wieder zu mancher schönen Bemerkung Anlaß."[91]

Schiller, der weder Zeit noch Mühe im Dienst an Goethes Roman gescheut hat, wird von dieser plötzlichen Zurückhaltung sicherlich im

Das Bündnis mit Schiller, dem „Geistesantipoden"

Moment ein wenig verstimmt, zumindest enttäuscht gewesen sein. Doch ist er selbst viel zu sehr Künstler, als daß er nicht wüßte und verstünde, in welch hohem Maße der Schaffensprozeß eigenen Gesetzen unterliegt, gegen die niemand ungestraft verstoßen darf.

Vielleicht sind es derartige temporäre Irritationen, die Richard Friedenthal zu der Schlußfolgerung veranlaßten, die Beziehung zwischen Goethe und Schiller sei „kein ‚Hand-in-Hand' geworden, eher fast eine Art Waffenstillstand zwischen zwei großen Mächten, die sich aufs höchste respektieren und über die Demarkationslinie hinweg miteinander verkehren"[92]. Leider verfehlt Friedenthal, der mit seiner 1963 erschienenen Biographie *Goethe. Sein Leben und seine Zeit* das Goethebild über Jahrzehnte geprägt hat, hier den Charakter der Verbindung zwischen Goethe und Schiller gravierend und für die öffentliche Meinung folgenreich. Das oft wiederholte Argument, daß es zwischen beiden Männern niemals zum vertraulichen „Du" gekommen sei, weist in ähnliche Richtung. Es verkennt allerdings, daß die Verteilung des „Du" und des „Sie" im ausgehenden 18. Jahrhundert anderen Gepflogenheiten folgte als heute. Goethe selbst ist in seiner Jugend verschwenderisch mit dem freundschaftlichen „Du" umgegangen, hatte aber erlebt, wie viele dieser Jugendfreundschaften später zerbrochen sind. Seit er als offizielle Persönlichkeit in Carl Augusts Diensten stand, ist er äußerst sparsam mit diesem Beweis persönlicher Nähe verfahren. Nicht einmal Heinrich Meyer, von dem Goethe später sagen wird, er wünschte nicht, diesen Freund zu überleben, ist die vertrauliche Anrede zuteil geworden. In dieser Hinsicht bildet Schiller keineswegs eine Ausnahme. Der einzige Mann, den Goethe im Alter noch einmal „Du" nennen wird, ist Carl Friedrich Zelter, der Berliner Musiker und Komponist, den er in den neunziger Jahren über Schiller kennenlernt. Dazu wird es allerdings außergewöhnlicher Umstände bedürfen.

Unzählige Briefe und andere Äußerungen Goethes und Schillers belegen jedoch auch ohne eine solche äußere Dokumentation, wie freundschaftlich beide Männer füreinander empfunden haben, wie vertraulich ihr Umgang miteinander gewesen ist, auch wenn sich beide zur persönlichsten Aussprache immer an ihre älteren Freunde gewandt haben, Goethe an Heinrich Meyer und Knebel, Schiller an Kör-

Freundesdienste

ner und Wilhelm von Humboldt. Daß ihre Verbindung Meinungsverschiedenheiten und bisweilen gegensätzliche Positionen nicht ausschloß, versteht sich von selbst. Dabei fühlt sich Goethe nicht nur Schiller, sondern auch dessen Familie eng verbunden, verbringt viele Abende bei ihnen, wenn er zu kürzeren oder längeren Arbeitsaufenthalten in Jena weilt. Gern unterrichtet er dann Schillers Gattin im Zeichnen, und sogar Schiller selbst versucht sich unter Goethes Anleitung nicht ganz ungeschickt an dieser und jener Mondlandschaft. Goethe bestellt aus Frankfurt Tapeten und Bordüren für Schillers neue Wohnung, Charlotte Schiller wiederum bereichert seinen Jenaer Mittagstisch mit Spargel und Spinat. Als Schiller im September 1796 die Nachricht vom Tod seines Vaters erhält und obendrein um das Leben seines eben geborenen zweiten Sohnes fürchtet, bleibt Goethe in Jena, um ihm beizustehen. Im folgenden Frühjahr unterstützt er Schiller beim Kauf eines Gartenhauses in Jena, mit welchem dieser große Hoffnungen für seine schwer untergrabene Gesundheit verbindet. Als Grundstück und Haus vor den Toren der Stadt am 18. März endlich in Besitz genommen werden können, läßt sich Goethe von Schillers Gattin die Schlüssel senden, um frühmorgens als erster im Hause zu sein und die nötigen Umbauten und Einrichtungen zu überlegen. So nimmt Goethe auf seine sorgende Art am Leben von Schillers Familie

Schillers Garten in Jena, *Zeichnung von Goethe, 1810.*

Das Bündnis mit Schiller, dem „Geistesantipoden"

teil und fühlt sich in Jena fast wohler als zu Hause. Ein Umstand, der nicht, wie Schiller lange Zeit vermutet, ausschließlich an Goethes häuslichen Verhältnissen liegt, sondern vor allem an der Zerstreuung, die das Hofleben und die vielfältigen dienstlichen Verpflichtungen in Weimar mit sich bringen. „... mir geht ein Tag nach dem andern zwar nicht unbeschäftigt, doch leider beinah unbenutzt herum", klagt er im Dezember 1796 gegenüber Schiller. Da Goethe seinen Tagespflichten nicht ausweichen kann, sucht er nach einer anderen Lösung, um „die Zeit, die nur eigentlich höher organisierten Naturen kostbar ist, besser zu nutzen": „Ich muß Anstalt machen, meine Schlafstelle zu verändern, damit ich morgens vor Tage einige Stunden im Bette diktieren kann."[93] – Eine Überlegung, die von Schiller möglicherweise mißverstanden, von Christiane aber ganz sicher entschieden abgelehnt worden ist.

Jena wird Goethe in der zweiten Hälfte der neunziger Jahre zum Ort der Sammlung und strengen künstlerischen Arbeit, aber auch zu einem Ort, an dem er sein eigentliches Publikum und die ihm nötige Kommunikation findet. Dies hat er zum großen Teil Schiller zu danken, denn es handelt sich in erster Linie um den Schillerschen Freundeskreis, der Goethe näherrückt: Es sind Wilhelm von Humboldt und seine bei aller Klugheit sehr emotional veranlagte Frau Caroline, die bei jeder Begegnung von neuem „ganz verliebt" in Goethes „schöne Augen"[94] ist. Der noch nicht 30jährige Alexander von Humboldt, dessen enzyklopädische naturwissenschaftliche Kenntnisse Goethe bewundert und dem er viele Impulse zu eigener Forschung verdankt. In „seiner Art einzig", nennt ihn Goethe; er habe „niemanden gekannt, der mit einer so bestimmt gerichteten Tätigkeit eine solche Vielseitigkeit des Geistes verbände"; es sei „inkalkulabel, was er noch für die Wissenschaften tun"[95] könnte. Zum engen Kreis der Freunde zählen der Dresdner Jurist Christian Gottfried Körner mit seiner kunstsinnigen Frau Minna und deren Schwester Dorothea – Goethe kennt sie noch aus seiner Leipziger Studienzeit als die Töchter seines ehemaligen Lehrers, des Kupferstechers Johann Michael Stock. Näher treten Goethe nun auch Schillers Schwägerin Caroline von Wolzogen und ihr vor allem in architektonischen Fragen erfahrener Gatte Friedrich von Wolzogen, mit dem Goethe in der Schloßbaukommission zusammenarbeitet und der auf diplomatischem Gebiet viel für Sachsen-Weimar leisten wird.

Dieses knappe Dutzend gebildeter und kulturinteressierter Männer und Frauen, nicht alle in Jena ansässig, doch mehr oder minder häufig hier zu Gast, nimmt verständigen Anteil an Goethes neuen künstlerischen Produktionen und gibt ihm das notwendige Gefühl, zumindest von einem gewissen Kreis von Menschen in seinen künstlerischen Intentionen verstanden zu werden. Denn die offizielle Literaturkritik reagiert gerade auf *Wilhelm Meisters Lehrjahre* sehr widersprüchlich und vielfach ablehnend. Goethe, der inzwischen auf die 50 zugeht, wird noch immer an seinem epischen Erstling, an den *Leiden des jungen Werthers*, gemessen. Man ist enttäuscht, statt der überfließenden subjektiven Empfindung ein Werk vor sich zu haben, das ganz und gar auf die Objektivierung der Charaktere und Situationen gestellt ist. Goethes Jugendfreunde Friedrich Heinrich Jacobi und Fritz von Stolberg, auch sein Schwager Johann Georg Schlosser, die sich inzwischen zu religiös untermauerten Lebenspositionen bekehrt haben, fällen geradezu vernichtende Urteile. Schlosser empfindet höchsten Verdruß, weil Goethe der „schönen Seele" im sechsten Buch des Romans „einen Platz in seinem Bordell angewiesen hat, das nur zur Herberge dienen sollte für vagabondierendes Lumpengesindel"[96]. Wie Fritz von Stolberg trennt auch er „Die Bekenntnisse einer schönen Seele" aus dem Buch heraus und verbrennt die anderen Teile.

Daß sich Goethe von derartigen Reaktionen empfindlich getroffen fühlt, läßt sich denken. Ist doch nichts Geringeres sein Ziel gewesen, als seinen Helden mit den wichtigsten praktischen und geistigen Strömungen seiner Zeit vertraut zu machen. Er wollte ihn gerade nicht wie die „schöne Seele" in der Beschäftigung mit Gott und sich selbst versinken lassen, sondern als tätigen Menschen ins praktische Leben führen. Ganz abgesehen davon, daß er bei der künstlerischen Formung dieses Werkes „seine besten Kräfte und seinen besten Willen erschöpft"[97] hat, wie er Körner gesteht. Grundsätzlicher als von seinen ehemaligen engen Freunden, die ihm zum Teil noch immer nahestehen, kann er nicht verkannt werden. „So ist wieder des zerbröckelten Urteils nach der Vollendung meines Romans kein Maß noch Ziel. Man glaubt manchmal, man höre den Sand am Meere reden, so daß

ich selbst ... beinah verworren werden könnte"[98], klagt er Heinrich
Meyer. In dieser Situation sind Goethe neben den grundlegenden
Analysen Schillers vor allem die einsichtigen Briefe der Schillerschen
Freunde, Gottfried Körners und Wilhelm von Humboldts, „höchst er-
quicklich"[99]. Einen Brief an Schiller selbst schließt Goethe zur glei-
chen Zeit mit der Bitte, „erhalten [Sie] mir Ihre so wohl gegründete
Freundschaft und Ihre so schön gefühlte Liebe, und sein Sie das glei-
che von mir überzeugt"[100].

Gerade um die Zeit der Vollendung von *Wilhelm Meisters Lehrjahren*
wird Jena für Goethe noch aus einem weiteren Grund attraktiv: Im
Frühjahr 1796 übersiedeln August Wilhelm Schlegel und seine geistreiche Frau Caroline – beide subtile Kenner und Verehrer des Goetheschen Werkes – in die Saalestadt, wo August Wilhelm zunächst als
Privatgelehrter, später als außerordentlicher Professor an der Universität wirkt. Schon am 20. Mai 1796 schreibt Goethe erwartungsvoll an
Heinrich Meyer: „Wilhelm Schlegel ist nun hier, und es ist zu hoffen,
daß er einschlägt. Soviel ich habe vernehmen können, ist er in ästhetischen Haupt- und Grundideen mit uns einig, ein sehr guter Kopf, lebhaft, tätig und gewandt."[101] Dem Ehepaar Schlegel folgt bald ein ganzer Kreis poetisch ambitionierter Intellektueller – Friedrich Schlegel,
Friedrich von Hardenberg alias Novalis, Ludwig Tieck und andere,
alle etwa zwanzig Jahre jünger als Goethe – die als Vertreter der nachfolgenden Generation ernstzunehmende Töne in die zeitgenössische
Literaturlandschaft einbringen. Auch wenn aufgrund ihrer demokratischen Gesinnungen von Anfang an keine völlige Übereinstimmung
zwischen Goethe und Schiller auf der einen und den Romantikern auf
der anderen Seite zu verzeichnen ist, weist das ästhetische Denken der
Jenaer Frühromantik doch entscheidende Parallelen zu Schillers Konzept der „ästhetischen Erziehung" auf. Darüber hinaus bieten die gemeinsame Verehrung der antiken Kunst und die hohe Wertschätzung,
die die Romantiker der Phantasie und deren Potenzen für die Dichtkunst zuerkennen, eine ausreichend breite Basis, um gemeinsam für
die Erneuerung der zeitgenössischen Poesie aufzutreten.

Von Goethe und Schiller eingeladen, arbeiten vor allem die Brüder
Schlegel als Übersetzer und Kritiker an den wichtigen von Jena ausgehenden Publikationsorganen mit, der *Allgemeinen Literaturzeitung* und

August Wilhelm Schlegel, Kupferstich von G. Zumpe.

den *Horen*. In ihren intellektuell anspruchsvollen wie einfühlsamen Kritiken feiern sie Goethe als den Wiederhersteller der antiken Poesie und tragen maßgeblich dazu bei, das poetische Werk des nachitalienischen, des klassischen Goethe beim Lesepublikum durchzusetzen. Eine Tendenz, die sie 1797/98 in der von ihnen herausgegebenen romantischen Programmzeitschrift *Athenäum* mit Friedrich Schlegels brillanter Würdigung des *Wilhelm-Meister*-Romans fortsetzen. August Wilhelm Schlegel wird noch nach der Jahrhundertwende in seinen *Berliner Vorlesungen über schöne Literatur und Kunst* besonders Goethes antikisierende Dichtungen tiefblickend würdigen und damit den Berliner Kreis der Goetheverehrer stärken, der sich vor allem in den jüdischen Salons der preußischen Metropole traf. Über diese regionalen Wirkungen hinaus hat die ebenso subtile wie emsige Rezensionstätigkeit der Brüder Schlegel viel zur Verbreitung und zum Verständnis der Gedankenwelt der Weimarer Klassik beigetragen.

Friedrich Schlegel, Kupferstich von J. Axmann, um 1800.

In ihrer Haltung zu den jungen Männern unterscheiden sich Goethe und Schiller allerdings zunehmend voneinander. Anders als Goethe ist Schiller den Frühromantikern nur im ästhetischen Denken fruchtbar geworden. Den Schillerschen Dichtungen stehen sie entschieden kritisch gegenüber. Schon während der Jenaer Zeit lassen sie es im engsten Kreis nicht an scharfen Parodien vor allem der idealisierten Schillerschen Frauengestalten fehlen. Darüber hinaus vergiften persönliche Zwistigkeiten schon bald die Atmosphäre und führen nach einer öffentlich geäußerten, etwas zwielichtigen Kritik Friedrich Schlegels an den *Horen* bereits 1797 zum Bruch zwischen Schiller und den Schlegels. Es ist Goethe, der sich im Dienste einer gemeinsamen Fraktionsbildung gegen die Formlosigkeit der den literarischen Markt überschwemmenden Massenliteratur verschiedenster Spielarten auch weiterhin um einen kollegialen und produktiven Kontakt zu den Jenaer Frühromantikern bemüht und dabei Schillers verletzte Antipathie oft diplomatisch beschwichtigt. So klagt Schiller beispielsweise nach dem Lesen der *Athenäums-Fragmente*: „Mir macht diese naseweise, entscheidende, schneidende und einseitige Manier physisch wehe."[102] Worauf ihm Goethe erwidert: „Das Schlegelsche Ingrediens in seiner ganzen Individualität scheint mir denn doch in der Olla potrida [Mischmasch] unsers deutschen Journalwesens nicht zu verachten. Diese allgemeine Nichtigkeit, Parteisucht fürs äußerst Mittelmäßige, diese Augendienerei, diese Katzenbuckelgebärden, diese Leerheit und Lahmheit, in der nur wenige gute Produkte sich verlieren, hat an einem solchen Wespenneste, wie die *Fragmente* sind, einen fürchterlichen Gegner ... Bei allem, was Ihnen daran mit Recht mißfällt, kann man denn doch den Verfassern einen gewissen Ernst, eine gewisse Tiefe und von der andern Seite Liberalität nicht ableugnen."[103]

Auf derartig einlenkende Töne Goethes stößt man im Briefwechsel mit Schiller allenthalben, wenn von den Brüdern Schlegel die Rede ist. Hin und wieder gelingt es ihm, zumindest zwischen August Wilhelm Schlegel und Schiller zu vermitteln, ohne daß Schiller jedoch seine tiefsitzenden Aversionen gegen die Brüder hätte aufgeben können. Ungeachtet dessen pflegt Goethe gegen Ende der neunziger Jahre zeitweilig recht enge Arbeitskontakte zu August Wilhelm, der ihm vor allem in prosodischer Hinsicht bei der kritischen Revision aller Dichtungen mit antikisierendem Versmaß behilflich ist, welche Goethe in Vorbereitung seiner zweiten Werkausgabe unternimmt. Auch nachdem die Schlegels Jena längst verlassen haben, bemüht sich Goethe trotz zunehmender persönlicher Irritationen, hervorgerufen durch die oft unsachlich überschäumende Polemik der Brüder, deren über-

Künstlerfreundschaft

setzerische Fähigkeiten für die klassische Konzeption des Weimarer Hoftheaters nutzbar zu machen. Schiller, ein Bühnenfiasko voraussehend, reagiert entnervt: „Es ist seine [Goethes] Krankheit, sich der Schlegels anzunehmen, über die er doch selbst bitterlich schimpft und schmählt", schreibt er im Juli 1802 an Körner.[104]

Grundlegende Differenzen hat die unterschiedliche Haltung zum Schlegelschen Brüderpaar zwischen Goethe und Schiller allerdings nicht hervorgerufen. Dazu standen sich beide in ihren spezifischen ästhetischen Positionen und ihrem künstlerischen Wollen zu nahe. Die Besonderheit ihrer Beziehung ist geprägt worden von ihrem Künstlertum, und wie sollte es anders sein bei zwei Dichtern, die sich der Kunst mit allen Fasern ihrer Persönlichkeit verschrieben hatten. Nur wenn man bereit ist, den hohen Ernst zu respektieren, mit dem beide bemüht waren, der Wirklichkeit mit den Mitteln der Kunst auf die Spur zu kommen, vermag man zu ahnen, wie unschätzbar sie einander gewesen sind. Goethe hat bereits in den neunziger Jahren, nicht erst – wie häufig behauptet wird – nach Schillers Tod, beispielsweise Humboldt gegenüber oft von der „Freude" und dem „Nutzen" gesprochen, den ihm das Zusammenleben mit Schiller gibt. „Nie vorher ... hätte er irgend jemand gehabt, mit dem er sich über ästhetische Grundsätze hätte vereinigen können; die einzigen wären noch Merck ... und Moritz gewesen ... Zwanzig bis fünfundzwanzig Jahre hätte er also so ganz über sich allein gelebt, und daher sei es mit gekommen, daß er in einer ganzen langen Zeit so wenig gearbeitet habe. Desto rüstiger scheint er jetzt"[105], faßt Wilhelm von Humboldt seinen Bericht an seine Frau aus dem Frühjahr 1797 zusammen.

In der Tat gewinnt Goethe durch Schillers belebenden Einfluß neue, verjüngende künstlerische Produktivität. Kaum hat er die *Lehrjahre* vollendet, wendet er sich *Hermann und Dorothea* zu, einem Werk, in dem er die antike Form des Epos mit einem Stoff aus der unmittelbaren Gegenwart verbindet. Er „habe das reine Menschliche der Existenz einer kleinen deutschen Stadt in dem epischen Tiegel von seinen Schlacken abzuscheiden gesucht und zugleich die großen Bewegungen und Veränderungen des Welttheaters aus einem kleinen Spiegel zurückzuwerfen getrachtet"[106], berichtet Goethe Heinrich Meyer.

Das Bündnis mit Schiller, dem „Geistesantipoden"

Schiller, die Brüder Humboldt und Goethe in Jena, Andreas Müller zugeschriebene Federzeichnung, 2. Hälfte der 90er Jahre. – Der Ort ist vermutlich Schillers Garten, der, wie auch der abgebildete Steintisch, heute noch existiert.

Kunsttheorie und -praxis

Mit diesem Werk setzt eine neue Phase der künstlerischen Selbstverständigung zwischen Goethe und Schiller ein. Sie ist genau von der Art, wie sie nur von ihnen gemeinsam behandelt und durchdacht werden kann. Sie suchen nach den Gesetzmäßigkeiten der epischen und dramatischen Dichtung, fragen nach den Stoffen, die sich zur Gestaltung in dieser und jener Form eignen, um künftig Fehler bei der Stoffwahl zu vermeiden, wie sie Goethe etwa bei der *Iphigenie* unterlaufen sind, deren Stoff sich nach ihren neuesten Erkenntnissen eigentlich nicht für die dramatische Behandlungsart eignet. Sie denken über die Bedeutung der Fabel in dieser und jener Gattung nach, über das Was und das Wie der Handlung, über das Retardieren, über die Wirkung des Schicksals und des Zufalls und über die eigentümliche Verquickung beider Elemente im Epos und im Drama. Fragen, die jedem noch so künstlerisch interessierten Laien als hohe Schule der Theorie erscheinen müssen, die Goethe und Schiller jedoch in ihrer täglichen künstlerischen Praxis auf den Nägeln brennen. Als Muster und empirische Grundlage ihrer Verallgemeinerungen gelten ihnen die Homerschen Epen und die Tragödien der antiken Meister. Gerade diese Gattungsdiskussion, die über weite Strecken brieflich vonstatten gegangen und deshalb für uns nachvollziehbar ist, zeigt, wie umfassend sich Goethe und Schiller in ihren Betrachtungsweisen inzwischen angenähert haben, wie mühelos jeder den Gedanken des anderen folgen, diese aufnehmen und weiterentwickeln kann, wie beide im fruchtbaren Wechsel der Ansatzpunkte und Ideen einen zutiefst gemeinschaftlichen Erkenntnisgewinn erzielen. „Wie rasch schritt er [Schiller] vorwärts – er war jedesmal gewachsen, wenn ich ihn wiedersah"[107], erinnert sich Goethe noch im Alter. Und jeder erlebt darüber hinaus die Freude, die gewonnenen Einsichten auf das Werk anzuwenden, das er gerade unter der Feder hat: Goethe auf sein Epos, Schiller auf seinen *Wallenstein*. Daß beide diesen höchst fruchtbaren Gedankenaustausch als unabdingbares Ingrediens ihres Künstlerdaseins, ja ihres Lebens überhaupt betrachteten, belegt wiederum der Briefwechsel. So sehnt sich Goethe nach einem vierzehntägigen Aufenthalt in Leipzig dringend nach einem Gespräch mit Schiller. Er sei „bald in dem Zustande", daß er „für lauter Materie nicht mehr schreiben" könne, berichtet er ihm, „bis wir uns wiedergesehen und recht ausgeschwätzt haben"[108]. Wie der erste Brief Schillers nach Goethes Besuch zeigt, bezieht sich dieses Ausschwätzen nicht nur auf die jüngsten gattungstheoretischen Erkenntnisse. „Ihr letzter Besuch ... hat eine gewisse Stagnation bei mir gehoben und meinen Mut erhöht. Sie haben mich durch Ihre Beschreibungen wieder in die Welt geführt, von der ich mich ganz abgetrennt fühlte"[109], dankt ihm Schiller. So verzahnen sich in ihrer Verbindung Leben und Schaffen, weil eines ohne das andere für beide undenkbar, praktisch wohl auch undurchführbar gewesen wäre.

Begleitet Schiller den Entstehungsprozeß von *Hermann und Dorothea* vor allem in gattungstheoretischer Hinsicht, ist es diesmal Wilhelm von Humboldt – als Sprachwissenschaftler mit gründlichen Kenntnissen der metrischen Verhältnisse und darüber hinaus mit einem feinen rhythmischen Gespür ausgestattet –, der Goethe in metrischen Fragen beisteht. Die deutsche Sprache ist noch immer auf dem Wege, sich zur Dichtungssprache zu qualifizieren. Zwischen Altphilologen, Übersetzern und Dichtern herrscht noch keine Einigkeit darüber, wie der Hexameter, das Versmaß des antiken Epos, ins Deutsche zu übertragen sei, welche Regeln gelten, welche Freiheiten erlaubt sein sollten. Johann Heinrich Voß, der berühmte Homer-Übersetzer, hatte mit seinem 1795 erschienenen Hexameterepos *Luise* und mit seiner metrischen Kritik an Goethes Übertragung des *Reineke Fuchs* im selben Jahr die Diskussion erneut angefacht. Goethe selbst fehlt es an Kenntnissen der antiken Prosodik. Als Dichter kann er sich zunächst von seinem sprachrhythmischen Gefühl leiten lassen, bedarf aber dann eines erfahrenen Kritikers. So geht er während seines Jenaaufenthaltes im Februar und März 1797 *Hermann und Dorothea* immer wieder unter metrischen Gesichtspunkten durch. „... mit dem Versbau hat ... [Goethe] sich viel Mühe gegeben", berichtet Wilhelm von Humboldt, „und mich oft konsultiert. Ich habe ihm meinen Rat ganz offen erteilt, und nicht wenig Verse hat er wirklich geändert."[110] Anfang April halten beide in Weimar noch einmal „ein genaues prosodisches Gericht" über die letzten Gesänge und reinigen „so viel es möglich war"[111]. Der hohe künstlerische Qualitätsanspruch, den sich Goethe und Schiller gesetzt haben, erstreckt sich bis in die letzte Kadenz des Verses. Das Maß an Arbeit, das mit diesem poetischen Anspruch einhergeht, ver-

„Hermann und Dorothea"

anlaßt Goethe in einem der nächsten Briefe an Schiller zu dem Stoßseufzer: „Die Poesie, wie wir sie seit einiger Zeit treiben, ist eine gar zu ernsthafte Beschäftigung"[112], so daß er sich auf den kleinen, überschaubaren Aufsatz freut, den er sich als nächstes vorgenommen hat.

Schiller wird beim Lesen dieser Briefstelle vermutlich ein wenig gelächelt und leise den Kopf geschüttelt haben. Nicht, daß er die künstlerische Qualität des Werkes in irgendeiner Hinsicht angezweifelt hätte. Im Gegenteil, er war höchst zufrieden damit, hatte doch Goethe mit *Hermann und Dorothea* den Nachweis erbracht, daß der von ihnen beiden so hochgeschätzte und zum Muster erhobene Geist der antiken Rhapsoden in der Gegenwart wiederbelebt werden konnte. Und gerade von einem Dichter wie Goethe. Schiller hatte sich also nicht getäuscht, als er ihn in seinem Aufsatz *Über naive und sentimentalische Dichtung* als Repräsentanten der naiven Dichtungsweise betrachtet hatte; und wahrscheinlich war Goethe der einzige unter den zeitgenössischen Künstlern, dem dieses Prädikat zustand. Im eben vollendeten Epos des Freundes sah Schiller den „Gipfel seiner und unsrer ganzen neueren Kunst"[113].

Doch Goethes Meinung, er habe ein Übermaß an Arbeit aufgewandt, kann Schiller nicht recht teilen. Schiller wird nicht nur dieses eine Mal mit einem Anflug von neidvoller Verwunderung auf Goethe geblickt haben. *Hermann und Dorothea* ist fast ausschließlich in Jena, gleichsam unter Schillers Augen entstanden. Schiller war Zeuge, mit welcher ihm „unbegreiflichen Leichtigkeit und Schnelligkeit" die Dichtung gewachsen ist, wie Goethe „neun Tage hintereinander jeden Tag über anderthalb hundert Hexameter niederschrieb"[114]. Eine solche Arbeitsweise mußte Schiller fast wie Hexerei anmuten, da er sich selbst seinen poetischen Gegenständen völlig anders näherte. Goethe nahm die Gegenstände in sich auf und ließ sie in seinem Inneren ruhen, meist über Jahre, oft über Jahrzehnte. In diesen großen Zeiträumen wuchsen sie gleich zarten Pflanzen in ihm heran, er bedachte sie, umspielte sie mit seiner Phantasie, assimilierte ihnen den Kosmos seiner Erkenntnisse und Erfahrungen, ließ sie reifen. So ging bei Goethe der höchst komplizierte Prozeß der künstlerischen Organisation zwar keineswegs mühelos, aber doch organisch, wenn auch äußerst langsam, vonstatten. Erst wenn sich ein Werk zu einem Teil oder im Gan-

Das Bündnis mit Schiller, dem „Geistesantipoden"

zen in ihm gerundet hatte, setzte er sich nieder und schrieb. „Während wir andern mühselig sammeln und prüfen müssen, um etwas Leidliches langsam hervorzubringen, darf er nur leis an dem Baume schütteln, um sich die schönsten Früchte, reif und schwer, zufallen zu lassen"[115], schreibt Schiller an Heinrich Meyer. Natürlich weiß er nur zu genau, daß der knapp 50jährige Goethe nun „die Früchte eines wohlangewandten Lebens und einer anhaltenden Bildung an sich selber einerntet"; die „Leichtigkeit", mit der dies geschieht, findet Schiller aber doch „unglaublich". Und er irrt sich, wenn er meint, daß der Freund durch „die Klarheit über sich selbst und über die Gegenstände vor jedem eiteln Streben und Herumtappen bewahrt"[116] würde. Goethe irrt gerade in künstlerischen Dingen noch oft genug. Aber Schiller, der Schwerkranke, der in seinem achtunddreißigsten Lebensjahr weiß, daß vor ihm kein ganzes, volles Leben liegt, hinter dem gleichsam in jedem Moment der Tod seine Hetzpeitsche schwingt, muß sich von Goethes scheinbar müheloser Schaffensweise zum Vergleich herausgefordert fühlen. Schiller ist nicht genügend Zeit gegeben, um eine künstlerische Idee reifen zu lassen. Nicht nur sein künstlerisches Naturell, daß sich ohnehin stark von dem Goethes unterscheidet, auch sein Gesundheitszustand zwingt ihn, seine Werke regelrecht aus dem Boden zu stampfen, diese sich selbst in einem viele Monate andauernden, höchst kräftezehrenden Arbeitsprozeß abzupressen. Es hieße Übermenschliches von Schiller zu erwarten, wollte man ihm nicht zugestehen, daß er besonders in Phasen, in denen seine eigene künstlerische Produktion stockte, in denen ihm der Mut sank und die Zweifel an der Größe des eigenen Talents rege wurden, mit einem gewissen Neid zu Goethe nach Weimar hinübersieht. Die Phase einer solchen Irritation ist von Thomas Mann in seiner Novelle *Schwere Stunde* meisterhaft gestaltet und psychologisch tief ausgelotet worden. Wirkungsgeschichtlich aber hat wohl gerade diese Novelle nicht unmaßgeblich dazu beigetragen, daß das Verhältnis zwischen Goethe und Schiller nur allzu oft auf das Moment der Rivalität reduziert und Schiller als der Neidvoll-Ehrgeizige betrachtet worden ist. Dabei zeigt die Novelle deutlich, wie Schiller kämpft und wie er siegt über Kleinmut, Neid und Haß in seiner Seele. Besteht doch wahre Größe nicht darin, keine Versuchung gespürt, sondern darin, sie überwunden zu haben.

Der Balladen-Wettstreit 1797

Wahr ist, daß Goethe, der viel stärker in sich selbst ruhte als Schiller, derartige Vergleiche ferngelegen haben. Nicht aus Charakterstärke, sondern einfach deshalb, weil er keine Ursache fand, sich zu vergleichen. Er war in der Tat der vom Schicksal Begünstigtere; beide haben es gewußt und im Umgang miteinander stillschweigend respektiert. Und beide haben sich lebenslang die Fähigkeit bewahrt, sich über ein gelungenes Werk des anderen ebenso zu freuen wie über ein eigenes. In ihren Dichtungen sind sie einander – entgegen zeitweiliger Befürchtungen Schillers – ohnehin nicht ins Gehege gekommen, da jeder trotz gemeinsamer ästhetischer Grundpositionen einen ganz individuellen Dichtungsstil pflegte.

Ein einziges Mal in ihrem Leben sind sie in einen dichterischen Wettstreit miteinander getreten: im sogenannten Balladensommer des Jahres 1797. Schiller bereitete den *Musenalmanach für das Jahr 1798* vor, der dem wilden *Xenien*-Almanach folgen sollte. Gemäß ihrem Programm wollten sie das Publikum nun durch würdige Werke beschämen. Ein Zufall führte sie auf das Genre der Ballade, Jena wird noch einmal zum Eldorado ihrer künstlerischen Phantasie. In wenigen Wochen entstehen die großen Kunstballaden, die noch heute ihren festen Platz im Kulturschatz der Deutschen behaupten: Goethes *Schatzgräber*, *Die Braut von Korinth*, *Der Gott und die Bajadere*, *Der Zauberlehrling*; Schillers *Der Handschuh*, *Der Taucher*, *Der Ring des Polykrates*, *Ritter Toggenburg* und *Der Gang nach dem Eisenhammer*. Auch wenn die Laune diesmal nicht so gallig überschäumt wie im Vorjahr während der *Xenien*-Produktion, genießen beide die schöpferische Unruhe, warten jeden Abend gespannt darauf, was der andere vorzutragen hat, diskutieren bis in die Nächte hinein jeden Vers. Eine Arbeit, die bei Goethe und Schiller Gemütlichkeit und Humor aber durchaus nicht ausschließt. Es fehlt nie eine Flasche guter Wein auf dem berühmten Steintisch in Schillers neuem Garten, mitunter feuern sie einander auch in recht saloppen Wendungen an, wenn Goethe Schiller beispielsweise zuruft: „Leben Sie recht wohl und lassen Ihren *Taucher* je eher je lieber ersaufen" und mit Blick auf seine *Braut von Korinth* und den *Gott und die Bajadere* hinzufügt: „Es ist nicht übel, da ich meine Paare in das Feuer und aus dem Feuer bringe, daß Ihr Held sich das entgegengesetzte Element aussucht."¹¹⁷ Selbst während dieses „Dichterwettstreits" liegt ihnen aller Egoismus fern. Die Ballade des anderen wird mit demselben künstlerischen Verantwortungsgefühl geprüft wie die eigene, bis eine jede die Klarheit, Schönheit und Vollkommenheit erreicht hat, die sie die Jahrhunderte überdauern ließ. Der Briefwechsel zu Schillers *Die Kraniche des Ibykus* ist ein schöner Beleg dafür.

Auf den Stoff zu dieser Ballade ist Goethe gestoßen. Doch finden es beide Dichter reizvoll, als Höhepunkt ihrer Balladenproduktion die „Geschichte mit den Kranichen des Ibykus ohne vorherige Rücksprache um die Wette [zu] bearbeiten, und das Publikum zum Schiedsrichter [zu] machen"¹¹⁸. Schiller, der als erster ans Werk geht, überrascht Goethe mit einer genialen Erfindung: er fügt in die überlieferte rohe Fabel vom Sänger Ibykus, der auf dem Wege nach Korinth zum Sängerwettstreit überfallen und ermordet wird, den Chor der Rachegöttinnen ein. Der Auftritt des Chores im antiken Theater, „besinnungsraubend, herzbetörend"¹¹⁹, bereitet bei Schiller den Selbstverrat der Mörder vor. Goethe ist sofort klar, daß er Schillers Gestaltungsidee nicht übertreffen kann, und gibt dies Schiller gegenüber auch unumwunden zu. Hat er sich doch überhaupt ziemlich schnell davon überzeugt, daß Schiller „zu dieser Dichtart in jedem Sinne mehr berufen"¹²⁰ sei als er. Neidlos prüft er Schillers erste Fassung der *Ibykus*-Ballade und weist ihn in zwei ausführlichen Briefen auf einen Hauptmangel hin, der sich trotz des genialen Ansatzes in der Ausführung findet: Schiller, dem es an lebendiger Naturanschauung mangelt, hatte das Erscheinen der Kraniche im Gedicht ungenügend motiviert, so daß es schien, als seien sie von unsichtbaren Mächten gesandt. Ihre kathartische Wirkung auf die Mörder erhielt dadurch einen mystischen Zug. Goethe, der erfahrene Naturwissenschaftler, sieht deutlich, welche Möglichkeiten Schiller hier verschenkt hatte, und rät ihm, die Kraniche, wie es ihrem artspezifischen Wesen entspricht, als Zugvögel zu behandeln und aus ihnen „ein langes und breites Phänomen zu machen"¹²¹. So brauchten es nicht dieselben Kraniche zu sein, die nach der Vorstellung das Theater überfliegen, sondern eine andere Abteilung des großen Zuges, die mit einer Art Naturnotwendigkeit erscheint. Schiller greift diesen Hinweis Goethes dankbar auf, fügt seiner Ballade mehrere Verse und ganze Strophen bei, so daß die Kraniche nun gleichsam mit naturgesetzlicher Notwendigkeit den Selbstverrat der Mörder veranlassen, nachdem der Chor der Eurinnyen diesen vorbereitet hat. Natürlich wäre es absurd zu behaupten, daß Schillers *Kraniche des Ibykus* erst durch Goethes Hinweise zu einem gehalt- und formvollendeten Kunstwerk geworden sind. Doch läßt sich nicht leugnen, daß die Ballade auf zwei tragenden Ideen ruht, dem Eurinnyenchor und der Behandlung des Kranichmotivs, wobei das eine von Schiller, das andere von Goethe herstammt. So offenbart sich in der Entstehungsgeschichte dieser Ballade gleichsam symbolisch die Art und Weise ihrer Zusammenarbeit und ihr menschliches Verhältnis überhaupt: Es geht ihnen letztlich nicht darum, daß der eine oder der andere den Lorbeer davonträgt, sondern darum, ihre Kräfte in gemeinsamer Anstrengung zu potenzieren, um Kunstwerke von hohem Rang hervorzubringen. Hatte doch Goethe gegenüber Schiller schon im Dezember 1795 mit Bezug auf ihre gemeinsame Stellung im zeitgenössischen Literaturprozeß geäußert, „daß wir eine schöne Breite einnehmen können, wenn wir mit einer Hand zusammenhalten und mit der andern so weit ausreichen, als die Natur uns erlaubt hat"[122].

Daß ein solches Bemühen notwendigerweise ein einsames, in gewissem Sinne ein elitäres und nicht zuletzt ein andere ästhetische Positionen ausschließendes Geschäft ist, liegt in der Natur der Sache. „Je mehr man bei seiner Bildung und bei seinen Arbeiten nur auf die strengsten Forderungen der Natur und der Kunst achtet, desto seltner kann man sich einen reinen Widerklang von außen versprechen"[123], bemerkt Goethe bereits im Oktober 1796 gegenüber Knebel. Dieses Widerklanges bedarf jeder tätige Mensch, doch ein Künstler, dem es ernst um seine Sache ist, bedarf dessen wohl in besonderem Maße. In Weimar meint Goethe wenig Verständnis zu finden. „... in der Welt, in der ich lebe, klingt nichts Literarisches weder vor noch nach, der Moment des Anschlagens ist der einzige, der bemerkt wird"[124], klagt er Schiller. Betrachtet man aber beispielsweise die Entstehungsgeschichte der Balladen, wird dieses vernichtende Urteil relativiert. Obgleich die Mehrzahl der Werke in Jena entstehen, nimmt die literarisch interessierte Öffentlichkeit in Weimar keinen unbeträchtlichen Anteil: Schiller liest seine Balladen noch vor ihrer Veröffentlichung

Das Bündnis mit Schiller, dem „Geistesantipoden"

am Hof bei Herzogin Louise vor. Charlotte von Stein sendet eine Novellensammlung nach Jena, um Schiller auf bestimmte Stoffe aufmerksam zu machen, die sich für eine balladeske Gestaltungsweise eignen könnten. Darüber hinaus kritisiert sie die Schlußgestaltung von Schillers *Handschuh*, worauf der Dichter die letzten beiden Verse gravierend ändert. Gymnasialdirektor Böttiger schleppt ganze Bände über antike Mythologie und Geschichte heran, um Goethes und Schillers Suche nach der Urgestalt des Ibykus-Stoffes zu unterstützen. Er übernimmt als Weimarer Koryphäe in diesen Fragen schließlich die Endredaktion aller Balladen nach antiken Stoffen und prüft sie auf sachliche Richtigkeit. Als begeisterter Verehrer Goethes und Schillers trägt er diese noch unveröffentlichten Gedichte am nächsten Tag sogleich seinen Gymnasiasten vor und ersetzt zu deren großer Freude eine der ungeliebten Lateinstunden durch eine lebendige Diskussion über moderne weimarische Poesie. Der Bruch beider Dichter mit Böttiger, der dann auf jeder Seite sehr giftige Urteile hervorbringen wird, vollzieht sich erst in späteren Jahren.

Allerdings ist die öffentliche Reaktion auf die Balladen, die allesamt wie geplant im *Musenalmanach für das Jahr 1798* erscheinen, keineswegs einstimmig positiv. Besonders Goethes *Gott und die Bajadere* und *Die Braut von Korinth* geraten ins Kreuzfeuer der Kritik, zu deren Weimarer Wortführer sich Herder qualifiziert. Er urteilt über diese beiden Dichtungen, daß darin „Priapus eine große Rolle [spiele], einmal als Gott mit einer Bajadere, so daß sie ihn morgens an ihrer Seite tot findet; das zweite Mal als ein Heidenjüngling mit seiner christlichen Braut, die als Gespenst zu ihm kommt und die er, eine kalte Leiche ohne Herz, zum warmen Leben priapisieret – das sind Heldenballaden! Sie werden schon allgemein gelobt …"[125]

Goethes Eindruck, daß die literarische Welt Weimars während der neunziger Jahre in einen Dornröschenschlaf gesunken und sich das geistig-künstlerische Leben nach Jena verlagert habe, ist also nicht gerechtfertigt. Er selbst hatte 1791 anläßlich des Geburtstags von Anna Amalia die durch Böttigers spätere Berichte so berühmt gewordene Freitagsgesellschaft ins Leben gerufen, in der sich Mitglieder der Hofgesellschaft und bürgerliche Intellektuelle in zwangloser Runde trafen, um sich mit Neuem und Neuestem aus Literatur, Kunst und Wis-

Die klassische Doppelstadt Weimar-Jena

senschaften vertraut zu machen. Wieland, Herder, Schiller und Knebel gehörten der Runde ebenso an wie der Geheime Rat Christian Gottlob Voigt, der Weimarer Apotheker Wilhelm Heinrich Sebastian Buchholz, der Unternehmer Friedrich Justin Bertuch sowie Johann Christoph Bode, weitgereister Übersetzer und Hausminister der in Weimar ansässigen, sehr wohlhabenden Gräfin von Bernstorff, natürlich Gymnasialdirektor Böttiger und zahlreiche Professoren der Jenenser Universität, die als gerngesehene Gäste das Ihre aus den verschiedensten Bereichen vor allem der zeitgenössischen Naturwissenschaften zu den Sitzungen der Gesellschaft beitrugen. Die gnädigen Herrschaften gesellten sich nach Lust und Laune zu diesem geistig hochkarätigen Kreis, wie er sich gerade in der Zeit der Koalitionskriege gegen Frankreich an einem anderen Ort in Deutschland wohl kaum noch einmal finden ließ. Der Ruf der klassischen Doppelstadt Weimar-Jena wird in diesen Jahren begründet, an dem Goethe selbst keinen geringen Anteil besitzt.

Allerdings muß bei derartigen Urteilen immer mitgedacht werden, daß es nur eine hauchdünne Oberschicht war, die über genügend Geld, Bildung und Muße verfügte, um sich mit Literatur, Kunst und Wissenschaft zu beschäftigen. Nicht nur rein quantitativ, sondern auch vom wissenschaftlichen und künstlerischen Potential her besaß die Universitätsstadt Jena in dieser Hinsicht weit bessere Voraussetzungen als die Residenz. Kein Wunder, daß es Goethe nach Jena zieht, wo darüber hinaus Schiller als ein starker Magnet auf ihn wirkt. Dagegen ist Goethes wichtigste persönlich-geistige Beziehung in Weimar, die zu Johann Gottfried Herder, nach Mitte der neunziger Jahre verlorengegangen.

Es wäre allerdings zu einfach, wollte man behaupten, Schiller habe Herder bei Goethe verdrängt. Schiller war im Gegenteil zunächst darum bemüht, Herder für die *Horen* zu gewinnen und zu halten, ihn zu integrieren, wie es mit Goethes Freund Heinrich Meyer geschehen ist. Doch in dem Maße, in dem sich Goethes und Schillers gemeinsame ästhetische Positionen entwickelten, entfernten sie sich von Herder. Meyer – ganz auf die antike Kunst eingeschworen – vermag sich ihre Theoriebildung anzueignen; Herder aber, der selbst mit einem Höchstmaß an schöpferischer Kraft ausgestattet ist und dessen per-

Das Bündnis mit Schiller, dem „Geistesantipoden"

sönliche weltanschaulich-ästhetischen Überzeugungen über Jahrzehnte gewachsen waren, muß *seinen* Weg zu Ende gehen, er kann und darf sich nicht assimilieren. In seinen weltanschaulichen Positionen hatte sich Herder von einem Schüler zu einem konsequenten Gegner Kants entwickelt, was seine Beziehung zu Schiller und der Kantianerhochburg Jena stark belastete, für deren Geschicke sich wiederum der Staatsmann Goethe mitverantwortlich fühlte. Schwerer aber wog, daß Herder in seinem ästhetischen Verständnis die Kunst letztlich doch der Moral und Sitt-

Herder, *nach einer zeitgen. Zeichnung von K. A. Schwerdtgeburt.*

lichkeit untergeordnet wissen wollte. Daher seine Angriffe auf die *Römischen Elegien*, auf die *Lehrjahre*, auf Goethes sensualistische Balladen.

Hinzu kommt, daß Goethe Mitte der neunziger Jahre – noch vor dem Waffenstillstand von Erlangen und dem darauf folgenden Friedensvertrag mit Frankreich – wie jeder andere Deutsche unter den politischen Zeitläufen leidet: die Franzosen halten fast das gesamte linke Rheinufer besetzt, dringen bis Stuttgart vor, Goethes Heimatstadt Frankfurt, in der seine Mutter lebt, wechselt mehrfach den Besitzer. „Sie wissen", schreibt er Heinrich Meyer, „wie negativ wir in Friedenszeiten sind, und nun nimmt Sorge und Furcht, Parteigeist und Schadenfreude auch beinah noch die letzte Spur von Selbständigkeit und Kommunikabilität hinweg ..."[126] Mit dieser destruktiven Situation kann Goethe nur einigermaßen fertig werden, wenn er ihr seine eigene Produktivität entgegensetzt, was für ihn auch bedeutet, die Gleichgesinnten enger um sich zu sammeln. So tröstet ihn „bei der ganzen jetzigen Lage ... am meisten, daß wir, die wir nun einmal verbunden sind, einander so rein und sicher entgegenarbeiten"[127]. Der Adressat dieses Briefes vom Juni 1796 ist noch einmal Freund Meyer. Er weilt

Konflikte mit Herder

in Italien, um eine große, gemeinsam mit Goethe geplante Publikation über das kunst- und kulturträchtige Land vorzubereiten, die allerdings aufgrund der politischen Ereignisse später nicht zustande gekommen ist. „Von Schillern", schreibt Goethe weiter, „bin ich gewiß, daß er nicht rückwärts geht, dagegen hat Freund Humanus [Herder] in dem achten Bande der Briefe über Humanität ... ein böses Beispiel gegeben, was Willkürlichkeit im Urteil, wenn man sie sich einmal erlaubt, bei dem größten Verstande für traurige Folgen nach sich zieht. Eine Parentation kann nicht lahmer sein als das, was über deutsche Literatur in gedachter Schrift gesagt wird. Eine unglaubliche Duldung gegen das Mittelmäßige, eine rednerische Vermischung des Guten und des Unbedeutenden, eine Verehrung des Abgestorbenen und Vermoderten, eine Gleichgültigkeit gegen das Lebendige und Strebende ... Und so schnurrt auch wieder durch das Ganze die alte, halbwahre Philisterleier: daß die Künste das Sittengesetz anerkennen und sich ihm unterordnen sollen. Das erste haben sie immer getan und müssen es tun, weil ihre Gesetze so gut als das Sittengesetz aus der Vernunft entspringen, täten sie aber das zweite, so wären sie verloren, und es wäre besser, daß man ihnen gleich einen Mühlstein an den Hals hinge und sie ersäufte, als daß man sie nach und nach ins Nützlich-Platte absterben ließe."[128] Ausgerechnet Herder, der den Gedanken, die Kunst zum vornehmsten Organ einer zweckfreien Bildung des Menschen zu machen, ursprünglich entwickelt hatte, ging die Freiheit, die sich Goethe in seinen Dichtungen der neunziger Jahre nahm, nun zu weit. Die Künste gegenüber Religion und Moral, ja gegenüber allen speziellen gesellschaftlichen Zwecksetzungen emanzipiert zu haben, ist eine der großen ästhetischen Leistungen der Weimarer Klassik. An diesem Punkt konnten weder Goethe noch Schiller einen Schritt zurück und auf Herder zugehen. Wogegen Herder mit seinen demokratisch orientierten weltanschaulich-politischen Grundüberzeugungen die Kunst und vor allem die Literatur im Zeitalter der Französischen Revolution wieder stärker und direkter an die Zeitgeschichte heranführen wollte. Eine Tendenz, die Goethe und Schiller mit ihrer Orientierung auf das „rein Menschliche" allerdings wie eine Horrorvision erschien. Die Grundpositionen trifteten unaufhaltsam auseinander. Die Frage, ob die weltanschaulich-ästhetische Kluft bei so langjährigen und engen Freunden, wie Goethe und Herder es gewesen sind, menschlich hätte überbrückt werden können, muß dahingestellt bleiben. Denn im persönlichen Umgang hatte es bereits im September 1795, als Herders Frau Carl August und Herzogin Louise mit maßlosen finanziellen Forderungen bedrängte und Goethe zum Vermittler benutzen wollte, einen Bruch gegeben, von dem sich beide Seiten – trotz verschiedentlicher Goethescher Bemühungen nach der Jahrhundertwende – bis zu Herders Tod im Jahre 1803 nicht wieder erholt haben.

Für Goethe und Schiller geht die Phase der ästhetischen und dichtungstheoretischen Positionsbildung um 1797/98 zu Ende. Parallel dazu hatte Goethe bedeutende klassische Werke hervorgebracht. Nicht zuletzt angeregt durch sein Beispiel, ist es auch Schiller nach fast zehnjähriger Pause wieder möglich geworden, ein dramatisches Werk vorzunehmen. Er arbeitet am *Wallenstein*, jenem dramatischen Kolossalgebilde, mit dessen ungeheuren Stoffmassen er bereits seit Ende 1796 ringt. Goethe holt auf Drängen des Freundes seinen *Faust* erneut hervor, der seit der fragmentarischen Veröffentlichung im 7. Band der Göschenausgabe von 1790 geruht hatte. So wenden sich beide Dichter etwa gleichzeitig dem dramatischen Fach zu: Goethe, um sein exemplarisches Menschheitsdrama zu schaffen, Schiller, um in dem knappen Jahrzehnt, das ihm das Leben noch gewähren wird, in zäher, unermüdlicher Arbeit seine dramatischen Meisterwerke hervorzubringen, deren Uraufführung am Weimarer Hoftheater er unter Goethes künstlerischer Leitung maßgeblich mitbestimmt. Damit verlagert sich der Schwerpunkt ihrer Tätigkeit ab Ende der neunziger Jahre nach Weimar, Jena gleichsam den Brüdern Schlegel, deren Gattinnen und Freunden überlassend, die es zum Zentrum der deutschen Frühromantik weiterentwickeln.

Ein Vierteljahrhundert Theaterdirektor

Wer Großes will, muß sich zusammenraffen;
In der Beschränkung zeigt sich erst der Meister,
Und das Gesetz nur kann uns Freiheit geben.

In 14 Tagen soll das innere Gerippe unserer neuen Theatereinrichtung schon stehen, die ... Säulen sind unter der Kondition verdingt, daß sie den 7. August ... geliefert werden, und was der Späße mehr sind ... Schaffen Sie uns nur jetzt noch den *Wallenstein* zur Stelle"[1], schreibt Goethe am 25. Juli 1798 an Schiller. Dieser ist keineswegs begeistert von Goethes Idee, das frisch renovierte und im Inneren stark umgebaute Weimarer Hoftheater in einem knappen Vierteljahr mit dem *Wallenstein* zu eröffnen. Zwei Akte müssen noch geschrieben werden; und selbst wenn Schiller das Werk bis zum Herbst vollenden könnte, zweifelt er an dessen Aufführbarkeit. Es ist und bleibt zu umfangreich für einen Theaterabend. Und Schiller sieht keine Möglichkeit, den Text zu einer spielbaren Bühnenfassung zusammenzustreichen.

Doch Goethe läßt nicht locker. Er möchte ein Zeichen setzen, und das kann er nur mit Schillers neuem Stück, mit dieser ersten klassischen Tragödie aus der Feder des Freundes. Nicht nur dem Publikum des kleinen Residenzstädtchens, sondern dem gebildeten Deutschland will er zeigen, welcher künstlerischen Höhe die deutschsprachige Bühnendramatik fähig ist. Und er hofft, daß die Arbeit, die er mit dem Weimarer Ensemble über Jahre geleistet hat, nun endlich erste Früchte trägt.

Als ihn Carl August gegen Ende des Jahres 1790 bat, in Weimar ein Hoftheater zu formieren und in Zusammenarbeit mit dem Hofmarschallamt vorerst dessen Leitung zu übernehmen, konnte Goethe nicht ablehnen. Hatte er doch selbst noch von Italien aus angeregt,

Ein Vierteljahrhundert Theaterdirektor

Goethe, *Kreidezeichnung von Friedrich Bury, 1800. Goethe wird auf diesem Bild mit den Attributen des Theaters gezeigt.*

daß ihm statt der bisherigen wirtschaftlichen und finanziellen Administration Aufgaben in den Bereichen Kunst und Wissenschaft übertragen werden könnten. Viel Zutrauen zum Theater hegte Goethe freilich nicht. „Die Deutschen ... haben keinen Geschmack", schrieb er damals dem preußischen Hofkapellmeister und Komponisten Johann Friedrich Reichardt. „Ritter, Räuber, Wohltätige ... und durchaus eine wohlsoutenierte Mittelmäßigkeit, aus der man nur allenfalls abwärts ins Platte, aufwärts in den Unsinn einige Schritte wagt, das sind nun schon zehn Jahre die Ingredienzien ... unsrer ... Schauspiele. Was ich unter diesen Aspekten ... [vom] Theater hoffe, ... können Sie denken."[2]

Die Aufgabe war in der Tat nicht einfach. Das Weimarer Ensemble bestand aus einem kleinen Häufchen von Schauspielern, die aus Bellomos Truppe übriggeblieben waren. Ihre darstellerischen Fähigkeiten entsprachen keineswegs Goethes Vorstellungen. Um gute Kräfte zu engagieren, fehlten jedoch die Mittel. Carl August stellte lediglich 7 000 Taler jährlich zur Verfügung, ansonsten mußte sich das

Theater selbst tragen. Mit dem Komödien- und Redoutenhaus gegenüber von Anna Amalias Palais verfügte Weimar allerdings seit den Zeiten des Liebhabertheaters über eine Spielstätte, deren innere und äußere Gestalt einst von Goethe maßgeblich mitgeprägt worden war. Im Repertoire blieb ihm zunächst nichts anderes übrig, als auf die von Bellomo gespielten Stücke zurückzugreifen und diese allmählich durch Neuinszenierungen zu ergänzen. So dominierten vorerst die beliebten bürgerlichen Rührstücke mit ihren sentimental-trivialen Fabeln aus den Federn Kotzebues, Ifflands und Schröders neben Possenspielen, Opern und Operetten. Die Inszenierungsarbeit überließ Goethe größtenteils den Regisseuren Franz Joseph Fischer und Johann Heinrich Vohs, die Administration Hofkammerrat Kirms. Er beschränkte sich darauf, die „Oberdirektion" wahrzunehmen, den Spielplan festzulegen, Sommergastspiele zu organisieren und durch zum Teil sehr drastische Maßnahmen eine elementare Form von Arbeitsdisziplin unter den Schauspielern durchzusetzen. Gerade letzteres erwies sich als höchst aufreibend. Wenn in den von Goethe in Auftrag gegebenen „Theatergesetzen für die Weimarische Hofschauspieler-Gesellschaft" im Jahre 1793 festgelegt werden mußte, daß die Mitwirkenden bis zu den Bühnenproben ihre Rollentexte zu beherrschen und in nüchternem Zustand auf dem Theater zu erscheinen hätten, wird deutlich, vor welcherart Probleme sich Goethe gestellt sah. Und es verwundert nicht, wenn er 1795 das erste Mal an Demissionierung dachte.

Als der seinerzeit bedeutendste Schauspieler Deutschlands, der in Mannheim engagierte August Wilhelm Iffland, ein Jahr später zu einem 14tägigen Gastspiel nach Weimar kam, änderten sich allerdings die Prämissen. „.... durch ihn wird der gleichsam verlorne Begriff von dramatischer Kunst wieder lebendig"[3], schrieb Goethe damals an Heinrich Meyer. In Ifflands Spiel verkörperte sich in genialer Weise das Wesen der ganzen Schauspielkunst, so, wie es Goethe längst geahnt, ja in seinem *Wilhelm-Meister*-Roman selbst formuliert hatte: In dreizehn verschiedenen Rollen demonstrierte Iffland in Weimar die hohe Kunst der Verwandlung. „Die Weisheit, womit dieser vortreffliche Künstler seine Rollen voneinander sondert, aus einer jeden ein Ganzes zu machen weiß und sich sowohl ins Edle als ins Gemeine, und immer kunstmäßig und schön, zu maskieren versteht, war zu eminent, als daß sie nicht hätte fruchtbar werden sollen."[4] Aber nicht nur Goethe und das Publikum, auch die Schauspieler zeigten sich von Ifflands Spiel tief beeindruckt. Goethe allein hatte es nicht vermocht, ihnen begreiflich zu machen, daß der auf den deutschen Bühnen übliche sogenannte Konversationston, verbunden mit der Forderung nach Natürlichkeit in Mimik und Gestik, nur zu einem platten Naturalismus der Darstellung geführt und überdies den Schauspieler dazu verleitet hatte, immer nur sich selbst zu spielen. So wurde ihnen allen Ifflands Erscheinen zur sinnlich-plastischen Offenbarung. „Von dieser Zeit an", berichtet Goethe rückblickend, „haben mehrere unserer Schauspieler, denen eine allzu entschiedene Individualität nicht entgegenstand, glückliche Versuche gemacht, sich eine Vielseitigkeit zu geben, welche einem dramatischen Künstler immer zur Ehre gereicht."[5]

August Wilhelm Iffland, *Stich von Volt, 90er Jahre.*

Iffland brillierte vor dem Weimarer Publikum in seichten bürgerlichen Rührstücken, die er kraft seiner Darstellungskunst bedeutend hob. Doch Goethe wünschte, dessen Gastspiel durch die Inszenierung eines gehaltvollen Stückes einen besonderen Glanzpunkt aufzusetzen. Die Wahl fiel auf *Egmont*, jenes Trauerspiel, an dessen Bühnenwirksamkeit Goethe nach wenigen mißglückten Aufführungen außerhalb Weimars allerdings zweifeln mußte. So bat er Schiller, endlich Ernst zu machen mit dem Vorsatz, den *Egmont* für die Bühne zu bearbeiten. Auch wenn Schillers Texteingriffe so gravierend waren, daß Goethe später von einer „grausam[en]"[6] Redaktion gesprochen hat, und Iffland entgegen allen Erwartungen als Egmont nicht überzeugen konnte, bedeutete das Iffland-Gastspiel doch eine Zäsur in der Entwicklung des Weimarer Hoftheaters: Es stärkte Goethes Bühneninteresse, setzte den Schauspielern gleichsam ein Ziel ihrer Kunst und eröffnete Goethes Zusammenarbeit mit Schiller ein praktisches Wirkungsfeld.

Zwei Jahre waren seither vergangen. Goethe hatte die Zeit genutzt, um das Ensemble personell umzugestalten und mit den Schauspielern erste Voraussetzungen für eine echte dramatische Gestaltungsarbeit

Die Neueröffnung des Theaters 1798

zu schaffen. Dialektfreies Sprechen, eine aufrechte, dem Publikum zugewandte Haltung auf der Bühne und die elementarsten Formen des Ensemblespiels mußten geübt werden. Darüber hinaus war es ihm gelungen, Carl August für einen grundlegenden inneren Umbau des Hoftheaters zu gewinnen. Die Pläne entwarf der Stuttgarter Hofbaumeister Nikolaus Friedrich Thouret in engem Zusammenwirken mit Goethe. Der Theaterbau sollte zumindest im Inneren eines der ersten klassizistischen Bauwerke Weimars werden, eine würdige Stätte für eine hohe Bühnenkunst. Stücke, die jener klassischen Ästhetik entsprachen, um die Schiller und Goethe in den vorangegangenen Jahren gerungen hatten, mußten freilich erst geschaffen werden. Ebenso ein Darstellungsstil, der sich dieser Ästhetik verpflichtet fühlte und der im Gestalterischen nach Goethes und Schillers Vorstellungen über Ifflands gehoben-genialen Naturalismus weit hinausgehen sollte.

Daß das erneuerte Theater Mitte Oktober 1798 mit Kotzebues *Korsen* eröffnet werden würde, stand lange fest. Als beliebtester zeitgenössischer Bühnenautor nahm dieser Trivialdramatiker von Anfang an den ersten Platz im Repertoire des Weimarer Hoftheaters ein. Daran konnte und wollte Goethe vorerst nichts ändern. Da es aber ohnehin üblich war, an einem Theaterabend zwei Stücke zu geben, sollte diesem Zugeständnis an den herrschenden Publikumsgeschmack ein Werk folgen, das aufhorchen ließ. Schon am Eröffnungsabend mußte die Richtung angezeigt werden, die man auf dem Weimarer Hoftheater zukünftig einzuschlagen gedachte. So weit stimmte Schiller mit Goethe völlig überein, aber die Vollendung seines *Wallenstein* war nicht vor Jahresende zu bewältigen.

Da kommt Goethe die rettende Idee. Als Schiller ihn Mitte September in Weimar besucht, schlägt er ihm vor, die *Wallenstein*-Tragödie in zwei Stücke zu teilen und das bisherige Vorspiel zu einem eigenständigen Drama umzuarbeiten. So würde eine Trilogie entstehen, mit deren erstem Teil, betitelt *Wallensteins Lager*, man das Theater würdig eröffnen könnte. Die Zeit ist allerdings mehr als knapp bemessen: Gerade drei Wochen bleiben bis zur Premiere.

Schiller läßt sich überzeugen. Doch das Umarbeiten des Vorspiels zu einem vollständigen Stück bringt mehr Probleme als erwartet, zumal sich Schiller nun viel weitgesteckere Ziele setzt. Zwar denkt er, daß das erweiterte Vorspiel „als ein lebhaftes Gemälde eines historischen Moments und einer gewissen soldatischen Existenz ganz gut auf sich selber stehen"[7] kann, doch ist er nicht sicher, was er mit Blick auf das Ganze noch hineinnehmen soll. Goethe sitzt währenddessen hochgradig gespannt in Jena. Nervös schreibt er Heinrich Meyer zwei Wochen vor der Theatereröffnung: „Schillern hoffe ich noch das Vorspiel zu entreißen, sein Zaudern und Schwanken geht über alle Begriffe; dafür hat er aber auch noch ein paar Motive gefunden, die ganz allerliebst sind."[8]

Ende September, 12 Tage vor der Premiere, erhält er endlich die erweiterte Fassung des *Lagers*. Bestimmte Liedbeilagen und die Kapuzinerpredigt fehlen allerdings noch immer. Sofort werden die Rollen in Weimar ausgeschrieben. Am Donnerstag, dem 4. Oktober, hält Goethe im Salon seines Hauses am Frauenplan die erste Leseprobe, nachdem im Vorfeld auch diesmal Besetzungsprobleme zu klären gewesen waren. An Goethes Theater gab es keine Rollenfächer. Er forderte von jedem Schauspieler, auch kleine und kleinste Rollen zu übernehmen, wenn das Stück es verlangte. So hatte er dem Schauspieler Johann Heinrich Becker die Rolle des zweiten Holkschen Jägers zugeteilt, die diesem jedoch zu unbedeutend für sein Talent erschien. Er ließ Goethe mitteilen, daß er die Rolle ablehne. Goethe „geriet ... in den heftigsten Zorn", berichtet der Schauspieler und Regisseur Anton Genast, dem der unangenehme Übermittlungsauftrag zugefallen war. Goethe „bestand darauf, daß Becker die Rolle spielen müsse, und setzte hinzu: ‚Sagen Sie dem Herrn, wenn er sich dennoch weigern sollte, so würde ich die Rolle selber spielen.' Becker weigerte sich aber nicht mehr."[9]

Am Freitag und Samstag nehmen die Leseproben ihren Fortgang, am Samstag kann Goethe sogar noch die erste Bühnenprobe ansetzen. Anschließend berichtet er Schiller: „Das Vorspiel geht recht artig ... Wir müssen aber auf die geringste Veränderung [im Text] Verzicht tun. Bei der Schwierigkeit, eine so neue und fremde Aufgabe mit Ehren zu vollenden, klammert sich jeder so fest an seine Rolle, wie ein Schiffbrüchiger ans Brett ..."[10] Schiller versteht Goethes Bedenken. Die Massenszenen des *Lagers* stellen höchste Forderungen an das

Uraufführung von „Wallensteins Lager"

Bühnenarrangement und damit an Gebärden- und Bewegungsdisziplin jedes einzelnen Akteurs. Darüber hinaus ist es das erste Mal, daß die Schauspieler statt der gewohnten Prosa Verse auf der Bühne sprechen müssen. Und auch wenn es sich in *Wallensteins Lager* nur um verhältnismäßig einfach zu sprechende Knittelverse handelt, bleibt es fraglich, ob die Schauspieler diese für sie schwierige Aufgabe in so kurzer Zeit meistern können. Über diesen Punkt kann Goethe Schiller beruhigen: „Leißring, Weyrauch und Haide deklamieren die gereimten Verse, als wenn sie ihr Lebtag nichts anders getan hätten, besonders hat Haide gegen den Schluß einige Perioden deklamiert, wie ich's auf dem deutschen Theater noch gar nicht gehört habe."[11]

Nun erwartet Goethe aber dringend den Text der Kapuzinerpredigt. Eigentlich hatte er sie selbst schreiben wollen. Im Trubel der Eröffnungsvorbereitungen war ihm aber nichts Poetisches gelungen. So konnte er Schiller zur Anregung nur einen Band der Schriften des katholischen Predigers Abraham a Sancta Clara schicken. Endlich, am 8. Oktober, kommt der Text und im Begleitschreiben Schillers die dringende Bitte, die Predigt an einer anderen als der besprochenen Stelle zu plazieren. Unter Schillers Händen war sie nicht nur zu einem gewagten Erzschelmenstück, sondern auch zu einem ideellen Kernstück das gesamten *Lagers* gediehen und mußte in der Szenenfolge weiter hinten einrangiert werden. Immerzu fürchtend, daß die Schauspieler im präzise abgezirkelten Bühnengeschehen mit seinen vielfältigen Auf- und Abgängen und den immer neuen Gruppenbildungen die Orientierung verlieren könnten, gesteht Goethe die gewünschte Veränderung schließlich zähneknirschend zu. Er übergibt die Rolle dem in einem Jesuitenkloster erzogenen Anton Genast mit den Worten: „Da Ihr ... viel mit solchen Kuttenmännern in Berührung gekommen seid, so werdet Ihr gewiß den Ton treffen, der zu einem solchen Feldpfaffen gehört."[12]

Gerade um das Arrangement der Massenszenen hatte sich Goethe außerordentlich bemüht. Der Maler Heinrich Meyer mußte ihm „alle möglichen Holzschnitte, welche Szenen aus dem Lagerleben des Dreißigjährigen Krieges darstellten, herbeischaffen, um die Gruppen auf der Bühne danach zu stellen". Sogar „eine Ofenplatte, worauf eine Lagerszene aus dem 17. Jahrhundert sich befand, wurde einem Kneipenwirt in Jena zu diesem Zweck entführt"[13]. Nachdem Schiller der Hauptprobe am Donnerstagabend persönlich beigewohnt hatte, findet die feierliche Wiedereröffnung des Theaters am Freitag, dem 12. Oktober 1798, statt.

Goethe „hat das weimarische Komödienhaus inwendig durchaus umgeschaffen, und in ein freundliches glänzendes Feenschlößchen verwandelt ... innerhalb dreizehn Wochen sind Säulen, Galerien, Balkone, Vorhang verfertigt und was nicht alles geschmückt, gemalt, verguldet, aber in der Tat mit Geschmack"[14], schwärmt Caroline Schlegel. Als der Vorhang nach Kotzebues *Korsen* gefallen ist, tritt der Schauspieler Johann Heinrich Vohs im Kostüm von Max Piccolomini auf die Bühne, um in einem eigens von Schiller zu diesem Zweck geschriebenen Prolog die neue Epoche des Weimarer Hoftheaters einzuleiten:

> *Die neue Ära, die der Kunst Thaliens*
> *Auf dieser Bühne heut beginnt, macht auch*
> *Den Dichter kühn, die alte Bahn verlassend,*
> *Euch aus des Bürgerlebens engem Kreis*
> *Auf einen höhern Schauplatz zu versetzen,*
> *Nicht unwert des erhabenen Moments*
> *Der Zeit, in dem wir strebend uns bewegen.*
> *Denn nur der große Gegenstand vermag*
> *Den tiefen Grund der Menschheit aufzuregen,*
> *Im engen Kreis verengert sich der Sinn,*
> *Es wächst der Mensch mit seinen größern Zwecken.*
>
> *Und jetzt an des Jahrhunderts ernstem Ende,*
> *Wo selbst die Wirklichkeit zur Dichtung wird,*
> *Wo wir den Kampf gewaltiger Naturen*
> *Um ein bedeutend Ziel vor Augen sehn,*
> *Und um der Menschheit große Gegenstände,*
> *Um Herrschaft und um Freiheit wird gerungen,*
> *Jetzt darf die Kunst auf ihrer Schattenbühne*
> *Auch höhern Flug versuchen, ja sie muß,*
> *Soll nicht des Lebens Bühne sie beschämen.*[15]

Opernaufführungen

Nach diesem programmatischen Auftakt setzt *Wallensteins Lager* die Exposition zu den „großen Gegenständen" der Menschheit tatsächlich in Szene. „Goethens Mühe war ... nicht verloren; die Gesellschaft hat exzellent gespielt, es war das vollkommenste Ensemble und keine Unordnung in dem Getümmel. Für das Auge nahm es sich ebenfalls trefflich aus. Die Kostüme ... waren sorgfältig zusammengetragen und kontrastierten wieder untereinander sehr artig"[16], war die einhellige Meinung des Publikums. Goethe und die Schauspieler können zufrieden sein. Für sie schließt der Abend mit einem Bankett im Hotel „Zum Elephanten", bei dem Schiller schließlich zu vorgerückter Stunde mit schwäbischem Akzent die Kapuzinerpredigt hält.

Nach diesem gelungenen Auftakt ging es darum, das kühn ausgesprochene Ziel auf lange Sicht tatsächlich zu verwirklichen. Was allerdings nicht heißen konnte, an jedem Theaterabend – in Weimar wurde dreimal die Woche gespielt – mit einer bedeutenden Inszenierung aufzuwarten. Kotzebue und Co. prägten auch weiterhin Goethes Spielplan. Darüber hinaus war seit dem Engagement der hochbegabten Weimarer Sängerin Caroline Jagemann im Jahre 1797 die Oper auch in Weimar zum eigentlichen Theaterereignis avanciert und wirkte spielplanprägend. Hier sorgten neben italienischen nun deutsche Opern, vor allem die Mozarts, an vielen Abenden für volle Kassen. Diese Entwicklung sollte nach Meinung Goethes und Schillers nun durch die Inszenierung gehaltvoller Dramen ergänzt und das Niveau des Spielplans Schritt für Schritt gehoben werden. Wie dies im einzelnen geschehen sollte, war freilich noch offen. Fürs erste schaute ganz Weimar gespannt der Vollendung der *Wallenstein*-Trilogie entgegen. Die Uraufführungen der *Piccolomini* und von *Wallensteins Tod* waren für Ende Januar und Mitte April 1799 festgesetzt.

Für Goethe und Schiller schien sich mit dem *Wallenstein* die Entwicklungsrichtung des deutschsprachigen Dramas klarer abzuzeichnen. Alles deutete darauf hin, daß insbesondere die Tragödie nach dem Vorbild der Alten den Weg von der Alltagsprosa weg zum Vers hin nehmen müsse. Goethe war schon vor zehn Jahren das erste Mal auf diese Notwendigkeit gestoßen, als er sich veranlaßt sah, die *Iphigenie* in Jamben umzuschreiben. Inzwischen hatten sich auch Wilhelm von Humboldt und der junge Friedrich Schlegel dafür ausgesprochen, den Kunstcharakter der Tragödie durch den Vers zu vollenden. Gerade weil Schiller aber bereits den *Carlos* in Versen verfaßt hatte und sich mit Schrecken der sägemühlartigen Deklamation seiner Verse durch die Schauspieler erinnerte, war er beim *Wallenstein* zunächst zur Prosa zurückgekehrt. Nachdem er jedoch einen Versuch in Jamben gemacht hatte, schreibt er Goethe: „Ich habe noch nie so augenscheinlich mich überzeugt als bei meinem jetzigen Geschäft, wie genau in der Poesie Stoff und Form, selbst äußere, zusammenhängen. Seitdem ich meine prosaische Sprache in eine poetische rhythmische verwandle, befinde ich mich unter einer ganz andern Gerichtsbarkeit als vorher, selbst viele Motive, die in der prosaischen Ausführung recht gut am Platz zu stehen schienen, kann ich jetzt nicht mehr brauchen ..."[17]

Mit den Knittelversen des *Lagers* war ein ermutigender Anfang gemacht worden. Im Hinblick auf die Versbehandlung durch die Weimarer Schauspieler bei der Uraufführung des *Lagers* hatte Goethe in seiner Rezension in Cottas *Allgemeiner Zeitung* die Hoffnung aussprechen können, daß „wir unser Theater von der fast allgemeinen Rhythmophobie, von dieser Reim- und Taktscheue, an der so viele deutsche Schauspieler krank liegen, bald werden geheilt sehen"[18]. Nun mußten die Schauspieler ihr Können an der getragenen Form des Jambus beweisen. Die Leseproben verliefen mühsam genug. Wie immer saß Goethe, der diesmal selbst Regie führte, an der Stirnseite des langen rechteckigen Tisches in seinem Salon. Statt des Regisseurs saß ihm der während der gesamten Inszenierungsarbeit in Weimar weilende Schiller gegenüber. Die Schauspieler hatten ihren Rollen gemäß zwischen ihnen Platz genommen. Goethe sprach die Verse bis zur Übertreibung scharf akzentuierend vor. Wenn die Schauspieler sprachen, skandierte er den Takt mit dem Schlüssel auf der Tischplatte. Erst nach und nach kristallisierte sich der rechte Ton der Deklamation im sinntragenden Spiel von Vers- und Wortakzent heraus.

Trotz der subtilen Inszenierungsarbeit Goethes und Schillers wurden die *Piccolomini* zu Herzogin Louises Geburtstag am 30. Januar 1799 mit geteilten Stimmen aufgenommen. Schiller hatte bei der ursprünglichen Aktaufteilung keine ganz glückliche Hand geführt. Die beiden ersten Akte von *Wallensteins Tod* befanden sich zunächst noch in den *Piccolomini*. Mit einer Spieldauer von fünf Stunden forderte das Stück selbst dem theatergeübten Weimarer Publikum ein Übermaß an Geduld ab. Folgerichtig äußerte Gymnasialdirektor Böttiger in seiner Rezension Kritik an der „Ökonomie und Verteilung der Aufzüge und Szenen", hob aber die künstlerische Ensembleleistung, insbesondere den „richtige[n] Vortrag des in Jamben gearbeiteten Stücks"[19] ausdrücklich hervor.

Erst die Uraufführung von *Wallensteins Tod* am 20. April 1799 setzte das Werk erfolgreich auf der Bühne durch. Der Andrang des heimischen wie auswärtigen Publikums war so groß, daß man die Preise der Plätze zum Teil um die Hälfte, zum Teil um ein Drittel erhöhte. „*Wallenstein* zuletzt hat alle Stimmen vereinigt, indem er aus den vorbereitenden Kelchblättern wie eine Wunderblume unversehens hervorstieg und alle Erwartungen übertraf"[20], berichtet Goethe Wilhelm von Humboldt. Schiller selbst schreibt an Freund Körner: „Der *Wallenstein* hat auf dem Theater in Weimar eine außerordentliche Wirkung gemacht und auch die Unempfindlichsten mit sich fortgerissen. Es war darüber nur *eine* Stimme, und in den nächsten acht Tagen ward von nichts anderm gesprochen."[21]

Die Weimarer Uraufführung der Trilogie in so rasch aufeinanderfolgenden Premieren wird heute völlig zu Recht als ein „theatralisches Weltereignis"[22] betrachtet. Damals überzeugte sie auch Herzog Carl August, dessen Vorliebe eigentlich dem pathetischen französischen Theater galt, von Schillers gereiftem Talent: Er beglückwünschte den Dichter öffentlich in der Hofloge und sprach den Wunsch aus, Schiller möge nach Weimar ziehen.[23]

Einen besseren Dienst hätte der Herzog seinem Hoftheater und dessen Direktor nicht leisten können. Schiller verspricht sich von der sinnlichen Gegenwart des Theaters vor allem einen Zuwachs an praktischer Bühnenerfahrung, der seinen dramatischen Arbeiten zugute kommen soll. Goethe, der weiß, daß der Freund bereits an seiner nächsten Tragödie, an *Maria Stuart*, arbeitet, hofft, diesen genialen Dramatiker längerfristig für die Weimarer Bühne gewinnen zu können. Nachdem Carl August – wohl von Goethe angestoßen – Schillers mageres Jenaer Professorengehalt von 200 Talern um weitere 200 aufgestockt hatte, zieht Schiller im Dezember 1799 mit seiner Familie nach Weimar.

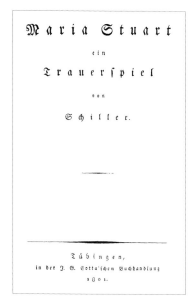

Titel der Erstausgabe von Schillers „Maria Stuart", 1801.

Damit sind die Weichen für die Entwicklung des Weimarer Hoftheaters zu einer der ersten Bühnen Deutschlands gestellt. Der kompromißlose Kunstwille, der Goethe und Schiller letztlich zusammengeführt, der den *Xenien*-Kampf verursacht und die ersten klassischen Werke hervorgebracht hatte, wendet sich nun mit Macht der Bühne zu.

Natürlich weiß Goethe, daß das „Theater ... eines der Geschäfte [ist], die am wenigsten planmäßig behandelt werden können; man hängt durchaus von Zeit und Zeitgenossen in jedem Augenblicke ab ... Indessen versagen in diesem Strome und Strudel des Augenblicks wohlbedachte Maximen nicht ihre Hülfe"[24]. So ist Goethe und Schiller längst klar, daß es der deutschsprachigen Bühne an einem festen Kern von Stücken mangelt, die aufgrund ihres nicht verblassenden Gehalts immer wieder gegeben werden könnten. Sie beraten sich „über den Gedanken, die deutschen Stücke, die sich erhalten ließen, teils unverändert im Druck zu sammeln, teils aber verändert und ins Enge gezogen der neueren Zeit und ihrem Geschmack näherzubringen"[25], berichtet Goethe in den Annalen zum Jahr 1799. Dasselbe soll mit ausländischen Stücken geschehen. Ihnen geht es darum, „den deutschen

Theatern den Grund zu einem soliden Repertorium"[26] zu schaffen. Auch wenn die geplante Drucklegung einer solchen Stückesammlung nicht zustande gekommen ist, haben Goethe und Schiller durch die vorbildhafte Ausgestaltung des Weimarer Spielplans dieses Ziel doch letztlich erreicht. Dabei orientiert vor allem Goethe von Anfang an darauf, „die Denkweise des Publikums ... zur Vielseitigkeit zu bilden". Er meint, man „sollte nicht gerade immer ... sein nächstes Geistes-, Herzens- und Sinnesbedürfnis auf dem Theater zu befriedigen gedenken; man könnte sich vielmehr öfters wie einen Reisenden betrachten, der in fremden Orten und Gegenden, die er zu seiner Belehrung und Ergötzung besucht, nicht alle Bequemlichkeit findet ..."[27] Die Wege, die Goethe und Schiller einschlagen, sind alles andere als gebahnt. Oft tragen sie bewußt den Charakter des Experiments oder erhalten diesen während der Arbeit.

So verwundert es zunächst allgemein, Goethe bei der Übersetzung und Bearbeitung von Voltaires *Mahomet* zu finden. Die Anregung dazu ist von Carl August ausgegangen, der sich noch lebhaft an die Pariser Inszenierung des Stückes erinnert, die er vor 25 Jahren während seiner Kavalierstour gesehen hatte. Der Herzog hofft, daß Goethes Übersetzung eine „Epoche in der Verbesserung des deutschen Geschmacks machen"[28] wird. Obwohl Schiller sich anfangs skeptisch äußert, sieht Goethe in der Aneignung des *Mahomet* Potenzen für die praktische Bühnenarbeit. Allerdings geht es ihm nicht darum, die starren Strukturen der französischen klassizistischen Tragödie wiederzubeleben, gegen deren Vorbildwirkung für die deutschsprachige Dramatik schon Lessing in seiner *Hamburgischen Dramaturgie* zu Felde gezogen war. Auch Goethe und Schiller selbst hatten einst mit ihren dramatischen Jugendwerken gegen die französische klassizistische Regelpoetik rebelliert, um in der Nachfolge Lessings den Weg zu einer eigenständigen deutschsprachigen Bühnendramatik zu ebnen. Die Folge dieser Bemühungen aber, der sie sich nun, knapp 20 Jahre später, gegenübersehen, ist genau jene Verbürgerlichung des Theaters, die auf der trivialen Ebene das weithin beliebte Rührstück Kotzebuescher Prägung hervorgebracht hatte. Im Dienste dieser Stücke war vor allem von dem Hamburger Schauspieler, Stückeschreiber und Theaterprinzipal Friedrich Ludwig Schröder der naturalistische Darstellungsstil entwickelt worden, an dem die deutschen Bühnen noch um die Jahrhundertwende krankten. Die damit angestrebte Natürlichkeit der Ausdrucksformen vermochte zwar Schwulst und hohles Pathos, die noch allenthalben anzutreffen waren, zurückzudrängen. Für die von Goethe und Schiller anvisierte hohe Kunst der Tragödie war der auf Lautstärke und drastische Effekte ausgerichtete Bühnennaturalismus jedoch nicht geeignet.

An dieser Stelle setzen Goethes Überlegungen an. Er möchte dem deutschen Darstellungsstil durch die französische Bühnenpraxis neue Impulse verleihen. Ein Unterfangen, in das Schiller wenige Jahre später mit seinen Übersetzungen der *Phädra* und *Athalie* von Racine schließlich tatkräftig einstimmt. Goethe hofft von Anfang an, daß die übersetzten und bearbeiteten französischen Stücke den Schauspielern helfen könnten, den Naturalismus zu überwinden. Die Stücke sollten „zu einem wörtlichen Memorieren" entgegen dem beliebten Extemporieren veranlassen, „zu einem gemeßnen Vortrag, zu einer gehaltnen Aktion". Die „Klarheit der Behandlung, die Entschiedenheit der Charaktere, das Pathetische der Situationen"[29] konnten derartige Versuche zusätzlich empfehlen, wie Goethe in seinem Aufsatz „Einige Szenen aus *Mahomet* nach Voltaire" darlegt.

Anregung zu dieser neuerlichen Hinwendung zum französischen Theater hatte unlängst auch Wilhelm von Humboldt gegeben. Er lebte seit einigen Jahren in Paris und kannte den Darstellungsstil der Comédie française aus unmittelbarer Anschauung. Besonders die Kunst des großen französischen Mimen Joseph Talma hatte ihn tief beeindruckt. In einem umfangreichen Brief an Goethe faßt Humboldt seine Beobachtungen zusammen. Er kritisiert an der deutschen Tragödie, daß hier „nicht genug für das Auge, nicht genug in ästhetischer und noch weniger in sinnlicher Rücksicht"[30] geschieht. Der deutsche Schauspieler setze mit seinen Mitteln „bloß die Arbeit des Dichters fort; die Sache, die Empfindung, der Ausdruck sind ihm das erste, oft das einzige, worauf er sieht. Der französische verbindet mehr mit dem Werk des Dichters das Talent des Musikers und des Malers"[31]. So könne Talma in der „malerischen Schönheit der Stellungen und Bewegungen" kaum übertroffen werden, doch zeige sein Spiel einen „harmonischen Rhythmus aller Bewegungen, wodurch dann das Ganze wieder zur Natur zurückkehrt, aus der diese Art zu spielen, einzeln genommen, schlechterdings heraustritt"[32]. Goethe empfindet Humboldts Gedanken als richtungweisend. Er stellt sie in seiner Zeitschrift *Propyläen* öffentlich zur Diskussion und fühlt sich bestärkt in seinem Versuch, dem deutschen Darstellungsstil durch französische Anleihen aufzuhelfen. Eine getragene, rhetorisch schöne Deklamation, edle Bewegungen, Gehaltenheit und Würde selbst bei der Darstellung tiefer Leidenschaften und großen Schmerzes sollen geübt werden. Auch als diese Bemühungen zunächst nicht den gewünschten Erfolg beim Publikum hervorbringen, ist Goethe doch davon überzeugt, daß die Voltaire- und Racine-Inszenierungen der Bildung der Schauspieler „zu großem Vorteil" gereicht haben: „Sie mußten sich aus ihrem Naturalisieren in eine gewisse Beschränktheit zurückziehen ... Wir gewannen eine Vorübung in jedem Sinne zu den schwierigeren, reicheren Stükken, welche bald darauf erschienen."[33] Interessanterweise erobert Goethes Bearbeitung des Voltaireschen *Tancred* des Jahres 1801 von Weimar aus die deutschen Bühnen und gehört bald in Berlin, am Wiener Burgtheater und anderen angesehenen Häusern zum festen Repertoire.

Inzwischen ist Schiller als Dramatiker, Dramaturg und Regisseur zum unverzichtbaren Mitarbeiter Goethes geworden. Beide treffen und ergänzen einander im Ringen um die klassische Tragödie ebenso wie im Ringen um den adäquaten klassischen Darstellungsstil. Wie im poetischen Werk geht es ihnen auch auf der Bühne um die bewußte Herrschaft über den künstlerischen Stoff. Dem unbegrenzt-leidenschaftlichen Sich-Hingeben und Sich-Gehenlassen des Naturalismus setzen sie eine gewisse Feierlichkeit und Würde auf der Bühne entgegen, die das Spiel als Kunst und eben nicht als Natur erscheinen lassen sollen. Innerhalb dieses Rahmens unterscheiden sich Goethe und Schiller allerdings beträchtlich in ihren dramaturgischen Vorlieben, ihren Inszenierungshandschriften und in ihrem Umgang mit den Schauspielern. So ist es nun Schiller, der durch seine *Macbeth*-Bearbeitung aus dem Jahre 1800 dem Weimarer Spielplan ein neues Shakespeare-Stück gewinnt, nachdem Goethe bereits 1792 mit *König Johann* einen Anfang gemacht hatte. Mit Goethe übereinstimmend, geht er in seiner Bearbeitung mehr von den gemeinsam vertretenen klassischen Stilprinzipien der Schönheit und harmonischen Gemessenheit als von der Plastizität und Farbenfreude des Originals aus. Die charakteristische Deutlichkeit der dramatischen Welt Shakespeares weicht dem Andeutungsstil der deutschen klassischen Tragödie. Mit seiner Vorliebe für drastische theatralische Effekte möchte Schiller den etwas blutleeren Andeutungsstil allerdings immer wieder sinnlich untermauern. So schlägt er beispielsweise vor, Lady Macbeth nach dem Königsmord symbolisch mit bluttriefenden Händen auf der Bühne erscheinen zu lassen, um ihre Mitschuld zu verdeutlichen. Derartigen Effekten steht Goethe reserviert bis ablehnend gegenüber. Auch wenn er dem Freund manchen effektvollen Regieeinfall durchgehen läßt, muß sich der Regisseur Schiller in diesem Fall dem maßvolleren Geschmack des Theaterdirektors beugen.

Den eingeschlagenen Weg der Idealisierung und Antikisierung des Shakespeare-Stückes geht Goethe dagegen ganz mit. Leo von Seckendorff berichtet über die Inszenierung: „Schiller ... wollte seine Hexen bis zum Kothurn veredeln, sie sollten würdige Repräsentantinnen des Schicksals nach griechischen Begriffen werden ... Daher erschienen sie auch ... in griechischer Drapierung, von Männern vorgestellt, standen meist still oder umwandelten das Theater in streng abgemessenem Schritt – ebenso abgemessen war auch ihre Deklamation."[34] Bedenkt man darüber hinaus, daß die von Johann Friedrich Reichardt komponierte Bühnenmusik noch ganz dem Rokoko verpflichtet war, wird deutlich, wie widersprüchlich und mühsam sich die von Goethe und Schiller ins Werk gesetzte Theaterreform vollzog.

Doch alle konzeptionelle und dramaturgische Arbeit bedeutete nichts ohne die Schauspieler. Von deren Fähigkeit und Bereitschaft hing letztlich das Gelingen der aufwendigen Theaterarbeit ab. Im Umgang mit den Ensemblemitgliedern spielen Goethe und Schiller ihrer Individualität gemäß völlig unterschiedliche Rollen. Einen treffenden Einblick in diesen Bereich der Theaterarbeit gibt Anton Genasts Bericht über Schillers *Macbeth*-Inszenierung: Als der von beiden Dichtern wegen seines Talents hochgeschätzte Johann Heinrich Vohs als Darsteller der Titelrolle auch zur Hauptprobe seinen Text noch nicht beherrschte, schwoll Goethe, der neben Schiller im Parterre saß, die Zornesader. Mit seiner mächtigen Stimme berief er den „Wöchner" Genast – eine Art Regieassistent – zu sich und fuhr ihn an: „Was ist denn das mit diesem Herrn Vohs? ... Sollen wir uns vor den höchsten Herrschaften und dem Publikum blamieren? Man sistiere das Stück für morgen, und Sie brauchen das Warum weder vor Herrn Vohs noch dem Personal zu verschweigen." Schiller suchte Goethes Zorn zu beschwichtigen, er „rühmte die künstlerische Ruhe von Vohs, seine Genialität, die ihn gewiß bei der Darstellung über diese Klippe hinwegführen würde, denn die Auffassung des Charakters sei doch vortrefflich"[35]. Als auch Genast Schillers Ansicht unterstützte, gelang es, Goethe umzustimmen, die Premiere fand statt. „Der Andrang des Publikums war enorm", von Akt zu Akt steigerte sich der Beifall, „und namentlich war es Vohs, der das Publikum enthusiasmierte. Nach dem zweiten Akt kam Schiller auf die Bühne und fragte in seinem ... schwäbischen Dialekt: ‚Wo ischt der Vohs?' Dieser trat ihm mit etwas verlegener Miene und gesenktem Kopf entgegen; Schiller umarmte ihn und sagte: ‚Nein, Vohs! ich muß Ihne sage: meischterhaft! meischterhaft! Aber nun ziehe Sie sich zum dritte Akt um!'" An Genast aber wandte er sich mit den Worten: „Sehe Sie, ... wir habe recht gehabt! Er hat zwar andere Vers gesproche, als ich sie geschriebe hab, aber er ischt trefflich!"[36]

Eine solche Loyalität war für Goethe undenkbar. Er erschien nur selten auf der Bühne, um den Schauspielern für ihre Leistung zu danken. Und wenn dies geschah, dann aristokratisch und maßvoll. Schiller, so berichtet Genast weiter, würdigte ihn oft seines Vertrauens. Ihm gegenüber durfte er als Wöchner seine Ansichten rückhaltlos aussprechen. Schiller „war für mich der Stern einer milden Sommernacht, zu dem ich mit unbegrenzter Verehrung und Liebe aufblickte, während Goethe mich öfters die Mittagshitze einer Julisonne empfinden ließ, obgleich er mir ebenfalls gewogen war"[37].

Freundlichkeit und Geduld hatten Schiller die Liebe der Schauspieler eingetragen, und doch nutzten sie seine Nachsicht nicht selten aus. Während einer Probe hatte ihn das widersetzliche Benehmen des Schauspielers Haide derart in Verzweiflung gesetzt, daß er sich weigerte, das nächste Stück, Lessings *Nathan*, zu inszenieren. Schiller hatte es eigens für die Weimarer Aufführung bearbeitet, wollte aber nun dem Theater am liebsten gänzlich den Rücken kehren. – „Ich will mit dem Schauspielervolk nichts mehr zu schaffen haben", schreibt er an Goethe, „denn durch Vernunft und Gefälligkeit ist nichts auszurichten; es gibt nur ein einziges Verhältnis zu ihnen, den kurzen Imperativ, den ich nicht auszuüben habe."[38] Goethe, auf seinem Landgut in Oberroßla, versucht Schiller zu beruhigen. Er bittet ihn, bis er selbst käme, doch einstweilen eine Leseprobe durchzuführen, weil sich die Leute „ohne Leitung ... gar nicht zu helfen" wüßten. „... es ist ein sehr undankbares Geschäft, doch kann man es nicht ganz loswerden"[39], tröstet er den Freund. Ob sich Schiller in diesem Falle überwinden konnte, läßt sich nicht mehr feststellen. Wahrscheinlich nicht, denn gleichzeitig mit Goethes Brief erhält er durch seine Frau und seine Schwägerin die Nachricht, daß sich der Herzog gegen die Weimarer Uraufführung der soeben vollendeten *Jungfrau von Orleans* ausgesprochen habe. Eine Nachricht, die den in diesen Fragen höchst empfindlichen Schiller zunächst wohl zusätzlich entmutigt haben wird.

Zu disziplinarischen Maßnahmen gegenüber den Schauspielern hat sich Schiller nie berufen gefühlt. Um so fester halten Goethe und Hofkammerrat Kirms das Regime in der Hand. Unerbittlich läßt Goethe die in der Theaterordnung festgelegten Strafgelder für nicht gelernte Rollentexte kassieren. Bei schweren Disziplinverstößen – etwa einem unerlaubten Gastspiel an einer anderen Bühne – scheut er nicht davor zurück, den betroffenen Schauspieler mit Hausarrest zu belegen und ihm eine Wache vor die Tür zu stellen. Derartige Maßnahmen haben bisweilen den empörten Protest anderer Schauspieldirektoren hervorgerufen. Denn es gab durchaus Bühnen wie die Mannheimer und die Berliner, an denen sich der Umgang mit den Akteuren weniger restriktiv gestaltete. Wenn sich Goethe zu solch strenger Disziplinierung des Ensembles veranlaßt sieht, so folgt er zunächst seiner unerschütterlichen Überzeugung, daß jegliche Arbeit, zumal die schöpferische im Theater, nur auf der Basis einer festgefügten und unangreifbaren Ordnung gedeihen kann. Die Erfahrungen seiner Amtstätigkeit im ersten Weimarer Jahrzehnt hatten sich ihm unauslöschlich eingeprägt. Darüber hinaus verfügte er niemals über die finanziellen Mittel, bedeutende Talente zu engagieren. Er holte hoffnungsvolle jüngere Kräfte nach Weimar, die er ausbilden ließ und selbst ausbildete. Das

Ensemblespiel

an den meisten Bühnen nicht übliche Gastspielverbot, auf dessen Einhaltung Goethe so unerbittlich bestand, sollte das Abwandern der mühevoll herangebildeten Kräfte an größere Bühnen, die höhere Gagen zahlten, verhindern oder zumindest erschweren. So waren seine Restriktionen zumindest teilweise dem engen Weimarer Theaterbudget geschuldet. In seinem Verständnis richteten sie sich auch keineswegs gegen den einzelnen Schauspieler. Künstlerisch sollten diese Maßnahmen lediglich die Kontinuität der Arbeit sichern, weil der angestrebte klassisch-ideale Darstellungsstil mit einem zu stark fluktuierenden Ensemble naturgemäß nicht hervorzubringen war. Auch wenn Eduard Devrient als hervorragender Kenner der Theatergeschichte des 18. und 19. Jahrhunderts nicht zu Unrecht von der „despotische[n] Energie"[40] spricht, mit der Goethe das klassische Prinzip auf der Bühne durchsetzte, muß hinzugefügt werden, daß er niemals willkürlich und niemals gern gestraft hat. Derlei gehörte für ihn zu den höchst unersprießlichen Seiten des Theatergeschäfts.

Goethe hatte von Anfang an darauf orientiert, ein einheitlich agierendes Ensemble heranzubilden. Bereits in seinem Eröffnungsprolog aus dem Jahre 1791 hieß es:

> *Denn hier gilt nicht, daß einer atemlos*
> *Dem andern heftig vorzueilen strebt,*
> *Um einen Kranz für sich hinwegzuhaschen.*
> *Wir treten vor euch auf, und jeder bringt*
> *Bescheiden seine Blume, daß nur bald*
> *Ein schöner Kranz der Kunst vollendet werde ...*[41]

Das bedeutete eine Absage an das Virtuosentheater, wie es seit Jahrzehnten von Wien bis Hamburg praktiziert wurde und das unabhängig von den Weimarer Bemühungen die deutsche Bühnenpraxis noch lange bestimmte. Goethe und Schiller ist durchaus bewußt gewesen, daß sie mit ihrer Zielstellung, ein nach einheitlichen künstlerischen Grundsätzen handelndes Schauspielerensemble zu entwickeln, wobei die einzelnen Akteure nicht mehr als gute Durchschnittsdarsteller waren, völlig neue Maßstäbe in die Bühnenkunst einbrachten. Denn nun

Ein Vierteljahrhundert Theaterdirektor

erhielten Dramaturgie und vor allem Regie eine bis dahin nicht gekannte Bedeutung. Eine Entwicklung, die weit ins neue Jahrhundert vorausweist. Erst dann wird das in Weimar geprägte Regietheater – wenn auch unter anderen künstlerischen Prämissen – das sogenannte Schauspielertheater in einem zähen und mühsamen Prozeß überwinden.

Trotz vielfacher Irritationen im Bühnenalltag halten Goethe und Schiller an ihren Zielen fest. Von Inszenierung zu Inszenierung tasten sie sich an den klassischen Stil heran. Ein Meilenstein auf diesem Wege ist die Premiere von Schillers *Maria Stuart* im Juni 1800. Mit Friederike Margarete Voß als leidenschaftsglühender Maria und Caroline Jagemann als geistvoll-zupackender Elisabeth ein Theaterereignis weit über Weimars Grenzen hinaus.

Im Jahre 1802 entschließt sich Goethe endlich, die Versform seiner *Iphigenie* aufführen zu lassen, nachdem das Stück in dieser Gestalt bisher nur in Berlin gespielt worden war. Er überläßt es allerdings Schiller, eine bühnenwirksame Fassung herzustellen. Dessen Wunsch, die den Orest jagenden Furien als plastische Versinnlichung des mentalen Vorgangs auf der Bühne erscheinen zu lassen, widerstrebt Goethe. In allen raffenden und steigernden dramaturgischen Maßnahmen läßt er den Freund jedoch gewähren. So muß der ideal und heroisch angelegte Weimarer Stil, der eher den Schillerschen Tragödien entspricht, bei dieser Inszenierung die zarten Ausdrucksformen für die subtile Innerlichkeit der Goetheschen Figuren hinzugewinnen. Ein Experiment, das nicht von allen Darstellern gemeistert wird. Das Stück setzt sich in Weimar erst 1807 durch, als die Titelrolle mit Amalie Wolff ihre ideale Besetzung findet.

Nachdem zunächst die Spielarten der zeitgenössischen Tragödie erprobt worden sind, wendet sich vor allem Goethe der Rezeption antiker Stücke zu. Schon im Oktober 1800 hatte er vor dem engsten Kreis um Anna Amalia einen erfolgreichen Versuch mit seinem eigenen antikisierenden Stück *Paläophron und Neoterpe* unternommen. Ein Jahr später wagt er eine Annäherung an das römische Lustspiel, indem er Terenz' *Brüder* in Einsiedels Bearbeitung auf die Bühne bringt. In beiden Stücken tragen die Schauspieler Halbmasken, wie Goethe sie in der typisierenden Kunst der Commedia dell'arte während seiner ita-

Auf dem Weg zum klassischen Stil

***Illustrationen zu Goethes „Römischem Karneval"** von Georg Melchior Kraus, 1789. – Die Masken verweisen auf den Bezug der Figuren zur Commedia dell'arte.*

lienischen Reise kennengelernt hatte. Damit schreiten die Schauspieler den Kreis der formgebenden Darstellungsmittel bis zur scharfen Typisierung aus. Die positive Aufnahme des Experiments dokumentiert die Höhe des Weimarer Publikumsgeschmacks.

Allerdings ist der von Goethe und Schiller eingeschlagene Weg, Schauspieler und Publikum ästhetisch zu bilden und die Theaterkultur zu heben, keineswegs unumstritten. Gerade um das Jahr 1802 hatte die sogenannte Kotzebuesche Partei in Weimar enorm an Boden gewonnen. Der in Weimar geborene Erfolgsdramatiker lebte seit einiger Zeit in Jena und war schnell zum Führer des antigoetheschen Lagers avanciert. Goethe hatte ihn zwar mit einem zeitlich unbegrenzten Theaterfreibillett begrüßt und spielte mit Rücksicht auf den Publikumsgeschmack nach wie vor fast alle seine Stücke, machte aber im übrigen kein Hehl daraus, was er von diesen Stücken hielt. Mit der Inszenierung von August Wilhelm Schlegels *Ion* nach der gleichnamigen Tragödie des Euripides will er nun erstmals eine griechische Tragödie mit ihren schwierigen Versmaßen unter Verwendung tragischer Masken auf die Bühne bringen. Voller Grimm gegen die Kotzebuesche Partei, die seine stilisierende Inszenierungsarbeit nur lächerlich zu machen sucht, erzwingt er die Inszenierung gegen Schillers Rat. Wohl hatte auch Goethe bemerkt, daß die Tragödie des antiken Meisters in Schlegels Bearbeitung zu einem Stück reinen Bildungstheaters mutiert war, ohne fesselnde dramatische Aktion, voller komplizierter mythologischer Bezüge. Doch gemäß seiner Überzeugung, daß man „dem Publikum keine größere Achtung bezeigen [könne], als indem man es nicht wie Pöbel behandelt"[42], erwartet er von den Zuschauern die Bereitschaft, sich ein schwieriges Stück bei wiederholter Aufführung nach und nach anzueignen. Nun aber muß Goethe, der unermüdliche Erzieher seiner Schauspieler und des Publikums, erleben, daß die Zuschauer nicht bereit sind, mit dem Lexikon unter dem Arm ins Theater zu kommen. Anton Genast berichtet, wie Goethe bei der Premiere des Stückes, als die Kotzebuesche Partei an einer Stelle lachte, „in seiner Loge wütend aufsprang und mit seiner Donnerstimme rief: ‚Man lache nicht!'" Dabei war das „Theater ... ganz nach altgriechischer Weise eingerichtet". Die Hauptdarsteller trugen tragische Masken, und die „Jagemann als Ion ... spielte ganz vortrefflich ... Aber es war verlorene Mühe ..."[43] Das Experiment scheiterte an der eisigen Ablehnung des Publikums. Goethe behauptete zwar, mit der Vorstellung zufrieden zu sein und empfahl den Schauspielern, sich nicht um die Meinung anderer Leute zu kümmern. Aber Anton Genast hat beobachten können, daß er „sogar sehr viel auf die Stimme des Publikums"[44] hielt. Das Stück verschwand nach zwei Aufführungen für immer vom Spielplan.

Die *Ion*-Inszenierung provozierte allerdings ein Nachspiel, das tief in die zeitgenössischen literarischen Richtungskämpfe hineinschauen läßt. „Der große Zwiespalt, der sich in der deutschen Literatur hervortat, wirkte, besonders wegen der Nähe von Jena, auf unsern Theaterkreis", erinnert sich Goethe später. „Ich hielt mich mit Schillern auf der einen Seite, wir bekannten uns zu der neuern strebenden Philosophie und einer daraus herzuleitenden Ästhetik, ohne viel auf Persönlichkeiten zu achten, die nebenher ... ein mutwilliges und freches Spiel trieben."[45] Auch wenn sich Goethe und Schiller bemüht hatten, den Namen August Wilhelm Schlegels als Bearbeiter des *Ion* geheimzuhalten, da dieser in besonderer Weise mit Kotzebue verstritten war und man persönlich motivierte Gegenreaktionen verhindern wollte, implizierte Goethes Entscheidung, Schlegels Stück auf die Weimarer Bühne zu bringen, ein klares Bekenntnis zum Autorenkreis der Jenaer Frühromantik. Ohne mit deren Positionen und Werken im einzelnen immer übereinzustimmen, versuchte er, gerade die Brüder Schlegel in seine Theaterbemühungen einzubeziehen und damit die produktiven Impulse eines echten Kunstwollens gegen die Macht der Trivialliteratur zu stärken. Nur vor diesem Hintergrund ist Goethes heute zutiefst befremdlich wirkende Pressepolitik zu verstehen, die im Zusammenhang mit der *Ion*-Inszenierung in gewisser Weise kulminierte. Um seine wohlüberlegte Theaterarbeit vor den Störaktionen der trivialliterarischen Partei, zu deren Weimarer Sprecher sich Gymnasialdirektor Böttiger inzwischen qualifiziert hatte, zu schützen, sah sich Goethe bereits Anfang Januar 1802 veranlaßt, Friedrich Justin Bertuch als Herausgeber des in Weimar erscheinenden *Journals des Luxus und der Moden* aufzufordern, ihm alle Theaterrezensionen vor ihrer Veröffentlichung im *Modejournal* zur Einsicht vorzulegen. Als ihm Bertuch Böttigers zum Teil bereits gesetzte, moralistisch- und keineswegs künstlerisch-polemisch angelegte *Ion*-Rezension sendet, fühlt Goethe sein Kunstbemühen von kleinlich-persönlichem Haß derart bedroht, daß er seine ganze Macht als Theaterdirektor in die Waagschale wirft. „... ich kann nur soviel sagen", schreibt er Bertuch, „daß, wenn Sie nicht selbst geneigt sind, die Sache zu remedieren und den Aufsatz zu unterdrucken, ich sogleich an Durchlaucht den Herzog gehe und alles auf die Spitze setze. Denn ich will entweder von dem Geschäft sogleich entbunden oder für die Zukunft vor solchen Infamien gesichert sein. Mag der allezeit geschäftige Verzerrer seine Künste doch in der *Allgemeinen Zeitung* oder wo er will, aufgaukeln, in Weimar werde ich sie nicht mehr leiden in den Fällen, wo ich als öffentliche Person anzusehen bin."[46] Um Böttiger sein Handwerk in Weimar gründlich zu legen, versichert sich Goethe in einem zweiten Brief auch des Herausgebers des *Teutschen Merkur*, Christoph Martin Wielands. Wunschgemäß unterdrückt Bertuch Böttigers *Ion*-Rezension, worauf sich Goethe entschließt, die Weimarer Theaterberichte für das *Modejournal* über eine gewisse Zeit selbst zu schreiben.

Doch die Querelen nehmen kein Ende. „Wir wollten ein für allemal den Klatsch des Tages auf unserer Bühne nicht dulden", berichtet Goethe in den *Tag- und Jahresheften* zum Jahr 1802 weiter, „indes der andern Partei gerade daran gelegen war, sie zum Tummelplatz ihres Mißwollens zu entwürdigen."[47] Einen großen Kampf gibt es, als Goethe aus Kotzebues *Kleinstädtern* alle Textstellen streicht, die sich gegen die Brüder Schlegel richten. „Man regte sich von der Gegenseite gewaltig und behauptete, daß, wenn der Autor gegenwärtig sei, man mit ihm Rat zu pflegen habe. Es sei mit Schillern geschehen, und ein anderer könne das gleiche fordern. Diese wunderliche Schlußfolge konnte bei mir aber nicht gelten; Schiller brachte nur edel Aufregendes, zum Höheren Strebendes auf die Bühne, jene aber Niederziehendes, das problematisch Gute Entstellendes und Vernichtendes herbei ..."[48] – Spätestens hier gerät die klassische Kunstkonzeption Goethes und Schillers hart an die Grenzen der Realität, in der das Triviale – wie in jeder Zeit – die Sache der Majorität ist. Um so mehr Respekt fordert die ästhetische Aufbauarbeit ab, die sie entgegen dieser Tendenzen bei Schauspielern und Publikum in Weimar geleistet haben.

Aber auch wenn Goethe die klassische Kunstkonzeption nach außen hin kraftvoll und bisweilen sogar despotisch vertrat, gingen diese letztlich kleinlichen Kämpfe keineswegs spurlos an ihm vorüber. Sie haben nicht unwesentlich dazu beigetragen, daß er sich um die Jahreswende 1802/03 „das Theaterwesen ziemlich aus dem Sinne geschlagen hatte"[49].

Enttäuscht schreibt Schiller, der nicht wie Theaterdirektor Goethe die Verantwortung des öffentlichen Amtes zu tragen hatte und demzufolge auch nicht verpflichtet war, die Kämpfe nach außen zu führen, gerade um diese Zeit an Wilhelm von Humboldt: „Es ist zu beklagen, daß Goethe sein Hinschlendern so überhand nehmen läßt und, weil er abwechselnd alles treibt, sich auf nichts energisch konzentriert. Er ist jetzt ordentlich zu einem Mönch geworden und lebt in einer bloßen Beschaulichkeit ... Seit einem Vierteljahr hat er, ohne krank zu sein, das Haus, ja nicht einmal die Stube verlassen ... Wenn Goethe noch einen Glauben an die Möglichkeit von etwas Gutem und eine Konsequenz in seinem Tun hätte, so könnte hier in Weimar noch manches realisiert werden in der Kunst überhaupt und besonders im

August von Kotzebue, zeitgenössisches Porträt, nach 1800.

Dramatischen. Es entstünde doch etwas, und die unselige Stockung würde sich geben. Allein kann ich nichts machen, oft treibt es mich, mich in der Welt nach einem andern Wohnort und Wirkungskreis umzusehen; wenn es nur irgendwo leidlich wäre, ich ginge fort."[50] – Bittere Worte eines Mannes, der beständig mit aller Kraft und mitreißendem Enthusiasmus nach dem Höchsten strebt. Bedenkt man dabei, daß Schiller seit Jahren ein Schwerstkranker ist, der sich jedes neue Stück, jede Inszenierung mit eiserner Willenskraft abringen muß, wird das Ausmaß seiner Enttäuschung deutlich. Glücklicherweise trägt sie nur temporären Charakter. Wenig später lüftet sich für ihn das Geheimnis von Goethes mönchischer Existenz: Er hatte sich zurückgezogen, um dem als destruktiv empfundenen Parteiengezänk seine schöpferische Produktivität entgegenzusetzen. In aller Stille war ein neues Stück, *Die natürliche Tochter*, entstanden, in dem er das Epocheereignis der Französischen Revolution mit den Mitteln der klassischen Tragödie zu bewältigen suchte. Ein kühnes Unterfangen, das er selbst vor Schiller geheimgehalten hatte. Erleichtert revidiert dieser sein Urteil gegenüber Wilhelm von Humboldt: „Daß er [Goethe] zu *der* Zeit, wo Sie nach meinem letzten Brief an seiner Produktivität ganz verzweifeln mußten, mit einem neuen Werk hervorgetreten, wird Sie ebenso wie mich selbst überrascht haben, denn auch mir hatte er wie der ganzen Welt ein Geheimnis daraus gemacht."[51]

Schillers Einschätzung der Tragödie belegt, daß er Goethes Stärken, aber auch dessen Schwächen als Dramatiker genau kennt. Er schreibt: „Des Theatralischen hat er sich zwar darin noch nicht bemächtigt, es ist zu viel Rede und zu wenig Tat, aber die hohe Symbolik, mit der er den Stoff behandelt hat, so daß alles Stoffartige vertilgt und alles nur Glied eines ideellen Ganzen ist, diese ist wirklich bewundernswert. Es ist ganz Kunst und ergreift dabei die innerste Natur durch die Kraft der Wahrheit."[52] Diese Hochschätzung des Werkes teilten verschiedene urteilsfähige Zeitgenossen wie Herder, Fichte, Wilhelm von Humboldt und Professor Johann Friedrich Ferdinand Delbrück; auf der Bühne ist der *Natürlichen Tochter* aber nur ein Achtungserfolg beschieden gewesen. Den geplanten zweiten Teil der Tragödie konnte Goethe nicht vollenden. An der Bewältigung der Zeitgeschichte mit den Mitteln der klassischen Tragödie ist er gescheitert.

Schiller selbst hat sich von den temporären Zweifeln an Goethes Produktivität in seinem eigenen dramatischen Schaffen letztlich ebensowenig irritieren lassen wie in seinem Engagement für das Weimarer Theater. Das gemeinsam vertretene Kunstprogramm weiterverfolgend, bemüht er sich gerade in dieser schwierigen Zeit im Herbst und Winter 1802, den Geist der griechischen Tragödie in einem modernen Stück zum Leben zu erwecken. Er schreibt *Die Braut von Messina oder Die feindlichen Brüder*. Mit dieser Tragödie versucht er ähnliches für das Drama zu leisten, wie es Goethe mit *Hermann und Dorothea* einige Jahre zuvor auf dem Gebiet der Epik gelungen war. Ob das Stück allerdings tatsächlich auf die Bühne gebracht oder nur als Lesedrama ediert werden konnte, stand lange Zeit nicht fest. Erst eine erfolgreiche Lesung im Kreise der Herzogin Louise entschied über die Inszenierung in Weimar.

Schillers Tragödie gestaltet im Konflikt der beiden feindlichen Brüder ein allgemein menschliches Problem. Da die dramatische Handlung aber ihrer Natur nach dem sinnlichen Leben verhaftet bleiben muß, fügt er den Chor der antiken Tragödie in sein modernes Drama ein. „Der Chor verläßt den engen Kreis der Handlung, um sich über Vergangenes und Künftiges, über ferne Zeiten und Völker, über das Menschliche überhaupt zu verbreiten, um die großen Resultate des

Lebens zu ziehen und die Lehren der Weisheit auszusprechen. Aber er tut dieses mit der vollen Macht der Phantasie, mit einer kühnen lyrischen Freiheit, welche auf den hohen Gipfeln der menschlichen Dinge wie mit Schritten der Götter einhergeht – und er tut es, von der ganzen sinnlichen Macht des Rhythmus und der Musik in Tönen und Bewegungen begleitet."[53] – Für alle Beteiligten ein gewagtes Experiment, eine Feuerprobe auf die Leistungsfähigkeit der Weimarer Schauspieler und des klassischen Darstellungsstils.

Vier Wochen wurde auf die Inszenierung verwendet, sechs Leseproben, acht Theaterproben abgehalten, an denen sich auch Goethe wieder mit dem alten Schwung beteiligte. Den Schauspielern machte die Verschiedenheit der Versmaße, der Trochäen, Daktylen, Spondeen usw., außerordentlich viel zu schaffen. Den beiden Chören war es unmöglich, im vorgegebenen strengen Rhythmus deutlich und verständlich zu sprechen. Schließlich kam Goethe der rettende Einfall,

*Friedrich Schiller: **Die Braut von Messina**, Radierung von Johann Christian Ernst Müller nach Johann Friedrich Matthaei, 1812.*

die Chorpassagen in kleinere Perioden aufzulösen und abwechselnd von wenigen Schauspielern deklamieren zu lassen. Bis ins Detail arbeitete Goethe daran, schöne, sinntragende Gruppen auf der Bühne zu arrangieren, die das Handlungsgeschehen optisch-symbolisierend unterstützten.

Diesmal hatte sich die Mühe gelohnt. Die ganze Vorstellung ging „trefflich ... und [wurde] von dem überfüllten Hause mit Beifall überschüttet ... Der Enthusiasmus steigerte sich am Ende so, daß trotz der Gegenwart der höchsten Herrschaften dem Dichter ein dreimaliges Hoch gebracht wurde; eine solche Akklamation hatte im Weimarschen Hoftheater noch nicht stattgefunden"[54], berichtet Anton Genast. Sie war darüber hinaus laut Theaterstatut verboten und ist von Carl August höchst empfindlich aufgenommen worden.

Gleich vielen zeitgenössischen Rezensenten hegte Herzog Carl August Vorbehalte gegen die Dramaturgie des Stückes. Insbesondere der Funktion der Chöre brachte er keinerlei Verständnis entgegen. Schiller meint, hierin mit Goethe übereinstimmend, daß der Chor *„Ruhe* in die Handlung" bringe. Er erläutert: „... das Gemüt des Zuschauers soll auch in der heftigsten Passion seine Freiheit behalten, es soll kein Raub der Eindrücke sein, sondern sich immer klar und heiter von den Rührungen scheiden, die es erleidet ... diese blinde Gewalt der Affekte ist es, die der wahre Künstler vermeidet ... Wenn die Schläge, womit die Tragödie unser Herz trifft, ohne Unterbrechung aufeinander folgten, so würde das Leiden über die Tätigkeit siegen. Wir würden uns mit dem Stoffe vermengen und nicht mehr über demselben schweben. Dadurch, daß der Chor die Teile auseinanderhält und zwischen die Passionen mit seiner beruhigenden Betrachtung tritt, gibt er uns unsre Freiheit zurück, die im Sturm der Affekte verlorengehen würde."[55]

Bedenkt man, daß mehr als ein Jahrhundert vergehen wird, ehe kein Geringerer als Bertolt Brecht diese Gedanken aufgreift und in seiner Dramaturgie des dialektisch-epischen Theaters weiterentwickelt, wird deutlich, welch gewaltige Antizipationen Schillers und Goethes Theaterarbeit barg. Daß die Bühnenreformer dabei oft an die Verständnisgrenzen ihrer Zeitgenossen stießen, liegt in der Natur der Sache. So ist über Schillers *Braut von Messina* viel debattiert worden.

Weimarer Theatererfolge

Den theatergeschichtlichen Stellenwert der Weimarer Inszenierung vermochte jedoch kein zeitgenössischer Kritiker zu erfassen. Sie ist die Inszenierung, mit der Goethe und Schiller dem Naturalismus in der Kunst nachdrücklich den Krieg erklärten. Als erste gelungene Gesamtinszenierung im klassischen Stil markiert die *Braut von Messina* einen bedeutenden Kulminationspunkt der Weimarer Bühnenreform.

Wie intensiv die Theaterarbeit nach diesem Erfolg vom März 1803 nun weiter vorangetrieben wird, zeigt ein Blick in die Aufführungsstatistik. Schon einen Tag nach der Premiere der *Braut von Messina* beginnen die Proben zu Goethes *Natürlicher Tochter*. Bis Oktober folgen die Weimarer Erstaufführung von Schillers *Jungfrau von Orleans*, die der Herzog nun endlich genehmigt, und zwei Schillersche Bearbeitungen nach Vorlagen des zeitgenössischen französischen Stückeschreibers Louis Benoit Picard, *Der Neffe als Onkel* und *Der Parasit*. Die Sommerpause abgerechnet, sorgen Schiller und Goethe damit für fünf Erstaufführungen in sechs Monaten. Hinzu kommen Neuinszenierungen von Stücken anderer Autoren. Daß Schiller als Autor und Bearbeiter den Hauptanteil an dieser stolzen Bilanz trägt, hängt vor allem mit seiner größeren und bühnenwirksameren dramatischen Produktivität zusammen. Es ist aber auch jenes Jahr 1803, in dessen zweiter Hälfte Goethe alle seine Kräfte zur Rettung der Jenaer Universität einsetzt.

Die wirklichen Bühnenerfolge feiert unter Goethes Intendanz in der Tat Schiller mit seinen großen klassischen Tragödien. Zu Theaterereignissen ganz besonderer Art werden die Weimarer Inszenierung der *Jungfrau von Orleans* im April 1803 und die Uraufführung des *Wilhelm Tell* im März 1804. Beide Stücke schreiten den Darstellungsradius des Weimarer Stils weiter aus. Mit der *Jungfrau* gelingt es Schiller, dem heroischen Schwung der klassischen Tragödie die zarten Lyrismen romantischer Liebessehnsucht zu sublimieren. Die klassische Strenge löst sich, und beide Elemente verschmelzen in der mitreißenden Rhythmik der Schillerschen Verse. Madame Miller-Malcomi als Johanna, Oels als Karl VII., Graff als Talbot, Haide als Lionel und Cordemann als Dunois gaben ihr Bestes, um die Inszenierung auf jene darstellerische Höhe zu führen, die der ideellen und sprachlichen Höhe der dramatischen Vorlage entsprach. Die ganz im naturalistischen Stil gehaltene Leipziger Uraufführung aus dem Jahre 1801 hatte Schillers Anforderungen nicht genügen können. Nun bewies das Weimarer Ensemble nicht nur schlechthin die Überlegenheit, sondern vor allem die Anpassungs- und Wandlungsfähigkeit des klassischen Stils. „Schiller war des Lobes voll für die Darsteller und sprach ihnen persönlich seine vollkommene Zufriedenheit aus"[56], weiß Anton Genast zu berichten.

Den unbestrittenen Höhepunkt der Weimarer Theaterarbeit aber bildet Goethes und Schillers gemeinschaftliche Inszenierung von Schillers großem Freiheitsdrama *Wilhelm Tell*. Während Napoleon sich anschickte, halb Europa zu besetzen, kam dieser Inszenierung auch wegen ihrer politischen Brisanz besondere Bedeutung zu. Wie schon die *Jungfrau von Orleans* stellte auch dieses Stück enorme Anforderungen an das zahlenmäßig kleine Weimarer Ensemble. Viele Schauspieler mußten zwei bis drei Rollen übernehmen, Goethe und Schiller drängten auf intensivste Probenarbeit. Am Tag der Premiere war bereits um drei Uhr der ganze Theaterplatz voller Menschen. Obgleich die Vorstellung 5 ° Stunden, bis 23 Uhr, dauerte, war der Enthusiasmus des Publikums beispiellos. Nach Genasts Zeugnis trug Graff als Attinghausen den Preis des Abends davon, „der in rhetorischer Hinsicht ein Meisterbild voll Würde und Wärme lieferte"[57]. Schon nach drei Tagen fand die erste Wiederholung bei gedrängt vollem Hause statt. In dieser verwuchs nun auch Haide als Tell ganz mit seiner Rolle und hatte sich der „größten Lobsprüche"[58] Schillers zu erfreuen.

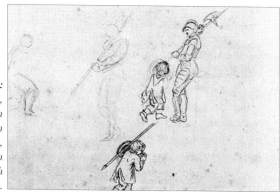

Friedrich Schiller:
Wilhelm Tell*,*
Bewegungsstudien
von der ersten
Aufführung 1804,
Zeichnung von
Johann Heinrich
Meyer.

Schillers Tod

In diesem dichtgedrängten Rhythmus von Uraufführungen und Neuinszenierungen bedeutender Werke sollte es weitergehen. Nach der Sommerpause 1804 richten Goethe und Schiller gemeinsam Goethes dramatischen Erstling, den *Götz von Berlichingen*, für die Weimarer Bühne ein. Dies wohl vor allem mit Blick auf die patriotischen Potenzen des Stückes. Anfang November liefert Schiller anläßlich der Hochzeit des Weimarer Erbprinzen Carl Friedrich mit der Zarentochter Maria Pawlowna ein großes Festspiel unter dem Titel *Die Huldigung der Künste*. Im Frühjahr 1805 übersetzt er Racines *Phädra*, gleichzeitig arbeitet er an einer neuen Tragödie, am *Demetrius*.

Doch Goethe erkrankt. Wie bereits mehrfach in den vorangegangenen Jahren wird er von schweren Nierenkoliken heimgesucht, so daß er über Monate kaum etwas für das Theater tun kann. In ganz Weimar und darüber hinaus bangt man um sein Leben, als Schiller am 9. Mai 1805 nach einem letzten, schweren Aufbrechen seines Lungenleidens verstirbt. Im Haus am Frauenplan wagt niemand, Goethe die Nachricht zu überbringen. Die „gute Vulpius [hat] ... so viel Fassung, daß sie Goethen nichts entdeckt, sondern nur von einer langen Ohnmacht erzählt, aus der er [Schiller] sich jedoch erholt habe", berichtet Johann Heinrich Voß, der zu dieser Zeit im Goethehaus ein- und ausgeht. „Goethe läßt sich täuschen, aber ahndet was schlimmes. Als er zu Bette gegangen ist, stellt sich die Vulpius ... schlafend, um Goethe sicher zu machen, ... und Goethe ... schläft auch am Ende ein."[59] Als er Christiane am nächsten Morgen fragt: „Nicht wahr, Schiller war gestern abend sehr krank?", kann sie sich nicht länger halten und beginnt laut zu schluchzen. „Er ist tot?" soll Goethe mit Festigkeit gefragt und sich nach einem nochmaligen „Er ist tot!" die Augen mit den Händen bedeckt haben.[60] An den gemeinsamen Freund Zelter schreibt er drei Wochen später: „Ich dachte, mich selbst zu verlieren, und verliere nun einen Freund und in demselben die Hälfte meines Daseins."[61]

Wie immer, wenn Goethe schwere Schicksalsschläge treffen, versucht er, den Schmerz und die Verzweiflung mit Arbeit zu betäuben. Er möchte der Destruktion, dem Lebenselement, das er über alles fürchtet, gerade in den für ihn schrecklichsten Momenten die gestaltende Kraft der menschlichen Tat entgegensetzen. Dabei weiß er, daß die sensible Konstitution seines Organismus dieser Willensanstrengung nur selten gewachsen ist. Schon vor Jahren, beim Tod seines Sohnes Carl, hatte er an Schiller geschrieben: „Man weiß in solchen Fällen nicht, ob man besser tut, sich dem Schmerz natürlich zu überlassen, oder sich durch die Beihülfen, die uns die Kultur anbietet, zusammenzunehmen. Entschließt man sich zu dem letzten, wie ich es immer tue, so ist man dadurch nur für einen Augenblick gebessert, und ich habe bemerkt, daß die Natur durch andere Krisen immer wieder ihr Recht behauptet."[62]

Zwanzig Jahre später, als Goethe in den *Tag- und Jahresheften* Rechenschaft über die Zeit unmittelbar nach Schillers Tod ablegt, schreibt er: „Als ich mich ermannt hatte, blickt ich nach einer entschiedenen großen Tätigkeit umher; mein erster Gedanke war, den *Demetrius* zu vollenden. [Wir hatten] ... den Plan öfters durchgesprochen ..., das Stück war mir so lebendig als ihm. Nun brannt ich vor Begierde, unsere Unterhaltung, dem Tode zu Trutz, fortzusetzen, seine ... Absichten bis ins einzelne zu bewahren und [unser] ... Zusammenarbeiten ... auf ihrem höchsten Gipfel zu zeigen ... in wenigen Monaten hätte ich das Stück vollendet. Es auf allen Theatern zugleich gespielt zu sehen wäre die herrlichste Totenfeier gewesen ... Ich schien mir gesund, ich schien mir getröstet. Nun aber setzten sich der Ausführung mancherlei Hindernisse entgegen, mit einiger Besonnenheit ... vielleicht zu beseitigen, die ich aber durch leidenschaftlichen Sturm ... nur noch vermehrte; eigensinnig und übereilt gab ich den Vorsatz auf ... Nun war mir Schiller eigentlich erst entrissen; ... unleidlicher Schmerz ergriff mich ..."[63]

In Anbetracht solcher Worte scheint es sonderbar, daß weder in Goethes Tagebüchern und Briefen dieser Zeit, noch in seinem poetischen Nachlaß ein Hinweis auf diesen Vorsatz zu finden ist. Es liegt die Vermutung nahe, daß sein schöner Gedanke, die letzte Tragödie des Freundes zu vollenden, eher ein enthusiastisches Wünschen während der ersten Tage nach Schillers Tod denn ein ernstlicher Vorsatz gewesen sein mag. Bei der regelrecht divergierenden künstlerischen Individualität beider, die ganz besonders im Dramatischen zutage trat, wäre die Realisierung des Planes auf schier unüberwindliche Schwierigkeiten gestoßen. Wahrscheinlich ist Goethe sehr schnell klargeworden, daß er nicht in das künstlerische Naturell des Freundes hineinzuschlüpfen vermochte, so daß es zu einer tatsächlichen Arbeit am Stück gar nicht gekommen ist.

Seine Trauer um Schillers Verlust aber ist tief und echt. Sie ließ sich nicht verdrängen, die Natur forderte ihr Recht. Schon eine Woche nach Schillers Tod kehren Goethes Nierenkoliken mit Heftigkeit zurück und zwingen ihn erneut ins Bett. Der Gedanke an eine Ehrung Schillers auf dem deutschen Theater, der auch von außen mehrfach an ihn herangetragen wird, verläßt Goethe allerdings nicht. Unter dem 1. Juni findet sich in seinem Tagebuch ein erstes Zeugnis darüber, daß er zu diesem Zweck eine Art szenisches Oratorium unter dem Titel *Schillers Totenfeier* plant. Goethes Schemata und Skizzen ist zu entnehmen, daß er vor allem an den Dramatiker Schiller, repräsentiert durch die wichtigsten Gestalten seiner Stücke, und an den Menschen inmitten seiner Familie und seiner Freunde erinnern möchte. Allegorische Figuren und verschiedene Chöre sollten auf das Überzeitliche, auf das Bleibende der Schillerschen Existenz verweisen, wie es Goethe in diesem Zusammenhang dem gemeinsamen Verleger Cotta gegenüber formuliert hatte: „Nach meiner Überzeugung soll die Kunst, wenn sie sich mit dem Schmerz verbindet, denselben nur aufregen, um ihn zu mildern und in höhere tröstliche Gefühle aufzulösen; und ich werde in diesem Sinne weniger das, was wir verloren haben, als das, was uns übrig bleibt, darzustellen suchen."[64]

Das geplante Oratorium ist vor allem deshalb nicht zustande gekommen, weil Carl Friedrich Zelter als mitwirkender Komponist die Aufgabe nicht zu bewältigen vermochte. Möglicherweise hat Goethe darüber hinaus aber auch Bedenken getragen, die Familie und sich selbst als Freund des Verstorbenen auf der Bühne verkörpern zu lassen.

Als einzigen Teil der geplanten Dichtung konnte er damals den *Epilog zu Schillers Glocke* vollenden. So fand die Ehrung Schillers ein Vierteljahr nach dessen Tod, am 10. August 1805, im Sommertheater von Lauchstädt statt. Hier hatte sich das Weimarer Ensemble seit mehr als einem Jahrzehnt mit seinen Sommergastspielen einen guten Ruf erworben. Und wenn ein Schillersches Stück auf dem Spielplan gestanden hatte, waren die Professoren und Studenten, aber auch Kaufleute und sogar Bauern in wahren Scharen nach dem kleinen Badeort gepilgert. So auch diesmal. Nach Aufführung dreier Akte der *Maria Stuart* wird Schillers *Lied von der Glocke* szenisch dargeboten. Goethes *Epilog* beschließt den feierlichen Abend. Darin heißt es:

> *Denn er war unser. Mag das stolze Wort*
> *Den lauten Schmerz gewaltig übertönen.*
> *Er mochte sich bei uns, im sichern Port,*
> *Nach wildem Sturm zum Daurenden gewöhnen.*
> *Indessen schritt sein Geist gewaltig fort*
> *Ins Ewige des Wahren, Guten, Schönen,*
> *Und hinter ihm, in wesenlosem Scheine,*
> *Lag, was uns alle bändigt, das Gemeine.*[65]

Nachdem die letzten Worte des *Epilog*s verklungen waren, herrschte eine „außerordentliche Stille"[66] im Theatersaal, leise und nachdenklich gingen die Menschen davon. Sie hatten die Ehrung Schillers in der von Goethe gewählten Form angenommen. Gemäß seiner Überzeugung, daß „das Andenken eines solchen Freundes mehr als einmal zu feiern"[67] sei, läßt Goethe Schillers *Lied von der Glocke* und seinen *Epilog* in den folgenden Jahren mehrfach wiederholen.

Für das Weimarer Hoftheater und die gesamte deutsche Bühnengeschichte bedeutete Schillers Tod einen nicht zu ersetzenden Verlust. Zwar hatte der klassische Stil zu diesem Zeitpunkt seine großen Bewährungsproben auf der Weimarer Bühne bestanden. Goethe aber wußte nur zu genau, wie die Akzente in der gemeinsamen Theaterarbeit verteilt gewesen waren, daß Schiller „dichtend und bestimmend", er selbst „belehrend, übend und ausführend"[68] gewirkt hatte. Nun mußte Goethe, der inzwischen Siebenundfünfzigjährige, allein weiterschreiten. Ihm fehlte fortan nicht nur der geniale Theaterdichter und Regisseur, ihm fehlte auch der aktivierende Enthusiasmus des Freundes.

Darüber hinaus erschweren die unmittelbaren Wirkungen der Napoleonischen Kriege fortan die Arbeit. Ein knappes Jahr nach Schillers Tod geht der „Friede des klassischen Weimar" zu Ende, unter dessen politischem Schutz sich Goethes und Schillers Reformbemühungen um das deutsche Theater vollzogen hatten. Nach der Besetzung

Theaterarbeit unter französischer Besatzung

Weimars am 14. Oktober 1806 bestimmen Brandschatzung, Plünderung und ein wochenlanges Bangen um den Fortbestand des Herzogtums den Alltag. Das Theater muß geschlossen werden.

In dieser kritischen Zeit bewährt sich die von den Schauspielern, teilweise selbst von Goethe nur mit Murren akzeptierte eiserne Sparpolitik von Hofkammerrat Kirms. Jedem Akteur kann die Gage für sechs Wochen im voraus ausgezahlt werden, so daß sich die alles andere als gut honorierten Schauspieler fürs erste zu helfen vermögen und das Ensemble nicht auseinanderläuft. „Im Spätjahr, als der Kriegsdrang jedes Verhältnis aufzulösen drohte, hielt man für Pflicht, die Theateranstalt als einen öffentlichen Schatz, als ein Gemeingut der Stadt zu bewahren"[69], erinnert sich Goethe rückblickend. Es war nicht zuletzt sein Verdienst, daß das Theater bereits am 26. Dezember 1806 mit Weißenthurns Lustspiel *Die Erben* wiedereröffnet werden konnte. Die weitere Theaterarbeit gestaltete sich allerdings schwierig, da im Spielplan Rücksicht auf die französischen Interessen genommen, gleichzeitig aber vor allem das eigene Publikum wieder für das Theater gewonnen werden mußte.

Gerade in dieser Situation erhält Goethe von den Schauspielern einen schönen Beweis dafür, daß seine Arbeit auf fruchtbaren Boden gefallen ist. „... ich suchte ... den ganzen [Schauspieler-]Stand in der äußern Achtung zu heben", beschreibt er rückblickend seine Bemühungen, „indem ich die Besten und Hoffnungsvollsten in meine Kreise zog und dadurch der Welt zeigte, daß ich sie eines geselligen Verkehrs mit mir wert achtete. Hiedurch geschah aber, daß auch die übrige höhere weimarische Gesellschaft hinter mir nicht zurückblieb und daß Schauspieler und Schauspielerinnen in die besten Zirkel bald einen ehrenvollen Zutritt gewannen. Durch alles mußte für sie eine große innere wie äußere Kultur hervorgehen."[70] Im Haus am Frauenplan vollzog sich dieser gesellige Verkehr vor allem in Form von Leseabenden, zu denen Goethe gern Gäste einlud, sich auch selbst bisweilen am Vortrag beteiligte. Er bestimmte Theaterstücke oder auch geeignete epische Texte zur Lektüre mit verteilten Rollen. Die Schauspieler sollten dabei nicht nur ihre Rezitations- und Deklamationsfähigkeiten schulen, sondern auch ihre Persönlichkeit in der Auseinandersetzung mit den künstlerischen und ethischen Werten der Dichtung ausbilden. Denn es war eines seiner Hauptanliegen, die Akteure zu würdigen und überzeugenden Mittlern zwischen Dichtung und Publikum zu formen.

Dasselbe Ziel verfolgte er auch bei jungen Schauspielern, für die er seit dem Jahre 1802 einen regelmäßigen Schauspielunterricht in seinem Hause eingerichtet hatte. So berichtet Pius Alexander Wolff, der zu dieser Zeit als Schauspieleleve nach Weimar kam, daß er „nie wieder das erhabene Bild vergessen"[71] konnte, welches ihm Goethe von der Kunst entworfen hatte. Das feste Fundament, um eine erhabene Kunst vermitteln zu können, bestand in solidem handwerklichen Können. Dieses wurde unter anderem an einem so schwierigen Text wie Johann Heinrich Voß' Homer-Übersetzung geschult. Anfangs schien es unbegreiflich, „welchen Vorteil diese Lektüre jungen Mädchen von sechzehn Jahren bringen könne, ... denen es unmöglich war, den Inhalt zu fassen", berichtet Wolff. Doch „zeigte sich der Nutzen davon ... sehr bald. Der Vortrag bekam durch die gewichtige daktylische Versart, durch die ... sorgfältige Aussprache der griechischen Götter- und Heldennamen allmählich eine solche Deutlichkeit, ein solches Gewicht, einen so gehaltenen tiefen Ernst, daß in den kleinen Rollen des Trauerspiels bei Meldungen der Boten und Herolde, den Zwischenreden der Vertrauten und dergleichen nie eine störende Lächerlichkeit vorfiel, die jedesmal entstehen wird, wenn eine dünne Soubrettenstimme oder ein gewöhnlicher Konversationston die Szene unterbricht, die von den Hauptpersonen in einem ... würdevollen Tone deklamiert wurde."[72] Durch diese Übungen erhielten auch die Anfänger bald eine solche Sicherheit in den Intonierungen, „daß alle, wie die reingestimmten Instrumente eines Orchesters, ineinandergriffen"[73].

Daß es zu solchen Übungsstunden bisweilen auch heiter und gelassen zugehen konnte, zeigt ein Bericht Johanna Schopenhauers. Goethe hatte sein Jugendstück *Die Mitschuldigen* gewählt und selbst die Rolle des alten Gastwirts übernommen. „Ich habe nie was Ähnliches gehört, er ist ganz Feuer und Leben, wenn er deklamiert, niemand hat das echt Komische mehr in seiner Gewalt als er. Zwischendurch meisterte er die jungen Leute, ein paar waren ihm zu kalt. ‚Seid Ihr denn gar nicht verliebt?' rief er komisch erzürnt, und doch war's ihm halb

Die Weimarer „Tasso"-Aufführung

ein Ernst, ‚seid Ihr denn gar nicht verliebt? Verdammtes junges Volk! Ich bin sechzig Jahr alt, und ich kann's besser.'"[74]

Anknüpfend an diese Übungen hatten sich die Schauspieler nun gerade in der schwierigen Zeit des Jahres 1806 ohne Goethes Wissen vorgenommen, den *Tasso* einzustudieren. Goethe hatte das Stück noch nie zu einer Inszenierung freigegeben. Es galt selbst ihm als zu handlungsarm, um bühnenwirksam dargeboten werden zu können. In Pius Alexander Wolff war aber in den vorangegangenen Jahren ein Schauspieler herangewachsen, der gerade die verfeinerte Innerlichkeit des Goetheschen *Tasso* kongenial zu verkörpern wußte. Als zu Beginn des Jahres 1807 „manches zu stocken schien" und zu etwas Neuem der Mut fehlte, „da regte sich die freundliche Zudringlichkeit meiner lieben Zöglinge, so daß ich zuletzt dasjenige halb unwillig zugestand, was ich eifrig hätte wünschen, befördern und mit Dank anerkennen sollen"[75], erinnert sich Goethe rückblickend. *Torquato Tasso* wurde am 16. Februar 1807 anläßlich des Geburtstages der Erbherzogin Maria Pawlowna uraufgeführt. „Der Beifall, den das Stück genoß, war vollkommen der Reife gleich, die es durch ein liebevolles, anhaltendes Studium gewonnen hatte, und ich ließ mich gern beschämen, indem sie dasjenige als möglich zeigten, was ich hartnäckig als unmöglich abgewiesen hatte"[76], kommentiert Goethe den Theaterabend.

Vielleicht gab die erfolgreiche *Tasso*-Inszenierung den letzten Ausschlag, daß das Weimarer Ensemble im Frühjahr und Sommer desselben Jahres zu zwei Gastspielen in die Theaterhochburg Leipzig eingeladen wurde. Gewünscht hatte man ausdrücklich Inszenierungen Schillerscher und Goethescher Stücke. Damit mußte sich der klassische Stil vor einem Publikum bewähren, dessen Geschmack ganz am Bühnennaturalismus der Secondaschen Truppe orientiert war. Keine einfache Aufgabe für die Weimarer, denn die älteren Schauspieler unter ihnen, die den Naturalismus nicht mehr ganz abzustreifen vermocht hatten, konnten mit den naturalistischen Leipziger Talenten nicht konkurrieren. Unter den jüngeren Weimarer Schauspielern waren dagegen nur wenige wie Pius Alexander Wolff und seine Frau Amalie Wolff-Malcomi, deren Befähigung ausreichte, die von Goethe vermittelten schauspielerischen Regeln schöpferisch und virtuos umzusetzen. Die Stärke des Weimarer Stils lag immer in der harmonischen und kunstvollen Ensembleleistung, niemals im vereinzelten Virtuosentum. Folgerichtig spiegeln sich in den Stimmen der Kritiker die Richtungskämpfe der zeitgenössischen Stilentwicklung wider: Die Vertreter des Naturalismus empfanden die Deklamation der Weimarer als eintönig, gesangartig und predigerhaft, die Bewegungen als zu abgemessen und marionettenartig; das kalt-formelle Theaterdekorum, so meinten sie, hebe alles Leben auf. Zustimmung und Anerkennung fand das Weimarer Ensemble dagegen bei den Studenten und all denen, die in der Lage waren, das höhere poetische Leben der Inszenierungen sowie die rhythmische Harmonie der Darstellung als einen entschiedenen Fortschritt in der deutschen Bühnenkunst anzuerkennen.

Den Kriegsläufen zum Trotz, die Europa verwüsteten und in den Köpfen der Menschen Völkerhaß säten, hielt Goethe den Gedanken der dramatischen Weltliteratur aufrecht. Er fuhr fort, der Weimarer Bühne das dramatische Erbe anderer Nationen zu erschließen. Verschiedene Shakespeare-Stücke in August Wilhelm Schlegels Übersetzung, weitere Versuche mit antiken Tragödien, französische, italienische und spanische Dramatik wurden angeeignet. Dabei galt Goethes besondere Neigung dem klassischen spanischen Dramatiker Calderón, mit dessen Schweben zwischen Tragischem und Komischem er den Formenkanon des Weimarer Stils bewußt bereicherte. Über diese formalen Elemente hinaus hoffte er – abgehoben von der destruktiven Zeitwirklichkeit – mit den Mitteln der Kunst im Ideellen den Weg für Frieden und Völkerverständigung zu bahnen. Ganz im Einklang mit den Postulaten der klassischen Ästhetik setzte er so das gemeinsam mit Schiller Begonnene fort.

Nach dessen Tod ist allerdings eine Verschiebung im dramaturgischen Herangehen nicht zu übersehen: Der betont monumentale Rhythmus der Schillerschen Inszenierungen weicht der verinnerlichten und andeutenden Arbeitsweise Goethes. Schiller hatte im echt dramatischen und bühnenwirksamen Sinne den Hauptakzent immer auf die klare Motivation der dramatischen Handlung und auf die exakte Entwicklung der Charaktere gelegt. Goethe, im Unterschied zu diesem ganz von der bildenden Kunst herkommend, achtet dagegen vor allem darauf, daß die Inszenierung ein harmonisches Ganzes bildet, geprägt von einem würdevoll-getragenen Rhythmus, stilisiert in Sprache, Mimik und Gestik, sich abrundend und vollendend im symbolträchtigen Bild. Mit dieser Goetheschen Modifikation des Weimarer Stils gelingen nach wie vor erfolgreiche, zum Teil sensationelle Inszenierungen wie Shakespeares *Hamlet* in der Schlegelschen Übersetzung, Zacharias Werners *24. Februar* oder Calderóns *Standhafter Prinz*. Dagegen zeigt das Fiasko, das die Uraufführung von Heinrich von Kleists *Zerbrochenem Krug* im März 1808 erlebt, sehr deutlich die Grenzen des Weimarer Stils, speziell in der von Goethe geprägten Form. Kleists komische, soziale Widersprüche grell beleuchtende Szenenfolge, die ohne Aktzäsuren vor dem Auge des Zuschauers abrollen muß, lebt vom vitalen Rhythmus der Handlung, von greller Situationskomik und schlagfertigem Dialog. Goethe hat das Stück durchaus als kräftig und kernig eingeschätzt, sonst wäre es in Weimar nicht inszeniert worden. Dessen Dramaturgie ist ihm jedoch verschlossen geblieben. Er zergliedert es in drei Akte und besetzt die Rolle des Dorfrichters Adam mit einem ungeeigneten Schauspieler. Dieser trägt Kleists spritzigen Text so breit und langweilig vor, daß selbst die Mitspieler die Geduld verlieren und das Stück in Gegenwart des Herzogs ausgepfiffen wird.[77]

Goethe, selbst unbefriedigt von der mißlungenen Inszenierung, schreitet allerdings unbeirrt auf seinem Wege fort. Er baut mit seinem Ensemble den andeutenden Symbolstil weiter aus, erhöht die Deklamationsfähigkeiten der Schauspieler und verfeinert die bildkünstlerischen Wirkungen. Die charakterisierende Menschengestaltung als eigentliche Aufgabe der Bühne droht im Emblem, in der schönen Gebärde zu erstarren. Auch unter diesem Vorzeichen gelingen noch sublime Leistungen der Spätzeit wie die *Proserpina*-Inszenierung mit Amalia Wolff-Malcomi aus dem Jahre 1815. Mit ihrer symbolischen Raumaufgliederung, der perspektivischen Differenzierung, dem ganz auf das Malerische gestellten Bühnenbild und den pantomimischen Leistungen der Schauspieler ist sie wohl die vollkommenste Inszenierung des bildenden Künstlers Goethe. Bedenkt man allerdings, daß der junge Goethe die Rolle der Proserpina einst der einfühlsamen Menschendarstellerin Corona Schröter auf den Leib geschrieben hatte, und vergleicht man diese späte Aufführung mit jener tiefbewegenden Inszenierung des Liebhabertheaters aus dem Jahre 1778, so wird deutlich, daß der klassische Stil seinen Lebensnerv und damit seine innovative Kraft verloren hatte.

Unglücklicherweise leistet diese Entwicklung der Bildung einer weitestgehend subjektiv motivierten antigoetheschen Partei im Theater Vorschub. Caroline Jagemann, Sängerin, Schauspielerin und seit 1802 offizielle Mätresse Carl Augusts, versucht immer wieder, hinter den Kulissen ihre Fäden zu spinnen. Goethe schätzt ihre Stimme ebenso wie ihre darstellerischen Fähigkeiten; wenn auch zähneknirschend, findet er sich damit ab, daß ihr ein Sondervertrag weitgehende Entscheidungsfreiheiten gegenüber dem für alle Schauspieler verbindlichen Theaterstatut einräumt. Als sie allerdings die Gunst des Herzogs dazu benutzt, die Spielplangestaltung, die Rollenbesetzung und die künstlerische Umsetzung der Stücke zu manipulieren, kommt es immer wieder zu aufreibenden Auseinandersetzungen. Diese sind für Goethe besonders schmerzlich, da der Herzog in der Regel die Partei der Jagemann ergreift und sich Goethe seinen Befehlen kaum entziehen kann. So war es schon im Jahre 1808 zu einer schwerwiegenden Theaterkrise gekommen, als sich Goethe nicht bereit zeigte, dem einer Jagemannschen Intervention folgenden herzoglichen Willkürakt gegenüber dem Sänger Morhard tatenlos zuzusehen. Überzeugt von dessen Unschuld, stellt er sich mit der ganzen Macht seines Amtes hinter seinen Untergebenen und mildert die von Carl August ausgesprochene fristlose Entlassung in eine fristgerechte, bis zum letzten Tag bezahlte Vertragsauflösung. Goethe ist, bei aller Strenge und einer Neigung zu hitzigem Aufbrausen, ein Mann der Gerechtigkeit. So setzt er zwar die Rechte seines Schauspielers durch, bittet aber gleichzeitig um seine Demissionierung. Denn der Herzog hatte den gegen Goethe geführten Schlag auch dazu benutzt, dessen künstlerische Entscheidungsbefugnisse als Theaterintendant zu seinen eigenen Gunsten und zu Gunsten der Wöchner weitgehend einzuschränken. Goethe ist des ungleichen Kampfes müde. „... denn wie wäre es möglich", schreibt er zu dieser Zeit in einem wahrscheinlich zu seiner Selbstverständigung niedergeschriebenen Aufsatz, „daß jemand bei einem Geschäft, das so viele Gefahren und Verantwortung hat, sich als Chef

Konflikte mit Carl August

benennen ließe, ohne auch nur im mindesten bei der Sache mitwirken zu können."[78] Er konnte und durfte nicht zulassen, daß das Gedeihen der Kunst dem dilettantischen Willen eines einzelnen, und sei es der Herzog selbst, anheimgestellt werde. Damals war es Herzogin Louise, die ihren Gatten veranlaßte, Goethes Souveränität als Intendant wiederherzustellen. In einem langen persönlichen Gespräch gelang es ihr dann, Goethe zum Bleiben zu bewegen. Bis sich seine Beziehungen zum Herzog von diesen Erschütterungen und Enttäuschungen erholten, vergingen allerdings Jahre.

Die schwelenden Konflikte im Theater konnten auf die Dauer aber nicht mehr gebannt werden. So ist das letzte Jahrzehnt der Goetheschen Theaterdirektion unangenehm überschattet. Das engagierte Wollen und Gestalten, das die Zeit mit Schiller geprägt hatte, weicht in zunehmenden Maße einem Ausharren im Zeichen der Pflicht, nur gelegentlich unterbrochen von der Freude an einer gelungenen Inszenierung. Als im Jahre 1815 seine beiden besten Schauspieler, Amalia und Pius Alexander Wolff, die beiden Repräsentanten des Weimarer Stils, einem Engagement nach Berlin folgen, kann Goethe den Schlag kaum verwinden. Ein Jahr später stirbt ihm mit Christiane die zuverlässige und geschickte Vermittlerin seines Verhältnisses zu den Schauspielern. Im Februar 1817 entläßt Carl August Goethes langjährigen Regisseur Anton Genast, beruft aber gleichzeitig Goethes Sohn zum Mitglied der inzwischen gebildeten Hoftheaterintendanz. Voller Hoffnung, durch den Sohn vom aufreibenden Theateralltag entlastet zu werden und sich noch einmal ganz der künstlerischen Seite des Geschäftes widmen zu können, geht der inzwischen 68jährige Goethe erneut an die Arbeit.

Gerade in diesem Moment holt Caroline Jagemann zum letzten Schlag gegen ihn aus: Ein reisender Schauspieler hatte sich mit dem Stück *Der Hund des Aubri de Mont-Didier*, in dem ein dressierter Pudel die Hauptrolle spielte, um eine Gastvorstellung am Weimarer Hoftheater beworben. Goethe weist das Ansinnen als eine Entweihung des Theaters empört zurück, worauf die Jagemann den Antrag an den Herzog lanciert. Dieser, als Hundeliebhaber gespannt auf den Dressurakt, ignoriert Goethes Veto und genehmigt die Vorstellung. Goethe flieht nach Jena. Hier erhält er am 13. April des Jahres 1817, ei-

Ein Vierteljahrhundert Theaterdirektor

nen Tag nach der umstrittenen Aufführung, vom Herzog die offizielle Entlassung als Theaterintendant, um die er in den vorangegangenen Jahren mehrfach vergebens ersucht hatte. In einem persönlichen Begleitbrief schreibt ihm Carl August: „Verschiedene Äußerungen Deinerseits, welche mir zu Augen und Ohren gekommen sind, haben mich unterrichtet, daß Du es gerne sehn würdest, von denen Verdrießlichkeiten der Theaterintendanz entbunden zu werden ... Ich komme gern hierin Deinen Wünschen entgegen, dankend für das viele Gute, was Du bei diesen sehr verworrenen und ermüdenden Geschäften geleistet hast ..."[79]

Auch wenn diese Worte Carl Augusts aufrichtig versöhnend gemeint gewesen sind, trägt der Vorgang selbst doch erschütternd-symbolische Bedeutung: Ein Vierteljahrhundert hatte Goethe um das Recht der Kunst auf dem Theater gerungen. Unermüdlich hatte er sich bemüht, seinen Schauspielern einen Begriff von jenem gesetzhaften Charakter des Künstlerischen zu geben, der Natur in tiefe und wahre Kunstschönheit verwandelt, ohne daß die Kunst den Schein des Natürlichen einbüßt, aber auch ohne daß sie an das Alltägliche verraten wird. Nun muß Goethe einem dressierten Pudel weichen, der für ihn das Anti-Künstlerische schlechthin repräsentiert. Mag der schöpferische Impuls, der vom Weimarer Stil ausgegangen ist, bei den Zeitgenossen auch auf manche Kritik gestoßen und in der Spätzeit nur noch begrenzt innovativ gewesen sein. Aus der deutschen Bühnengeschichte ist das entschiedene Korrektiv, das der Bühnennaturalismus durch den Weimarer Stil erhalten hat, nicht wegzudenken. Wenn Schiller vor allem das deutschsprachige Drama auf die Höhe der anderen Kulturnationen zu heben vermochte, so war es in erster Linie Goethes Verdienst, den klassischen Darstellungsstil entwickelt zu haben. In einer Zeit, in der die Erneuerung der Schauspielkunst vom poetischen Wort her möglich und notwendig war, konnten Goethe und Schiller als Dichter diese Aufgabe erfüllen. Allerdings nur so lange, bis sich in der Überbetonung von Wort und Geste, die letzlich den lebendigen Spielimpuls erstickte, die Grenzen der Goetheschen Theaterreform offenbarten. Notwendige Korrekturen gingen in der Folge unter anderem vom Wiener Burgtheater aus, wo dem berühmten Dramaturgen

Das Ende von Goethes Theaterdirektion

Josef Schreyvogel die Synthese von echter, vor allem aus dem Volkstheater geschöpfter Spielfreude mit der deutschen Klassik gelang.

Das Weimarer Hoftheater fiel ohne die leitende Hand Goethes sehr bald in Provinzialismus. Von der stolzen Bilanz seiner Spielplangestaltung im Bereich des Sprechtheaters, wo insgesamt 528 Theaterabende mit Iffland- und Kotzebue-Stücken 590 Abenden mit Stücken von Schiller und Goethe gegenüberstanden, war nichts mehr zu spüren. Die Trivialdramatik eroberte das Feld zurück. Goethe hat sein Theater niemals mehr betreten.

Einsamkeit und Vollendung

Was aber ist deine Pflicht?
Die Forderung des Tages.

Im Goethehaus war es still geworden seit Christianes Tod. Noch immer bildet der Mittagstisch die gemeinsame Hauptmahlzeit der Familie. Wie zu Christianes Zeiten wird sie mit Rücksicht auf Goethes lange Arbeitsvormittage meist erst gegen 15 Uhr eingenommen. Doch statt des traulichen Vermerks „Mittag für uns"[1] steht jetzt ein karges „Mittag zu zweit" oder „Mittags mit August"[2] in Goethes Tagebuch. Vater und Sohn sitzen einander gegenüber, siebenundsechzigjährig der eine, sechsundzwanzigjährig der andere. Der dritte Platz bleibt leer. Die Familienstruktur ist schmerzlich zerstört.

Goethe, *Ölbild von Karl Joseph Raabe, 1814.*

Trauer um Christiane

Vermutlich wird nicht nur im Tischgespräch jede Erinnerung an die Verstorbene sorgfältig gemieden. Sohn August kennt und respektiert die Scheu des Vaters, jene dunklen Bezirke zu berühren. Er weiß, wie labil das Gleichgewicht ist, um das sein Vater jeden Tag aufs neue ringen muß. Wie eh und je steht dieser mit dem Morgengrauen auf und beginnt sein Tagwerk: schreibt Briefe, ordnet und leitet die ihm obliegenden Weimarer und Jenaer Geschäfte, bestimmt einige *Divan*-Gedichte zum Vorabdruck in Cottas *Damenkalender*, macht Farbversuche und liest naturwissenschaftliche Schriften. Doch ist es nur Mechanisches, höchstens Rezeptives, was seinen Tag jetzt füllt. Der Schmerz hat den Strom der produktiven Kräfte erdrückt, er fühlt sich unfähig, „irgendeine Produktion des Augenblicks"[3] von sich zu erwarten.

Drei Wochen verläßt er kaum das Haus. Einer der ersten Besuche gilt dann Johanna Schopenhauer – vielleicht in dankbarer Erinnerung daran, daß sie Christiane einst den Weg in die Weimarer Gesellschaft geebnet hatte. „Seit dem Tode seiner Frau habe ich ihn heute zum erstenmal gesehen", berichtet die Schopenhauer, „denn es ist seine Art, jeden Schmerz ganz in der Stille austoben zu lassen und sich seinen Freunden erst wieder in völliger Fassung zu zeigen. Ich fand ihn dennoch verändert; mir scheint er recht im innersten Gemüt niedergeschlagen."[4]

Carl Friedrich Zelter.

In dieser Situation tiefer seelischer Erschütterung kommt Carl Friedrich Zelter für zwei Tage nach Weimar. Goethe stand schon seit Ende der neunziger Jahre mit diesem etwas konservativen, damals aber weithin geschätzten Musiker und Komponisten in Kontakt. Zelter hatte viele der Goetheschen Lieder vertont und mit der von ihm geleiteten Berliner Singakademie aufgeführt. Nach Schillers Tod war er allmählich zum engen Freund Goethes geworden. Eine Gestalt wie Urgestein, derb, kräftig, bodenständig,

371

Einsamkeit und Vollendung

ein wenig einseitig, dafür aber welterfahren und weltgewandt. Einer, der sich aus eigener Kraft vom Maurergesellen und Baumeister zum Musiker herangebildet hatte; ein Mann aber auch, der vom Schicksal geprüft worden war. Früh säumten die Toten seinen Weg, die Frau, die geliebte Schwester, der Sohn wurden ihm entrissen. Seine Töchter hat er allein großgezogen. Damals, im November 1812, als Zelter seinem Schmerz um den verlorenen Sohn in einem Brief an Goethe Ausdruck verlieh, ließ dieser alle ungeschriebenen Regeln seines Lebens beiseite und tröstete den Freund, indem er ihn von nun an mit dem brüderlichen „Du" ansprach. Auch diesmal bedurfte es für Goethe nur weniger Worte, um sich mit Zelter über das Unaussprechliche zu verständigen. „Wenn ich Dir, derber, geprüfter Erdensohn, vermelde, daß meine liebe kleine Frau uns in diesen Tagen verlassen, so weißt Du, was es heißen will"[5], hatte Goethe ihm nach Christianes Tod geschrieben.

Zelter hatte die Botschaft verstanden, er war gekommen. Was zwischen beiden Männern gesprochen worden ist, wissen wir nicht. Ganz sicher aber konnte sich Goethe verstanden fühlen, konnte sich stärken an des Freundes unverbrüchlicher Lebenskraft. „Das Glück führte mir Zeltern auf zwei Tage hieher, was sehr wenig und sehr viel ist", berichtet Goethe einem gemeinsamen Freund. „Wir sind durch diese neue lebendige Anregung gewiß geworden unseres unzerstörlichen Gemeinseins."[6]

Wahrscheinlich wandelt sich Goethes Verhältnis zu Zelter erst in diesen kurzen Tagen vom nahen Freund zum persönlichen Vertrauten, zum engsten Begleiter seines Alters. Ganz sicher ist es dabei kein Zufall, daß Zelters wesentliche Charakterzüge denen Christianes gleichen. Hier schimmert ein Muster durch, das in Goethes Leben, im innersten Bezirk seines Lebens, immer wiederkehrt: Die Menschen, die er ganz nah an sich heranläßt, sind einander vom Typ her ähnlich. So ist auch Zelter natürlich, offen, gerade und stark, nicht umzuwerfen vom Sturm des Lebens. Und wie Christiane mit einer Liebesfähigkeit begabt, die nur wenigen Menschen eigen ist. „So sei denn Du mein Italien, meine Sonne, mein Alles und verlaß mich nicht, wie ich Dich nimmermehr verlasse!"[7] schreibt Zelter Goethe wenige Monate nach diesem kurzen Besuch anläßlich der Lektüre des ersten Teiles von

Zelters Besuch in Jena

Goethes *Italienischer Reise*. Zelters Bekenntnis zu Goethe wiegt um so schwerer, wenn man bedenkt, daß er kein schwärmender Jüngling ist, sondern ein in den Kämpfen des Lebens gereifter Mann von 58 Jahren, gewohnt, der Wirklichkeit unsentimental ins Auge zu schauen und ihr mit zupackender Ironie den Spiegel vorzuhalten. Nicht selten werden es in den nächsten anderthalb Jahrzehnten Zelters lebenspralle Briefe und seine verstehende Teilnahme sein, die den zunehmend einsamer werdenden Goethe unterhalten, ermutigen und aufrütteln. Goethe, der zeitlebens immer auch die lebendig-teilnehmende Nähe vertrauter Menschen brauchte, findet diese nach Christianes Tod in dem ihr ähnelnden Altersfreund.

Zelter ist es auch, der Goethe nach Christianes Tod beredet, zum Kuraufenthalt wieder nach Baden zu reisen, wo er sich in den vorangegangenen zwei Jahren so gut erholt hatte. Bei dieser Gelegenheit würde er die Freunde an Rhein und Main wiedersehen, vor allem die Brüder Boisserée und Jakob und Marianne von Willemer. Goethe willigt ein. Er hofft auf Linderung seiner Knochen- und Gelenkschmerzen, wohl auch darauf, neuen Lebensmut zu finden. Begleitet von seinem alten Schweizer Kunstfreund Heinrich Meyer, tritt er die Reise an. Doch noch vor Erfurt stürzt die Kutsche um. Goethe entsteigt ihr unverletzt, Heinrich Meyer mit einer leichten Kopfwunde. Wie schon oft in seinem Leben betrachtet Goethe das Geschehene als ein Zeichen. Er sieht Rhein und Main nie wieder.

Da er jedoch ganz ohne Badeausflug das Jahr nicht durchbringen kann, sich „unsäglich ins Wasser [sehnt], und zwar diesmal in Schwefelwasser, denn weder Gelenke noch Haut wollen mehr dem Willen gehorchen und spielen ihr eignes unbequemes Spiel"[8], geht er, begleitet von Freund Meyer, für sechs Wochen ins nahe Tennstädt. Hier, in der Abgeschiedenheit des kleinen Kurortes, findet er allmählich ins Leben und zur Arbeit zurück.

Schon lange hatte er sich vorgenommen, öffentlich Stellung zu nehmen gegen die religiösen Tendenzen in der zeitgenössischen Kunst, die zu seinem großen Verdruß vor allem in der Malerei immer mehr an Boden gewonnen und die von Weimar aus vertretenen Positionen des Klassizismus erfolgreich zurückgedrängt hatten. Während des Tennstädter Kuraufenthaltes entsteht der schließlich von Heinrich

Einsamkeit und Vollendung

Meyer niedergeschriebene und von Goethe redigierte Aufsatz *Neudeutsche religios-patriotische Kunst*, den Goethe dann zu Beginn des Jahres 1817 in seiner künstlerischen Gegenständen gewidmeten Zeitschrift *Über Kunst und Altertum in den Rhein- und Maingegenden* veröffentlicht.

Schon kurz nach der Jahrhundertwende hatten es die Vertreter der Romantik in der Literatur und stärker noch in der bildenden Kunst unternommen, auf der Suche nach neuen, zeitgemäßen Ausdrucksformen das Verhältnis von Kunst und christlicher Religion neu zu bestimmen. Theoretischer Wortführer dieser Bestrebungen war Friedrich Schlegel mit seiner Zeitschrift *Europa* geworden, die er in den Jahren von 1803 bis 1805 in Paris herausgab. In einem kunsttheoretischen Salto mortale hatte sich dieser von seinen früheren Bestrebungen nach antikisierender Objektivierung in der Kunst distanziert, die seiner Feder einst glühende Worte für Goethes *Wilhelm-Meister*-Roman entlockt hatten. Nun verbannten seine theoretischen Prämissen antike Formen und Sujets aus der Kunst, insbesondere aus der Malerei. Anknüpfend an die sich bereits von Friedrich Wackenroder und Ludwig Tieck in ihren epischen Darstellungen *Herzergießungen eines kunstliebenden Klosterbruders* und *Sternbalds Wanderungen* aussprechenden Vorlieben für mittelalterliche Kunst, mystisch-religiöse Gegenstände und Allegorien, erklärte Friedrich Schlegel die Malerei für eine göttliche Kunst, ja für eines der wirksamsten Mittel, sich der Gottheit zu verbinden. Er apostrophierte, daß nur tiefes religiöses Gefühl den wahren Maler der Gegenwart hervorbringen könne und orientierte die zeitgenössischen Künstler auf die Gestaltung religiöser Themen und Motive.

Die damit einhergehende Subjektivierung und Verinnerlichung der Kunst betrachtete Goethe als höchst gefährlich, weil ihr letztlich ein Konzept des Rückzuges aus der Welt und nicht eines der schöpferischen Gestaltung der Wirklichkeit zugrunde zu liegen schien. Durch „Altertüm[e]lei" und „Frömmelei"[9] sah Goethe jene humanistischen Werte des ausgehenden 18. Jahrhunderts bedroht, an deren Herausbildung Schiller, Herder und er selbst von Weimar aus so nachdrücklich mitgewirkt hatten. Schon 1805 hatte er deshalb an Meyer geschrieben: „Sobald ich nur einigermaßen Zeit und Humor finde, so

Auseinandersetzung mit der Romantik

will ich das neukatholische Künstlerwesen ein für allemal darstellen; man kann es immer indessen noch reif werden lassen und abwarten, ob sich nicht altheidnisch Gesinnte hie und da hören lassen."[10]

Statt einer polemischen Antwort hatte Goethe damals die Schrift *Winckelmann und sein Jahrhundert* herausgebracht, mit der er seine klassisch-humanistischen Positionen noch einmal zusammenhängend aussprach. Doch vermochte dieses Werk die zeitgenössischen Tendenzen der Kunstentwicklung ebensowenig auf die klassizistische Linie zurückzurufen wie die einige Jahre zuvor in der Zeitschrift *Propyläen* von Goethe und Meyer niedergelegten künstlerischen Überzeugungen und die dort formulierten Preisaufgaben für bildende Künstler. Im Gegenteil. Die theoretischen Positionen Friedrich Schlegels wurden von der jungen Malergeneration begierig aufgegriffen. Die einflußreiche Dresdner Kunstakademie unter den Malerprofessoren Ferdinand August Hartmann und Franz Gerhard von Kügelgen zeigte sich dem neuen Zeitgeschmack gegenüber offen, ebenso bedeutsame Talente wie Philipp Otto Runge und Caspar David Friedrich.

Im Jahre 1809 fand die Verschwisterung von Religion und Kunst mit der Gründung des Lukasbundes der sogenannten Nazarener ihren Höhepunkt. Dessen Initiatoren, Johann Friedrich Overbeck und Franz Pforr, scharten in Rom, das ja nicht nur Sinnbild der Antike, sondern auch Hauptstadt der katholischen Welt war, eine ganze Vereinigung deutscher, sich zum Katholizismus bekennender Maler um sich, die sich die Erneuerung der „alten heiligen Kunst" auf die Fahnen geschrieben hatte. Mitglieder dieser Gruppe waren unter anderem Peter von Cornelius, Wilhelm von Schadow, der Sohn des klassizistischen Bildhauers, Julius Schnorr von Carolsfeld und Philipp Veit, der Stiefsohn Friedrich Schlegels. In den folgenden Jahren leisteten die antinapoleonischen Befreiungskriege mit ihrer mächtigen Aufwallung patriotischen Nationalgefühls der Hinwendung zur mittelalterlichen, altdeutsch-nationalen Kunst, die ja im wesentlichen religiöse Kunst war oder von den Nazarenern so interpretiert wurde, kräftig Vorschub. So fand sich Goethe 1816 keineswegs inmitten einer erstarkten Gruppe „altheidnisch Gesinnte[r]" wieder, wie er noch 1805 gehofft hatte. Statt dessen sah er, für den „ästhetische Kultur" lebenslang in „Polytheismus und Pantheismus"[11] bestand, sich einer ganzen

Generation altdeutsch-religiös gesinnter Künstler gegenüber. Eine Entwicklung, die er als verhängnisvoll betrachten mußte, da sie bereits bedeutende Talente in ihren Bann geschlagen hatte und sich anschickte, zur dominierenden Richtung in Deutschland anzuwachsen. Gerade nach dem Ende der Befreiungskriege sah Goethe die Zeit für gekommen, öffentlich seine Stimme zu erheben, um die jüngere Künstlergeneration nachdrücklich zur Besinnung zu rufen und vor der Verwechslung künstlerischer mit religiösen und moralischen Kategorien zu warnen: „Da aber jener Nationalenthusiasmus nach erreichtem großen Zweck den leidenschaftlichen Charakter, wodurch er so stark und tatfertig geworden, ohne Zweifel wieder ablegen und in die Grenzen einer anständigen, würdigen Selbstschätzung zurücktreten wird, so kann sich alsdann auch die Kunst verständig fassen lernen und die beengende Nachahmung der ältern Meister aufgeben, ohne doch denselben und ihren Werken die gebührende ... Hochachtung zu entziehen. – Ein Gleiches gilt von der Religiosität. Die echte, wahre, die dem Deutschen so wohl ziemt, hat ihn zur schlimmsten Zeit aufrecht erhalten ... Möge ein so würdiger Einfluß ... niemals ermangeln, dagegen aber alle falsche Frömmelei aus Poesie, Prosa und Leben baldmöglichst verschwinden und kräftigen heitern Aussichten Raum geben."[12]

So berechtigt die Warnrufe der „Weimarer Kunstfreunde" Goethe und Meyer in Anbetracht der rekatholisierenden Tendenzen der beginnenden Restaurationsepoche auch waren – Friedrich Schlegel tritt 1808 zum katholischen Glauben über und in den österreichischen Staatsdienst ein –, so problematisch erscheint aber auch die einseitige Orientierung der zeitgenössischen Künstler auf das „Studium der alten griechischen Kunst und was in neuerer Zeit sich an dieselbe anschloß"[13].

Goethes Hoffnung, daß sich nach dem Fanfarenstoß der Weimarer Hellenen „Tausend und aber tausend Wohldenkende ... schnell versammeln, der reine Menschen- und Kunstverstand ... laut werden"[14] würde, hat sich nicht erfüllt. Nur die engsten Freunde wie Carl Friedrich Zelter, Friedrich Rochlitz und wenige mehr reagieren begeistertzustimmend. Von den Angesprochenen, den romantischen Künstlern und Theoretikern, wird der Aufsatz totgeschwiegen. Die Nazarener bestimmen bis über Goethes Tod hinaus die Entwicklungsrichtung in

Rückkehr ins tätige Leben

der deutschen Malerei. Goethe, der die Polemik zunächst fortsetzen und die letzten Bogen des folgenden *Rhein- und Main-Heftes* „zur Höllenmaschine laden"[15] will, resigniert. Zwar setzt er die Schriftenreihe unter dem veränderten Titel *Über Kunst und Altertum* bis zu seinem Tode fort; kämpferische Polemik und engagierter Wille zum Eingreifen ist in den Heften jedoch kaum mehr zu spüren. Die ein- bis zweimal bei Cotta erscheinende Schrift *Über Kunst und Altertum* wird dem alten Goethe zum Sprach- und Bekenntnisorgan seiner eigenen Kunstkonfession, die er in den zwanziger Jahren unter dem Eindruck neuester archäologischer Ausgrabungen in Paestum, Pompeji und Herculaneum erstaunlich weit modifiziert. Er gelangt zu einem vertieften Verständnis der griechischen Kultur, das mit einer Historisierung seines Griechenbildes einhergeht und ihm nun auch den Blick für die Vielfalt künstlerischer Lösungen der Antike bis zum Nichtharmonischen hin öffnet. In zahlreichen Rezensionen nimmt er wachen Anteil auch an den literarischen Entwicklungen seiner Zeit, wobei er den Bestrebungen der jüngeren Romantiker im In- und Ausland zum Teil durchaus offen gegenübersteht. So widmet er beispielsweise Arnims und Brentanos Volksliedersammlung *Des Knaben Wunderhorn* ebenso wie den Werken Byrons und Manzonis ausführliche Kritiken, die belegen, daß er die produktiven Potenzen der Romantik zu würdigen weiß. Jegliche Vermischung von Kunst und Religion bleibt ihm jedoch bis zum Ende seines Lebens suspekt.

Seine Stellungnahmen zu den zeitgenössischen Kunstentwicklungen erfolgen nun aber zumindest nach außen hin im altersweisen Bewußtsein, das Seine zu tun, ohne sich in unfruchtbaren Kämpfen aufzureiben. Persönlich hält es Goethe allerdings für nötig, die Konsequenzen zu ziehen. Zu den konvertierten älteren Romantikern Friedrich und August Wilhelm Schlegel gibt es für ihn keine Brücke. Erst als August Wilhelm im Jahre 1828 als hochberühmter Bonner Professor den katholischen Tendenzen der Romantik feierlich abschwört, ist der Weg frei für eine erneute briefliche Annäherung.

Hatte die Hoffnung, noch einmal mit starker Stimme orientierend in die neuesten Kunsttendenzen einzugreifen, Goethe nach Christianes Tod geholfen, ins tätige Leben zurückzukehren, läßt ihn die Fülle der

Carl August bei Goethe, Stahlstich von
Karl August Schwerdtgeburth, 1860.

erneut auf ihn eindringenden Ereignisse jetzt nicht mehr los. Bereits Anfang Oktober des Jahres 1816 wird er von Carl August aufgefordert, sein Urteil über den „ersten Mißbrauch der Preßfreiheit"[16] in Sachsen-Weimar abzugeben. Einer der seltenen Fälle, in denen der nunmehrige Großherzog seinen alten Freund in aktuellen politischen Entscheidungssituationen heranzieht. Sowohl der Sachverhalt selbst als auch Carl Augusts Wunsch erfüllen Goethe mit „Bedenklichkeit" und „Besorgnis"[17], weiß er doch nur zu gut, daß sich seine und des Großherzogs politische Überzeugungen während der vergangenen

Pressefreiheit in Weimar

Jahre in wesentlichen Punkten immer weiter auseinanderentwickelt hatten. Carl August, einst als pflichtbewußter Reichsstand angetreten, zeigte sich nun offen für die liberalisierenden Tendenzen des neuen Jahrhunderts, die vor allem während der Befreiungskriege kräftig um sich gegriffen hatten. Als einer der ersten deutschen Fürsten war er bereit, den Artikel 13 der Wiener Bundesakte zu erfüllen und seinem Land eine landständische Verfassung zu geben. Auch wenn er sich dem Vorschlag seines Ministers von Gersdorff verweigert hatte, nach französischem Vorbild einen Katalog individueller Menschen- und Bürgerrechte aufzunehmen, gewährte die am 5. Mai 1816 in Kraft getretene sachsen-weimarische Verfassung neben erweiterten Rechten des Landtages auch das bürgerliche Grundrecht auf Pressefreiheit.

Goethe stand diesen Entwicklungen von Anfang an skeptisch gegenüber. Als Verantwortlicher für die Belange von Kunst und Wissenschaft im Großherzogtum war er an der Ausarbeitung der Verfassung nicht beteiligt, wurde aber zunehmend mit den Folgen der gewährten Pressefreiheit konfrontiert. Als sich Ende August, Anfang September in der von dem bedeutenden Jenaer Naturphilosophen Lorenz Oken herausgegebenen Zeitung *Isis* Artikel häuften, die nicht nur die neue Landstandsordnung in scharfem Ton als unzureichend kritisierten, sondern auch Staatseinrichtungen fremder Staaten heftig angriffen, sah sich die oberste weimarische Polizeibehörde, die Landesdirektion, veranlaßt, sich hilfesuchend an das Staatsministerium zu wenden. Carl August holte nun neben den Voten seiner ordentlichen Minister Voigt, Fritsch und Gersdorff auch das Votum Goethes ein.

Dieses fällt so ungewöhnlich scharf aus, daß Goethe seinen Fürsten „dringend um Verzeihung" bitten zu müssen glaubt, weil er das Ganze nicht „schicklicher und mäßiger verfaßt"[18] habe. Tatsächlich verrät die Diktion deutlich Goethes Erregtheit und emotionales Engagement bei diesem Thema. Entgegen den Vorschlägen der Landesdirektion, dem Herausgeber der *Isis* einen Verweis auszusprechen und die Zeitung bei erneuten Ausfällen gegen einzelne Personen oder ganze Stände zu verbieten, empfindet Goethe als erfahrener Verwaltungspraktiker, der überdies einschlägige Erfahrungen mit Okens diffizilem Charakter besaß, die Hoffnung, daß sich der Herausgeber zukünftig selbst Zügel anlegen würde, als illusionär. Besorgt fragt er: „Und wo wäre dann

Einsamkeit und Vollendung

der Maßstab der Gesetzlosigkeit? Man will das Blatt fortdauern lassen, und wer soll dann beurteilen, ob der Verfasser in sich gegangen, ob wirklich sein Blatt sich der Sitte, sich dem Erträglichen nähert?"[19]

Wie vor beinahe zwanzig Jahren in der Fichte-Affäre sieht Goethe letztlich die Autorität des Staates gefährdet. Um diese zu schützen, fordert er kompromißlos: „Die anfangs versäumte Maßregel muß ergriffen und das Blatt sogleich verboten werden."[20] Dabei ist in Goethes Erfahrung und Verständnis der Staat alles andere als ein Fetisch. Der sich immer wieder reformierende Staat ist für ihn der einzig mögliche Garant friedlicher Entwicklung des Gemeinwesens. Nach den politischen, ökonomischen, kulturellen und menschlichen Erschütterungen, die die Befreiungskriege mit sich gebracht hatten, waren friedliche Verhältnisse gerade erst wieder eingekehrt. Diese sollten nach Goethes Überzeugung zu vielfältiger Aufbauarbeit genutzt werden, die sich nur unter dem schützenden und aktivierenden Dach eines stabilen Staatswesens in Ruhe und Frieden vollziehen konnte. Vor diesem Hintergrund sieht Goethe in der verfassungsmäßig garantierten uneingeschränkten Pressefreiheit nicht nur den inneren Frieden im Großherzogtum erneut heftig gefährdet, sondern auch den äußeren Frieden durch reelle und potentielle Presseangriffe auf andere Staaten und deren Repräsentanten von neuem bedroht.

Darüber hinaus war Politik für ihn ohnehin die Angelegenheit kompetenter, erfahrener und verantwortungsbewußter Staatsmänner und nicht Sache des öffentlichen Pressewesens. Die politische Publizistik, wie sie aufgrund der weimarischen Pressefreiheit nun zu blühen begann, betrachtete Goethe als inkompetente Einmischung. So rührt die ungewöhnliche Schärfe seines Votums zum Schicksal der Okenschen Zeitung vor allem daher, daß er wie „jeder wohldenkende Weltkenner die leicht zu berechnenden unmittelbaren und die nicht zu berechnenden weiteren Folgen mit Schrecken und Bedauern voraussah"[21], wie er rückblickend in den *Annalen* zum Jahr 1816 schreibt.

Carl August ist im Oktober 1816 Goethes Empfehlung auf Verbot der *Isis* nicht gefolgt. Er wollte die verfassungsmäßigen Rechte nicht durch einen Gewaltakt annullieren, ließ aber an einem differenzierten Pressegesetz arbeiten, das dem Mißbrauch der Pressefreiheit besonders in außenpolitischer Hinsicht entgegenwirken sollte. – Eine Maß-

Folgen der weimarischen Pressefreiheit

Okens „Isis".

nahme, die auch Goethe zutiefst befürwortete. Leider konnte sie erst zu einem Zeitpunkt realisiert werden, zu dem die Eskalation der Situation nicht mehr zu verhindern war.

Mit den Folgen der weimarischen Pressefreiheit ist Goethe dann nicht mehr unmittelbar votierend oder handelnd konfrontiert. Doch verfolgt er in den nächsten Monaten und Jahren mit besorgter Resignation, wie sich insbesondere die Universitäts- und Buchdruckerstadt Jena nach einer Formulierung Hans Tümmlers „zu einer Art Plattform und Umschlagsplatz fast sämtlicher vorandrängender Bewegungen der Zeit"[22] entwickelt. Wie von Goethe befürchtet, konzentrieren sich in Sachsen-Weimar, das die Pressefreiheit als einzelner Duodezstaat im Alleingang gewährt hatte, die politisch-publizistischen Auseinandersetzungen des gesamten Deutschen Bundes. Dies führte immer wieder zu schwierigen diplomatischen Verwicklungen mit den mächtigeren, sich immer stärker auf einen antiliberalen, restaurativ-reaktionären Kurs ausrichtenden Nachbarstaaten Österreich, Preußen, Rußland und Frankreich. Die Interventionen dieser Staaten fanden nach dem von Carl August genehmigten Wartburgfest der Burschenschaften im Oktober 1817 und nach der Ermordung Kotzebues im März 1819 sowie dem Niederschlag dieser Ereignisse in der sachsen-weimarischen Presse ihre Höhepunkte. So wurde – Ironie der Geschichte – gerade Carl Augusts bahnbrechende liberalisierende Leistung der Gewährung des Rechtes auf Pressefreiheit nicht zur Ursache, aber doch zum Vorwand für die Karlsbader Beschlüsse vom August 1819, in deren Folge die Pressefreiheit aufgehoben, die Burschenschaften verboten und die Universitäten strenger staatlicher Kontrolle unterstellt wurden.

Hier greift zum letzten Mal europäische Politik unmittelbar in Goethes Leben hinein. Die staatliche Kontrolle der Universitäten sollte durch eigens dafür eingesetzte Kuratoren gewährleistet werden. Inter-

Einsamkeit und Vollendung

essanterweise sieht der liberalen Tendenzen geneigte Carl August in seinem politisch konservativen Freund Goethe den rechten Mann für dieses diffizile Amt. Offenbar will er seine Landesuniversität nicht nur mit Goethes Namen schützen, sondern traut dessen Welterfahrung, Augenmaß und vorsichtigem Fingerspitzengefühl auf der einen Seite und dessen Aufgeschlossenheit für alle geistigen Fragen wie für die produktiven studentischen Impulse auf der anderen Seite die Kunst zu, die zu erwartenden Widersprüche zwischen innenpolitischem Interesse und außenpolitischen Forderungen immer wieder aufs neue ausbalancieren zu können. Dieser Zerreißprobe möchte sich der siebzigjährige Goethe verständlicherweise nicht mehr aussetzen. Mit Hinweis auf sein hohes Alter läßt er sich bei Carl August entschuldigen[23], der schließlich einen Jüngeren mit der Aufgabe betraut.

Gerade die Vorgänge im Umfeld des Wartburgfestes erlebt Goethe aus nächster Nähe in Jena, wo er seit Herbst 1817 wieder über Wochen und Monate weilt, da ihn der Großherzog mit der Neuorganisation der dortigen Universitätsbibliothek beauftragt hat. „Zu den vor dreihundert Jahren gestifteten Anfängen hatte sich nach und nach eine bedeutende Zahl von einzelnen Büchersammlungen ... gehäuft, daß sie flözartig in dem ungünstigsten Lokale bei der widerwärtigsten, großenteils zufälligen Einrichtung über- und nebeneinander gelagert standen. Wie und wo man ein Buch finden sollte, war beinahe ein ausschließliches Geheimnis mehr des Bibliothekdieners als der höheren Angestellten. Die Räume langten nicht mehr zu"[24], einzelne Büchersammlungen waren kaum zugänglich oder standen gänzlich verschlossen. Nach Carl Augusts Willen galt es nun, dieses Chaos nicht nur zu sichten und zu ordnen, sondern den Beständen auch die Büttnersche Bibliothek einzugliedern, die unter Goethes Leitung in den Jahren nach 1802 gerettet und übersichtlich im Jenaer Schloß aufgestellt worden war. Schließlich sollten die Gesamtbestände katalogisiert und der akademischen Nutzung zugeführt werden. – Eine Aufgabe, die noch einmal die ganze Kraft des fast siebzigjährigen Goethe in Anspruch nahm, der nebenher noch den Aufbau der neuen Tierarzneischule auf dem Heinrichsberg als eine der ersten ihrer Art in Deutschland leitete. Doch anders als die von den politischen Zeitereignissen so

Das Inspektorhaus am Jenaer Botanischen Garten, wo Goethe in den 20er Jahren wohnte.

stark tangierte und durch vielfache Bedingtheiten und Abhängigkeiten letztlich unwägbare Position des Universitätskurators waren derartige Geschäfte, wenn sie sich auch noch so schwierig anließen, ganz nach Goethes Geschmack. Handelte es sich doch um Tätigkeiten, die „Folgen" zu zeitigen versprachen. Ganz in dem Bewußtsein, im Unterschied zum für seine Begriffe unproduktiven politischen Zeitgetümmel Beständiges zu schaffen, berichtet Goethe im Februar 1818 dem befreundeten Historiker Georg Sartorius von seinen vielfältigen Tätigkeiten für die wissenschaftlichen Institute der Universität: In Jena, „das gegenwärtig so viel Lärm in die Welt sendet, ist es jetzt so still als niemals, weil jeder in seinem eignen Laboratorium die Raketen und Feuerkugeln verfertigt, womit er die Welt in Staunen setzen und womöglich entzünden möchte. Bei diesen Eruptionen sitz ich ruhig wie der Einsiedler auf der Somma."[25]

Dabei ging es auch bei einem so friedlichen Geschäft wie der Jenaer Bibliotheksreform nicht immer ohne sanfte Gewalt ab. Noch im hohen Alter erzählte Goethe Eckermann mit viel Vergnügen, wie unkonventionell er bisweilen vorgehen mußte, da wie so oft die Gelder für einen dringend erforderlichen Bibliotheksanbau fehlten. Um Abhilfe zu schaffen, suchte er einen an die Bibliotheksräume angrenzenden großen Saal für seine Zwecke zu gewinnen. Dieser gehörte der Medizinischen Fakultät und wurde von den Professoren bisweilen als Konferenzzimmer genutzt. „Ich wendete mich also an diese Herren mit der sehr höflichen Bitte, mir diesen Saal für die Bibliothek abzutreten. Dazu aber wollten die Herren sich nicht verstehen. Allenfalls seien sie geneigt nachzugeben, wenn ich ihnen für den Zweck ihrer Konferenzen einen neuen Saal wolle bauen lassen, und zwar sogleich. Ich erwiderte ihnen, daß ich sehr bereit sei, ein anderes Lokal für sie herrichten zu lassen, daß ich aber einen sofortigen Neubau nicht versprechen könne. Diese meine Antwort schien aber den Herren nicht genügt zu haben; denn als ich am andern Morgen hinschickte, um mir den Schlüssel ausbitten zu lassen, hieß es: er sei nicht zu finden. – Da blieb nun weiter nichts zu tun, als eroberungsweise einzuschreiten. Ich ließ also einen Maurer kommen und führte ihn in die Bibliothek vor die Wand des angrenzenden ... Saales. ‚Diese Mauer, mein Freund', sagte ich, ‚muß sehr dick sein, denn sie trennet zwei verschiedene Wohnungspartien. Versuchet doch einmal und prüfet, wie stark sie ist.' Der Maurer schritt zu Werke; und kaum hatte er fünf bis sechs herzhafte Schläge getan, als Kalk und Backsteine fielen und man durch die entstandene Öffnung schon einige ehrwürdige Porträts alter Perücken herdurchschimmern sah, womit man den Saal dekoriert hatte. ‚Fahret nur fort, mein Freund', sagte ich, ‚ich sehe noch nicht helle genug. Geniert Euch nicht und tut ganz, als ob Ihr zu Hause wäret.' ... bald [war die Öffnung] groß genug ..., um vollkommen als Tür zu gelten, worauf denn meine Bibliotheksleute in den Saal drangen, jeder mit einem Arm voll Bücher, die sie als Zeichen der Besitzergreifung auf den Boden warfen. Bänke, Stühle und Pulte verschwanden in einem Augenblick, und meine Getreuen hielten sich so rasch und tätig dazu, daß schon in wenigen Tagen sämtliche Bücher in ihren Repositoren in schönster Ordnung an den Wänden umherstanden. Die Herren Mediziner ... waren ganz verblüfft ... und zogen sich stille wieder zurück ... Als ich dem Großherzog den Verlauf dieses Abenteuers erzählte, das freilich mit ... seiner völligen Zustimmung eingeleitet war, amüsierte es ihn königlich ..."[26]

Viel schwieriger als dieser listige Piratenakt gestalteten sich allerdings die Ordnung und Katalogisierung der Büchermassen, die sich

Augusts Heirat mit Ottilie von Pogwisch

unter Goethes Leitung bis in die zwanziger Jahre erstreckten. Auch wenn der angestrebte Gesamtkatalog aller in Jena und Weimar befindlichen Bücher letztlich nicht zustande gekommen ist, schufen Goethe und seine Mitarbeiter der Jenaer Universität erstmals in ihrer Geschichte eine den akademischen Nutzungsbedürfnissen gerecht werdende Bibliothek. Geschichtlich betrachtet stellt sie den Grundstock der heutigen Thüringischen Universitäts- und Landesbibliothek dar – in der Tat ein Goethesches Geschäft, das Folgen zeitigte.

Am 17. Juni des Jahres 1817 ändert sich noch einmal Goethes häusliche Situation. Fast auf den Tag genau ein Jahr nach Christianes Tod zieht wieder eine Frau ins Haus am Frauenplan ein: Ottilie von Pogwisch, deren Eheschließung mit August von Goethe an diesem Tag mit „Gesellschaft" und „Abendessen"[27] als „ein großes Fest ..., das sich nicht leicht wiederholt", im Haus am Frauenplan gefeiert wird, wie Goethe Freund Boisserée berichtet. „Die jungen Leute sind das eigenste Paar, das es vielleicht gibt, und scheinen wirklich füreinander prädestiniert. Es ist mir nicht bang um sie"[28], fügt der mit der Wahl des Sohnes außerordentlich zufriedene Vater hinzu. Daß sich seine Wünsche für das junge Paar letztlich nicht erfüllen werden, kann Goethe zu diesem Zeitpunkt nicht voraussehen; hatte er doch von seiner Seite alles getan, um dem Sohn die standesgemäße Verbindung zum altadligen Geschlecht derer von Pogwisch zu ermöglichen. Ob Goethe die hartnäckigen Standesvorbehalte kannte, welche vor allem die adelsstolze Großmutter Ottilies, Henriette Henckel von Donnersmark, der Verbindung ihrer Enkelin mit dem Sohn der „Mamsell Vulpius" in den Weg gelegt hatte, muß dahingestellt blei-

August von Goethe *als Bräutigam, Zeichnung von Julie von Egloffstein, 1817.*

Einsamkeit und Vollendung

ben. Feststehen dürfte aber, daß die Ehe nicht zustande gekommen wäre, hätte Christiane noch unter den Lebenden geweilt.

Goethe gefiel die zwanzigjährige Schwiegertochter, die von nun an unter seinem Dache lebte. Er hatte dem jungen Paar das Mansardengeschoß seines Hauses als Wohnung zur Verfügung gestellt und hielt es für selbstverständlich, daß man wie zu Christianes Zeiten in seinen Zimmern gemeinsam speiste. Die Hoffnung, in Ottilie eine Frau gefunden zu haben, die fähig ist, der großen Haushaltung am Frauenplan vorzustehen, zerschlägt sich allerdings recht bald – und zwar trotz Goethes sanfter Bemühungen, ihr diese Seite des Lebens durch übermittelte Kochrezepte und Küchenabsprachen schmackhaft zu machen. Die Aufgabe geht notgedrungen ins Ressort des gewissenhaften und wirtschaftlichen Goethesohns über. Ottilie brilliert statt dessen anmutig und gewandt in Goethes Salon, dessen Türen sich nun der Geselligkeit wieder zu öffnen beginnen. Leicht wie ein Schmetterling schwebt sie von Gast zu Gast, mühelos in verschiedenen Sprachen parlierend, mit sichtbarer Freude am witzigen und spritzigen Gedankenaustausch über Kunst und Poesie, Geschichte und Politik, neueste Pariser Mode oder Weimarer Stadtklatsch.

Mit der Schwiegertochter, dem „Persönchen", wie Goethe sie anerkennend-ironisch nennt, kehrt recht eigentlich das Leben ins Goethehaus zurück. Denn Ottilie macht Goethe auch sogleich mit ihren Freundinnen näher bekannt. Es sind dies vor allem die liebenswürdigen, gebildeten Gräfinnen Caroline und Julie von Egloffstein, verarmtem Adel entstammend, doch erzogen zu jener aufgeschlossenen Verehrung geistiger Größe, die beinahe schon etwas Seltenes geworden war im heraufziehenden neuen Jahrhundert. Die reizende Julie ist darüber hinaus ausgestattet mit einem bescheidenen Talent zum Zeichnen und Malen, das sich zu Goethes und Heinrich Meyers großer Freude ganz in den von ihnen favorisierten Bahnen des im Schwinden begriffenen Klassizismus bewegt. Dazu Adele Schopenhauer, Ottilies Herzensfreundin. Goethe kennt sie aus dem Salon ihrer Mutter, nun tritt sie in seinen engeren Kreis. Was ihr die Natur an jugendlichem Liebreiz versagte, gleicht sie aus durch Belesenheit, aufgeschlossenes Interesse und eine schwärmerische, dabei tief empfundene verehrende Liebe zu Goethe.

Der Kreis um Ottilie

Ottilie von Pogwisch, verh. von Goethe, *Kreidezeichnung von Heinrich Müller.*

Dieser, noch immer empfänglich für jugendlich-weiblichen Liebreiz, sieht seine Verehrerinnen in den Nachmittags- und Abendstunden gern um sich, „in denen er heiter und ernst seine Lehren austeilt und sich von uns verhätscheln läßt"[29], wie Caroline von Egloffstein berichtet. Dann ist er „die Liebenswürdigkeit selbst"[30], schaukelt die jungen Damen „hin und her auf den Wogen seines Gesprächs", wo sich „Kunst, Natur und der scharfe geistige Verstand so liebenswert ... vereint und sich herabläßt, sich mitzuteilen und verständlich zu machen"[31]. Unter sich nennen sie ihn bald den „Vater". Goethe läßt sich sein Herz erwärmen von ihrer Liebenswürdigkeit, nimmt teil an ihren Beschäftigungen: fordert Julie auf, fleißig zu kopieren und die Perspektive zu studieren, bewundert Adeles kunstvolle Scherenschnitte und fühlt sich beglückt, als er in Caroline endlich einen Menschen in seiner Nähe weiß, der ihm die von Zelter gesandten Kompositionen seiner Lieder vorzusingen vermag. Anläßlich eines von Goethe gedichteten Festspiels zu Ehren der in Weimar weilenden Zarinnenmutter Maria Feodorowna gibt es wieder Leseabende und Theaterproben in Goethes Haus. Seine jugendlichen Freundinnen wirken als Darstellerinnen mit. Ein anderes Mal überraschen sie ihn mit der Haus-

Einsamkeit und Vollendung

inszenierung eines seiner Stücke oder statten ihm einen Besuch ab, wenn er in Jena oder Dornburg weilt. Unter Scherzen und Neckereien spazieren sie an seiner Seite durch die blühende Natur. Doch bald nimmt das „Gespräch ... eine ernstere Wendung. In solcher Naturherrlichkeit ... schließt der bessere Mensch sein Innres willig auf und verschmäht es, die Maske der Gleichgültigkeit vor sich zu halten, die im täglichen Leben die bunte Menge von ihm abzuhalten bestimmt ist. So auch unser Goethe! Er, dem über die heiligsten ... Anliegen der Menschheit so selten ein entschiednes Wort abzugewinnen ist, sprach diesmal über Religion, sittliche Ausbildung und letzten Zweck der Staats-Anstalten mit einer Klarheit und Wärme, wie wir sie noch nie an ihm ... gefunden hatten ... – Die Moral ist ein ewiger Friedensversuch zwischen unsern persönlichen Anforderungen und den Gesetzen jenes unsichtbaren Reiches; sie war schlaff und knechtisch geworden, als man sie dem Kalkül einer bloßen Glückseligkeits-Theorie unterwerfen wollte; Kant faßte sie zuerst in ihrer übersinnlichen Bedeutung auf, und wie überstreng er sie auch in seinem kategorischen Imperativ ausprägen wollte, so hat er doch das unsterbliche Verdienst, uns von jener Weichlichkeit, in die wir versunken waren, zurückgebracht zu haben. Der Charakter der Roheit ist es, nur nach eignen Gesetzen leben, in fremde Kreise willkürlich übergreifen zu wollen. Darum wird der Staats-Verein geschlossen, solcher Roheit und Willkür abzuhelfen, und alles Recht und alle positiven Gesetze sind wiederum nur ein ewiger Versuch, die Selbsthülfe der Individuen gegeneinander abzuwehren." – Aufmerksam lauschen die jungen Damen jedem Wort, der sie begleitende Kanzler von Müller ist geschickt genug, Goethe durch Einwand und Gegenrede immer lebendigere Äußerungen zu entlocken. „Doch nur allzurasch entschlüpften so köstliche Stunden. ‚Laßt mich, Kinder', sprach er [Goethe] plötzlich, ‚einsam zu meinen Steinen dort unten eilen, denn nach solchem Gespräch geziemt dem alten Merlin, sich mit den Urelementen wieder zu befreunden.' – Wir sahen ihm lange und frohbewegt nach, als er, in seinen lichtgrauen Mantel gehüllt, feierlich ins Tal hinabstieg, bald bei diesem, bald bei jenem Mineral oder Pflanze verweilend."[32]

Trotz aller schwärmenden Verehrung bezeugen die jungen Damen tiefen Einblick in Goethes Charakter, wenn sie feststellen, er sei „äußerst tolerant mit dem Verstande, jedoch nicht mit dem Gemüte, daher widersprächen seine Schriften den Handlungen im täglichen Leben, durch welche er intolerant erscheinen müsse"[33]. Für Caroline erklärt diese Erkenntnis, was ihr bisher in Goethes Benehmen rätselhaft geblieben war. So hüten sie sich davor, Goethe zu reizen. Sie sehen ihre Aufgabe vielmehr darin, ihn zu zerstreuen und zu erheitern.

Es ist wie eine wohltuende Atempause. Goethe genießt die unbeschwerte Atmosphäre, die Ottilie und ihre Freundinnen in seinem Hause verbreiten. Er freut sich über die Geburt seiner beiden Enkel Walther und Wolfgang in den Jahren 1818 und 1820, deren helle Stimmen bald auch seine Zimmer erfüllen. Als Dichter leistet Goethe Anfang der zwanziger Jahre vor allem Erinnerungsarbeit. Es entstehen die autobiographischen Schriften *Kampagne in Frankreich*, *Belagerung von Mainz* sowie die *Tag-und Jahreshefte als Ergänzung meiner sonstigen Bekenntnisse*, eine konzentrierte Rechenschaftslegung über die in Weimar verbrachten Jahrzehnte ab 1789.

Regelmäßig während der Sommermonate reist er in die böhmischen Bäder, wo dem Vierundsiebzigjährigen in Gestalt der neunzehnjährigen Ulrike von Levetzow noch einmal die Liebe begegnet. Wie eine leuchtende Abendröte tritt dieses junge Mädchen in Goethes Leben ein, rührt, fast ohne es selbst zu bemerken, tief an sein einsames Herz. Doch sein Heiratsantrag – der einzige, den er in seinem Leben jemals gestellt hat –, von Carl August höchstpersönlich Ulrikes Mutter überbracht, wird taktvoll-freundlich ignoriert. Ulrike hat nach ihrem eigenen Zeugnis in Goethe immer nur den freundlichen alten Herren gesehen. – Goethe bleiben nichts als „grenzenlose Tränen"[34], er muß entsagen. Die Nachwelt verdankt seinem Schmerz um diese letzte Liebe eines der wunderbarsten Gedichte in deutscher Sprache, die Marienbader *Elegie*. Goethe aber muß den Schmerz durchleben, den er nur fürs erste ins Gedicht zu bannen vermag.

Das Gerücht von seiner sonderbaren Liebe trifft lange vor ihm in Weimar ein. Die Stadt witzelt und lacht. Der Sohn reagiert pikiert, droht, den Vater allein zu lassen und im Falle von dessen Eheschließung mit Frau und Kindern nach Berlin zu gehen. Goethe ist unglücklich, grantig, läßt sich seinen Unmut merken: „... drei Monate lang habe ich mich glücklich gefühlt", klagt er Kanzler von Müller, „von einem Interesse zum andern, von einem Magnet zum andern gezogen, fast wie ein Ball hin und her geschaukelt, aber nun – ruht der Ball wieder in der Ecke, und ich muß mich den Winter durch in meine Dachshöhle vergraben und zusehn, wie ich mich durchflicke!"[35] Selbst der Kanzler, ein guter Beobachter, aber nicht unbedingt ein mitfühlender Freund Goethes, kommentiert: „Wie schmerzlich ist es doch, *solch eines Mannes* innere Zerrissenheit zu gewahren, zu sehen, wie das *verlorne Gleichgewicht* sich durch keine Wissenschaft, keine Kunst wieder herstellen läßt ohne die gewaltigsten Kämpfe, und wie

***Ulrike von Levetzow*, Pastell, 1821.**

die reichsten Lebenserfahrungen, die hellste Würdigung der Weltverhältnisse ihn davor nicht schützen konnte!"[36]

Wie immer versucht Goethe, sich durch Arbeit und Kunstgenuß abzulenken. Besuche älterer Freunde, des Berliner Staatsrates Schultz und des Frankfurter Diplomaten Graf Reinhard, auch Wilhelm von Humboldts, sind geeignet, ihn „wahrhaft auf[zu]erbauen"[37]. Sie befördern ebenso wie die bei Schwiegertochter Ottilie in großer Zahl ein- und ausgehenden jungen Engländer das gesellige Leben in seinem Hause. Diners in großer Runde, Tees und Abendgesellschaften wechseln einander ab. Goethe erscheint heiter und gelöst, als Mitte Oktober Madame Szymanowska, jene begabte polnische Pianistin, die er gerade erst in den böhmischen Bädern kennengelernt und deren Kunst er an Ulrikes Seite gelauscht hatte, in Weimar eintrifft. „Da bin ich nun wieder in den Strudel der Töne hingerissen, die mir, modern gereiht, nicht immer zusagen, mich aber doch diesmal durch soviel Gewandtheit und Schönheit gewinnen und festhalten, durch Vermit-

Die Macht der Töne

telung eines Wesens, das Genüsse, die man immer ahndet und immer entbehrt, zu verwirklichen geschaffen ist."[38]

Zehn Tage entführt die Szymanowska Goethe ins Reich der Töne, wohl auch ins Reich der Erinnerungen. Vielleicht bricht er deshalb zum Abschiedstag, als seine Gäste einen Toast auf die Erinnerung aussprechen, heftig in die Worte aus: „Ich statuiere keine *Erinnerung* in eurem Sinne ... Was uns irgend Großes, Schönes, Bedeutendes begegnet, muß nicht erst von außen her wieder *er-innert*, gleichsam er-jagt werden, es muß sich vielmehr gleich vom Anfang her in unser Inneres verweben, mit ihm eins werden, ein neueres beßres Ich in uns erzeugen und so ewig bildend *in uns* fortleben und schaffen. – Es gibt kein Vergangnes, das man zurücksehnen dürfte, es gibt nur ein ewig Neues, das sich aus den erweiterten Elementen des Vergangenen gestaltet, und die echte Sehnsucht muß stets produktiv sein, ein neues Beßres erschaffen. Und', setzte er mit großer Rührung hinzu, ‚haben wir dies nicht alle in diesen Tagen an uns selbst erfahren? Fühlen wir uns nicht alle insgesamt, durch diese liebenswürdige edle Erscheinung, die uns jetzt wieder verlassen will [Madame Szymanowska], im Innersten erfrischt, verbessert, erweitert? Nein, *sie kann* uns nicht entschwinden, sie ist in unser innerstes Selbst übergegangen, sie lebt in uns mit uns fort ...'"[39]

Trotz dieser weisen Worte fällt Goethe der Abschied unendlich schwer. Was mögen virtuose Kunst und dezenter Charme dieser Frau nicht alles aufgeregt haben in seiner liebeskranken Seele, welche gefesselten Energien mögen gelöst worden sein vom Zauber ihrer Töne? – Keine fünf Tage später bricht Goethe zusammen. Sein Körper sprengt den eisernen Griff des großen Willens, der ihn in den Monaten seit dem Abschied von Ulrike immer wieder in den Takt gepreßt hatte. Eine Herzbeutelentzündung bedroht sein Leben, zwingt ihn für Wochen ins Bett.

Als Goethe Mitte Dezember 1823 wieder freier um sich zu blicken vermag, weiß er, die Krankheit war das Zeichen eines großen Abschieds. Für ihn gibt es nun keine Hoffnung mehr auf Verjüngung und Lebensfülle, auf innige Teilnahme und wärmende Nähe. Unwiderruflich steht vor ihm das Alter. Viel stärker als bisher wird das knappe Jahrzehnt, das ihm noch gegeben ist, bestimmt werden von der Pflicht seines Künstlertums, von der Arbeit am Werk.

Einsamkeit und Vollendung

Goethe, *Lithographie von Henri Grévédon, 1823.*

Um die Frage, wie sein literarisches Werk abzurunden und zu vollenden sei, kreisten Goethes Gedanken schon seit geraumer Zeit. Die letzte Ausgabe seiner gesammelten Schriften hatte der renommierte Stuttgarter Verleger Johann Friedrich Cotta in den Jahren 1815 bis 1819 in 20 Bänden veranstaltet. Goethe war jedoch bewußt, daß sich neben den inzwischen neuentstandenen autobiographischen Werken und vielen Gedichten in seinen Kästen und Schubladen noch eine schier unüberschaubare Menge älterer und neuerer Manuskripte befand, die es wert waren, in einer Gesamtausgabe ediert zu werden. Hinzu kamen seine umfangreichen naturwissenschaftlichen Niederschriften, die Briefwechsel mit so bedeutenden Zeitgenossen wie Friedrich Schiller und Carl Friedrich Zelter, dazu die unvollendeten Manuskripte der großen Altersdichtungen: *Wilhelm Meisters Wanderjahre, Dichtung und Wahrheit,* der zweite Teil des *Faust.*

Schon am 19. April des Jahres 1822 hatte Goethe seinem Verleger Cotta geschrieben: „Zugleich vermelde, daß ich soeben beschäftigt bin, meine sämtlichen poetischen, literarischen und wissenschaftlichen Arbeiten, sowohl gedruckte als ungedruckte, übersichtlich aufzu-

Überlegungen zu einer neuen Werkausgabe

stellen, sodann aber das Ganze meinem Sohne und einem geprüften gelehrten Freunde in die Hände zu legen, damit der weitläufige und in manchem Sinne bedenkliche Nachlaß ins Klare komme und auch von dieser Seite mein Haus bestellt sei."[40] Während seines Sommeraufenthaltes in Karlsbad schaffte Bibliothekssekretär Theodor Kräuter wohl gemeinsam mit Sohn August die im Hause zerstreuten wertvollen Unterlagen herbei, sichtete, systematisierte und katalogisierte, so daß Goethe bei seiner Heimkehr mit einem übersichtlichen literarischen Archiv und einem vollständigen Verzeichnis seiner Manuskripte und Schriften überrascht wurde. Daß es sich bei dieser Archivierung des gesamten literarischen Nachlasses im weitesten Sinne um die gezielte Vorarbeit für eine neue Werkausgabe handelte, geht aus Goethes Tagebuchnotiz vom 1. Mai 1822 klar hervor, in der es heißt: „Gedanken an eine neue Ausgabe meiner Werke."[41]

Dabei ist Goethe schon im Sommer 1822 klar, daß es ihm allein unmöglich sein dürfte, diese Mengen an fertigen und halbfertigen Manuskripten zu sichten, zu ordnen und für den Druck vorzubereiten, selbst wenn ihm sein Gesundheitszustand noch auf Jahre hin erlauben würde, aus dem Vollen zu schöpfen. In seinem Hause verfügte er längst über einen ganzen Kreis eingearbeiteter und zuverlässiger Helfer: die Diener Carl Wilhelm Stadelmann und später Friedrich Krause, Johann John und der in Jena angestellte Michael Färber als Schreiber, Theodor Kräuter und später Johann Christian Schuchardt als Sekretäre und der bewährte Friedrich Riemer als wissenschaftlicher Mitarbeiter. Darüber hinaus knüpfte Goethe gerade Anfang der zwanziger Jahre in ganz Deutschland, sogar in Böhmen, Kontakte zu jüngeren Männern, die geeignet schienen, ihn bei Durchsicht und Redaktion der Papiere zu unterstützen, im Falle seines Ablebens wohl auch fähig wären, diese selbständig für den Druck vorzubereiten.

***Johann Peter Eckermann**, Bleistiftzeichnung von Johann Schmeller, 1828.*

Einsamkeit und Vollendung

Während dieses breit angelegten editorischen Vorbereitungsprozesses erscheint im Juni des Jahres 1823 ein junger Mann aus Norddeutschland bei Goethe in Weimar: der dreißigjährige Johann Peter Eckermann. Vorausgeschickt hatte er seine Schrift *Beiträge zur Poesie mit besonderer Hinweisung auf Goethe*, die ihm schließlich die Tür zum Haus am Frauenplan öffnete. Dieser mittellose Kätnersohn aus Winsen an der Luhe, sensibel, bescheiden und ungewöhnlich einfühlsam, konnte mit Fug und Recht von sich behaupten, sich an Goethe gebildet zu haben. Goethes Werke waren dem unter großen Entbehrungen zäh nach Wissen und Ausbildung seiner Persönlichkeit Strebenden wie eine Offenbarung erschienen. Er hatte sich tief in Goethes Weltverständnis hineingedacht, Goethe selbst war ihm zum Leitstern seines Lebens geworden. Dieser empfing ihn freundlich, bat ihn, vorerst in Weimar zu bleiben und übertrug ihm eine schwierige Probearbeit. Eckermann sollte aus den *Frankfurter Gelehrten Anzeigen* der siebziger Jahre die einst von Goethe verfaßten Artikel und Rezensionen herausfinden, die allesamt anonym erschienen waren. Mit der Lösung dieser Aufgabe gelingt es Eckermann, Goethe „viel Zutrauen"[42] einzuflößen und sich das Entreebillett zum Kreis der literarischen Helfer für die neue Werkausgabe zu erwerben.

Allmählich weiht ihn Goethe in die Details ein. So zeigt er Eckermann eines Morgens sein literarisches Archiv im sogenannten Büstenzimmer, jenem Verbindungsraum zwischen Vorder- und Hinterhaus, den Goethe einst selbst zur bequemeren Nutzung hatte einbauen lassen, mit den Worten: „Es sind dies alles Briefe, die seit Anno 1780 von den bedeutendsten Männern der Nation an mich eingegangen; es steckt darin ein wahrer Schatz von Ideen, und es soll ihre öffentliche Mitteilung Euch künftig vorbehalten sein. Ich lasse jetzt einen Schrank machen, wohinein diese Briefe nebst meinem übrigen literarischen Nachlasse gelegt werden."[43] Und Goethe bedeutet Eckermann, daß er ihn neben Riemer einst als Herausgeber seines Nachlasses sehen möchte. Das Büstenzimmer wird bis zu Goethes Tod der Ort für das literarische Hausarchiv bleiben.

Goethes Vorstellungen über die geplante neue Werkausgabe erhalten gerade nach jener schweren gesundheitlichen Krise vom Herbst 1823 die entscheidende Korrektur. Hatte er zunächst daran gedacht, lediglich die Werkausgabe von 1815/19 um zehn Bände zu erweitern, so spricht er im Frühjahr 1824 gegenüber Cotta davon, „daß eine neue sach- und zeitgemäßere Einteilung und Reihe der Bände stattfinden werde"[44]. Der vierundsiebzigjährige Goethe steuert also nicht mehr eine erweiterte alte, sondern eine gänzlich neue Werkausgabe an, worüber er gern mit seinem Verleger Cotta persönlich gesprochen hätte.

Als dieser Goethe lediglich brieflich auffordert, seine Vorstellungen einzureichen, selbst aber nicht nach Weimar kommt, geht Goethe gegen Ende des Jahres 1824 ohne Rücksprache mit seinem Verleger daran, als erster Autor in der Geschichte des deutschen Buchwesens nachdrückliche Maßnahmen für den Schutz seines geistigen Eigentums einzuleiten. Trotz vielfältiger Bemühungen der Verleger auf dem Wiener Kongreß und beim Bundestag in Frankfurt war es noch immer nicht gelungen, das Urheberrecht der Autoren gesetzlich zu schützen. Nach wie vor blühte die Praxis des Raubdruckes und brachte Autoren und rechtmäßige Verleger zumindest teilweise um die Früchte ihrer Arbeit. Goethe selbst war von einem österreichischen Nachdruck seiner zwanzigbändigen Werkausgabe gerade erst wieder empfindlich getroffen worden. Wollte er nun dem Publikum die Ergebnisse seiner sechzigjährigen Künstlerexistenz unterbreiten, so sollte dieses Unternehmen von vornherein vor dem gierigen Zugriff der Raubdrucker geschützt sein. Nach ersten orientierenden Anfragen beim preußischen Gesandten am Deutschen Bundestag in Frankfurt wendet sich Goethe am 11. Januar 1825 mit einem Schreiben an die Bundesversammlung, in dem er das Unternehmen seiner neuen Werkausgabe vorstellt: Sie soll „nicht allein die zwanzig Bände jener frühern, sondern auch die inzwischen einzeln abgedruckten Arbeiten, nicht weniger manches vorrätige Manuskript in sich fassen ... Ferner wünschte man auf die poetischen und ästhetischen auch die historischen, kritischen und artistischen Aufsätze folgen zu lassen und zuletzt, was sich auf Naturwissenschaft bezöge, nachzubringen. – Freilich mußte bei dieser Übersicht", fährt Goethe fort, „wodurch die Bemühungen eines ganzen Lebens vor Augen treten, der Wunsch entstehen, für so mannigfache Arbeit proportionierten Vorteil und Belohnung zu erhalten, welche dem deutschen Schriftsteller meist ver-

Einsamkeit und Vollendung

kümmert zu werden pflegen."[45]. Goethe erinnert an die seit Beginn des 16. Jahrhunderts geübte Praxis kaiserlicher und königlicher Schutzprivilegien, die geeignet waren, die Autoren zumindest territorial vor den illegitimen Nachdruckern zu schützen und bittet: „Daß mir durch den Beschluß der hohen deutschen Bundesversammlung für die neue vollständige Ausgabe meiner Werke ein Privilegium erteilt und dadurch der Schutz gegen Nachdruck in allen Bundesstaaten gesichert werde unter Androhung der Konfiskation und anderer Strafen, welche durch allgemeine gegen das Verbrechen des Nachdrucks künftig erfolgende Bundesbeschlüsse noch festgesetzt werden möchten."[46] Seine persönliche Bekanntschaft mit dem Fürsten Metternich nutzend, sendet Goethe seinen Brief privatim an den österreichischen Staatskanzler, „weil ja die Entscheidung der vorläufigen Frage: ob die Sache rätlich und tulich sei, nur auf so erhabenem Standpunkt entschieden werden kann. Wer sonst würde bestimmen dürfen, ob man einem endlichen Gelingen allenfalls entgegensehen könne, oder ob man sich, bei abgelehnter Einwirkung im Stillen zu bescheiden habe."[47]

Metternich zeigte sich Goethes Bitte gewogen. Er ließ dessen offizielles Schreiben an den Präsidialgesandten der Bundesversammlung weiterleiten. Hier trafen die Stellungnahmen zu Goethes Antrag allerdings ebenso hart aufeinander wie in der deutschen Öffentlichkeit. Das eklatante juristische Defizit, das alle Schriftsteller und Verleger gleichermaßen traf und dem mittels einer einheitlichen gesetzlichen Regelung durch die Bundesversammlung längst hätte gesteuert werden sollen, also die nationale Ebene des Goetheschen Anliegens, wurde tunlichst ignoriert. Dagegen fühlten sich maßgebliche Gesandte von der Art, in der Goethe um den materiellen Ertrag seines Künstlertums kämpfte, empfindlich berührt. So bedauerte der württembergische Gesandte von Trott im Bericht an seine Regierung außerordentlich, „daß Herr von Goethe einen solchen Schritt hat tun mögen, wodurch er unter den allergewöhnlichsten Reklamanten in dem Eingabenregister der Bundesversammlung mit einem Gesuch erscheint, wodurch er selbst eine auf pekuniären Vorteil berechnete Auszeichnung in Anspruch nimmt ... Ein solches Gesuch wäre wohl am wenigsten von einem so vielfach im Leben ausgezeichneten und begünstigten Manne und obendrein von einem Staatsminister zu erwarten gewesen; es scheint mir ... ein Fleck in seinem Leben zu sein, den man nur bedauern kann."[48] Von Trott empfahl deshalb in der entsprechenden Sitzung der Bundesversammlung die krasse Zurückweisung des Goetheschen Gesuches, eine Position, der sich u. a. auch der bayerische und sächsische Gesandte – wenn auch mit modifizierten Begründungen – anschlossen. Nur das engagierte Eintreten des österreichischen und des preußischen Gesandten sowie die nachdrückliche Fürsprache Carl Augusts vermochten eine derartige Brüskierung des auch im Ausland hochberühmten alternden Dichters zu verhindern. Die Bundesversammlung lehnte Goethes Antrag – formaljuristisch durchaus korrekt – schließlich aus Gründen mangelnder Kompetenz ab, verwies ihn jedoch an die einzelnen Regierungen der neununddreißig deutschen Bundesstaaten und sicherte ihm eine befürwortende Verwendung der Gesandten bei ihren Regierungen zu. Siebenunddreißig Staaten und Freie Städte des Deutschen Bundes forderten daraufhin kein gesondertes Gesuch von Goethe, sondern erteilten ihm im Laufe des Jahres 1825 jeweils ein sonderstaatliches Schutzprivileg. Die bedeutsamen Staaten Bayern und Württemberg sprachen das Privileg für ihre Länder jedoch erst nach einem nochmaligen offiziellen Anschreiben Goethes aus.

Auch wenn das Privilegierungsverfahren nicht den von Goethe gewünschten unkomplizierten Weg genommen hatte, sondern nur mit einem enormen Aufwand an Kraft und Zeit realisiert werden konnte – Goethes Korrespondenz in dieser Angelegenheit füllt acht Aktenfaszikel mit insgesamt 550 Blättern! – übertraf das Ergebnis schließlich doch Goethes Erwartungen. So hatte sich beispielsweise der österreichische Kaiser Franz I. für eine Privilegierung der Goetheschen Werkausgabe nicht nur in den zum Deutschen Bund gehörenden Landesteilen ausgesprochen, sondern das gesamte österreichische Staatsgebiet, Ungarn, Galizien, Kroatien und so weiter mit eingeschlossen, Gebiete also, die das deutschsprachige Mutterland der Dynastie an Größe weit übertrafen.

Obgleich sich das Verfahren schließlich in die Länge zog und erst im Januar 1826 für abgeschlossen gelten konnte, hatte die Kunde von Goethes Privilegienantrag bei der Frankfurter Bundesversammlung

Einsamkeit und Vollendung

schon zur Leipziger Jubilatemesse des Vorjahres für Aufsehen gesorgt. Erhöhte doch solch flächendeckender Schutz vor dem gefürchteten Nachdruck den Wert der geplanten Ausgabe um ein Vielfaches. Sofort drängten Verleger aus ganz Deutschland an Goethe heran und bemühten sich, die Verlagsrechte zu erwerben. Goethe, der die Summe seiner künstlerischen Existenz nicht gern in ungeprüfte Hände legen mochte, übersendet seinem Verleger Cotta – dieser war ihm in den neunziger Jahren von Schiller vermittelt worden und hatte sich seither bei zwei Goetheschen Werk- und zahlreichen Einzelausgaben im wesentlichen bewährt – Mitte Mai 1825 den detaillierten Plan zur neuen Ausgabe. Im Begleitschreiben fordert er Cotta auf, „die Summe unbewunden auszusprechen, welche Sie mir und den Meinigen als den Schlußertrag meines ganzen schriftstellerischen Lebens zusagen können"[49]. Ohne zu zögern übermittelt Cotta Goethe ein höchst kulantes Angebot: Er weist darauf hin, daß ihm nach dem letzten gemeinsamen Vertrag bei gleichen Bedingungen das Vorzugsrecht vor anderen Verlegern zusteht, so daß er nur dem höchsten Gebot beizutreten und dieses zu übernehmen brauchte. Doch er fügt hinzu: „... allein dies läge nicht in meiner Handlungsweise, die mich vielmehr veranlaßt zu erklären, daß ich mit Vergnügen 10 000 Taler mehr als das höchste Gebot Honorar für die neue Ausgabe Ihrer Werke von 40 Bänden auf 12 Jahre bezahle."[50] – Ein Angebot, mit dem Goethe zufrieden sein könnte. Doch statt einer Antwort kommt aus Weimar nichts als Schweigen.

Goethe ist unsicher und unentschieden. Einerseits möchte er sein Lebenswerk, das noch dazu mit jenem im deutschen Buchhandel bis dahin einmaligen Privileg ausgestattet ist, so teuer als möglich verkaufen. Andererseits bindet ihn sein vorheriger Vertrag an Cotta, dies um so mehr nach dessen letztem Übergebot. Welche Summe sollte er zugrunde legen? Das höchste Angebot hatten die Gebrüder Brockhaus aus Leipzig mit 50 000 Talern unterbreitet, es fehlte aber auch nicht an Stimmen, die zum Selbstverlag in Zusammenarbeit mit dem weimarischen Buchhändler Hoffmann rieten, wobei ein Gewinn von 250 000 bis 350 000 Talern prognostiziert wurde. Dem fünfundsiebzigjährigen Goethe, der in die merkantilen Seiten des Buchhandelsgeschäftes kaum Einblick besitzt, fällt es schwer, die Seriosität der verschiedenen Angebote zu beurteilen. Er vermag nicht einzuschätzen, ob die Meist-

Suche nach dem geeigneten Verleger

bietenden auch über die nötige verlegerische Kraft verfügen, sein vielbändiges Gesamtwerk wirklich in der erforderlichen Qualität und zu den festzusetzenden Terminen auf den Markt zu bringen. Er wünscht die Zeit zurück, in der Freund Schiller – wendig und erfahren in solcherart Geschäften – ihm die Verhandlungen führte. Verschiedene nicht abgesandte Briefkonzepte belegen Goethes Zögern. Aus Unsicherheit schweigt er Cotta gegenüber fast ein Vierteljahr.

In Erinnerung an Schillers Vermittlertätigkeit schlägt er Cotta schließlich vor, sich auch in der vorliegenden komplizierten Verhandlungssituation eines geschäftserfahrenen jüngeren Freundes zu bedienen, der das Vertrauen beider Seiten genießt. Diesen Freund, Sulpiz Boisserée, weiht er nun umgehend in die Gesamtsituation ein: In seinen „hohen Jahren" hat er „allen aus dem fraglichen Geschäft entspringenden Vorteil"[51] seiner Familie überlassen, dementsprechend aber auch „alle technische, ökonomische und merkantilische Behandlung"[52] seinem Sohne übertragen, der das zu erlangende Kapital freilich höher veranschlagt als er selbst. Es seien 50 000 Taler mit der Zusicherung einer Erhöhung bei tatsächlichem Abschluß geboten worden, so daß mit Cottas Übergebot zwischen 60 000 und 70 000 Taler zu erwarten wären. Sein Sohn und dessen Ratgeber aber „glauben den Preis der zu überlassenden Ausgabe von vierzig Bänden ... auf wenigstens 100 000 Taler ... schätzen zu dürfen ..." Bei dieser Lage der Dinge wünscht Goethe, daß Cotta, „der vor allen Übersicht und Kräfte zu solcher Unternehmung besitzt, einträte, seine Meinung eröffnete und solchem Schwanken ein Ende machte, das mir in meinen hohen Jahren besonders peinlich ist. Denn ich darf versichern, daß ich immerfort gewünscht habe, das alte Verhältnis [zu Cotta] fortdauern, jeden dazwischengetretenen hindernden Aufschub entfernt und den Abschluß noch bei meinem Leben herbeigeführt zu sehen."[53]

Cotta reagiert postwendend mit einem soliden, für beide Seiten vorteilhaften Vorschlag. Er bietet Goethe ein Grundhonorar von 60 000 Talern bei einer Auflage von 20 000 Exemplaren an, für alle darüber hinaus verkauften 10 000 Exemplare ein Beteiligungshonorar von weiteren 20 000 Talern, so daß Goethe bei verkauften 40 000 Exemplaren ein Gesamthonorar von 100 000 Talern erreichen könnte. Dabei ist die Wendung zum Beteiligungshonorar ein für die Zeit ungewöhnli-

Einsamkeit und Vollendung

cher und kühner Schritt. Doch schon die 60 000 Taler Grundhonorar stellen eine Summe dar, die niemals zuvor in der Geschichte des deutschen Verlagswesens für eine Werkausgabe gezahlt worden ist: Sie entsprach zwanzig Jahresgehältern Goethes. – Das Geschäft scheint perfekt. Nach genauer Absprache mit seinem Vater sendet Sohn August einen entsprechenden Vertragsentwurf an Cotta, dessen abschließende Einverständniserklärung am 12. Oktober 1825 in Weimar eintrifft. Doch Goethe zögert noch immer, seine Unterschrift unter den Vertrag zu setzen.

Inzwischen waren insgesamt zweiundzwanzig Angebote anderer Verleger eingegangen. Die Brüder Brockhaus hatten ihr Angebot auf 70 000 Taler erhöht, der Weimarer Hoffmann bot nun im Verbund mit dem hannoverschen Verleger Hahn 150 000 Gulden, ca. 80 000 Taler. August von Goethe drängt seinen Vater, mit dem Meistbietenden abzuschließen, da der Vertrag maßgeblich die Höhe seines Erbes bestimmen wird. Obgleich der Wert von Goethes Hinterlassenschaft mit zwei Grundstücken, zwei Häusern und den umfänglichen Sammlungen nicht gering zu veranschlagen ist, verfügt er „nur" über etwa 30 000 Taler Bargeld. So wünscht der Sohn – als herzoglicher Kammerbeamter ein kühler Rechner – einen Höchstabschluß, neigt wohl auch überhaupt zu einem jüngeren Verleger und lauscht begierig auf Prognosen, die einen Absatz von 40 000 Exemplaren in einem überschaubaren Zeitraum für sicher erklären. – Eine Vorstellung, die dem Selbstgefühl des alten Goethe schmeichelt, hatte ja selbst Cotta die neue Ausgabe als ein „Nationaldenkmal"[54] bezeichnnet. Ohne Vermittler Boisserée noch einmal zu konsultieren oder auch nur zu informieren, wenden sich nun Goethe Vater und Sohn vereint an Cotta mit der Forderung, „auf gedachte Anzahl von vierzigtausend Exemplaren sogleich zu kontrahieren und das Honorar von hunderttausend Talern ... in bestimmten Terminen abgetragen zu sehen"[55]. Für die darüber hinaus verkauften Exemplare sollte dann das von Cotta vorgeschlagene Beteiligungshonorar in Kraft treten. Laut Tagebuch hatte Goethe in den vorausgegangenen Tagen mit seinem Sohn intensive Verhandlungen über die Cottasche Angelegenheit geführt[56]; auch der den gemeinsamen Brief beendende Wunsch, der Abschluß des gegenwärtigen Geschäfts möge zur „Beruhigung unseres Familienzustan-

Vertragsabschluß mit Cotta

des"⁵⁷ gereichen, wirft ein bezeichnendes Licht auf die gespannte Situation im Goethehaus.

Cotta, der das Geschäft schon seit Anfang Oktober für perfekt gehalten hatte, ist peinlichst berührt. Er schaltet nun seinerseits Vermittler Sulpiz Boisserée wieder ein, der Goethe in zwei entschiedenen Briefen klarzumachen sucht, daß ihm Cotta nicht weiter entgegenkommen könne. Boisserée bestätigt Goethe zum wiederholten Mal, daß „erfahrene Handelsleute" schon einen zügigen Verkauf von 20 000 Exemplaren als schwierig betrachten. Boisserées eigene Prüfung der Cottaschen Berechnungen ergaben, daß Cotta für Goethe „das äußerste getan" habe. Würde Goethe die Cottaschen Bedingungen nicht annehmen, sei zu erwarten, daß dieser auf sein Übergebot von 10 000 Talern zurückginge und sein im vorigen Vertrag begründetes Vorzugsrecht geltend mache. Boisserée empfiehlt Goethe dringend, nun „ohne weiteres ab[zu]schließen" und endet „mit der aufrichtigen Versicherung, daß ich in dieser Angelegenheit auf keinen Fall weiter etwas zu tun oder zu raten wüßte"⁵⁸.

Boisserées letzter Brief erreicht Goethe am 29. Januar des Jahres 1826. „Gründliche Überlegung des Vorliegenden", verzeichnet sein Tagebuch. „Gegen Abend Mitteilungen an meinen Sohn."⁵⁹ – So sehr Goethe den Sohn bis zu diesem Moment auch in die Verhandlungen einbezogen, ihn diese über weite Strecken selbständig hatte führen lassen, die letzte Entscheidung über den materiellen Wert seines Lebenswerkes trifft er allein. Sie wird dem Sohn lediglich mitgeteilt. Die wenigen Zeilen, die er Freund Boisserée am nächsten Morgen eigenhändig schreibt, zeigen deutlich, welche Last ihm vom Herzen genommen ist:

> *Euer Wort sei ja! ja!*
> *also ja! und Amen!*
> *Das Nähere nächstens.*⁶⁰

Und wenige Tage später: „Was wollt ich nicht geloben, mein Allerteuerster, wenn ich Sie eine Stunde sprechen könnte! Denn wie sollte mir Blatt und Feder genügen! Ich muß mich nur sogleich eines mythologischen Gleichnisses bedienen: Sie erscheinen mir wie Herkules, der dem Atlas, dem Prometheus zu Hülfe kommt. Wüßten Sie, was ich dieses Jahr gelitten habe, Sie würden solche Bildlichkeiten nicht übertrieben finden."[61]

Mit diesem einmaligen Vertrag war nach einer Verhandlungsdauer von einem Dreivierteljahr der äußere Rahmen für die Publikation des Goetheschen Lebenswerkes in einer für beide Seiten vorteilhaften Weise gesichert und einem kompetenten Verleger in die Hände gegeben. Für den Sechsundsiebzigjährigen Goethe kam es nun darauf an, die Ausgabe inhaltlich zu gestalten.

Zunächst aber wurde Goethe mitten in diesen aufregenden Verhandlungen von einem Ereignis überrascht, das geeignet war, ihm auf ganz anderer Ebene die Bilanz seines langen Lebens vor Augen zu führen. Carl August, dessen fünfzigjähriges Regierungsjubiläum am 3. September des Jahres 1825 in Weimar glanzvoll gefeiert worden war, hatte beschlossen, Goethe als Dank für dessen Wirken in Sachsen-Weimar mit einer besonderen Ehre auszuzeichnen. Wenig später, am 7. November, jährte sich zum fünfzigsten Male der Tag, an dem Goethe in Weimar eingetroffen war. Obgleich Goethe erst ein reichliches halbes Jahr danach in den sachsen-weimarischen Staatsdienst eingetreten war, sollte dieser Ankunftstag vorgezogenerweise auch als Goethes fünfzigjähriges Dienstjubiläum begangen werden.

In der Stadt wie im Goethehaus selbst liefen die Vorbereitungen in aller Heimlichkeit. Erst vier Tage vor dem festlichen Ereignis wurde Goethe von seinem Sohn in den Plan eingeweiht, so daß er nicht überrascht war, als ihm am 7. November in frühester Dämmerstunde beim Öffnen der Fensterläden seines Schlafzimmers „ein festlich heiteres Morgenlied ... aus einem Versteck seines Gartens"[62] entgegentönte. Als er dann gegen 9 Uhr von seinem Sohn aus dem Gartenzimmer abgeholt wurde, war das Gedränge der Gratulanten auf der Treppe und im Vorsaal bereits so groß, daß Goethe durch einen Seitenaufgang unbemerkt herzugebracht werden mußte. Eine feierliche Kantate eröffnete den Festakt im Goethehaus, worauf Staatsminister Freiherr von Fritsch – der Sohn jenes Fritsch, der sich knapp fünfzig Jahre zuvor geweigert hatte, mit Goethe im Conseil zu sitzen – ein Handschreiben von Großherzog Carl August nebst einer goldenen

Das 50jährige Dienstjubiläum

Gedenkmünze überreichte. Carl August hatte die Münze speziell für Goethes Jubiläum prägen lassen. Die Vorderseite zeigte Goethes Porträt, die Rückseite das Herrscherpaar mit der Inschrift „Carl August und Louise Goethen". Kanzler von Müller berichtet, daß der Gefeierte Brief und Etui „lange uneröffnet in frommer Rührung in seiner Hand"[63] hielt. Im Schreiben seines Fürsten konnte Goethe dann lesen: „Gewiß betrachte ich mit allem Rechte den Tag, wo Sie, Meiner Einladung folgend, in Weimar eintrafen, als den Tag des wirklichen Eintritts in Meinen Dienst, da Sie von jenem Zeitpunkte an nicht aufgehört haben, Mir die erfreulichsten Beweise der treuesten Anhänglichkeit und Freundschaft durch Widmung Ihrer seltenen Talente zu geben. Die fünfzigste Wiederkehr dieses Tages erkenne ich sonach mit dem lebhaftesten Vergnügen als Dienstjubelfest Meines ersten Staatsdieners, des Jugendfreundes, der mit unveränderter Treue, Neigung und Beständigkeit Mich bisher in allen Wechselfällen des Lebens begleitet hat, dessen unsichtigem Rat, dessen lebendiger Teilnahme und stets wohlgefälligen Dienstleistungen Ich den glücklichen Erfolg der wichtigsten Unternehmungen verdanke und den für immer gewonnen zu haben, Ich als eine der höchsten Zierden Meiner Regierung achte."[64]

Nun trat die feierliche Deputation der Akademie Jena hervor, um Goethe mit Ehrendoktorwürden und festlichen Diplomen für die stete Förderung zu danken, die er der Jenaer Universität hatte angedeihen lassen. Die Landeskollegien von Weimar und Eisenach erinnerten an das vielfältig Gute, das mit Goethes Hilfe in den beiden Teilländern des Herzogtums gestiftet worden war. Der Stadtrat von Weimar verlieh Goethes Sohn, den Enkeln und allen männlichen Nachfahren das ewige Bürgerrecht. Die Freimaurerloge sowie zahllose persönliche Gratulanten schlossen sich mit Glückwünschen und Gaben an.

Gleich nach 10 Uhr gönnte man Goethe einige Ruhe, „denn nun wartete sein der schönste Moment des ganzen Tages", wie Kanzler von Müller berichtet, „der persönliche Besuch des Großherzogs und der Frau Großherzogin. – Wohl eine Stunde blieb das erhabene Fürstenpaar mit ihm allein, bis auch der Erbgroßherzog [Carl Friedrich] und die Frau Erbgroßherzogin-Großfürstin [Maria Pawlowna] mit beiden Prinzessinnen Töchtern [Augusta und Maria] ihn durch ihren Besuch beglückten ..."[65]

Einsamkeit und Vollendung

Goethe, *Ölbild von Joseph Karl Stieler, 1828.*

Es folgte ein offizieller Festakt auf der Großherzoglichen Bibliothek in Weimar, deren Existenz und Gedeihen seit mehr als dreißig Jahren in Goethes Händen ruhte. Neben anderen Gaben wurde ein Exemplar der speziell für das Jubiläum gedruckten Prachtausgabe der *Iphigenie* überreicht, gleichsam an Goethes Weltruhm als Dichter erinnernd. Sohn August nahm es stellvertretend für den Vater in Empfang. Er stand auch dem für 200 Gäste ausgerichteten Mittagsbankett im Stadthaus vor, wogegen es der Gefeierte selbst vorzog, in seinem Hause im

Ehrung im Theater

kleinen Kreis zu speisen. Er wird mit augenzwinkernder Genugtuung bemerkt haben, daß die beiden Herzoginnen keine geringere als die adelsstolze Gräfin Henckel von Donnersmark bestimmt hatten, dabei in seinem Hause die Wirtin zu spielen.

Vollends gebannt aber ist Goethe, als er für den Nachmittag ins herzogliche Hoftheater zu einer Inszenierung seiner *Iphigenie* eingeladen wird, an jenen Ort, den er mit Schiller vor Zeiten zum Inbegriff des Klassischen Weimar emporgeführt hatte. Das alte Gebäude, die Stätte seines Wirkens, war einem Brand zum Opfer gefallen. An ihrer Stelle erhob sich ein neuer Theaterbau, aber auch diesen hatte Goethe bisher nicht betreten. Trotz der großen Anstrengungen, die der Tag bereits von ihm gefordert hatte, bezwingt er an diesem feierlichen 7. November nun die Verletzungen, die sich über die Jahre immer wieder bitter unter seine Theatererinnerungen gemischt hatten.

Im Saal wartete man gespannt, ob Goethe kommen würde. „Als nun plötzlich einige Zuschauer ... ihn in der ihm eigens gewidmeten, ... durch Teppiche und Friese geschützten Loge, gerade unter der fürstlichen, entdeckten, lief die frohe Kunde: Er ist da! durch alle Reihen ... Mit dem lautesten Beifallklatschen wurde ... die eintretende großherzogliche Familie und der fast unsichtbar gegenwärtige Held des Tages begrüßt und dies rauschende Freudenzeichen endlos wiederholt, als der aufgezogene Vorhang, statt den erwarteten Hain Iphigeniens, einen festlich dekorierten Saal und im Vordergrunde rechts Goethes Büste, auf lorbeerumkränztem Postamente, überrascht erblicken ließ."[66] – Ein von Carl August im geheimen in Auftrag gegebener würdigender Prolog eröffnet die Vorstellung, der Goethe bis zum dritten Akt beiwohnt. Dann bewegt ihn die Mahnung seines Arztes, das Theater leise zu verlassen, um auf dem Heimweg den Zeichen der Teilnahme seiner Mitbürger zu begegnen: Ihm zu Ehren erstrahlen alle Straßen in farbenfroher Illumination. Vor seinem Hause angelangt, bringt ihm die großherzogliche Hofkapelle eine festliche Nachtmusik. – „Feierlichster Tag"[67] läßt der überwältigte Goethe seinen Schreiber ins Tagebuch notieren.

Der Alltag des solcherart Gefeierten sah freilich anders aus. Cotta hatte keineswegs übertriebene Vorsicht walten lassen, als er die mit

Einsamkeit und Vollendung

20 000 Exemplaren kalkulierte Auflage der *Ausgabe letzter Hand* mit Blick auf die vielfältigen Restbestände Goethescher Werke in seinen Bücherlagern nicht überschreiten wollte. Zwar verfügte Goethe in Deutschland nach wie vor über einen stabilen Leserkreis, doch durfte man diesen zahlenmäßig nicht überschätzen. Nicht nur in der bildenden Kunst, auch in der Literatur hatte sich die Romantik längst durchgesetzt. Autoren wie Jean Paul und E. T. A. Hoffmann beherrschten die literarische Szene und wurden insbesondere von der jüngeren Generation entschieden bevorzugt, wie Goethe an seiner Schwiegertochter und deren Freundeskreis im eigenen Hause beobachten konnte. Obgleich er tolerant genug war, Ottilie eine Hoffmann-Ausgabe zu verehren, und – selbst tief beeindruckt von Byrons dichterischem Genie – die Begeisterung der jungen Leute für den englischen Lord teilte, fühlte er sich betroffen und verletzt von dem Unverständnis, mit dem das deutsche Lesepublikum 1821 auf den ersten Teil von *Wilhelm Meisters Wanderjahren* reagiert hatte. Scharfe, oft unsachliche und bösartige Kritik kam vor allem aus klerikalen Kreisen, die der orthodoxe Protestant Johann Friedrich Wilhelm Pustkuchen anführte. Aber auch die Vertreter der Romantik und des Jungen Deutschland hielten Goethes Roman wegen dessen offener Form künstlerisch für vollkommen mißlungen. Lediglich ein Häufchen liberaler Pädagogen und einige bekannte, zum Teil mit Goethe befreundete Dichter wie Ludwig Tieck, Carl Immermann und August von Platen verteidigten das Werk gegen die Angriffe aus den verschiedenen Lagern. Goethe nahm diese Stimmen dankbar in seine Zeitschrift *Über Kunst und Altertum* auf beziehungsweise würdigte sie hier, ohne damit seinem Roman jedoch eine Breitenwirkung oder wenigstens ein breiteres Interesse sichern zu können.

Auch wenn Goethes Vertrauen zum deutschen Lesepublikum zunehmend sinkt, versucht er sich vor Resignation zu bewahren, indem er die Welt und sich selbst historisch betrachtet. „... so gesteh ich gern", vertraut er Wilhelm von Humboldt, „daß in meinen hohen Jahren mir alles mehr und mehr historisch wird: ob etwas in der vergangenen Zeit, in fernen Reichen oder mir ganz nah räumlich im Augenblicke vorgeht, ist ganz eins, ja ich erscheine mir selbst immer mehr und mehr geschichtlich ..."[68]

Von solch hohem Standpunkt aus überschaut er Räume und Zeiten, deutet auch die Zeichen seiner Zeit. Mit wachem Interesse verfolgt er die literarischen Entwicklungen in England, Frankreich und Italien, spürt in den Werken Manzonis und Byrons, obgleich sie zur Romantik tendieren, die großen künstlerischen Impulse und widmet ihnen würdigende Artikel in seiner Kunstzeitschrift. Mit großer Freude empfängt er gerade zu jener Zeit, da seine Wirkung auf die Deutschen im Schwinden begriffen ist, die Übersetzungen seiner Werke ins Englische, ins Französische, ins Lateinische, ins Neugriechische, empfängt die *Faust*-Illustrationen Eugène Delacroix' zu Frédéric Stapfers französischer Übersetzung des ersten Teils der Tragödie, verfolgt aber auch die Aneignung der Werke ihm so nahestehender verstorbener Zeitgenossen wie Schiller und Herder in England und Frankreich. Dieses wechselseitige Kennenlernen und Befruchten der einzelnen Nationalkulturen einschließlich ihrer Literaturen erscheint ihm von höchster Wichtigkeit und zukunftsweisender Bedeutung. Ihm scheint die Zeit der Nationalliteraturen abgelaufen und eine neue Zeit, die der Weltliteratur, anzubrechen. Dementsprechend hält er es für die Pflicht der „Höhergebildeten und Besseren ..., ebenso mildernd und versöhnend auf die Beziehungen der Völker einzuwirken, wie die Schiffahrt zu erleichtern oder Wege über Gebirge zu bahnen. Der Freihandel der Begriffe und Gefühle steigere ebenso wie der Verkehr in Produkten und Bodenerzeugnissen den Reichtum und das allgemeine Wohlsein der Menschheit."[69] Am Abend seines langen Lebens nicht nur Zeuge, sondern Träger und Mitgestalter dieses völkerverbindenden Kulturprozesses zu sein, beflügelt und erhebt ihn zumindest teilweise über die Enttäuschungen im eigenen Lande.

Als sich Goethe Mitte der zwanziger Jahre anschickt, die Bandaufteilung für seine vierzigbändige Werkausgabe zu entwerfen, tut er dies nicht in erster Linie mit Blick auf das einheimische Publikum, sondern im Bewußtsein der nationalen Repräsentanz seines Lebenswerkes. Nicht zuletzt deshalb setzt er sich das ehrgeizige Ziel, eine *Ausgabe letzter Hand* zu schaffen, die sowohl in orthographischer als auch in stilistischer Hinsicht eine moderne, maßstabsetzende Form aufweisen sollte – eine anspruchsvolle Forderung, wenn man bedenkt, daß die deutsche Sprache zu dieser Zeit keine einheitliche Schriftnorm kannte. Praktisch bedeutete dies einen enormen Mehraufwand an Vorbereitungsarbeit, denn Goethe konnte seine bereits veröffentlichten Werke nicht ohne weiteres als Druckvorlagen benutzen. Jedes einzelne Werk mußte unter orthographischen und stilistischen Gesichtspunkten noch einmal revidiert werden, bevor es seinen Platz in der neuen Ausgabe ausfüllen konnte.

Darüber hinaus stellt das Schema zur Bandaufteilung Goethe nicht nur das Geschaffene vor Augen, es weist ihn auch nachdrücklich auf die Lücken, das Abgebrochene, das Unvollendete hin. *Dichtung und Wahrheit* ist nur bis zum Jahre 1774 geführt, es fehlen der zweite Teil der *Italienischen Reise* und der zweite Teil von *Wilhelm Meisters Wanderjahren*, ebenso der zweite Teil des *Faust*. Wenigstens einige dieser Lücken möchte Goethe füllen, doch ist ihm zutiefst bewußt, daß er jeden Moment abberufen werden kann. So macht er es sich zur Pflicht, sich auf diejenigen Arbeiten zu konzentrieren, die nur er selbst zu leisten vermag, alles andere überläßt er seinen jüngeren Mitarbeitern: Professor Carl Wilhelm Göttling, ein akribischer Philologe der Jenaer Universität, übernimmt die orthographische Revision der Druckvorlagen, Professor Riemer prüft die Werke stilistisch, Eckermann arbeitet Manuskriptstapel um Manuskriptstapel durch auf der Suche nach Veröffentlichungswürdigem, sammelt, ordnet, faßt zusammen, revidiert.

Goethe selbst arbeitet bereits seit August 1824, also parallel zu den Verhandlungen um die *Ausgabe letzter Hand*, an der Fortsetzung seiner Autobiographie *Dichtung und Wahrheit*, einer Arbeit, die fast zehn Jahre geruht hatte. Während dieser Zeit waren andere autobiographische Werke entstanden, die seinen Lebensbericht von der *Italienischen Reise* bis zu den zwanziger Jahren chronologisch fortsetzten. Noch immer aber fehlten das vierte und fünfte Buch von *Dichtung und Wahrheit*, in denen das letzte Frankfurter Jahr bis zur Ankunft in Weimar im November 1775 sowie das erste Weimarer Jahrzehnt bis zum Aufbruch nach Italien dargestellt werden sollten. Damit hätte dann seine Lebensgeschichte von 1749 bis zur Italienreise lückenlos vorgelegen. Lange Zeit war es vor allem die Rücksicht auf seine noch lebende einstige Verlobte Lili Schönemann, die die Arbeit stocken ließ. Nach Lilis Tod im Jahre 1817 hatte wohl der Besuch eines ihrer Söhne bei Goethe in Weimar vielfältige Assoziationen geweckt und die Erinnerungen an seine Jugendzeit erneut angeregt. Daran anknüpfend bemühte sich Eckermann auf seine Art, bei Goethe wieder Lust und Liebe zu dieser Arbeit hervorzurufen. Er ging das vorhandene Manuskript durch, besprach mit Goethe das Bedeutende und Vortreffliche der gesamten Anlage und überreichte ihm einen ganzen Stapel von Notizen und Bemerkungen, „damit ... ihm vor die Augen trete, was vollendet ist und welche Stellen noch einer Ausführung und anderweiten Anordnung bedürfen"[70]. Auf diese Weise vielfach angeregt, hatte sich Goethe entschlossen, in seiner neuen Werkausgabe fünf Bände für *Dichtung und Wahrheit* vorzusehen. In der Hoffnung, das Werk wenigstens fragmentarisch bis 1786 vorantreiben zu können, diktiert er von August 1824 bis März 1825 fast täglich sein Pensum.

An die Möglichkeit, die *Faust*-Dichtung fortzusetzen oder gar zu vollenden, glaubte Goethe dagegen nicht mehr. Gemäß seiner Überzeugung, daß eine Autobiographie auch dazu bestimmt sei, „die Lükken eines Autorlebens auszufüllen, manches Bruchstück zu ergänzen und das Andenken verlorner und verschollener Wagnisse zu erhalten"[71], hatte er bereits im Dezember 1816 eine Skizze unter dem Titel *Faust zweiter Teil* entworfen und für die Aufnahme in *Dichtung und Wahrheit* bestimmt. Am 25. Februar des Jahres 1825 nimmt er dieses Schema im Zusammenhang mit der Arbeit an *Dichtung und Wahrheit* wieder zur Hand. „Für mich Betrachtungen über das Jahr 1775, besonders *Faust*"[72], heißt es im Tagebuch. Da ereignet sich das Undenkbare: die Gestalten des zweiten Teils der *Faust*-Dichtung erwachen in Goethe zu neuem Leben. „An *Faust* einiges gedacht und geschrieben"[73], verzeichnet das Tagebuch schon am nächsten Tag und so an den folgenden. Immer stärker wird die künstlerische Phantasie des Fünfundsiebzigjährigen in die Fabel- und Symbolwelt seines Menschheitsdramas hineingezogen, als hätte sich eine Schleuse geöffnet, strömt die künstlerische Imagination. Dabei sind es wahrscheinlich verschiedene Ereignisse des zeitgenössischen Lebensprozesses, die ihm den letzten Schlüssel zu wichtigen szenisch-ideellen Lösungen in die Hand geben. Gerade Anfang Februar dieses Jahres 1825 berichteten die Zeitungen von verheerenden Sturmfluten an der Nordseeküste – Meldungen, die Goethe aufmerksam und betroffen verfolgt und mit Blick auf ein zentrales Thema seiner Tragödie, den Kampf des Menschen mit der Natur, zu Ende denkt. So formt sich vor seinem geistigen Auge allmählich der Landgewinnungsplan des fünften Aktes, in dessen Verfolg Fausts irdisches Streben schließlich ebenso gigantisch wie frevlerisch scheitern wird.

Doch noch bevor er seinem Schreiber die Fülle der Gesichte in die Feder diktieren kann, schiebt sich das Helena-Geschehen in den Mittelpunkt seines Interesses. Hier ist wohl der Tod Lord Byrons im Unabhängigkeitskrieg der Griechen gegen die Türken zur zündenden Idee geworden und hat Goethe anknüpfend an die internationale Kunstdebatte über Klassizismus und Romantizismus inspiriert, in der Verbindung Fausts mit Helena die Vereinigung des Antiken und des Modernen zu gestalten. In ihrem gemeinsamen Sohn Euphorion setzt er dem verehrten englischen Romantiker Byron, den er als einzigen zeitgenössischen Dichter neben sich gelten läßt, ein Denkmal. Bevor aber Fausts und Helenas Begegnung über dreitausend Jahre Geschichte hinweg gestalterisch möglich werden kann, muß sich Goethe noch einmal tief in griechische Mythologie und Geschichte hineinlesen und hineinarbeiten.

Gerade um diese Zeit treten die Verhandlungen mit Cotta um die *Ausgabe letzter Hand* in ihr entscheidendes Stadium ein. Vielleicht läßt Goethe aufgrund der damit einhergehenden enormen nervlichen Belastungen den Faden der *Faust*-Dichtung noch einmal fallen und zieht auch das letzte seiner großen Alterswerke, die *Wanderjahre*, aus der Schublade hervor. Vielleicht folgt Goethe aber auch lediglich seinem über Jahrzehnte bewährten Schaffensprinzip, die Gegenstände zu wechseln, ohne sich zu zerstreuen.

So hat Goethe im Juni 1825 mehr oder weniger gleichzeitig alle drei großen Alterswerke wieder vorgenommen, deren Vollendung er für die *Ausgabe letzter Hand* wohl wünschen, realistischerweise aber kaum für möglich halten kann. Indem er es sich jedoch nach wie vor zur Pflicht macht, auch in seinem hohen Alter jeden Morgen die Aufgabe des Tages zu ergreifen, versucht er, die Vollendung seiner Alterswerke soweit als möglich voranzuschieben. „… da mich Gott und seine Natur so viele Jahre mir selbst gelassen haben, so weiß ich nichts besseres zu tun, als meine dankbare Anerkennung durch jugendliche

Inhaltliche Ausgestaltung der „Ausgabe letzter Hand"

Tätigkeit auszudrücken", schreibt er Sulpiz Boisserée. „Ich will des mir gegönnten Glücks, solange es mir auch gewährt sein mag, mich würdig erzeigen, und ich verwende Tag und Nacht auf Denken und Tun, wie und damit es möglich sei. – Tag und Nacht ist keine Phrase, denn gar manche nächtliche Stunden, die dem Schicksale meines Alters gemäß ich schlaflos zubringe, widme ich nicht vagen und allgemeinen Gedanken, sondern ich betrachte genau, was den nächsten Tag zu tun, das ich denn auch redlich am Morgen beginne und, soweit es möglich, durchführe. Und so tu ich vielleicht mehr und vollende sinnig in zugemessenen Tagen, was man zu einer Zeit versäumt, wo man das Recht hat, zu glauben oder zu wähnen, es gäbe noch Wiedermorgen und Immermorgen."[74]

Nach dem Vertragsabschluß mit Cotta im Januar 1826 kehrt Goethe unverzüglich zum Helena-Geschehen der *Faust*-Dichtung zurück. Er ist ehrgeizig genug, seinen Lesern schon in der ersten Lieferung der neuen Ausgabe einen höchst bedeutenden unbekannten Text bieten zu wollen. „Sodann darf ich Dir wohl vertrauen", schreibt er Freund Zelter, „daß, um der ersten Sendung meiner neuen Ausgabe ein volles Gewicht zu geben, ich die Vorarbeiten eines bedeutenden Werks ... wieder vorgenommen habe, das seit Schillers Tod nicht wieder angesehen worden, auch wohl ohne den jetzigen Anstoß in limbo patrum geblieben wäre. Es ist zwar von der Art, daß es in die neueste Literatur eingreift, daß aber auch niemand ... eine Ahnung davon haben durfte." Und er setzt augenzwinkernd hinzu: „Ich hoffe, da es zu Schlichtung eines Streites gedacht ist, große Verwirrung dadurch hervorgebracht zu sehen."[75] Karl Jakob Ludwig Iken gegenüber erklärt er seine Intentionen etwas deutlicher, wenn er formuliert: „Es ist Zeit, daß der leidenschaftliche Zwiespalt zwischen Klassikern und Romantikern sich endlich versöhne. Daß wir uns bilden, ist die Hauptforderung; woher wir uns bilden, wäre gleichgültig, wenn wir uns nicht an falschen Mustern zu verbilden fürchten müßten. Ist es doch eine weitere und reinere Umsicht in und über griechische und römische Literatur, der wir die Befreiung aus mönchischer Barbarei zwischen dem 15. und 16. Jahrhundert verdanken! Lernen wir nicht auf dieser hohen Stelle alles in seinem wahren, ethisch-ästhetischen Werte schätzen, das Älteste wie das Neuste!"[76] Von solch historisch übergreifen-

Einsamkeit und Vollendung

den wie zeitgenössisch eingreifenden Intentionen geleitet, formt Goethe das *Helena*-Geschehen. Er veröffentlicht die Szenenfolge 1827 unter dem Titel *Helena, klassisch-romantische Phantasmagorie. Zwischenspiel zu Faust* im vierten Band der *Ausgabe letzter Hand*, womit die Lesewelt erstmals etwas vom Plan eines zweiten Teils der *Faust*-Dichtung erfährt.

Kaum ist dieser Stein von seinem Schreibpult gewälzt, geht Goethe daran, *Wilhelm Meisters Wanderjahre* zu vollenden. Der erste Teil der Dichtung lag seit 1821 vor, konnte aber, wie sich bei nochmaliger Durchsicht herausstellte, nicht ohne weiteres fortgesetzt werden. Wiederum sind es zeitgenössische Entwicklungen, die Goethe bestimmen, die ideelle Konzeption seines Romans bedeutend zu erweitern und Motive aufzunehmen, die im ersten Teil noch nicht angelegt waren. Gerade in den zwanziger Jahren hatte er sich intensiv mit Amerika und dessen Entwicklung vertraut gemacht, hatte wissenschaftliche Berichte und Reisebeschreibungen gelesen, eifrig die einschlägigen Pressemitteilungen verfolgt und mit besonderem Interesse Reisende aus Amerika in seinem Hause empfangen. Einen nachhaltigen Eindruck vom Leben auf dem neuen Kontinent, nicht zuletzt von den dort erprobten sozialen Modellen, vermittelte ihm das detaillierte Tagebuch der Amerikareise Bernhards von Sachsen-Weimar, eines Sohnes Carl Augusts. Derartige Impulse inspirierten ihn zum Entwurf des amerikanischen Siedlungsplanes, der schließlich wesentliche Elemente der sozial-gesellschaftlichen Utopie der *Wanderjahre* tragen wird.

Seinem Sekretär Schuchardt erscheint es fast wie Zauberei, mit welcher „Kraft, Sicherheit und Klarheit" ihm der siebenundsiebzigjährige Goethe den Text der *Wanderjahre* in die

Titelblatt der „Wanderjahre".

Arbeit an den „Wanderjahren"

Feder diktiert, „so sicher [und] fließend, wie es mancher nur aus einem gedruckten Buche zu tun imstande sein würde. – Wäre das ruhig und ohne äußere Störung ... geschehen, so würde ich kaum aufmerksam geworden sein. Dazwischen aber kam der Barbier ..., der Bibliotheksdiener, ..., der ... Bibliothekar Rat Kräuter, der Kanzlist, welche alle die Erlaubnis hatten, unangemeldet einzutreten. Der Kammerdiener meldete einen Fremden an, mit welchem sich Goethe ... längere oder kürzere Zeit unterhielt; dazwischen trat auch wohl jemand aus der Familie ein." Nachdem sich der Anwesende entfernt hatte, „wiederholte ich so viel, als mir für den Zusammenhang nötig schien, und das Diktieren ging bis zur nächsten Störung fort, als wäre nichts vorgefallen. Das war mir doch zu arg, und ich sah mich überall im Zimmer um, ob nicht irgendwo ein Buch, ein Konzept oder Brouillon läge, in das Goethe im Vorübergehen schaute (während des Diktierens wandelte derselbe nämlich ununterbochen um den Tisch und den Schreibenden herum), aber niemals habe ich das Geringste entdecken können."[77]

Goethe benötigt ein knappes Jahr intensiver Arbeit, bis er Freund Zelter im Mai 1827 mitteilen kann: „Der zweite Teil der *Wanderjahre* ist abgeschlossen; nur weniger Binsen bedarf es, um den Straußkranz völlig zusammenzuheften, und das täte am Ende auch jeder gute Geist, das einzelne auf- und anfassend, und vielleicht besser."[78]

Ohne sich eine Verschnaufpause zu gönnen, erklärt Goethe nun die Fortführung des *Faust* zum „Hauptgeschäft". Er arbeitet am ersten Akt, dessen Eingangsszenen zur Ostermesse 1828 die dritte Lieferung der *Ausgabe letzter Hand* krönen sollen. So spielend, wie Sekretär Schuchardt Goethes Arbeitsweise erschienen war, stellt sie sich ihm selbst jedoch keineswegs dar – zumal an einem Werk wie dem zweiten Teil des *Faust*, das neben den enormen Stoffmassen und vielfältigen ideellen Achsen die verschiedensten Versmaße fordert, darunter hochkomplizierte Nachbildungen antiker Metren. Diese Bezüge zu ersinnen und geistig vorzubereiten, bedarf der alternde Goethe mehr denn je der Ruhe. „... allein woher will die Ruhe kommen", fragt er Eckermann. „Der Tag macht gar zu viele Ansprüche an mich; es hält schwer, mich so sehr abzusondern und zu isolieren. Diesen Morgen war der Erbgroßherzog bei mir, auf morgen mittag hat sich die Groß-

Einsamkeit und Vollendung

herzogin melden lassen. Ich habe solche Besuche als eine hohe Gnade zu schätzen, sie verschönern mein Leben; allein sie nehmen doch mein Inneres in Anspruch, ich muß doch bedenken, was ich diesen hohen Personen immer Neues vorlegen und wie ich sie würdig unterhalten will."[79] Sehnsüchtig erinnert er sich der Zeit vor fünfzehn Jahren, als ihn die Gedichte des *Divan* in ihrer Gewalt hatten. Damals „war ich produktiv genug, um oft an einem Tage zwei bis drei zu machen; und auf freiem Felde, im Wagen oder im Gasthof, es war mir alles gleich. Jetzt, am Zweiten Teil meines *Faust*, kann ich nur in den frühen Stunden des Tags arbeiten, wo ich mich vom Schlaf erquickt und gestärkt fühle und die Fratzen des täglichen Lebens mich noch nicht verwirrt haben. Und doch, was ist es, das ich ausführe! Im allerglücklichsten Fall eine geschriebene Seite, in der Regel aber nur so viel, als man auf den Raum einer Handbreit schreiben könnte, und oft, bei unproduktiver Stimmung, noch weniger."[80]

Trotz dieser Erschwernisse des Alters führt Goethe die *Faust*-Dichtung Schritt für Schritt voran, erfüllt von der Hoffnung, auch den weiteren Lieferungen der *Ausgabe letzter Hand* ganze Szenenkomplexe beigeben zu können. Da trifft am 15. Juni des Jahres 1828 die Nachricht vom Tod Großherzog Carl Augusts in Weimar ein. Goethe sitzt mit seinen Kindern und einigen Freunden heiter an der Mittagstafel, als die Botschaft sein Haus erreicht. Sohn August entläßt die Gäste, um seinem Vater die unselige Eröffnung zu machen. Goethe hält sich. Auch als ihm wenig später Minister von Gersdorff und der Geheime Legationsrat Conta offiziell die Trauerbotschaft überbringen, „veränderte sich kein Zug in seinem Gesichte, und gleich gab er dem Gespräch eine heitere Wendung, indem er von dem vielen Herrlichen sprach, das der Hochselige gestiftet und gegründet hatte."[81] – Eckermann bietet sich jedoch ein anderes Bild, als er am späten Abend noch einmal bei Goethe vorspricht: „Schon ehe ich zu ihm ins Zimmer trat, hörte ich ihn seufzen und laut vor sich hinreden. Er schien zu fühlen, daß in sein Dasein eine unersetzliche Lücke gerissen worden. Allen Trost lehnte er ab und wollte von dergleichen nichts wissen. ‚Ich hatte gedacht', sagte er, ‚ich wollte vor ihm hingehen; aber Gott fügt es, wie er es für gut findet, und uns armen Sterblichen bleibt weiter nichts, als

Der Tod des Großherzogs

zu tragen und uns emporzuhalten, so gut und so lange es gehen will.'"[82]

In der Tat fühlte sich Goethe tief getroffen vom unerwarteten Tod Carl Augusts. Mehr als ein halbes Jahrhundert hatte er im Dienste dieses Fürsten seiner Wahl gestanden, dem er sich seit jenen fernen Tagen tiefgefühlter Jugendfreundschaft verbunden fand. Das Leben hatte ihnen die Spuren vorgezeichnet, sie waren bei weitem nicht immer parallel gelaufen; Enttäuschungen, Verletzungen, zeitweise Entfremdung hatte es gegeben. Doch der Kern war gesund geblieben. Das gemeinsame Bestreben, das Zeitliche in Carl Augusts Landen zu meistern und dabei überzeitliche Spuren zu hinterlassen, hatte sich über all die Jahrzehnte als verbindende Aufgabe bewährt. Jeder war ihr auf seine Weise und im Rahmen seiner Möglichkeiten gerecht geworden. Mit Carl Augusts Tod bricht dem fast neunundsiebzigjährigen Goethe ein elementarer Teil seiner eigenen Vergangenheit weg. „Das Unerträgliche, das man so lange fürchtet ..., wird nicht erträglicher dadurch, daß es in die Wirklichkeit hereintritt; es übt alsdann erst seine eigentliche ganze Gewalt aus"[83], schreibt er Sulpiz Boisserée. An den Trauerfeierlichkeiten möchte Goethe auch in diesem außerordentlichen Falle nicht teilnehmen, doch drängt es ihn, zu Knebel nach Jena hinüberzufahren, um mit diesem alten, geprüften Freund „das Andenken unseres Verehrten im stillsten Familienkreise zu feiern"[84].

Am Tag von Carl Augusts Beisetzung verläßt er Weimar. „Bei dem schmerzlichsten Zustand des Innern mußte ich wenigstens meine äußern Sinne schonen, und ich begab mich nach Dornburg"[85], berichtet er Zelter. Dort lebt er mit ausdrücklicher Erlaubnis von Carl Augusts Sohn und Erben Carl Friedrich fast acht Wochen abgeschieden von der Welt auf den großherzoglichen Besitzungen. An poetische Arbeit ist nicht zu denken, doch wie schon oft in Phasen großen Schmerzes findet er Trost und Ermutigung in vielfältigen naturwissenschaftlichen Studien. Hier in Dornburg stößt er auf Schritt und Tritt auf die rege Wirksamkeit seines Fürsten. Selbst die alte lateinische Inschrift am Portal jenes Renaissanceschlößchens, in dem er zwei kleine Zimmerchen bewohnt, scheint ihm gleichsam symbolisch auf seinen verstorbenen Freund zu deuten. Er übersetzt sie ins Deutsche:

Einsamkeit und Vollendung

Freudig trete herein und froh entferne dich wieder!
Ziehst du als Wandrer vorbei, segne die Pfade dir Gott![86]

Diese Inschrift nährt in ihm „die Überzeugung, daß vor länger als zweihundert Jahren gebildete Menschen hier gewirkt, daß ein allgemeines Wohlwollen hier zu Hause gewesen, wogegen auch diese Wohnung durch so viele Kriegs- und Schreckenszeiten hindurch aufrecht bestehend erhalten worden. – Bei meiner gegenwärtigen Gemütsstimmung rief ein solcher Anblick die Erinnerung in mir hervor: gerade ein so einladend-segnendes Motto sei durch eine Reihe von mehr als funfzig Jahren der Wahlspruch meines verewigten Herrn gewesen, welcher, auf ein groß-bedeutendes Dasein gegründet, nach seiner erhabenen Sinnesart jederzeit mehr für die Kommenden, Scheidenden und Vorüberwandelnden besorgt war als für sich selbst ... Hier schien es also, daß ich abermals bei ihm einkehre als dem wohlwollenden Eigentümer dieses uralten Hauses ..."[87] Sich ins Freie wendend, nimmt Goethe „die Anmut eines wahrhaften Lustortes still"[88] in sich auf. Er sieht die Reihe einzelner Schlösser aus verschiedenen Zeiten, Terrassen mit üppigen Reben und Traubenbüscheln, Blumenbeete und Gesträuch aller Art von Carl Augusts anregender Wirksamkeit zeugen, denn es war des Fürsten Verdienst, Dornburg aus dem Dornröschen-

Das Dornburger Renaissance-Schloß, *wo Goethe 1828 wohnte.*

Selbstfindung in Dornburg

schlaf einer vergessenen Jagdschloßexistenz erweckt zu haben. „Konnte mir aber ein erwünschteres Symbol geboten werden? deutlicher anzeigend wie Vorfahr und Nachfolger, einen edlen Besitz gemeinschaftlich festhaltend, pflegend und genießend, sich von Geschlecht zu Geschlecht ... eine für alle Zeiten ruhige Folge bestätigten Daseins und genießenden Behagens einleiten und sichern? – Dieses mußte mir also zu einer eigenen Tröstung gereichen ...; hier sprach ... der Gegenstand selbst das alles aus, was ein bekümmertes Gemüt so gern vernehmen mag: die vernünftige Welt sei von Geschlecht zu Geschlecht auf ein folgereiches Tun entschieden angewiesen. Wo nun der menschliche Geist diesen hohen ewigen Grundsatz in der Anwendung gewahr wird, so fühlt er sich auf seine Bestimmung zurückgeführt und ermutigt, wenn er auch zugleich gestehen wird: daß er eben in der Gliederung dieser Folge, selbst an- und abtretend, so Freude als Schmerz wie in dem Wechsel der Jahreszeiten so in dem Menschenleben an andern wie an sich selbst zu erwarten habe."[89]

Durch solcherart Betrachtungen Carl Augusts und zum Teil auch die eigene Existenz nicht ins Idyllische verflachend, sondern in überzeitlich-gattungsmäßige Dimensionen transponierend, gelingt es Goethe allmählich, sein inneres Gleichgewicht wiederzuerlangen und sich der veränderten Weimarer Realität zu stellen. Er scheidet nicht aus seinen Ämtern aus, sondern erkennt Großherzog Carl Friedrich als seinen neuen Dienstherren an in der Hoffnung, daß dieser fortsetzen möge, was er selbst gemeinsam mit dessen Vater begonnen hat. Es sei ihm Bedürfnis, schreibt er an den englischen Literaturkritiker Thomas Carlyle, „alle meine übrigen Lebensverhältnisse emsig fortzusetzen, weil ich nur darin eine Existenz finden kann, wenn ich, in Betrachtung dessen, was er [Carl August] getan und geleistet, auf dem Wege fortgehe, den er eingeleitet und angedeutet hat."[90]

Als sich Goethe am 11. September 1828 zur Heimreise nach Weimar anschickt und ein letztes Mal unter der Inschrift jenes schönen Renaissanceportals hindurchschreitet, hat sich deren Botschaft für ihn gewandelt. Nun dichtet er:

Schmerzlich trat ich hinein, getrost entfern ich mich wieder;
Gönne dem Herren der Burg alles Erfreuliche Gott.[91]

Einsamkeit und Vollendung

Auch wenn Goethe zu Großherzog Carl Friedrich naturgemäß in kein derart persönliches Verhältnis treten konnte wie zu dessen Vater, ist doch die Haltung der großherzoglichen Familie zu ihm auch weiterhin von höchster Achtung und wohlwollender Rücksichtnahme bestimmt. Dank der verehrend-herzlichen Verbindung, welche er schon seit vielen Jahren zu Großherzogin Maria Pawlowna und den Töchtern Augusta und Maria pflegte, gestaltet sich der äußere Rahmen seines Lebens nach Carl Augusts Tod im wesentlichen ohne schmerzhafte Brüche. Schmerzhaft genug erlebt Goethe aber in immer stärkerem Maße die Tatsache, daß er als einer der letzten seiner Generation, als einer der letzten Mitgestalter und Zeugen aus Weimars großer Zeit zurückgeblieben war – ein Gefühl, das Carl Augusts Gattin Louise, die nunmehrige Großherzogin-Mutter, zutiefst mit ihm teilt. Sie ist die erste, bei der er, nach Weimar zurückgekehrt, Visite macht. „Goethe und ich verstehen uns nun vollkommen", erklärt sie nach seinem Besuch, „nur daß er noch den Mut hat zu leben und ich nicht."[92]

Den während der Dornburger Einsamkeit zurückgewonnenen Lebensmut in produktiver Tätigkeit zu bewahren und zu bewähren, erscheint ihm nun auch das Vermächtnis seines verstorbenen Weggefährten zu sein. Die Hoffnung, der Osterlieferung der *Ausgabe letzter Hand* von 1829 eine weitere Fortsetzung des *Faust* beigeben zu können, ist von den schmerzlichen Ereignissen allerdings vereitelt worden. Goethe muß die Absicht einer weiteren teilweisen Veröffentlichung des zweiten Teils der Tragödie aufgeben, bewahrt jedoch den Vorsatz, einzelne Akte weiter auszuarbeiten, wie ein aus Dornburg geschriebener Brief an Zelter belegt: „Der Anfang des zweiten Akts ist gelungen; wir wollen dies ganz bescheiden aussprechen, weil wir ihn, wenn er nicht dastünde, nicht machen würden. Es kommt nun darauf an, den ersten Akt zu schließen, der bis aufs letzte Detail erfunden ist und ohne dieses Unheil auch schon in behaglichen Reimen ausgeführt stünde. Das müssen wir denn auch der vorschwebenden Zeit überlassen."[93]

Vorerst gilt es aber, letzte Hand an die beiden Teile der *Wanderjahre* zu legen, um das Druckmanuskript für die Werkausgabe vorzubereiten. Es stellt sich heraus, daß daran noch mehr zu tun ist, als Goethe ursprünglich angenommen hatte. Das Werk schickt sich an, auf drei

Die Vollendung der „Wanderjahre"

Teile anzuwachsen. „Das Manuskript hat überall weiße Papierlücken, die noch ausgefüllt sein wollen", berichtet Eckermann. „Hier fehlt etwas in der Exposition, hier ist ein geschickter Übergang zu finden, damit dem Leser weniger fühlbar werde, daß es ein kollektives Werk sei; hier sind Fragmente von großer Bedeutung, denen der Anfang, andere, denen das Ende mangelt: und so ist an allen drei Bänden noch sehr viel nachzuhelfen ..."[94] Erst jetzt rundet sich die epische Welt dieser großen Altersdichtung auf der individuellen wie auf der gesellschaftlich-sozialen Ebene ab. Nun erst läßt Goethe seinen Helden die Forderung der Wandernden begreifen und erfüllen: „Narrenpossen ... sind eure allgemeine Bildung und alle Anstalten dazu. Daß ein Mensch etwas ganz entschieden verstehe, vorzüglich leiste, wie nicht leicht ein anderer in der nächsten Umgebung, darauf kommt es an"[95], belehrt ihn Jarno. Indem Goethe Wilhelm Meister im Beruf des Arztes sein praktisches Lebensziel finden läßt, entsagt dieser dem unrealistischen Anspruch, seine Persönlichkeit allseitig auszubilden und findet endlich seinen Platz in der Gemeinschaft der Wanderer. „... bei dem großen Unternehmen, dem ihr entgegengeht, werd ich als ein nützliches, als ein nötiges Glied der Gesellschaft erscheinen und euren Wegen mit einer gewissen Sicherheit mich anschließen; mit einigem Stolze: denn es ist ein löblicher Stolz, eurer wert zu sein"[96], resümiert Goethes Held. Aber auch der amerikanische und europäische Siedlungsplan sowie der Makarien-Mythos finden erst in dieser letzten intensiven Arbeitsphase ihren Platz in der epischen Welt und runden das im Roman dargestellte Modell einer tätig-humanen Gemeinschaft ab, zu deren nützlichem Glied sich Wilhelm Meister qualifiziert hat. Mit dem Modell der in die neue Welt aufbrechenden Gemeinschaft der Entsagenden, die gerade dadurch zu Human-Tätigen werden, sucht der alte Goethe auf die als bedrohlich empfundenen Zeittendenzen rücksichtsloser Maschinisierung und Industrialisierung und der damit einhergehenden Vereinzelung des Menschen zu antworten.

Wieviel Disziplin, Sammlung und schöpferische Kraft die Vollendung des Romans von dem Neunundsiebzigjährigen forderte, läßt sein Neujahrsbrief des Jahres 1829 an Zelter ahnen: „Ich bin seit vier Wochen und länger nicht aus dem Hause, fast nicht aus der Stube gekommen; meine Wandernden, die zu Ostern bei Euch einsprechen werden, wollen ausgestattet sein. Das Beginnen, das ganze Werk umzuarbeiten, leichtsinnig unternommen, will sich nicht leichtfertig abtun lassen, und so hab ich denn noch vier Wochen zu ächzen, um diesen Alp völlig wegzudrängen ..."[97] Pünktlich zur Ostermesse 1829 erscheint der Roman als 21. bis 23. Band der *Ausgabe letzter Hand*.

Rastlos schreitet Goethe vorwärts, um seine Werkausgabe auszustatten. Bis August 1829 erstellt er aus alten Papieren den *Zweiten römischen Aufenthalt* als Fortsetzung seiner *Italienischen Reise*, bis Ende November vervollständigt er die *Tag- und Jahreshefte*, bis sich im Dezember im Geiste des Achtzigjährigen noch einmal die Gestalten der *Faust*-Dichtung zu regen beginnen. Er vollendet den ersten Akt; die Lücken des zweiten schließend, wendet er sich der *Klassischen Walpurgisnacht* zu. „Der mythologischen Figuren, die sich hiebei zudrängen", erklärt er Eckermann, „sind eine Unzahl; aber ich hüte mich und nehme bloß solche, die bildlich den gehörigen Eindruck machen ... Wenn ich mich fleißig dazuhalte, kann ich in ein paar Monaten mit der *Walpurgisnacht* fertig sein. Es soll mich nun aber auch nichts wieder vom *Faust* abbringen; denn es wäre doch toll genug, wenn ich es erlebte, ihn zu vollenden! Und möglich ist es; der fünfte Akt ist so gut wie fertig, und der vierte wird sich sodann wie von selber machen."[98]

Goethe ist alt und erfahren genug im Umgang mit sich selbst, um zu wissen, welche äußeren Einflüsse seiner schöpferischen Ruhe gefährlich werden. So liest er zur Entspannung in den Nachmittagsstunden nur Leichtes und Heiteres, nimmt aber kein Buch zur Hand, das sein Interesse wirklich fesseln und von der Dichtung abziehen könnte. Hatte er bisher die französisch-oppositionellen Zeitschriften *Le Globe* und *Le Temps* mit wacher Aufmerksamkeit verfolgt, verschließt er sich jetzt, die Julirevolution von 1830 ahnend, ganz bewußt dem Tagesgeschehen. „Ich sehe", äußert er gegenüber dem befreundeten sachsenweimarischen Prinzenerzieher Frédéric Soret, „es bereiten sich in Paris bedeutende Dinge vor. Wir sind am Vorabend einer großen Explosion. Da ich aber darauf keinen Einfluß habe, so will ich es ruhig abwarten, ohne mich von dem spannenden Gang des Dramas unnützerweise täglich aufregen zu lassen. Ich lese jetzt so wenig den *Globe* als den *Temps*, und meine *Walpurgisnacht* rückt dabei gar nicht schlecht vorwärts."[99]

Freunde im Alter

Vor den schicksalhaften Erschütterungen des Lebens vermag er sich jedoch nicht abzuschirmen. Am 14. Februar des Jahres 1830 verstirbt mit Großherzogin Louise die letzte Repräsentantin des klassischen Weimar. Jeden Dienstagvormittag hatte die Fürstin während der letzten Jahre bei ihm, der längst die Erlaubnis nutzte, nicht mehr bei Hofe erscheinen zu müssen, im Haus am Frauenplan vorgesprochen. Nun gehören auch diese Stunden tiefen Einverständnisses der Vergangenheit an. Goethe begegnet ihrem Hinscheiden gefaßt, wenn er auch „mit trüben Blick" äußert: „Ich komme mir selber mythisch vor, da ich so allein übrig bleibe."[100]

Wirklich allein ist er nicht. Um den alten Goethe haben sich neue Freunde gesammelt, die seine Interessen teilen und die er in den Nachmittags- und Abendstunden gern um sich sieht: Der begabte weimarische Oberbaudirektor Clemens Wenzeslaus Coudray, mit Goethe in den klassizistischen Grundüberzeugungen übereinstimmend, bespricht mit ihm alle seine architektonischen Entwürfe für die Residenzstadt. Der Genfer Theologe und Naturwissenschaftler Frédéric Soret, in Weimar als Prinzenerzieher angestellt, übersetzt Goethes zentrale naturwissenschaftliche Schrift, die *Metamorphose der Pflanzen,* und bereitet mit Goethe gemeinsam deren französische Veröffentlichung vor. Zunehmend lieber sieht Goethe seinen neuen Hausarzt, den dreißigjährigen Dr. Carl Vogel, dem er bald ganz besonderes Vertrauen entgegenbringt. Mehrmals wöchentlich erscheint Kanzler von Müller, um Goethe in innen- und außenpolitischen Fragen bis zu den Stadtneuigkeiten hin auf dem Laufenden zu halten, in wichtigen Angelegenheiten auch dessen Urteil und Rat einzuholen. Mit den Jahren zum engen Freund des Hauses aufgerückt ist Johann Peter Eckermann, ohne dessen Anregungen die Alterswerke wohl kaum so weit fortgeführt worden wären, wie Goethe selbst sehr genau weiß: „Eckermann versteht am besten, literarische Produktionen mir zu extorquieren durch den sensuellen Anteil, den er am bereits Geleisteten, bereits Begonnenen nimmt. So ist er vorzüglich Ursache, daß ich den *Fausten* fortsetze, daß die zwei ersten Akte des zweiten Teils beinahe fertig sind."[101] Eckermann seinerseits ist sich seines besonderen Verhältnisses zu Goethe bewußt. Als er nach Weimar kam, war er nach eigenem Zeugnis „voll von neuen schriftstellerischen Vorsätzen, ich fühlte in mir Trieb und Kraft, mich nach allen Seiten hin zu versuchen und mir einen Namen zu machen; allein ich unterdrückte meine liebsten Wünsche, indem ich mir sagte, daß, wenn ich Goethe durch die Übernahme jener [redaktionellen] Arbeiten frei mache und in den Stand setze, noch viel Großes hervorzubringen, ich nicht allein die letzten Lebensjahre des hohen Mannes verschönern, sondern auch der deutschen Literatur einen größeren Dienst leisten würde, als durch eigene Arbeit"[102]. Mit dieser Einschätzung hat Eckermann recht behalten. Selbst nur ein mittelmäßig begabter Poet, lag seine Stärke im sensibelsten Erfassen und Nachempfinden der Goetheschen Welt. Neben seiner anregenden und mitgestaltenden Wirksamkeit zu Goethes Lebzeiten wird er nach dessen Tod mit seinen *Gesprächen mit Goethe in den letzten Jahren seines Lebens* das meistgelesenste Goethe-Buch schaffen und damit das Goethe-Bild für Generationen von Lesern prägen. Goethe, von Eckermanns Intentionen unterrichtet, betrachtete dessen *Gespräche* als letzten Teil seiner autobiographischen Schriften, so daß er sich entschloß, die *Tag- und Jahreshefte* mit dem Jahr 1822, also unmittelbar vor Eckermanns Eintreten in sein Haus, abzuschließen. Leider ist Johann Peter Eckermann, diesem treuesten und opferbereitesten aller Goetheschüler, der materielle Ertrag seiner *Gespräche mit Goethe* aus verschiedenen Gründen nicht mehr zugute gekommen.

Neben diesen Freunden und Vertrauten kehren Besucher aus ganz Europa am Frauenplan ein, um dem berühmten alten Herren ihre Aufwartung zu machen. Goethe ist zu alt, um noch zu reisen; nun kommt die Welt in sein Haus: Adam Mickiewicz, der hoffnungsvolle Dichter der polnischen Romantik und politische Emigrant verkehrt über Wochen bei ihm, ebenso Jean Jacques Ampère, Sohn des berühmten französischen Physikers, selbst Professor der neueren Literatur und Mitarbeiter des *Globe* in Paris; aus Amerika kommt der Theologe und Palästinaforscher Edward Robinson, aus Livland der Maler und Archäologe Otto Magnus Freiherr von Stackelberg; der französische Bildhauer David d'Angers betreibt in Weimar Studien für eine kolossale Marmorbüste Goethes, Zelters Schüler Felix Mendelssohn-Bartholdy macht im Haus am Frauenplan Station, wenn er von seinen Europatourneen heimkehrt, und König Ludwig I. kommt persönlich

Internationale Gäste

nach Weimar, um Goethe den Hausorden der bayerischen Krone an die Brust zu heften.

An Kommunikation und Aufmerksamkeit fehlt es dem alten Goethe nicht. Und doch fühlt er sich innerlich einsam und verwaist, in den Grundlagen seines Denkens und Betrachtens von den Angehörigen

Goethes Haus am Frauenplan, *nach einer Zeichnung von Otto Wagner, 1827.*

der nachfolgenden Generationen nicht mehr verstanden. „Ich kann eigentlich mit niemanden mehr über die mir wichtigsten Angelegenheiten sprechen", klagt er Kanzler von Müller, „denn niemand kennt und versteht meine Prämissen. Umgewandt verstehe ich zum Beispiel Vogeln gar sehr gut, ohne seine Prämissen zu kennen; sie sind mir a priori klar, ich sehe aus seinen Folgerungen, welche Prämissen er gehabt haben muß."[103] – Mehrfach findet sich in den Briefen des alten Goethe der Satz: „... *leben* heißt doch eigentlich nicht viel mehr als viele *überleben*."[104]

Gerade zu Beginn des Jahres 1830, als Goethe nichts mehr von der Vollendung des *Faust* abhalten sollte, spitzt sich die schon seit langer Zeit gespannte Situation in seinem Hause weiter zu. Sein Sohn August

Einsamkeit und Vollendung

– inzwischen vierzig Jahre alt – steckt in einer tiefen Lebenskrise. Als normal begabter Sohn eines genialen Vaters von Minderwertigkeitsgefühlen bedrängt, seelisch aufgerieben in einer zerrütteten Ehe, von vielfältigsten, zumeist gewissenhaft wahrgenommenen dienstlichen und privaten Pflichten permanent überlastet, sucht er immer häufiger Trost und Vergessen im Alkohol. Selbst zu den gemeinsamen Mahlzeiten mit Vater, Gattin und Kindern vermag August das nötige Maß an Selbstbeherrschung nicht mehr aufzubringen, so daß sich Goethe genötigt sieht, fürderhin allein oder mit Freunden statt im Familienkreis zu speisen. Obgleich der Plan, August möge auf einer Italienreise gesunden und zu neuen Kräften, vielleicht zu einem neuen Selbstverständnis finden, schon öfter besprochen worden ist, vermag sich Goethe erst jetzt zu entschließen, den Sohn ziehen zu lassen. Eckermann soll ihn begleiten. Goethe zahlt beiden die Reise. Sie verlassen Weimar am 22. April des Jahres 1830. „Der Abschied von seinem Vater soll erschütternd gewesen sein. Mir wurde erzählt", berichtet Jenny von Pappenheim, eine vertraute Freundin Ottilies, „August sei ihm [Goethe] plötzlich weinend zu Füßen gefallen und dann davongestürzt, während Goethe, überwältigt von böser Ahnung, auf seinem Lehnstuhl zusammengebrochen sei."[105]

Im Goethehaus zieht Frieden ein. Die gemeinsamen Mahlzeiten mit Schwiegertochter Ottilie und den Enkeln werden wieder aufgenommen, die Arbeit am *Faust* fortgesetzt. Noch immer läßt Goethe die Dichtung in sich reifen, unterliegt nicht der Versuchung, forciert gegen seine sich neigende Lebenszeit anzuarbeiten. Er weiß: „In der Poesie ... lassen sich gewisse Dinge nicht zwingen, und man muß von guten Stunden erwarten, was durch geistigen Willen nicht zu erreichen ist. So lasse ich mir jetzt in meiner *Walpurgisnacht* Zeit, damit alles die gehörige Kraft und Anmut erhalten möge."[106] Langsam, aber stetig kommt er voran.

Die Monate verstreichen. Goethe sehnt sich nach seinem Sohn, dessen Heimkehr sich durch eine langwierige, aber ungefährliche Erkrankung verzögert. Augusts Briefe stimmen ihn zuversichtlich. Er freut sich über die souveräne, aufmerksam-aufgeschlossene und heitere Art, in der August die Reise benutzt[107], wünscht, ihn gesundet wiederzufinden. Ihm selbst schreibt er: „Da Du so vieler Menschen Städte ge-

Der Tod des Sohnes

sehen und Sitte gelernt hast, so ist zu hoffen, daß Dir auch die Art, wie sich auf dem Frauenplane zu Weimar mit guten Menschen leben läßt, werde klar geworden sein."[108]. Um sich vom Warten abzulenken, nimmt er am 9. November *Dichtung und Wahrheit* wieder hervor. „Das Außenbleiben meines Sohns drückte mich auf mehr als eine Weise sehr heftig und widerwärtig", berichtet er rückblickend Freund Zelter, „ich griff daher zu einer Arbeit, die mich ganz absorbieren sollte."[109] Noch weiß Goethe nicht, daß sein Sohn bereits am 27. Oktober in Rom verstorben war. Erst am 10. November trifft die Schreckensbotschaft in Weimar ein. Sie wird dem Einundachtzigjährigen von Kanzler von Müller und dem vertrauten Arzt Dr. Vogel überbracht. „Prüfungen erwarte bis zuletzt", teilt sich Goethe Zelter mit. „Dir hat es, mein Guter, nicht daran gefehlt, mir auch nicht, und es scheinet, als wenn das Schicksal die Überzeugung habe, man seie nicht aus Nerven, Venen, Arterien und andern daher abgeleiteten Organen, sondern aus Draht zusammengeflochten."[110]

Goethe, *Silberstiftzeichnung von Karl August Schwerdtgeburth, 1831/32.*

Einsamkeit und Vollendung

Am nächsten Morgen läßt er die Enkel zu sich kommen und behält sie um sich. „Ich muß erst suchen, eine neue Lebensbasis zu gewinnen, mich wieder zu sammeln, ehe ich den Anblick dritter Personen ertragen kann"[111], erklärt er Kanzler von Müller. Um sich zu halten, treibt Goethe die Arbeit am vierten Buch von *Dichtung und Wahrheit* mit Gewalt voran, diktiert täglich ein großes Pensum. Doch als ihn Caroline von Egloffstein vierzehn Tage später wiedersieht, findet sie einen „alten Mann"[112]. Allwina Frommann berichtet, daß sie ihn zwar „körperlich leidlich wohl" gefunden habe, doch oft saß er „ganz versunken da; dann wollte er wieder freundlich mit uns sprechen, man fühlte aber die Anstrengung; oft sah er die Kinder wehmütig an und sagte: ,Ihr armen Kinder' ..."[113]

Als Eckermann am 23. November allein von der gemeinsam mit Sohn August angetretenen Italienreise heimkehrt und bei Goethe vorspricht, empfängt ihn dieser „aufrecht und fest"[114]; allein sein Körper vermag der seelischen Überanstrengung nicht länger standzuhalten. Zwei Tage später erleidet er einen Lungenblutsturz, der ihn beinahe das Leben kostet. „... es möchte wohl kein Zweifel sein, daß der unterdrückte Schmerz und eine so gewaltsame Geistesanstrengung [die Arbeit an *Dichtung und Wahrheit*] jene Explosion ... dürften verursacht haben ... [Es] riß ein Gefäß in der Lunge und der Blutauswurf war so stark: daß, wäre nicht gleich ... kunstgemäße Hülfe zu erhalten gewesen, hier wohl die ultima linea rerum sich würde hingezogen haben"[115], berichtet Goethe rückblickend Zelter. Sein Arzt Dr. Vogel, inzwischen ein sehr guter Kenner der Verhältnisse im Goethehaus, bestätigt diese Einschätzung: „Goethe liebte seinen Sohn wirklich und schenkte ihm fast unbegrenztes Vertrauen; dieser widmete seinem Vater die innigste Verehrung. Ich besitze davon viele unzweideutige Beweise, was auch böser Wille über das zwischen beiden bestandene Verhältnis ausgestreut haben mag. Der Lungenblutsturz ... war lediglich Folge der ungeheuern Anstrengung, womit Goethe den bohrenden Schmerz über den vorzeitigen Verlust des einzigen Sohnes zu gewältigen strebte ..."[116]

Von den Zeitgenossen kaum erwartet, gelingt es dem Einundachtzigjährigen, sich wieder aufzurichten und seine verbleibenden Kräfte zu sammeln. „Noch ist das Individuum beisammen und bei Sinnen"[117], begrüßt er Zelter Anfang Dezember. Doch seine Lebenssituation hatte sich innerlich und äußerlich von Grund auf geändert. Er wußte, daß ihn der Verlust seines Sohnes dem eigenen Tod um ein gutes Stück nähergebracht hatte. „Schon seit einiger Zeit trau ich dem Landfrieden nicht und befleißige mich, das Haus zu bestellen ..."[118], vertraut er Zelter. Assistiert von Kanzler von Müller formuliert Goethe sein Testament, setzt seine beiden Enkel Walther und Wolfgang sowie die inzwischen dreijährige Enkelin Alma als Universalerben ein, sorgt für Schwiegertochter Ottilie und bestimmt Eckermann und Riemer als Herausgeber seiner nachgelassenen Schriften.

Vor allem aber kehrt er an sein Schreibpult zurück und vollendet bis zum Juli 1831 den zweiten Teil der *Faust*-Dichtung – eine Leistung, deren Dimension nicht nur unter den gegebenen Umständen, sondern überhaupt kaum zu ermessen ist. „Es ist keine Kleinigkeit", kommentiert er den Sachverhalt Zelter gegenüber eher bescheiden, „das, was man im zwanzigsten Jahre konzipiert hat, im zweiundachtzigsten außer sich darzustellen und ein solches inneres lebendiges Knochengeripp mit Sehnen, Fleisch und Oberhaut zu bekleiden, auch wohl dem fertig Hingestellten noch einige Mantelfalten umzuschlagen, damit alles zusammen ein offenbares Rätsel bleibe, die Menschen fort und fort ergetze und ihnen zu schaffen mache."[119] Als der zweite Teil der Dichtung im August endlich geheftet und vollkommen fertig vor ihm liegt, gesteht Goethe Eckermann „überaus glücklich": „Mein ferneres Leben kann ich nunmehr als ein reines Geschenk ansehen, und es ist jetzt im Grunde ganz einerlei, ob und was ich noch etwa tue."[120]

Das Werk ist vollendet, die Summe des Daseins gezogen: Schon im Herbst 1830 hatte Goethe den Abschluß der *Ausgabe letzter Hand* erlebt, nun im Sommer 1831 die Vollendung des *Faust*. Doch auch Spätsommer und Herbst läßt der Zweiundachtzigjährige nicht ungenutzt vorüberziehen. Er füllt die Lücken im vierten Buch von *Dichtung und Wahrheit*, so daß er seine Autobiographie zwar nicht – wie ursprünglich geplant – bis zur Italienreise, aber doch zumindest bis zu seiner Ankunft in Weimar im Jahre 1775 fertigzustellen vermag.

Seinem hohen Alter gemäß lebt Goethe zurückgezogen. Ottilie und die Enkel sind um ihn. Wie einst seinem Sohn wirft er nun ihnen Näschereien aus dem Fenster, wenn sie im Garten vor seinem Arbeits-

Einsamkeit und Vollendung

zimmer spielen und lärmen. Eckermann und der Kanzler finden ihn in variierenden Stimmungen, heiter und gesprächig, launig-scherzhaft, bisweilen ironisch-mephistophelisch oder auch gallig funkelnd. Nach wie vor regelt er selbst alle seine amtlichen Obliegenheiten, nur nach Jena fährt er nicht mehr persönlich hinüber. Seit dem Tod des Sohnes hat sein Arzt Dr. Vogel als Mann seines Vertrauens den zweiten Platz in der Oberaufsicht übernommen und schaut in Jena nach dem Rechten. Auch jetzt verfolgt Goethe die neuesten naturwissenschaftlichen Veröffentlichungen im In- und Ausland und nimmt in

Titelblatt des „Faust".

eigenen Aufsätzen dazu Stellung. Doch immer wieder bewegen die Gestalten der *Faust*-Dichtung seinen Geist, so daß er im Januar 1832 das versiegelte Manuskript noch einmal aufschnürt. „Neue Aufregung zu *Faust* in Rücksicht größerer Ausführung der Hauptmotive, die ich, um fertig zu werden, allzu lakonisch behandelt hatte"[121], verzeichnet das Tagebuch. Noch einmal geht der Zweiundachtzigjährige, assistiert von Eckermann und Schwiegertochter Ottilie, das Manuskript durch, legt letzte Hand an sein Lebenswerk, um es schließlich endgültig einzusiegeln. Die Freunde bitten ihn dringend, den zweiten Teil des *Faust* noch zu Lebzeiten zu veröffentlichen, doch Goethe entscheidet sich bewußt dagegen. „Ganz ohne Frage würd es mir unendliche Freude machen ..., weit verteilten Freunden auch bei Lebzeiten diese sehr ernsten Scherze zu widmen, mitzuteilen und ihre Erwiderung zu vernehmen", antwortet er Wilhelm von Humboldt. „Der Tag aber ist wirklich so absurd und konfus, daß ich mich überzeuge, meine redlichen, lange verfolgten Bemühungen um dieses seltsame Gebäu würden schlecht belohnt und an den Strand getrieben ... werden. Verwirrende Lehre zu verwirrtem Handel waltet über die Welt, und ich habe nichts angelegentlicher zu tun, als dasjenige, was an mir ist und geblieben ist, wo möglich zu steigern und meine Eigentümlichkeiten zu kohobieren, wie Sie es, würdiger Freund, auf Ihrer Burg ja auch bewerkstelligen."[122]

Diese Worte schreibt Goethe am 13. März 1832. Wenige Tage später erkrankt er an einem grippalen Infekt, von dem er sich nicht mehr erholt. Er stirbt am 22. März im Schlafzimmer seines Hauses am Frauenplan an einem Herzinfarkt, der schließlich zum endgültigen Herzversagen führt.

Goethe im Tode, *Zeichnung von Friedrich Preller, 1832.*

Nach dem Willen Großherzog Carl Friedrichs wird Goethes sterbliche Hülle in der Fürstengruft zu Weimar, an der Seite Schillers nahe dem Sarg Carl Augusts beigesetzt. „So ist denn mit dem Vollendeten ... das letzte sichtbare Erinnerungszeichen an eine Zeit dahingeschwunden, welche in den Jahrbüchern unserer Stadt und unseres Landes eine weltgeschichtliche Bedeutung und Merkwürdigkeit hat", heißt es in der Trauerrede des weimarischen Generalsuperintendenten Johann

Einsamkeit und Vollendung

Friedrich Röhr, „der letzte der großen Geister, welche durch ihre mannigfaltige, Geister weckende und Geister leitende Tätigkeit der glorreichen Regierung einer längst in Staub gesunkenen, aber immer noch unvergessenen Landesmutter [Anna Amalia] und ihres echtfürstlichen großen Sohnes [Carl August] einen weithinstrahlenden Glanz verliehen!"[123]

Die nachfolgenden Generationen seiner Landsleute werden Goethe vergessen, wie ihn die späteren als „Olympier" auf den Sockel heben werden, um ihn wieder herabzustürzen. Sein Leben und sein Werk aber stehen seit mehr als zweihundert Jahren fest in der Welt.

Laßt fahren hin das allzu Flüchtige!
Ihr sucht bei ihm vergebens Rat;
In dem Vergangnen lebt das Tüchtige,
Verewigt sich in schöner Tat.

Und so gewinnt sich das Lebendige
Durch Folg aus Folge neue Kraft,
Denn die Gesinnung, die beständige,
Sie macht allein den Menschen dauerhaft.

So löst sich jene große Frage
Nach unserm zweiten Vaterland;
Denn das Beständige der ird'schen Tage
Verbürgt uns ewigen Bestand.[124]

Quellennachweise

Der Freund des jungen Herzogs

1 WA IV, 2, 298.
2 Ebenda, 219.
3 Ebenda, 278 f.
4 GG I, 128 f.
5 BA 13, 692.
6 Ebenda.
7 WA IV, 2, 216.
8 Ebenda III, 1, 8.
9 BA 13, 839.
10 Ebenda, 840.
11 Fehler in der Quelle, Goethe ist 26 Jahre alt.
12 GG I, 176.
13 Ebenda.
14 BA 1, 373.
15 Es eröffnete den fünften Akt der ungedruckten ersten Fassung des *Götz von Berlichingen*.
16 Vermutlich ist der unter der Regierungsproklamation oder der Schankverordnung gedruckte Name des Herzogs gemeint.
17 WA IV, 3, 7 f.
18 Ebenda, 9 ff.
19 CA 1, 6.
20 GG I, 193.
21 CA 1, 356.
22 WA IV, 3, 6.
23 Eck, 648.
24 Ebenda, 650.
25 GG I, 222.
26 Seckendorff, 14 f.
27 Klopstock, VII/1, 22.
28 BA 2, 571.
29 WA IV, 3, 26.
30 GG I, 176.
31 WA IV, 3, 29.
32 Ebenda, 4.
33 Ebenda, 13.
34 Ebenda, 17.
35 Ebenda, 22.
36 Ebenda, 21.
37 Ebenda, 28 f.
38 Ebenda, III, 1, 11.
39 Ebenda, IV, 3, 66 f.
40 Ebenda, 62.
41 Zit. nach Andreas, 274.
42 Zit. nach Beaulieu, 159 f.
43 Zit. nach Andreas, 278 f.
44 BA 1, 325.
45 GG I, 214.

Am Musenhof Anna Amalias

1 GG I, 169.
2 Ebenda, 239 f.
3 Ebenda, 190.
4 Lyncker, 48.
5 BA 16, 392.
6 Ebenda 4, 658.
7 Vgl. Sichardt, 39.
8 Aja, 18.
9 Sichardt, 41.
10 WA IV, 3, 129.
11 Seckendorff, 22.
12 GG I, 235 f.
13 Ebenda, 260.
14 Ebenda, 260 f.
15 Zit. nach Bode, 343 f.
16 BA 5, 113 f.
17 Ebenda, 435.
18 Ebenda.
19 Ebenda, 436 ff.
20 Lyncker, 71 f.
21 Ebenda, 71.
22 Zit. nach Bode, 345.
23 Lyncker, 72.
24 Ebenda.
25 Wieland, 7.1, 220.
26 Zit. nach Bode, 346.
27 WA IV, 4, 11.
28 Ebenda, 12.
29 Ebenda, 13.
30 Ebenda, 17.
31 Ebenda, 18.
32 BG 2, 113.
33 WA IV, 4, 23.
34 Ebenda, 21.

Quellennachweise

35 GG I, 263.
36 Ebenda, 264.
37 Sichardt, 52.
38 WA IV, 4, 22.
39 Ebenda.
40 Ebenda 5, 56.
41 Ebenda III, 1, 117.
42 SchrGG. 7, 18.
43 BA 4, 272.
44 Zit. nach Diezmann, 199.
45 BA 2, 76.
46 WA IV, 5, 313.
47 BA 2, 76.

Lust und Last der Ämter

1 WA IV, 3, 81.
2 Ebenda, 82.
3 Ebenda, 83.
4 Bradish 1, 199.
5 WA IV, 6, 218.
6 GJb 9, 11 f.
7 Steenbuck, 7.
8 WA IV, 4, 283.
9 Ebenda, 285.
10 Ebenda III, 1, 74.
11 Vgl. ebenda, 114.
12 Ebenda, 79.
13 Ebenda IV, 7, 356 f.
14 Zit. nach Bürgin, 53.
15 WA III, 1, 120.
16 Zit. nach Bürgin, 53.
17 WA IV, 4, 15.
18 Ebenda 5, 236.
19 Ebenda III, 1, 136.
20 JbGG 6, 276.
21 Ebenda, 275.
22 Vgl. Bürgin, 71.
23 JbGG 6, 276.
24 Ebenda, 277.
25 Ebenda, 278.
26 GG III/1, 673.
27 WA III, 1, 86.
28 AS 1, 53.
29 Ebenda, 56.
30 WA III, 1, 78.
31 GG I, 264.
32 WA III, 1, 75.
33 Ebenda, 77.
34 Ebenda IV, 4, 20 f.
35 Ebenda, 18.

36 Ebenda III, 1, 93.
37 Ebenda, 118.
38 Zit. nach Bürgin, 150.
39 Vgl. ebenda.
40 WA IV, 4, 245.
41 Hartung, 56.
42 Vgl. Bradish 1, 225 f.
43 WA IV, 6, 255.
44 Zit. nach Bürgin, 183.
45 BA 16, 442 f.
46 AS 1, 171.
47 WA III, 1, 96.
48 Ebenda IV, 4, 58 f.
49 Bradish 1, 147 f.
50 WA IV, 5, 337.
51 Eck, 601 f.
52 BG 2, 135 f.
53 Vo 1, 26.
54 BA 1, 371 ff.
55 Ebenda, 375.
56 Ebenda.
57 Ebenda, 376 f.
58 WA IV, 6, 261.
59 BA 13, 859 f.
60 WA IV, 5, 311 f.
61 Ebenda 6, 308.
62 GG I, 393.
63 Vgl. Hartung, 58 f.
64 Zit. nach Bürgin, 187.
65 Vgl. ebenda.
66 Vgl. Tümmler 1, 52.
67 WA IV, 6, 363.
68 Ebenda, 378.
69 Tümmler 1, 53.
70 WA IV, 7, 19 f.
71 Ebenda, 37.
72 GG I, 362 f.
73 Siehe Anm. 59.
74 BA 13, 860.
75 WA IV, 5, 179 f.
76 Ebenda 7, 241 f.
77 Ebenda 8, 232.
78 Vgl. ebenda, 144.

Charlotte von Stein, die Besänftigerin

1 St 1, 8.
2 Ebenda. Letzter Satz im Original französisch: „Jamais ... on n'a parlé de Vous, Madame, avec plus de verité."
3 GG I, 177.

Quellennachweise

4	Ebenda, 179.		55	WA IV, 6, 366.
5	St 1, 3.		56	GG I, 388.
6	Ebenda, 3 f.		57	WA IV, 6, 312.
7	Ebenda, 7.		58	Ebenda, 251.
8	Ebenda, 13.		59	Ebenda, 212.
9	GG I, 192 f.		60	GG I, 347.
10	Ebenda, 204.		61	WA IV, 5, 337.
11	WA IV, 3, 51 f.		62	Ebenda 6, 259.
12	BA 2, 210 f.		63	Ebenda, 385 f.
13	WA IV, 3, 70 f.		64	Ebenda, 392.
14	BA 13, 859.		65	Herder 5, 92.
15	GG III/1, 673.		66	WA IV, 5, 257.
16	St 1, 3.		67	Eck, 279.
17	BA 7, 749.		68	WA IV, 5, 97.
18	Ebenda 5, 318.		69	Ebenda 3, 107.
19	Zit. nach Eissler 1, 186.		70	Ebenda 5, 327 f.
20	Rohmann, 185.		71	Ebenda 6, 58.
21	St 1, 52.		72	Ebenda, 364.
22	WA IV, 3, 45 f.		73	Ebenda, 297.
23	Ebenda III, 1, 30.		74	Ebenda, 394.
24	Vgl. Eissler 1, 398.		75	Ebenda, 312.
25	WA III, 1, 31.		76	BA 9, 580.
26	Ebenda, 77.		77	WA IV, 8, 205 f.
27	Ebenda IV, 3, 171.			
28	Ebenda, 172 f.			
29	Ebenda, 178.		**Leben mit Christiane**	
30	GG I, 302.		1	Vgl. Tümmler 1, 78 ff.
31	WA IV, 3, 132.		2	WA IV, 9, 17.
32	Ebenda, 169.		3	Ebenda, 34.
33	Ebenda, 185 f.		4	BA 15, 200.
34	Ebenda III, 1, 54.		5	Jagemann, 97.
35	Ebenda IV, 3, 166.		6	BA 1, 168.
36	Ebenda III, 1, 93 f.		7	GG II, 668.
37	Ebenda, 94.		8	WA IV, 8, 231 f.
38	Ebenda IV, 4, 326 f.		9	BA 1, 173.
39	Ebenda 5, 9.		10	Vgl. WA IV, 4, 292.
40	Ebenda 4, 281.		11	GG I, 471.
41	Ebenda 5, 122.		12	Ebenda, 487.
42	Ebenda.		13	Ebenda, 488.
43	GG I, 302.		14	WA IV, 9, 301.
44	WA IV, 5, 80.		15	Ebenda, 224.
45	Ebenda, 237 f.		16	Ebenda, 182.
46	GG I, 436.		17	Ebenda, 197 f.
47	BA 7, 752.		18	BA 2, 141.
48	WA IV, 5, 78.		19	WA IV, 10, 6.
49	Ebenda, 80 f.		20	Ebenda, 5.
50	Ebenda, 169.		21	Christiane, 63.
51	Ebenda 6, 165.		22	WA IV, 10, 18.
52	Rohmann, 8.		23	Ebenda, 30.
53	St 1, 465.		24	Ebenda, 13.
54	Rohmann, 185.		25	Vgl. Christiane, 20.

Quellennachweise

26 BA 1, 258.
27 WA IV, 9, 187.
28 Jagemann, 97.
29 WA IV, 9, 72.
30 Ebenda 10, 9.
31 BA 15, 236.
32 WA IV, 10, 46.
33 Christiane, 66.
34 Ebenda, 68.
35 Ebenda, 107.
36 Ebenda, 141.
37 WA IV, 10, 105.
38 Christiane, 64 f.
39 WA IV, 12, 211.
40 Ebenda, 239.
41 Aja, 370.
42 Ebenda, 372.
43 WA IV, 12, 252.
44 GG I, 779.
45 Ebenda, 791.
46 Christiane, 173.
47 Ebenda, 172.
48 Ebenda, 198.
49 GG I, 641.
50 BA 1, 258 f.
51 Ebenda, 680.
52 GG I, 937 f.
53 Böttiger, 67 f.
54 GG I, 978 f.
55 BA 1, 209.
56 GG III/2, 268.
57 BA 1, 208.
58 MA 12, 77.
59 WA IV, 14, 146.
60 Ebenda, 23, 125.
61 Ebenda, 11, 44.
62 Ebenda, 14, 221.
63 Ebenda, 50, 133.
64 Ebenda, 16, 157.
65 GG II, 614 f.
66 WA IV, 15, 173.
67 Meyer, 159 f.
68 Ebenda, 89.
69 GG II, 140.
70 WA IV, 19, 226.
71 GG II, 140.
72 WA III, 3, 174.
73 GG II, 143.
74 WA IV, 19, 197 f.
75 GG II, 144.
76 Cotta 3/1, 227.

77 Ebenda, 225.
78 WA IV, 19, 253.
79 Bradish 2, 129 f.
80 WA IV, 13, 240.
81 GG II, 148.
82 Ebenda.
83 Aja, 508 f.
84 WA IV, 20, 223.
85 Christiane, 233 f.
86 WA IV, 16, 258 f.
87 Meyer, 33.
88 Christiane, 223.
89 Ebenda, 223 f.
90 Ebenda, 233.
91 Ebenda, 212.
92 Ebenda, 223.
93 WA IV, 16, 256 f.
94 Ebenda, 253.
95 Ebenda, 23, 126.
96 Christiane, 321.
97 WA IV, 21, 358.
98 GG II, 668.
99 Ebenda.
100 Ebenda III/1, 200.
101 WA IV, 20, 132.
102 Christiane, 341 f.
103 WA IV, 23, 51.
104 Ebenda, 423.
105 WA III, 5, 237 f.
106 Ebenda, 239.
107 Ebenda.
108 BA 1, 752 f.
109 WA IV, 27, 63.
110 BA 2, 297.

Minister ohne Portefeuille

1 WA IV, 8, 357 f.
2 Ebenda, 358.
3 Ebenda, 226.
4 Ebenda.
5 Bradish 1, 240.
6 Tümmler 1, 94.
7 BA 12, 105.
8 WA IV, 6, 374.
9 BA 1, 228 f.
10 WA IV, 9, 89.
11 Ebenda 10, 77.
12 CA 1, 168.
13 Vo 1, 83.

Quellennachweise

14	BA 16, 22 f.	62	Ebenda, 262.
15	WA IV, 11, 142.	63	Vo 2, 355.
16	Vo 1, 289.	64	Ebenda, 369.
17	BA 7, 720.	65	WA IV, 16, 296.
18	Tümmler 2, 58.	66	Ebenda, 321.
19	BA 16, 26.	67	Ebenda, 322.
20	Vo 1, 138.	68	Ebenda, 376 f.
21	AS 2.1., 403.	69	Vgl. Bradish 1, 258.
22	WA IV, 10, 167.	70	Zit. nach Universität 1, 305.
23	GG I, 549.	71	Vo 2, 378.
24	Ebenda, 564.	72	WA IV, 16, 356.
25	Vo 1, 169.	73	Ebenda.
26	WA IV, 10, 250.	74	Ebenda.
27	Vo 1, 170 f.	75	CA 1, 324.
28	WA IV, 12, 81 f.	76	WA IV, 19, 198.
29	Schmidt, 498.	77	Ebenda, 207.
30	Vo 1, 240.	78	Ebenda.
31	Ebenda.	79	Vo 3, 423.
32	Ebenda 2, 115.	80	WA IV, 19, 207.
33	Ebenda.	81	Ebenda.
34	Die folgende Darstellung folgt in Sachverlauf und Wertung im wesentlichen Hans Tümmlers quellengestützter Untersuchung in Tümmler 3, 132 ff.	82	Ebenda, 208.
		83	Vo 3, 136.
		84	Ebenda.
		85	Ebenda, 137.
35	Vo 2, 116.	86	Ebenda.
36	JbGG 12, 24.	87	WA IV, 19, 216.
37	Ebenda, 25.	88	Vo 3, 137.
38	Vo 2, 121.	89	Ebenda 1, 169.
39	Vgl. Tümmler 3, 146.	90	Ebenda 3, 139.
40	Vgl. AS 3, 262.	91	WA IV, 19, 217.
41	Vo 2, 146.	92	Zit. nach Tümmler 2, 133.
42	Vgl. Tümmler 3, 156 f.	93	WA IV, 19, 223.
43	Zit. nach ebenda, 159.	94	Ebenda I, 53, 508.
44	WA IV, 14, 172.	95	Vo 3, 147 f.
45	Ebenda 10, 138.	96	Ebenda, 432.
46	MA 12, 22.	97	WA III, 13, 9.
47	Ebenda, 24.	98	Ebenda IV, 19, 216.
48	BA 16, 71.	99	Ebenda, 214. - Original frz.: „... je Vous conjure, de faire pour eux et pour moi tout le possible, je dis pour moi, parceque les institutions de Jena étoient en partie mon ouvrage, et je suis sur le point de voir un travail de trente ans perdu pour toujours ..., il faut faire tout le possible pour tacher de se sauver et les autres."
49	Ebenda, 94.		
50	Vo 2, 284.		
51	WA IV, 16, 16.		
52	Ebenda, 26.		
53	BA 16, 94.		
54	Vo 2, 286.		
55	WA IV, 16, 39.		
56	Ebenda.		
57	Hartung, 157.	100	Zit. nach Tümmler 2, 124.
58	Vgl. Universität 1, 228.	101	Eck, 438 f.
59	BA 16, 109.	102	Zit. nach Tümmler 2, 125.
60	WA IV, 16, 279.	103	BA 16, 219.
61	Ebenda, 283.	104	Ebenda, 219 f.

105	GG III/2, 163 f.	33	Ebenda, 13.
106	BA 16, 216 f.	34	Ebenda, 89.
107	BA 16, 419.	35	SNA 27, 34.
108	Raabe 51, 244.	36	Vgl. JbGGNF 14/15, 151 ff.
109	Eck, 682.	37	WA IV, 10, 175.
110	Tümmler 2, 124.	38	Ebenda, 183 f.
111	Zit. nach ebenda, 128.	39	SNA 27, 24.
112	WA IV, 23, 313.	40	Ebenda, 24 f.
113	BA 6, 707.	41	Ebenda, 25 f.
114	WA IV, 24, 284.	42	Ebenda, 26 f.
115	BA 6, 310.	43	WA IV, 10, 184.
116	Ebenda, 310 f.	44	Ebenda, 184 f.
117	Bradish 1, 267.	45	Ebenda, 189.
118	WA IV, 26, 193.	46	Ebenda, 190.
119	BA 1, 724.	47	SNA 27, 39.
		48	Ebenda.

Das Bündnis mit Schiller, dem „Geistesantipoden"

1	Eck, 309.	49	Ebenda 20, 319.
2	Vgl. S. 230 des vorliegenden Buches.	50	Ebenda 27, 60.
3	SNA 22, 103.	51	Ebenda, 65 f.
4	Ebenda.	52	BA 16, 405.
5	Ebenda, 104.	53	SNA 27, 49.
6	BA 15, 246 ff.	54	Gräf III/1, 177.
7	WA IV, 10, 166.	55	SNA 27, 52.
8	SNA 22, 104.	56	Ebenda, 49.
9	BA 16, 402.	57	Ebenda 22, 106 f.
10	Ebenda, 403.	58	Ebenda 27, 57.
11	Ebenda.	59	Fambach, 226 f.
12	SNA 20, 275 f.	60	GG I, 588.
13	WA IV, 10, 166.	61	SNA 28, 93.
14	Zit. nach Buchwald, 582.	62	WA IV, 10, 353.
15	SNA 24, 129.	63	BA 2, 435.
16	Ebenda, 131.	64	SNA 28, 151.
17	Ebenda 22, 205.	65	Ebenda.
18	WA IV, 16, 11.	66	Ebenda, 152.
19	BA 17, 188.	67	GG I, 628 f.
20	Ebenda, 16, 404.	68	Eck, 280.
21	WA IV, 9, 64.	69	GG I, 640.
22	Ebenda, 65.	70	SNA 28, 181.
23	SNA 25, 193.	71	Ebenda, 166.
24	Ebenda, 194.	72	Ebenda, 181.
25	Ebenda, 222.	73	WA IV, 11, 85.
26	Ebenda, 193 f.	74	SNA 28, 226.
27	Ebenda, 212.	75	Ebenda, 276.
28	Ebenda.	76	BA 2, 453.
29	Ebenda, 209.	77	WA IV, 11, 263.
30	WA IV, 10, 166.	78	Ebenda, 118.
31	MA 12, 88 f.	79	Ebenda, 41.
32	Ebenda, 89.	80	Ebenda, 118.
		81	SNA 27, 102.
		82	WA IV, 11, 108.
		83	SNA 28, 235.

Quellennachweise

84	Ebenda, 236.			
85	Ebenda, 240 f.			
86	Ebenda, 239.			
87	Ebenda, 252 ff.			
88	WA IV, 11, 121.			
89	Ebenda, 122 f.			
90	Ebenda, 123.			
91	Ebenda, 155.			
92	Friedenthal, 430.			
93	WA IV, 11, 281.			
94	GG I, 669.			
95	WA IV, 12, 79 f.			
96	Zit. nach BA 10, 662.			
97	WA IV, 11, 284.			

Ein Vierteljahrhundert Theaterdirektor

1 WA IV, 13, 228.
2 Ebenda 9, 180 f.
3 Ebenda 11, 53.
4 BA 17, 72.
5 Ebenda, 72 f.
6 Ebenda, 127.
7 SNA 29, 277.
8 WA IV, 13, 277.
9 Genast, 62.
10 WA IV, 13, 284.
11 Ebenda, 281.
12 Genast, 61.
13 Ebenda.
14 GG I, 707.
15 SNA 8, 4 f.
16 GG I, 707.
17 SNA 29, 159.
18 BA 17, 22.
19 SBA 4, 682.
20 WA IV, 14, 97.
21 SNA 30, 47.
22 Hahn, 150.
23 Vgl. Wilpert, 234.
24 BA 17, 72.
25 Ebenda 16, 61.
26 Ebenda.
27 Ebenda 17, 78.
28 Ebenda 22, 334.
29 Ebenda 17, 68 f.
30 Humboldt, 106.
31 Ebenda, 103.
32 Ebenda, 89 f.
33 BA 16, 63.
34 Zit. nach Kindermann, 652.
35 Genast, 68.
36 Ebenda, 69.
37 Ebenda, 69 f.
38 SNA 31, 32.
39 WA IV, 15, 223.
40 Devrient 1, 621.
41 BA 4, 415 f.
42 Ebenda 17, 75.
43 Genast, 77.
44 Ebenda, 78.
45 BA 16, 87.
46 WA IV, 16, 3 f.
47 BA 16, 88.
48 Ebenda.

98 Ebenda, 273.
99 Ebenda, 260.
100 Ebenda, 288.
101 Ebenda, 66 f.
102 SNA 29, 258.
103 WA IV, 13, 226.
104 SNA 31, 147.
105 GG I, 666 f.
106 WA IV, 11, 273.
107 GG III/2, 793.
108 WA IV, 12, 5.
109 SNA 29, 35.
110 BG 4, 295.
111 WA IV, 12, 84.
112 Ebenda, 88.
113 SNA 29, 105.
114 Ebenda 28, 323.
115 Ebenda 29, 105.
116 Ebenda, 105 f.
117 WA IV, 12, 152.
118 GG I, 673.
119 SNA 1, 388.
120 WA IV, 12, 199.
121 Ebenda, 262.
122 Ebenda 10, 355.
123 Ebenda 11, 250 f.
124 Ebenda 12, 25.
125 Herder 7, 333.
126 WA IV, 11, 130.
127 Ebenda, 100.
128 Ebenda, 100 f.

Quellennachweise

49 Ebenda, 105 f.
50 SNA 32, 12.
51 Ebenda, 62.
52 Ebenda.
53 Ebenda 10, 13.
54 Genast, 85.
55 SNA 10, 14.
56 Genast 89.
57 Ebenda, 92.
58 Ebenda, 93.
59 BG 5, 564.
60 Ebenda, 565.
61 WA IV, 19, 8.
62 Ebenda 10, 335 f.
63 BA 16, 134 ff.
64 WA IV, 19, 7.
65 BA 4, 483 f.
66 Ebenda, 747.
67 WA IV, 19, 92.
68 BA 16, 135.
69 Ebenda, 172.
70 Eck, 523.
71 GG I, 889.
72 GG II, 1207 f.
73 Ebenda, 1208.
74 Ebenda, 190.
75 BA 16, 191.
76 Ebenda.
77 Vgl. Genast, 103.
78 SchGG 6, 316.
79 CA 2, 185.

Einsamkeit und Vollendung

1 Vgl. z.B. WA III, 5, 220 ff.
2 Ebenda, 239 ff.
3 Ebenda IV, 27, 63.
4 GG II, 1151.
5 WA IV, 27, 52.
6 Ebenda, 104.
7 MA 20.1, 473.
8 WA IV, 27, 119.
9 Ebenda 37, 190.
10 Ebenda 19, 27.
11 Ebenda 20, 94.
12 BA 20, 82 f.
13 Ebenda, 79.
14 WA IV, 28, 109.
15 Ebenda, 124.
16 Ca 2, 165.
17 WA IV, 27, 184.
18 Ebenda, 193.
19 Ebenda, 188.
20 Ebenda, 189.
21 BA 16, 265 f.
22 Vo 4, 17.
23 Vgl. WA IV, 32, 69 f.
24 BA 16, 267.
25 WA IV, 29, 62.
26 Eck, 683 f.
27 WA III, 6, 62.
28 Ebenda IV, 28, 128.
29 GG III/1, 51.
30 Ebenda, 25.
31 Ebenda, 48 ff.
32 Ebenda, 62 f.
33 Ebenda, 57.
34 BA 1, 501.
35 GG III/1, 582.
36 Ebenda.
37 WA IV, 37, 247.
38 Ebenda, 248.
39 GG III/1, 611.
40 WA IV, 36, 20 f.
41 Ebenda III, 8, 191.
42 Ebenda IV, 37, 62.
43 Eck, 108 f.
44 WA IV, 38, 149.
45 Ebenda 39, 82 f.
46 Ebenda, 85.
47 Ebenda, 81.
48 Zit. nach Archiv, 212.
49 WA IV, 39, 195.
50 Cotta 2, 131.
51 WA IV, 40, 10.
52 Ebenda, 12.
53 Ebenda, 13.
54 Cotta 2, 142.
55 WA IV, 40, 182.
56 Vgl. Ebenda III, 10, 136 f.
57 Ebenda IV, 40, 185.
58 Boisserée 2, 411 f.
59 WA III, 10, 155.
60 Ebenda IV, 40, 273.
61 Ebenda, 283.
62 GG III/1, 851.
63 Ebenda, 852.
64 Ca 3, 204 f.
65 GG III/1, 854.
66 Ebenda, 855.
67 WA III, 10, 122.
68 Ebenda IV, 49, 165.

Quellennachweise

69	GG III/2, 471.	97	WA IV, 45, 100.
70	Eck, 110.	98	Eck, 364.
71	BA 13, 582.	99	Zit. nach BA 8, 722.
72	WA III, 10, 23.	100	GG III/2, 567.
73	Ebenda.	101	Ebenda, 639.
74	Ebenda IV, 41, 208 f.	102	Tewes, 254.
75	Ebenda, 49.	103	GG III/2, 603.
76	Ebenda 43, 81 f.	104	WA IV, 28, 281.
77	GG III/2, 300 f.	105	GG III/2, 605 f.
78	WA IV, 42, 189 f.	106	Eck, 379.
79	Eck, 188.	107	Vgl. GG III/2, 683.
80	Ebenda, 630.	108	WA IV, 48, 275.
81	GG III/2, 276.	109	Ebenda, 40.
82	Eck, 256.	110	Ebenda, 20.
83	WA IV, 44, 170.	111	GG III/2, 681.
84	WA IV, 44, 168.	112	Ebenda, 729.
85	Ebenda, 179 f.	113	Ebenda, 678.
86	BA 2, 331.	114	Ebenda, 727.
87	WA IV, 44, 205 f.	115	WA IV, 48, 41.
88	Ebenda, 206.	116	GG III/2, 731 f.
89	Ebenda, 208.	117	WA IV, 48, 25.
90	Ebenda, 258 f.	118	Ebenda, 31.
91	BA 2, 117.	119	Ebenda, 205 f.
92	GG III/2, 360.	120	Eck, 472.
93	WA IV, 44, 226 f.	121	WA III, 13, 210.
94	Eck, 259.	122	WA IV, 49, 283.
95	BA 11, 296.	123	GG III/2, 922.
96	Ebenda, 297.	124	BA 1, 529 f.

Siglenverzeichnis

Aja	Die Briefe der Frau Rat Goethe. Hrsg. von Albert Köster. Leipzig 1956.
Andreas	Andreas, Willy: Carl August von Weimar. Ein Leben mit Goethe. 1757 – 1783. Stuttgart 1953.
Archiv	Archiv für Geschichte des Buchwesens. Hrsg. von der Historischen Kommission des Börsenvereins des Deutschen Buchhandels. Frankfurt/M., 2 (1960).
AS	Goethes amtliche Schriften. Hrsg. von Willy Flach und Helma Dahl. Weimar 1950 – 1972.
BA	Goethe. Berliner Ausgabe. 22 Bände. Berlin 1965 ff.
Beaulieu	Beaulieu-Marconnay, Carl Freiherr von: Anna Amalia, Carl August und der Minister von Fritsch. Beitrag zur deutschen Kultur- und Literaturgeschichte des achtzehnten Jahrhunderts. Weimar 1874.
BG	Goethe, Begegnungen und Gespräche. Hrsg. von Ernst und Renate Grumach. Berlin 1965 ff.
Bode	Bode, Wilhelm: Der weimarische Musenhof. Berlin 1917.
Böttiger	Böttiger, Karl August: Literarische Zustände und Zeitgenossen. Begegnungen und Gespräche im klassischen Weimar. Hrsg. von Klaus Gerlach. Berlin 1998.
Boisserée	Sulpiz Boisserée. Hrsg. von Mathilde Boisserée. 2 Bände. Stuttgart 1862.
Bradish 1	Bradish, Joseph A. von: Goethes Beamtenlaufbahn. New York 1937.
Bradish 2	Bradish, Joseph A. von: Sechs unveröffentlichte Urkunden zu Goethes Ehe. In: Jahrbuch des Wiener Goethe-Vereins, Bd. 61, Wien 1957, S. 30-37.
Buchwald	Buchwald, Reinhard: Schiller. Leben und Werk. Wiesbaden 1959.
Bürgin	Bürgin, Hans: Der Minister Goethe vor der italienischen Reise. Weimar 1933.

Siglenverzeichnis

CA	Briefwechsel des Herzogs-Großherzogs Carl August mit Goethe. Hrsg. von Hans Wahl. Berlin 1915 ff.
Christiane	Goethes Ehe in Briefen. Hrsg. von Hans Gerhard Gräf. Leipzig 1972.
Cotta	Goethe und Cotta. Briefwechsel 1797 – 1832. Hrsg. von Dorothea Kuhn, Stuttgart 1979 ff.
Devrient	Devrient, Eduard: Geschichte der deutschen Schauspielkunst. 2 Bände. Neu hrsg. von Rolf Kabel und Christoph Trilse. Berlin 1967.
Diezmann	Diezmann, August: Goethe und die lustige Zeit in Weimar. Weimar o. J.
Eck	Eckermann, Johann Peter: Gespräche mit Goethe in den letzten Jahren seines Lebens. Hrsg. von Fritz Bergemann. Frankfurt am Main und Leipzig 1992.
Eissler	Eissler, K. R.: Goethe. Eine psychoanalytische Studie. 1775 – 1786. 2 Bände. München 1987.
Fambach	Schiller und sein Kreis in der Kritik ihrer Zeit. Hrsg. von Oscar Fambach. Berlin 1957.
Friedenthal	Friedenthal, Richard: Goethe. Sein Leben und seine Zeit. München 1963.
Genast	Genast, Eduard: Aus Weimars klassischer und nachklassischer Zeit. Erinnerungen eines alten Schauspielers. Neu hrsg. von Robert Kohlrausch. Stuttgart 1905.
GG	Goethes Gespräche. Eine Sammlung zeitgenössischer Berichte aus seinem Umgang auf Grund der Ausgabe und des Nachlasses von Flodoard Freiherrn von Biedermann, ergänzt und herausgegeben von Wolfgang Herwig. 4 Bände. Zürich und Stuttgart 1965 ff.
GJb	Goethe-Jahrbuch. Frankfurt/Weimar, 1880 ff.
Gräf	Gräf, Hans Gerhard: Goethe über seine Dichtungen. Frankfurt/M. 1901 ff.
Hahn	Goethe in Weimar. Ein Kapitel deutscher Kulturgeschichte. Hrsg. von Karl-Heinz Hahn. Leipzig 1986.
Hartung	Hartung, Fritz: Das Großherzogtum Sachsen unter der Regierung Carl Augusts. 1775 – 1828. Weimar 1923.

Siglenverzeichnis

Herder	Johann Gottfried Herder. Briefe. Gesamtausgabe. 1763 - 1803. Hrsg. von Karl-Heinz Hahn. Weimar 1977 ff.
Humboldt	Goethes Briefwechsel mit den Gebrüdern von Humboldt. 1795 – 1832. Hrsg. von F. T. Bratranek. Leipzig 1876.
Jagemann	Die Erinnerungen der Karoline Jagemann. Nebst zahlreichen unveröffentlichten Dokumenten aus der Goethezeit. Hrsg. von Eduard von Bamberg. Dresden 1926.
JbGG	Jahrbuch der Goethe-Gesellschaft. Weimar, 1914 - 1935.
JbGGNF	Goethe. Neue Folge des Jahrbuchs der Goethe-Gesellschaft. Weimar 1947 ff.
Kindermann	Kindermann, Heinz: Theatergeschichte der Goethe-Zeit. Wien 1949.
Klopstock	Friedrich Gottlieb Klopstock, Briefe. Hrsg. von Horst Gronemeyer. Berlin und New York 1979 ff.
Lyncker	Am weimarischen Hofe unter Amalien und Carl August. Erinnerungen von Carl Freiherrn von Lyncker. Hrsg. von Marie Scheller. Berlin 1912.
MA	Johann Wolfgang Goethe. Sämtliche Werke nach Epochen seines Schaffens. Münchner Ausgabe. München 1985 ff.
Meyer	Goethes Bremer Freund Dr. Nicolaus Meyer. Briefwechsel mit Goethe und dem Weimarer Kreise. Hrsg. von H. Kasten. Bremen 1926.
Quellen	Quellen und Zeugnisse zur Druckgeschichte von Goethes Werken, Teil 2. Die Ausgabe letzter Hand. Hrsg. von Waltraud Hagen. Berlin 1982.
Raabe	Goethes Werke. Weimarer Ausgabe. Nachträge und Register zur IV. Abteilung: Briefe. Hrsg. von Paul Raabe. München 1990
Rohmann	Briefe an Fritz von Stein. Hrsg. von Ludwig Rohmann, Leipzig 1907.
SBA	Schiller. Sämtliche Werke in zehn Bänden. Berliner Ausgabe. Hrsg. von Hans-Günther Thalheim u. a. Berlin 1980 ff.
Schmidt	Alma mater Jenensis. Geschichte der Universität Jena. Hrsg. von Siegfried Schmidt, Ludwig Elm und Günter Steiger. Weimar 1983.

Siglenverzeichnis

SchrGG	Schriften der Goethe-Gesellschaft. Weimar 1885 ff.
Seckendorff	Carl Siegmund Freiherr von Seckendorff am Weimarschen Hofe in den Jahren 1776 – 1785. Hrsg. von Curt Graf v. Seckendorff. Leipzig 1885.
Sichardt	Sichardt, Gisela: Das Weimarer Liebhabertheater unter Goethes Leitung. Weimar 1957.
SNA	Schillers Werke. Nationalausgabe. Hrsg. von Julius Petersen und Gerhard Fricke. Weimar 1943 ff.
St	Goethes Briefe an Charlotte von Stein. Hrsg. von Jonas Fränkel. 3 Bände. Berlin 1960 ff.
Steenbuck	Steenbuck, Kurt: Silber und Kupfer aus Ilmenau. Ein Bergwerk unter Goethes Leitung. Hintergründe. Erwartungen. Enttäuschungen. Weimar 1995. (Schriften der Goethe-Gesellschaft 65)
Tewes	Aus Goethes Lebenskreise. J. P. Eckermanns Nachlaß. Hrsg. von Friedrich Tewes. Berlin 1905.
Tümmler 1	Tümmler, Hans: Carl August von Weimar, Goethes Freund. Eine vorwiegend politische Biographie. Stuttgart 1978.
Tümmler 2	Tümmler, Hans: Goethe der Kollege. Sein Leben und sein Wirken mit Christian Gottlob von Voigt. Köln, Wien 1970.
Tümmler 3	Tümmler, Hans: Goethe in Staat und Politik. Köln, Graz 1964.
Universität	Geschichte der Universität Jena. 1548/58 – 1958. 2 Bände. Hrsg. von Max Steinmetz u. a. Jena 1958 ff.
Vo	Goethes Briefwechsel mit Christian Gottlob Voigt. Hrsg. von Hans Tümmler. Weimar 1949 – 1962. (Schriften der Goethe-Gesellschaft 53 – 56)
WA	Goethes Werke. Hrsg. im Auftrag der Großherzogin Sophie von Sachsen. 4 Abteilungen. Weimar 1887 – 1919.
Wieland	Wielands Briefwechsel. Hrsg. Hans Werner Seiffert, Berlin 1963 ff.
Wilpert	Wilpert, Gero von: Schiller-Chronik. Sein Leben und Schaffen. Berlin 1959.

Editorische Notiz

Rechtschreibung und Zeichensetzung der historischen Texte wurden den heute gültigen Regeln angeglichen; der Lautstand blieb gewahrt. Auf gewaltsame Vereinheitlichungen wurde im Einzelfall verzichtet. Hervorhebungen in den Quellentexten sind kursiv gedruckt. Die in eckige Klammern eingeschlossenen Ergänzungen und Erläuterungen stammen von der Autorin.

Abbildungsnachweise

Friedrich-Schiller-Universität Jena: 80, 221, 229, 250, 269

Städtische Museen Jena: 240, 243, 253, 280, 293, 314, 378

Stiftung Weimarer Klassik, Weimar: Einband, 14, 15, 17, 25, 28, 39, 43, 47, 52, 58, 60, 69, 75, 89, 105, 115, 131, 133, 137, 171, 175, 181, 185, 186, 193, 215, 219, 223, 307, 324, 353, 356, 385

Thüringisches Staatshauptarchiv, Weimar: 113

Verlagsarchiv: Alle übrigen Abbildungen (darunter Fotografien von F. Herzer, D. Ignasiak, F. Naumann, R. Nestmann)

Die Goethe-Porträts wurden entnommen: Karl Bauer, Goethes Kopf und Gestalt, Berlin 1908 — die Schattenrisse: Die Goethezeit in Silhouetten. Hrsg. von Hans Timotheus, Weimar 1911.

Der Verlag dankt allen Leihgebern für die komplikationslose Bereitstellung der Abbildungen.

Zur Autorin

Angelika Reimann, Dr. phil., Literaturhistorikerin, wurde 1955 in Karl-Marx-Stadt (heute Chemnitz) geboren. Studium der Germanistik, Geschichte und Pädagogik in Leipzig. Promotion zu einem Thema der Erzähltheorie des modernen deutschsprachigen Romans. Tätigkeit als Lehrerin, wissenschaftliche Assistentin und Verlagslektorin. Mitverfasserin der achtbändigen Chronik „Goethes Leben von Tag zu Tag" des Artemis & Winkler Verlags Zürich, Autorin des literarischen Journals „Palmbaum", Verfasserin zahlreicher wissenschaftlicher und publizistischer Beiträge vornehmlich zur klassischen deutschen Literatur. Seit 1992 freiberufliche Autorin. Lebt in Jena.